清代學術名著叢刊

讀書雜志

（四）

[清] 王念孫 撰

徐煒君 樊波成 虞思徵 張靖偉 等 校點

上海古籍出版社

讀荀子雜志

樊波成　點校

荀子弟一

勸學

取之於藍

「青，取之於藍，而青於藍」。盧氏抱經曰：「『青取之於藍』，從宋本，《困學紀聞》所引同。元刻作『青出之藍』，無『於』字。」念孫案：《困學紀聞》云：「『青出之藍』作『青取之於藍』，監本未必是，建本未必非。」自注云：「今監本乃唐與政台州所栞熙寧舊本，亦未爲善。」又云：「『請占之五泰』注云：『五泰，五帝也。』監本改爲『五帝』而删注文。」是王以作「出」者爲是也。元刻作「出之藍」即本於建本，監本作「取之於藍」者，用《大戴記》改之也。《荀子》本文自作「出於藍」，《藝文類聚·草部上》《太平御覽·百卉部三》及《意林》《埤雅》引此竝作「出於藍」，《新論·崇學篇》同，《史記》褚少孫續《三王世家》引《傳》曰「青采出於藍而質青於藍者，教使然也」即是此篇之文，則本作「出於藍」明矣。宋錢佃本從監本作「取之於藍」，而所引蜀本亦作「出於藍」，宋龔士卨《荀子句解》

同。今從王説。

干越

「干越夷貉之子」。楊注曰：「干越，猶言吴越。《吕氏春秋》『荆有次非得寶劒於干越』，高誘曰：『吴邑也。』」盧改「干越」爲「于越」，又改注文之「吴越」爲「於越」，云：「于越，宋本作『干越』。念孫案：此謂宋刻吕夏卿本也，宋刻錢佃本同。今從元刻，與《大戴禮》同。注『於越』，舊作『吴越』，訛。」寶應劉氏端臨《荀子補注》曰：「案《淮南·原道訓》『干越生葛絺』，高注：『干，吴也。』楊氏此注以『干越』爲『吴越』，蓋用高義。覩下文引《吕氏春秋》注可見，盧改非也。今《原道訓》作『于越』，亦妄庸人所改。」念孫案：《道藏》本《淮南》及朱東光本皆作「干」，他本皆改爲「于」。念孫案：劉説是也。干、越、夷、貉四者皆國名，不得改「干越」爲「于越」，古書言「干越」者多矣。凡改「干越」爲「于越」者，皆所謂知其一説不知又有一説者也。《大戴記》之「于越」亦後人所改，辯見《漢書·貨殖傳》。

絶江河

「假輿馬者，非利足也，而致千里；假舟檝者，非能水也，而絶江河」。念孫案：「江河」，本作「江海」，「海」與「里」爲韻，下文「不積小流，無以成江海」亦與「里」爲韻，今本「海」作「河」，則失其韻矣。《文選・海賦》注引此正作「絶江海」，《大戴記・勸學篇》《説苑・説叢篇》竝同，《文子・上仁篇》作「濟江海」，文雖小異，而作「江海」則同。

生

「君子生非異也，善假於物也」。念孫案：「生」讀爲「性」，《大戴記》作「性」。

蒙鳩

「南方有鳥焉，名曰『蒙鳩』」。盧云：「案：『蒙鳩』，《大戴禮》作『蝱鳩』，《方言》謂之『蔑雀』，『蝱』讀如『芒』，『蒙』、『蝱』、『蔑』一聲之轉，皆謂細也。『蒙』與『蠛』、『蠓』音義近。楊云『當爲蔑』，似非。」

蓬生麻中不扶而直

念孫案：此下有「白沙在涅，與之俱黑」二句，而今本脱之，《大戴記》亦脱此二句，今本《荀子》無此二句，疑後人依《大戴》删之也。楊不釋此二句，則所見本已同，今本此言善惡無常，唯人所習，故「白沙在涅」，與「蓬生麻中」義正相反。且「黑」與「直」爲韻，若無此二句，則既失其義，而又失其韻矣。《洪範》正義云：「《荀卿書》云：『蓬生麻中，不扶自直；白沙在涅，與之俱黑。』褚少孫續《三王世家》云：「《傳》曰『蓬生麻中，不扶自直；白沙在泥，今本「泥」下有「中」字，涉上文而衍。與之皆黑』者，土地教化使之然也。」索隱曰：「『蓬生麻中』以下，竝見《荀卿子》。」案：上文引《傳》曰「青采出於藍」云云，下文引《傳》曰「蘭根與白芷」云云，皆見《荀子》，則此所引『《傳》』亦《荀子》也。然則漢、唐人所見《荀子》皆有此二句，不得以《大戴》無此二句而删之也。又案《羣書治要・曾子・制言篇》云：「故蓬生麻中，不扶乃直；《燕禮》注：「乃，猶而也。」白沙在泥，與之皆黑。」《大戴》同。考《荀子》書多與《曾子》同者，此四句亦本於《曾子》，斷無截去二句之理。

强自取柱

「强自取柱，柔自取束」。楊注曰：「凡物强則以爲柱而任勞，柔自見束而約急，皆其自取也。」引之曰：楊説「强自取柱」之義甚迂，「柱」與「束」相對爲文，則「柱」非謂屋柱之「柱」也。「柱」當讀爲「祝」。哀十四年《公羊傳》「天祝予」、十三年《穀梁傳》「祝髮文身」，何、范注竝曰：「祝，斷也。」此言物强則自取斷折，所謂太剛則折也。《大戴記》作「强自取折」，是其明證矣。《南山經》「招摇之山有草焉，其名曰祝餘」，「祝餘」或作「柱茶」，是「祝」與「柱」通也。「祝」之通作「柱」，猶「注」之通作「祝」，《周官·瘍醫》「祝藥」，鄭注曰：「祝，當爲注，聲之誤也。」

草木疇生禽獸羣焉

劉云：「『羣焉』，當從《大戴禮》作『羣居』。」念孫案：「羣居」與「疇生」對文，今本「居」作「焉」者，涉下文四「焉」字而誤。

積善成德而神明自得聖心備焉宋呂、錢本竝如是。

盧依元刻改「備」爲「循」。念孫案：作「備」者是也。此言積善成德而通於神明，則聖心於是乎備也，「成德」與「聖心備」上下正相應。元刻「備」作「循」，則與上文不相應矣。《儒效篇》云「積善而全盡謂之聖人」，彼言「全盡」猶此言「聖心備」也，一也；「備」字古音鼻墨反，見吴棫《韻補》。正與「德」「得」爲韻，劉説同。二也；《大戴記》及《羣書治要》竝作「備」，《文選·謝瞻〈從宋公戲馬臺集送孔令詩〉》注、《張子房詩》注引此亦作「備」，張華《勵志詩》注引作「循」，與二注不合，乃後人以誤本《荀子》改之。三也。「備」字俗書作「偹」，「循」字隸書或作「㣽」，二形相似而誤。

騏驥一躍不能十步駑馬十駕功在不舍

楊注曰：「言駑馬十度引車，則亦及騏驥之一躍。據下云『駑馬十駕，則亦及之』，此亦當同，疑脱一句。」盧云：「案『不能十步』，『十』當爲『千』。《玉篇》引《大戴禮》『騏驥一躒，不能千步』，今《大戴禮》『步』作『里』、此『千』作『十』皆是譌字，『里』、『海』爲韻，『步』、『舍』爲韻，古音如是。」劉云：「案『不能十步』義最長，《大戴禮》作『千里』，於義疏矣。若《玉篇》作『千步』，直是譌字，盧反引以爲據，非也。「十駕」，十日之程也。旦而受駕，至暮脱之。故以一日所行爲一駕，若十度引車，則非駕義也。」念孫案：《吕氏春秋·貴卒篇》曰：「所爲貴驥者，爲其一日千里也；旬日取之，則與駑駘同。」《淮南·齊俗篇》曰：「夫騏驥千里，一日而通；駑馬十舍，旬亦至之。」此皆駑馬十日行千里之證，《大戴記》「騏驥一躒，不能千里」，「里」與「舍」不合韻，乃涉上文「無以致千里」而誤。《玉篇》引作「千步」，「千」字雖譌，而「步」字不譌。辯見《大戴記述聞》。

六跪

「蟹六跪而二螯」。盧云：「案《説文》『蟹有二敖八足』，《大戴禮》亦同，此正文及注『六』字皆『八』字之訛。」

衢道

「行衢道者不至」。楊注曰：「《爾雅》云『四達謂之衢』，孫炎云：『衢，交道四出也。』或曰：衢道，兩道也。下篇有楊朱哭衢塗，《王霸篇》今秦俗猶以『兩』爲『衢』，古之遺言歟？」念孫案：《爾雅》「四達謂之衢」，又云「二達謂之岐旁」，「岐」、「衢」一聲之轉，則「二達」亦可謂之「衢」，故《大戴記》作「行岐塗者不至」。《勸學篇》下文言「兩君」、「兩視」、「兩聽」，《王霸篇》下文言「榮辱安危存亡之衢」，皆謂「兩」爲「衢」也。《大略篇》又云「二者治亂之衢」也，今本脱「治」字，辯見《大略》。則《荀子書》皆謂「兩」爲「衢」。

兩能字

「目不能兩視而明，耳不能兩聽而聰」。盧删兩「能」字，云：「兩『不』字下，宋本俱有『能』字，錢本同。元刻無。」念孫案：元刻無兩「能」字者，以上下句皆六字，此二句獨七字，故删兩「能」字以歸畫一。不知古人之文不若是之拘也，若無兩「能」字，則文不足意矣。《大戴記》亦有兩「能」字。

梧鼠

「梧鼠五技而窮」。楊注曰:「梧鼠,當爲鼫鼠,蓋本誤爲『鼯』字,傳寫又誤爲『梧』耳。」盧云:「案《本草》云『螻蛄,一名鼫鼠』,《易釋文》及《正義》皆引之,崔豹《古今注》亦同。『蛄』與『梧』音近,楊説似未參此。」念孫案:《本草》言「螻蛄,一名鼫鼠」,不言「一名梧鼠」也,今以「螻蛄」之「蛄」、「鼫鼠」之「鼠」合爲一名,而謂之「蛄鼠」,又以「蛄」、「梧」音相近而謂之「梧鼠」,可乎?且《大戴記》正作「鼫鼠五伎而窮」,「鼫」與「梧」音不相近,則「梧」爲誤字明矣。當以楊説爲是。

草木潤

「玉在山而草木潤,淵生珠而崖不枯」。元刻無「草」字。念孫案:元刻是也。「木」與「崖」對文,故上句少一字。宋本「木」上有「草」字者,依《淮南·説山篇》加之也。案:《文選·吴都賦》「林木爲之潤黷」,李善注引此作「玉在山而木潤」,《困學紀聞》十引建本《荀子》同。《江賦》、《文賦》注竝同,《藝文類聚·木部》《太平御覽·木部一》所引亦同,而《草部》不引,則本無「草」字明矣。《大戴記》作「玉居山而木潤」,續《史記·龜策傳》作「玉處於山而木潤」，文雖小異而亦無「草」字。

不積

「爲善不積邪，安有不聞者乎」。念孫案：「不積」之「不」涉上下文而衍，當依《羣書治要》删。說見《大戴記述聞・勸學篇》。

羣類

「禮者，法之大分，羣類之綱紀也」。元刻無「羣」字。宋龔本同。念孫案：元刻是也。宋本作「羣類」者，蓋不曉「類」字之義而以意加「羣」字也。不知「類」者，謂與法相類者也。此文云「法之大分，類之綱紀」，《非十二子》及《大略篇》竝云：「多言而類，聖人也；少言而法，君子也。」《王制》《大略》二篇又云「有法者以法行，無法者以類舉」，皆以「類」與「法」對文。據楊注云「類，謂禮法所無，觸類而長者，猶律條之比附」，則本無「羣」字明矣。

口耳之閒則四寸耳

楊注曰：「韓侍郎云：『則，當爲財，與纔同。』」劉云：「案『則』字自可通，不必如韓說。」

嚽

「故不問而告謂之傲，問一而告二謂之嚽」。楊注曰：「傲，喧噪也。言與戲傲無異。或曰：『讀爲嗷，聲嗷嗷然也。』『嚽』即『讚』字也，謂以言强讚助之，今贊禮謂之讚唱，古字『口』與『言』多通。」盧云：「李善注《文賦》引《埤蒼》云：『嘈啈，聲皃。』『啈』與『嚽』、『囐』同，才曷反。』《荀子》上句謂其躁，此句謂其多言。下文云『如嚮』，則不問不告，問一不告二。楊注非也。」

學之經

「學之經莫速乎好其人，隆禮次之」。念孫案：「經」讀爲「徑」，即下文所謂「蹊徑」，言人學之蹊徑莫速乎好賢，而隆禮次之。《脩身篇》云：「治氣養心之術，莫徑由禮，此「徑」字訓爲「疾」，「莫徑」即本篇所謂「莫速」也。《漢書·張騫傳》「從蜀，宜徑」，如淳曰：「徑，疾也。」見《史記·大宛傳》集解。莫要得師，莫神一好。」語意略與此同。「學之經」即「學之徑」，古讀「徑」如「經」，故與「經」通。《賈子·立後義篇》「其道莫經於此」，「莫經」即《荀子》之「莫徑」。楊以爲「學之大經」，失之。

識志

「安特將學雜識志、順《詩》《書》而已耳」。引之曰：此文本作「安特將學雜志、順《詩》《書》而已耳」，「志」即古「識」字也。今本竝出「識」、「志」二字者，校書者旁記「識」字，而寫者因誤入正文耳。「學雜志」、「順《詩》《書》」皆三字爲句，多一「識」字，則重複而累於詞矣。楊注本作「雜志，謂雜記之書，百家之説」，今本作「雜識志，謂雜志記之書，百家之説」，皆後人據已誤之正文加之。下注云「直學雜説，順《詩》《書》而已」，文義甚明，足正後人竄改之謬。

頓之

「若挈裘領，詘五指而頓之，順者不可勝數也」。楊注曰：「頓，挈也。」盧云：「頓，猶頓挫，提舉高下之狀若頓首然。」念孫案：楊訓「頓」爲「挈」於古無據，且上文已有「挈」字，此不得復訓爲「挈」，盧以「頓」爲「頓挫」，於義尤迂。今案：頓者，引也。言挈裘領者詘五指而引之，則全裘之毛皆順也。《廣雅》曰「扽，引也」，曹憲音「頓」。古無「扽」字，借「頓」爲之，《鹽鐵論·詔聖篇》曰「今之治民者，若拙御馬，行則頓之，止則擊之」，頓之，引之也。《釋名》曰：「掣，制也。制頓之使順己也。」「掣」亦「引」也。《鹽鐵論・散不足篇》曰：「吏捕索掣頓，不以道理。」褚少孫續《史記・滑稽傳》曰：「當道掣頓人車馬。」

不道

「不道禮憲，以《詩》《書》爲之，譬之猶以指測河也，以戈舂黍也，以錐湌壺也，宋錢佃本「湌」作「湌」，元刻作「飡」。案：《說文》「飧，餔也。從夕、食，思魂切」，「餐，吞也。從食，奴聲。或從水，作湌。七安切」，《玉篇》《廣韻》「飧」作「飱」，而「飡」、「餐」二字皆異音異義。古音餐屬寒部，飱屬魂部，故《魏風・伐檀》首章之「餐」與「檀」、「干」、「漣」、「廛」、「貆」爲韻，三章之「飱」與「輪」、「漘」、「淪」、「囷」、「鶉」爲韻，兩字判然不同。自《爾雅釋文》始誤以「餐」爲「飱」，而《集韻》遂合「餐」、「飱」爲一字矣。今俗書「飱」字作「飡」，而錢本作「湌」自是「湌」之俗字，非「飡」字也。盧從元刻作「飡」，云「飡，同餐」，非是。不可以得之矣」。念孫案：道者，由也。見《禮器》、《中庸》注。言作事不由禮法而以《詩》《書》爲之，則不可以得之也。故《脩身篇》曰「由禮則治通，不由禮則勃亂提僈」，楊云：「道，言說也。」失之。又《富國篇》「不足以持國安身，宋吕本「以」下有「爲」字，乃涉注文而衍，盧本亦沿其誤，今據宋錢本删。故明君不道也」，「道」亦「由」也，言此事人之術，不足以持國安身，故明君不由也。楊云「明君不言」，亦失之。

匪交匪舒

「《詩》曰『匪交匪舒，天子所予』」。楊注曰：「《詩·小雅·采菽》之篇。『匪交』當爲『彼交』，言彼與人交接，不敢舒緩，故受天子之賜予也。」盧云：「案：『匪』亦有『彼』義，《左傳·襄廿七年》引《詩》『匪交匪敖』，《成十四年》引仍作『彼交匪敖』。」引之曰：此引《詩》「匪交匪舒」正申明上文之「不傲、不隱、不瞽」，則作「匪」者正字，作「彼」者借字也。「交」讀爲「姣」，《廣雅》曰：「姣，音「絞」。侮也。」言不侮慢、不怠緩也。説見《經義述聞·小雅·桑扈篇》。

爲其人以處之

楊注曰：「爲擇賢人與之處也」。劉云：「案雖『誦數思索』而不體之於身，則無以居之。故必自爲其人以居其道也。」

及至其致好之也目好之五色耳好之五聲口好之五味心利之有天下

楊注曰：「致，極也。謂不學，極恣其性，欲不可禁也，心利之有天下之富也。或曰：學成之後，必受榮貴，故能盡其欲也。」劉云：「案：言『耳』、『目』、『口』之好之與『五色』、『五聲』、『五味』同，『心利之』與『有天下』同。」

天見其明地見其光

「天見其明，地見其光，君子貴其全也」。楊注曰：「見，顯也。明，謂日月。光，謂水火金玉。天顯其日月之明，地顯其水火金玉之光，君子則貴其德之全也。」劉云：「『光』、『廣』古通用。」念孫案：劉讀「光」爲「廣」，是也。明者，大也。《小雅·車舝》正義曰：「明亦大也。」《中庸》曰：「高明所以覆物也。」成十六年《左傳》：「《夏書》曰『怨豈在明？不見是圖』，將慎其細也。今而明之，其可乎？」是「明」與「大」同義。大者，天之全體；廣者，地之全體。《繫辭傳》「廣大配天地」，承上文「大生」、「廣生」而言，謂大配天，廣配地也。《中庸》言「博厚配地」、「高明配天」，「博」亦「廣」也，「明」亦「大」也。故君子之德貴其全也。《儒效篇》曰「至高謂之天，至下謂之地，宇中六指謂之極，塗之人百姓積善而全盡謂之聖人」，語意略與此同，楊注皆失之。

脩身

自存

「見善，脩然必以自存也；見不善，愀然必以自省也」。念孫案：《爾雅》：「在、存、省，察也。」《周官・司尊彝》「大喪存奠彝」，注：「存，省也。」《大傳》「五日存愛」，注：「存，察也。察有仁愛者。」《大戴記・曾子立事篇》：「存往者，在來者。」在、存皆察也。見善必以自存者，察己之有善與否也。見不善必以自省者，察己之有不善與否也。楊解「自存」云「自整飭，使存於身」，失之。

不善在身

「不善在身，菑然必以自惡也」。宋吕、錢、龔本竝如是。盧從元刻於「在身」下增「也」字。念孫案：元刻「也」字，乃涉上下文而衍，上文「見善」、「見不善」及「善在身」下皆無「也」字。

扁善之度

念孫案：「扁」讀爲「徧」，《韓詩外傳》作「辯」，亦古「徧」字也。說見《日知録》。「徧善」者，無所往而不善也。君子依於禮，則無往而不善，故曰：「偏善之度。」下文「以治氣養生」六句，正所謂「偏善之度」也，楊讀「扁」爲「辨」，而訓爲「辨別」，則與「之度」二字不貫，盧讀「扁善」爲「平善」，亦非下六句之意。

以脩身自名

「以治氣養生，則後彭祖；以脩身自名，則配堯禹」。引之曰：「以脩身自名」文義未安，當有脱誤。楊云「以脩身自爲名號」，則所見本已同今本。《韓詩外傳》作「以治氣養性，與「生」同。則身後彭祖；以脩身自强，今本脱「以」字。則名配堯禹」，於義爲長。《王霸篇》云「名配堯禹」，又云「名配禹舜」。

宜於時通

「宜於時通，利以處窮」。引之曰：「時」亦「處」也。言既宜於處通，而又利以處窮也。《莊子·逍遥遊篇》「猶時女也」，司馬彪曰：「時女，猶處女也。」是「時」與「處」同義。《大雅·緜篇》「曰止曰時」，猶言「爰居爰處」耳。説見《經義述聞》。《韓詩外傳》作「宜於時則達，戹於窮則處」，未達「時」字之義而增改其文，蓋失之矣。

治通

「由禮則治通，不由禮則勃亂提僈」。引之曰：下文以「節」、「疾」爲韻，「雅」、「野」爲韻，「生」、「成」、「寧」爲韻，唯此二句韻不相協，「通」疑當依《外傳》作「達」。此涉上「宜於時通」而誤。「達」與「僈」爲合韻，凡願、月二部之字，古聲或相通。若「勞心怛怛」之「怛」，《齊・甫田》字從旦聲，而與「桀」爲韻，「故事可勸也」之「勸」《禮運》與「列」、「藝」爲韻，「藝」古讀若「臬」。「不賞而民勸」，《中庸》與「鉞」爲韻，「以按徂旅」之「按」，《大雅・皇矣》《孟子》引作「遏」，《梁惠王》皆其例也。《外傳》作「不由禮則悖亂」，「亂」與「達」亦合韻。

夷固　倨固

「容貌、態度、進退、趨行，由禮則雅，不由禮則夷固辟違，庸衆而野」。楊注曰：「夷，倨也。固，陋也。」引之曰：楊分「夷」、「固」爲二義，非也。「夷固」，猶夷倨也。「夷固辟違」，猶言倨傲僻違。《不苟篇》云「倨傲僻違以驕溢人」是也。《脩身篇》又云「體倨固而心執詐」，今本「執」譌作「埶」，辯見後「執詐」一條。是「固」與「倨」同義。楊注「固，鄙固也」，亦非。《祭義》曰：「孝子之祭也，立而不詘，固也。」詘，卑詘也。固，倨也。「立而不詘」，是倨傲也。鄭注「詘，充詘，形容喜貌也。」

固，猶質陋也」，皆失之。《大戴禮・曾子立事篇》曰：「弗知而不問焉，固也。」「固」亦「倨」也。不肯下人，是倨傲也。《曾子制言篇》曰：「今之弟子病下人，不能事賢，恥不知而又不問。」

以不善先人者謂之諂

楊注曰：「諂之言陷也，謂以佞言陷之。」念孫案：楊說「諂」字之義未確，「諂」之言「導」也，導人以不善也，故曰「以不善先人者謂之諂」。而《莊子・漁父篇》亦曰「希意道言謂之諂」，「道」與「導」同。《不苟篇》「非諂諛也」，《賈子・先醒篇》「君好諂諛而惡至言」，《韓詩外傳》竝作「道諛」，是「諂諛」即「導諛」也。「導」與「諂」，聲之轉。「諂諛」之爲「導諛」，「臽及」之爲「導及」，「禫服」之爲「導服」，皆聲轉而字異也。說見《史記・越世家》。

秏 俗作「耗」。

「少而理曰治，多而亂曰秏」。楊注曰：「秏，虛竭也。凡物多而易盡曰秏。」念孫案：楊讀「秏」爲「虛秏」之「秏」，則與「多而亂」之義不合，故又爲之說曰「凡物多而易盡曰秏」，其失也鑿矣。今案：「秏」讀爲「眊」。眊，亂也，《漢書・董仲舒傳》曰「天下眊亂」是也。「眊」與「秏」古同聲而通用。《續史記・日者傳》曰：「官秏亂不能治。」《漢書・景帝紀》「不事官職秏亂者」，師古曰：「秏，不明也，讀與『眊』同。」《食貨志》「官職秏廢」，《酷吏傳贊》「寖以秏廢」，師古竝曰：「秏，亂也，音莫報反。」《董仲舒傳》「秏矣哀哉」，師古曰：「秏，虚也，言誅殺甚衆，天下空虚也，音呼到反。或曰：秏，不明也，言刑罰闇亂，音莫報反。」《淮南・原道篇》「精神日秏而彌遠」，《精神篇》「志氣日秏」，高注竝曰：「秏，亂也。」「少而理曰治，多而亂曰秏」，「秏」與「治」正相反，則「秏」爲「眊亂」之「眊」明矣。《吕刑》「耄荒」，《釋文》「耄」作「秏」。賈昌朝《羣經音辨》曰：「秏，老也。《書》『王秏荒』，鄭康成讀。」賈音本於《釋文》，是《釋文》「耄」字本作「秏」也。今作「耄」者，陳鍔依衞包所定今文改之耳。秏荒，亦昏亂之義，故昭元年《左傳》「老將知而耄及之」，杜注曰：「八十曰耄。耄，亂也。」字亦作「眊」。《漢書・刑法志》曰：「穆王眊荒。」「秏」、「耄」、「眊」古竝同聲，「耄荒」之「耄」通作「秏」，猶「眊亂」之「眊」通作「秏」矣。

知慮漸深則一之以易良

念孫案：「漸」讀爲「潛」，《韓詩外傳》正作「潛」。《洪範》「沈潛剛克」，文五年《左傳》及《史記・宋世家》「潛」竝作「漸」。《漢書・谷永傳》「忘湛漸之義」，漢《山陽大守祝睦後碑》「漸心於道」，《大尉劉寬碑》「演策沈漸」，「漸」竝與「潛」同。楊訓「漸」爲「進」，又訓爲「浸」而音子廉反，皆失之。

卑濕

「卑濕、重遲、貪利，則抗之以高志」。念孫案：卑濕，謂志意卑下也。《説文》「㬤，讀若「蟄」。下入也。」《論衡·氣壽篇》曰「兒生，號啼之聲鴻朗高暢者壽，嘶喝濕下者夭」，是「濕」爲「下」也。「㬤」、「濕」古字通。抗，舉也。見《小雅·賓之初筵》傳、《考工記·梓人》注、《士喪禮下篇》注、《文王世子》注。志意卑下，故舉之以高志也。楊云「卑濕，謂過謙恭而無禮者」。或曰：卑濕，亦謂遲緩也」云云，混「卑濕」、「重遲」爲一事，皆失之。

一好

「凡治氣養心之術，莫徑由禮，莫要得師，莫神一好」。楊注曰：「一好，謂好善不怒惡也。」念孫案：「一好」，謂所好不二也。《儒效篇》曰「并一而不二則通於神明」，《成相篇》曰「好而壹之神以成」，皆其證。非「好善不怒惡」之謂。

志意修則驕富貴道義重則輕王公内省而外物輕矣宋本如是。

元刻於「富貴」、「王公」下各加一「矣」字以對下文，又改下文之「而」字爲「則」字以對上文，而盧本從之。念孫案：元刻非也。「内省而外物輕」乃申明上文之詞，非與上文作對句也。今皆改爲對句，則失其旨矣。

愛人

「體恭敬而心忠信，術禮義而情愛人」。引之曰：「人」讀爲「仁」。言其體則恭敬，其心則忠信，其術則禮義，其情則愛仁也。愛仁，猶言仁愛。《廣雅》：「惠、愛、恕、利、人，仁也。」「恭敬」、「忠信」、「禮義」、「愛仁」皆兩字平列，下文之「倨固」、「執詐」、「順墨」、「雜汙」亦兩字平列。古字「仁」與「人」通，此「人」字即「仁愛」之「仁」，非「節用而愛人」之「人」。

横行

「横行天下，雖困四夷，人莫不貴」。楊注曰：「横行，不順理而行也。」引之曰：「横」讀爲「廣」。《堯典》「光被四表」，《今文尚書》作「横被」。漢《成陽靈臺碑》《成陽令唐扶頌》竝作「廣被」。

執詐

「體倨固而心執詐」。引之曰：「執詐」當爲「埶詐」，字之誤也。《議兵篇》曰：「兵之所貴者埶利也，所行者變詐也。」又曰：「隆埶詐，尚功利。」又曰：「焉慮率用賞慶、刑罰、埶詐，險阸其下，獲其功用而已矣。」「埶」與「詐」義相近。《後漢書・崔駰傳》「范蠡錯埶於會稽」，李賢曰：「埶謂謀略也。」

辟違

「辟違而不愨」。楊注曰：「乖僻違背，不能端愨誠信。『辟』讀爲『僻』。」念孫案：楊分「僻」、「違」爲二義，非也。「僻」、「違」皆邪也。《周語》「動匱百姓，以逞其違」，《晉語》「若有違質，教將不入」，韋注竝曰：「違，邪也。」《堯典》「静言庸違」，《史記・五帝紀》作「共工善言其用僻」，是「僻」即「違」也。上文曰「不由禮則夷固辟違，庸衆而野」，《不苟篇》曰「倨傲僻違，以驕溢人」，《非十二子篇》曰「甚僻違而無類」，昭二十年《左傳》曰「動作辟違，從欲厭私」，義竝與此同。《成相篇》曰「邪枉辟回失道途」，「辟回」即「僻違」。《小雅・鼓鍾篇》「其德不回」，毛傳曰：「回，邪也。」《大雅・大明篇》「厥德不回」，毛傳曰：「回，違也。」《堯典》「静言庸違」，文十八年《左傳》作「靖譖庸回」，杜注曰：「回，邪也。」昭二十六年《左傳》「君無違德」，《論衡・變虛篇》作「回德」。

擊戾

「行而俯項，非擊戾也」。念孫案：《淮南·主術篇》曰：「木擊折轊，水戾破舟。」又曰：「文武備具，動静中儀，舉動廢置，曲得其宜，無所擊戾，無不畢宜。」然則「擊戾」者，謂有所抵觸也。「行而俯項，非擊戾也」者，謂非懼其有所抵觸，而俯項以避之也，與上下文同一例。楊云「擊戾，謂項曲戾不能仰者，猶言了戾也」，失之遠矣。

學曰

「故學曰『遲彼止而待我，我行而就之』」。念孫案：「學曰」疑當作「學者」，謂學者或遲或速、或先或後，皆可同至也。見下文。今本「者」作「曰」，寫者脱其半耳。楊云「學曰，謂爲學者傳此言也」，此不得其解而爲之詞。

或不爲爾 宋吕、錢本竝如是。

「是無它故焉，或爲之，或不爲爾」。盧從元刻於「不爲」下增「之」字，「爾」改「耳」。念孫案：下句無「之」字者，蒙上而省也。《羣書治要》亦無「之」字。「耳」、「爾」古字通，當從宋本。

出入不遠

「道雖邇，不行不至；事雖小，不爲不成。其爲人也多暇日者，其出入不遠矣」。楊注曰：「出入，謂道路所至也。」念孫案：楊説非也。「出入」當爲「出人」，言爲學而多暇日，則或作或輟，其出人必不遠也。下文云：「好法而行，士也；篤志而體，君子也；齊明而不竭，聖人也。」正謂聖人之出人遠也。若云「出入不遠」，則義不可通。《文選·登樓賦》注引此已誤，《韓詩外傳》曰「道雖近，不行不至；事雖小，不爲不成，日日多者，此句有誤。出人不遠矣」，義本《荀子》，今據以訂正。

篤志而體

「篤志而體，君子也」。楊注曰：「厚其志而知大體者也。」念孫案：《爾雅》：「篤，固也。」説見《經義述聞》。「體」讀爲「履」。「篤志而體」，謂固其志以履道，非謂厚其志而知大體也。《衛風·氓篇》「體無咎言」，《韓詩》「體」作「履」，《坊記》引《詩》亦作「履」。《管子·内業篇》「戴大圜而履大方」，《心術篇》「履」作「體」，是「履」、「體」古字通。

齊明

「齊明而不竭，聖人也」。引之曰：齊者，智慮之敏也。故以「齊明」連文。楊曰「齊謂無偏頗也」，失之。説見《毛詩述聞·小雅》「人之齊聖」下。

渠渠然

「有法而無志，其義則渠渠然」。太倉陳氏碩甫曰：「渠渠，猶瞿瞿。《齊風》傳云：『瞿瞿，無守之貌。』楊注『渠』讀爲『遽』，『不寬泰之貌』，失之。」

舍亂妄無爲也

「不是師法而好自用，譬之是猶以盲辨色，以聾辨聲也，舍亂妄無爲也」。楊注曰：「舍，除也。除亂妄之人孰肯爲此也。」念孫案：「舍亂妄無爲」，言所爲皆亂妄耳，楊説非。

遠思

「君子之求利也略，其遠思也早」。盧補校云：「『遠思』疑當是『遠患』。」念孫案：宋錢佃本作「遠害」。

懼

「其避辱也懼，其行道理也勇」。引之曰：懼者，怯也，故與「勇」對文。《吕氏春秋・知度篇》「工拙、愚智、勇懼」，亦以「懼」對「勇」。

君子安燕而血氣不惰勞勸而容貌不枯

念孫案：「枯」讀爲「楛」。《天論篇》「楛耕傷稼」，《韓詩外傳》作「枯」。《鄉射禮》注「肅慎氏貢楛矢」，《釋文》作「枯」。言君子雖安燕而血氣不懈惰，雖勞勸而容貌不楛僈。楛僈，猶苟且也。《榮辱篇》云「其定取舍楛僈」，《富國篇》云「其於禮義節奏也，芒軔僈楛」，《淮南・時則篇》云「工事苦慢」，「苦慢」與「楛僈」同。《彊國篇》云「恭儉、敦敬、忠信而不楛」，《非十二子篇》云「君子佚而不惰，勞而不僈」，此謂君子之容也，故曰「動容貌，斯遠暴慢矣」。《大略篇》云「君子勞倦而不苟」，或言「苟」，或言「楛」，或言「僈」，或言「楛僈」，其義一而已矣。

安燕而血氣不惰柬理也《爾雅》：「柬，擇也。」**勞勸而容貌不枯好交也**

楊注曰：「以和好交接於物，志意常泰也。」念孫案：「好交」二字與「容貌不枯」無涉，楊曲爲之說，非也。或引《榮辱篇》「豢之而俞瘠者，交也」，以爲「容貌不枯，好交也」之證，斯爲巨謬矣。「交」當爲「文」，隸書「交」字或作「𠅇」見漢《尹宙碑》。與「文」相似而誤。上言「柬理」，下言「好文」好，呼報反。「理」與「文」皆謂禮也，《禮論篇》云「孰知夫禮義文理之所以養情也」，又云「貴本之謂文，親用之謂理」，《性惡篇》云「出於辭讓，合於文理」，辭讓之心，禮之端也。《賦篇·禮賦》云「非絲非帛，文理成章」，凡《荀子書》言「文理」者，皆謂禮也。故曰：「安燕而血氣不惰，柬理也；勞勸而容貌不楛，好文也。」

不苟

故懷負石

「故懷負石而赴河，是行之難爲者也」。宋呂、錢本竝如是。元刻删「故懷」二字，而盧本從之，云：「宋本『負石』上有『故懷』二字，案文不當有。」念孫案：宋本是也，「故」字乃總冒下文之詞。「懷負石而赴河」者，負，抱也。見《内則》注、《淮南·説林篇》注。謂抱石於懷中而赴河也。《韓詩外傳》曰「申徒狄抱石而沈於河」，是其證。《鄒陽獄中上梁王書》「徐衍負石入海」，亦謂抱石也。盧未曉「負」字之義，而誤以爲「負擔」之「負」，故以「懷」字爲不當有而竝删「故」字。

申徒狄

楊注曰：「《莊子音義》曰：『殷時人。』」劉云：「案：服虔《漢書注》亦曰：『殷之末世介士也。』高誘《説山訓》注亦曰：『殷末人。』然《外傳》及《新序》竝載申徒狄事，其答崔嘉有『吴殺子胥，陳殺泄冶』語，據此言之，則非殷時人。」

易知　不辭

「君子易知而難狎，易懼而難脅，交親而不比，言辯而不辭」。《韓詩外傳》「易知」作「易和」，「不辭」作「不亂」。念孫案：《外傳》是也，「和」與「狎」義相近，「懼」與「脅」義相近，故曰「易和而難狎，易懼而難脅」。今本「和」作「知」，則於義遠矣。「不辭」二字文不成義，亦當依《外傳》作「不亂」，楊云「不至於騁辭」，加「騁」字以釋之，其失也迂矣。「和」「知」、

「亂」「辭」，皆形近而誤。

寡立

「君子寡立而不勝」，楊注曰：「雖寡立而不能勝。」念孫案：楊説非也。「寡立」當爲「直立」，字之誤也。俗書「直」字作「直」，「寡」字作「寡」，二形略相似，故「直」誤爲「寡」，《文選·顔延之〈和謝監靈運詩〉》注引此已誤。「勝」讀若「升」。《漸》六四「終莫之勝」，虞翻曰：「勝，陵也。」《小雅·正月篇》「靡人弗勝」，毛傳曰：「勝，乘也。」「乘」亦「陵」也。《管子·侈靡篇》「得天者高而不崩，得人者卑而不可勝」，謂卑而不可陵也。此言君子雖特立獨行而不以陵人，非謂人不能勝君子也。此文云「君子廉而不劌，辯而不争，直立而不勝」；《榮辱篇》云「辯而不説者，争也；直立而不見知者，勝也；廉而不見貴者，劌也。此小人之所務而君子之所不爲也」，足與此文互相證明矣。

容

「恭敬謹慎而容」。楊注曰：「不至於孤介也。」念孫案：楊説「容」字之義未確，「容」之言「裕」也，言君子敬慎而不局促，綽綽有裕也。《非十二子篇》「修告導寬容之義」，《韓詩外傳》作「寬裕」，是「容」、「裕」古字通。古者東、侯二部共入而互轉，故説文「容」、「裕」二字皆以谷爲聲。《史記・平準書》「盜摩錢裏取鎔」，《漢書・食貨志》「鎔」作「鋊」，音「浴」，亦其例也。

義

「正義直指，舉人之過」。引之曰：「義」讀爲「議」，《韓詩外傳》作「正言直行，指人之過」，「言」亦「議」也。《韓策》曰「嚴遂政議直指，舉韓傀之過」，是其證。《趙策》「臣愚不達於王之議」，《史記・趙世家》「議」作「義」。《史記・鄒陽傳》「畢議願知」，《漢書》作「義」。又《韓子・揚榷篇》「上不與義之」，《東周策》「秦王不聽羣臣父兄之義」，《淮南・泰族篇》「刺幾辯義」，「義」竝與「議」同。

天而道

「君子大心則天而道，小心則畏義而節」。念孫案：「天而道」三字文義不明，當依《韓詩外傳》作「敬天而道」，與「畏義而節」對文，楊注失之。

喜則和而理憂則靜而理宋吕、錢本竝如是。

楊注云：「皆當其理。」《外傳》作「喜即和而治，憂即靜而違」，盧從《外傳》改下句爲「憂則靜而違」。劉云：「案：注云『皆當其理』，則楊氏所據本兩句竝是『理』字。盧據《外傳》改下『理』字作『違』，《易》曰『樂則行之，憂則違之』，此『違』字所本。然《易》言出處，此言性情，義各有當。《外傳》引《荀》，頗多改竄，恐不得徑據彼以易此也。又《仲尼篇》云『福事至則和而理，禍事至則靜而理』，與此文義略同，彼注云：『理，謂不失其道。和而理，謂不充屈。靜而理，謂不隕穫也。』亦竝是『理』字，則不當依《外傳》作『違』明矣。竊疑《荀子》本文上句作『治』，下句作『理』，唐初避諱，凡『治』字悉改作『理』，中葉以後，又復回改作『治』，惟此兩處文義相混，校書者不能定其孰爲本文，故仍而不革。楊氏作注時未能審正而從爲之辭耳。今上句依《外傳》作『和而治』，下句作『靜而理』，庶幾得之。《仲尼篇》放此。」念孫案：劉說甚允。

攫盜而漸　是漸之也　則下漸詐矣

「小人知則攫盜而漸，愚則毒賊而亂」。楊注曰：「漸，進也。謂貪利不知止也。」引之曰：楊未曉「漸」字之義。漸，詐欺也，小人之智則攫盜而已矣，詐欺而已矣。《議兵篇》曰「招近募選，隆埶詐，尚功利，是漸之也」，《正論篇》曰「上幽險則下漸詐矣」，楊訓「漸」爲「進」，又訓爲「浸漬」，皆失之。義竝與此同，《吕刑》曰「民興胥漸」，言小民方興，相爲詐欺也。傳以「漸」爲

「漸化」，失之。説見《經義述聞》。《莊子·胠篋篇》曰「知詐漸毒」，李頤以「漸」爲「漸漬」，失之。此皆古人謂「詐」爲「漸」之證，説者都不尋省，望文生義，失其傳久矣。

君子養心莫善於誠

劉云：「案：誠者，君子所以成始而成終也。以成始，則《大學》之『誠其意』是也；以成終，則《中庸》之『至誠無息』是也。此言養心莫善於誠，即誠意之事，故下文亦言『慎獨』。」棲霞郝氏蘭皋《荀子補注》云：「『慎』當訓『誠』，《釋詁》云：『慎，誠也。』非謹慎之謂，《中庸》『慎獨』與此義别，楊注不援《爾雅》而據《中庸》，謬矣。」又云：「『慎』字古多訓『誠』，《詩》凡四見，毛、鄭俱依《爾雅》爲釋，《大學》兩言『慎獨』皆在《誠意篇》中，其義亦與《詩》同，惟《中庸》以『戒慎』、『慎獨』爲言，此别義乃今義也，《荀書》多古義，楊注未了，往往釋以今義，遂致舛誤。」念孫案：《中庸》之「慎獨」，「慎」字亦當訓爲「誠」，非上文「戒慎」之謂。「莫見乎隱，莫顯乎微」，即《大學》之「十目所視，十手所指」，則「慎獨」不當有二義。陳云：「《中庸》言『慎獨』，即是誠身。」故《禮器》説「禮之以少爲貴者」曰：「是故君子慎其獨也。」鄭注云：「少其牲物，致誠慤。」是「慎其獨」，即誠其獨也。「慎獨」之爲「誠獨」，鄭於《禮器》已釋訖，故《中庸》、《大學》注皆不復釋，孔沖遠未達此旨，故訓爲「謹慎」耳。凡經典中「慎」字與「謹」同義者多，與「誠」同義者少，訓「謹」訓「誠」原無古今之異，「慎」之爲「謹」不煩訓釋，故傳注無文，非「誠」爲古義而「謹」爲今義也。唯「慎獨」之「慎」則當訓爲「誠」，故曰「君子必慎其獨」，又曰「君子必誠其意」。《禮器》《中庸》《大學》《荀子》之「慎獨」，其義一而已矣。

無它事

「致誠則無它事矣」。楊注曰：「極其誠則外物不能害。」念孫案：君子非仁不守，非義不行，故曰「無它事」。下文「唯仁之爲守，唯義之爲行」是其明證，楊説非。

猶若

「雖作於心，見於色，出於言，民猶若未從也」。楊注曰：「若，如也。雖出令，民猶如未從者。」念孫案：若，猶然也。言雖出令，民猶然未從，非謂猶如未從也。古謂「猶然」爲「猶若」，説見《釋詞》「若」字下。

端拜

「君子審後王之道，而論於百王之前，若端拜而議」。楊注曰：「端，玄端，朝服也。端拜，猶言端拱。若服玄端，拜揖而議，言其從容不勞也。」念孫案：古無拜而議事之禮，且「端」「拜」二字義不相屬。「拜」當爲「𢪘」。「𢪘」，今「拱」字也，《說文》：「𠬞，竦手也。從𠂇、又。𢪘，楊雄說：『𠬞從兩手。』」拱，斂手也，從手，共聲。今經傳皆作「拱」。形與「拜」相似，因譌爲「拜」。端拱而議，即楊注所云「從容不勞也」。楊云「端拜，猶端拱」，近之；乃又云「拜揖而議」，則未知「拜」爲「𢪘」之譌耳。

室堂

「故君子不下室堂，而海内之情舉積此者」。盧刪「室」字，云：「宋本有『室』字，今從元本刪。」念孫案：「室」非衍字也。《内則》曰：「灑埽室堂。」書傳中言「室堂」者多矣。「君子不下室堂，而海内之情舉積此」，猶《老子》言「不出户，知天下」也。元本無「室」字者，後人以意刪之耳。《羣書治要》引此有「室」字。錢本、世德堂本同。

辨　治辯

「物至而應，事起而辨」。《解蔽篇》同。楊注曰：「物有至則能應之，事有疑則能辨之。」念孫案：辨者，治也。謂事起而能治之，非謂事有疑而能辨之也。《說文》：「辯，治也。」昭元年

《左傳》「主齊盟者誰能辯焉」，杜注與《説文》同。《王霸篇》「儒者爲之，必將曲辯」，楊注曰：「辯，治也。」字或作「辨」，《議兵篇》「城郭不辨」，注曰：「辨，治也。」合言之，則曰「治辯」，《儒效篇》曰「分不亂於上，能不窮於下，治辯之極也」，《王霸篇》曰「有加治辯彊固之道焉」，「有」讀爲「又」。舊本「有加」二字倒轉，今據楊注乙正。楊以「辯」爲「分別」，失之。又曰「天下莫不平均，莫不治辯」，《議兵篇》曰「禮者，治辯之極也」。或作「治辨」，《榮辱篇》曰「君子修正治辨」，《正論篇》曰「上宣明則下治辨矣」，《禮論篇》曰「君者，治辨之主也」。以上凡言「治辯」者，皆兩字同義，倒言之則曰「辯治」，《小雅·采菽》傳曰「平平，辯治也」。《荀子·君道篇》「君者，善班治人者也」，「班」亦與「辯」同，《韓詩外傳》作「辯治」，《成相篇》「辯治上下」。

不以悖君

「身之所長，上雖不知，不以悖君」。引之曰：「悖」讀若「勃」，《玉篇》：「悖，蒲突切，又蒲輩切。」《廣韻》同。悖，怨懟也，謂君雖不知而不怨君也。《仲尼篇》曰「君雖不知，無怨疾之心」是也。《方言》曰：「侼，懟也。」《廣雅》曰：「勃，懟也。侼、怨、懟，恨也。」「悖」、「侼」、「勃」字異而義同。莊十一年《左傳》「其興也悖焉」，「悖」一作「勃」。《莊子·庚桑楚篇》「徹志之勃」，「勃」本又作「悖」。《秦策》「秦王悖然而怒」，「悖然」即「勃然」。楊注云「不怨君而違悖」，其失也迂矣。

竭

「長短不飾，以情自竭，若是，則可謂直士矣」。楊注曰：「不矜其長，不掩其短，但任直道而竭盡其情也。」郝云：「按：情，實也。竭，舉也。言短長皆以實自舉，不加文飾，所以爲直士。」又《王制篇》「威嚴猛厲而不好假道人，則下畏恐而不親，周閉而不竭」，楊注曰：「隱閉其情，不竭盡也。」郝云：「竭，舉也。謂隱匿其情，不肯舉發也。」念孫案：郝說是也。《說文》「竭，負舉也。揭，高舉也」，《廣雅》「揭，舉也」，《禮運》釋文「竭，本亦作揭」，是「揭」、「竭」古字通。

獨甚

「畏法流俗而不敢以其所獨甚」。念孫案：「甚」當爲「是」。言不從流俗，而亦不敢用其所獨是也。隸書「甚」字作「𤯔」，「是」字作「昰」，二形相似，故「是」譌爲「甚」。《荀子・賦篇》「嫫母、力父是之喜」，《楚策》「是之喜」譌作「甚喜之」。《韓詩外傳》「《詩》曰：『瞻彼日月，悠悠我思，道之云遠，曷云能來。』急時辭也，是故稱之日月也」，《說苑・辯物篇》作「甚焉，故稱日月也」。《漢書·司馬相如傳》「閑雅甚都」，《史記》「甚」作「是」。《説文》「尟，是少也。從是、少」，今俗作「尠」。皆其證也。楊注云「不敢以其所獨善而甚過人」，其失也迂矣。

人之所惡者吾亦惡之

盧云：「正文首疑當有『人之所欲者，吾亦欲之』九字。」念孫案：盧以注云「賢人欲惡，不必異於衆人」，故疑正文當有「人之所欲者」云云也。不知注言欲惡不異者，加一「欲」字以通其義，非正文所有也。下文皆言「惡」，不言「欲」，是其證。

榮辱

憍泄者人之殃也

楊注曰：「『泄』與『媟』同，慢也。」劉云：「『憍』，當從元刻作『憍』。」念孫案：宋錢本亦作「憍」。「憍泄」即「驕泰」之異文，《荀子》他篇或作「汏」，或作「忕」，或作「泰」，皆同。古字「世」、「大」通用，「大室」亦爲「世室」，「大子」亦爲「世子」，「子大叔」亦爲「世叔」，「漏泄」之「泄」古多與「外」、「大」、「害」、「敗」等字爲韻，聲與「泰」亦相近也。《賈子》曰「簡泄不可以得士」，亦以「泄」爲「汏」。

傷人之言

「故與人善言，煖於布帛；傷人之言，深於矛戟」。念孫案：「傷人之言」，「之」本作「以」。謂以言傷人較之以矛戟傷人者爲更深也。今本「以」作「之」，則與下句不甚貫注矣。《非相篇》「故贈人以言重於金石珠玉，勸人以言美於黼黻文章，聽人以言（今本「以」字亦誤作「之」，辯見《非相篇》。）樂於鐘鼓琴瑟」，三「以」字與此文同一例。《藝文類聚·人部三》《太平御覽·兵部八十四》引此竝作「傷人以言」。

小涂則殆

「巨涂則讓，小涂則殆」。楊注曰：「殆，近也。凡行前遠而後近，故近者亦後之義。謂行於道涂，大道竝行則讓之，小道可單行則後之。」念孫案：楊說迂回而不可通。余謂「殆」讀爲「待」，言共行於道涂，大道可竝行則讓之，小道只可單行，則待其人過乃行也。作「殆」者，假借字耳。

不說

「辯而不說者，争也」。楊注曰：「不說，不爲人所稱說。或讀爲『悦』。」念孫案：後說是。

廉

「廉而不見貴者，劌也」。念孫案：廉而劌，謂有廉隅而傷人也，如此則人不貴之矣。《不苟篇》注云：「廉，棱也。劌，利傷也。」較此注爲勝。

憂忘其身

「憂忘其身，内忘其親，上忘其君」。楊注曰：「遭憂患刑戮而不能保其身，是憂忘其身也。或曰：當爲『下忘其身』，『下』誤爲『夏』，又轉誤爲『憂』耳。」念孫案：後說爲長。

唯利飲食之見

「恈恈然唯利飲食之見」。引之曰：「飲食」上本無「利」字，「唯飲食之見」，言狗彘唯見有飲食也。下文「恈恈然唯利之見」與此文同一例。今本作「利飲食之見」，「利」字即涉下文

「利」字而衍。

果敢而振

「果敢而振，猛貪而戾」。引之曰：「振」當爲「很」，字之誤也。「果敢而很」、「猛貪而戾」二句一意相承，故《廣雅》曰「戾，很也」，若「振」則非其類矣。楊注「振，動也」，引《公羊傳》「桓公振而矜之」，此望文生意，而非其本旨。

鯈鮇

「鯈鮇者，浮陽之魚也」。楊注曰：「今字書無『鮇』字，蓋當爲『鮍』。《說文》云即『鱣鮪鮍鮍』字，蓋鯈魚一名鯈鮍。」念孫案：《衛風・碩人篇》「鱣鮪發發」，《說文》作「鮍鮍」，則「鮍」非魚名，且鯈魚亦無「鯈鮍」之名，楊說非也。竊疑「鮇」爲「魾」字之誤，《爾雅》云「魴魾」，「魾」即「魴」之異名，則「鯈」、「魾」爲二魚也。隸書「丕」字或作「𠀅」，見漢《趙相劉衡碑》。「本」字或作「夲」，見《白石神君碑》。二形相似，故「魾」誤爲「鮇」與？

無志

「知命者不怨天，怨天者無志」。念孫案：「志」讀爲「知識」之「識」。古「知識」字通作「志」。説見《經義述聞·左傳·昭二十六年》。不知命而怨天，故曰「無識」。《法行篇》正作「怨天者無識」，楊彼注云：「無識，不知天命，是也。」此注以「志」爲「志氣」之「志」，失之。

迂

「自知者不怨人，怨人者窮，失之己，反之人，豈不迂乎哉」。楊注曰：「迂，失也。」念孫案：「失」與「迂」義不相近，古無此訓也。《廣雅》曰：「迂，遠也。」《韓詩外傳》曰「身不善而怨他人，不亦遠乎」，語意正與此同。

材愨

「材愨者常安利，蕩悍者常危害」。楊注曰：「材愨，謂材性愿愨也。」汪氏容甫曰：「『材』疑當作『朴』，字之誤也。『朴愨』與『蕩悍』、『安利』與『危害』、『樂易』與『幽險』、『壽長』與『夭折』皆對文。」念孫案：《大戴記·王言篇》「士信、民敦、工璞、商愨、女憧、婦空空」，《家語》

作「士信、民敦而俗樸，「樸」、「朴」、「璞」竝通。男慤而女貞」，王肅云：「樸，慤愿貌。」

安利者常樂易危害者常憂險

念孫案：險以心言，非以境言。「憂險」猶「憂危」，謂中心憂危之也，故與「樂易」對文；下文「樂易者常壽，長憂險者常夭折」亦以心言之也。《周語》云：「君子將險哀之不暇，而何樂易之有焉」，亦以「險哀」對「樂易」，説見《經義述聞・周語》。

父子相傳以持王公

念孫案：持，猶奉也。言官人百吏謹守其法則、度量、形辟、圖籍，見上文。父子相傳，以奉王公也。《廣雅》「奉，持也」，是「持」與「奉」同義。楊以「持」爲「保持」，未確。

軥録　敦比其事業　敦比於小事

「孝弟原慤，軥録疾力，以敦比其事業而不敢怠傲」。楊注曰：「『軥』與『拘』同。拘録，謂自檢束也。敦，厚也。比，親也。」盧補校云：「案《淮南・主術訓》『加之以勇力、辨慧、捷疾、劬録』，正與此『軥録疾力』語相似，『軥録』蓋勞身苦體之意。『孝弟原慤』以行言，『軥録疾力』以事言，楊讀爲『拘録』，非也。」又《君道篇》「愿愨拘録」，盧云案：「《榮辱篇》作『軥録』，注謂『軥，與拘同』，蓋據此文。然吏材非僅取愿愨檢束而已，必將取其勤勞趨事者，則作『劬録』義長。」引之曰：楊云「敦，厚也。比，親也」，亦非。敦、比皆治也。《魯頌·閟宮》箋云：「敦，治也。」《孟子·公孫丑篇》「使虞敦匠事」，謂治匠事也。「比」讀爲「庀」。襄二十五年《左傳》「子木使庀賦」，《魯語》「子將庀季氏之政焉」，韋、杜注竝云：「庀，治也。」《周官·遂師》「庀其委積」，故書「庀」爲「比」，鄭司農讀爲「庀」，《大司馬》「比軍衆」，「比」或作「庀」，是「庀」與「比」通。「敦比其事業」猶云治其事業耳。《彊國篇》「敦比於小事」，義與此同。楊注以爲「精審躬親」，亦失之。

陶誕

「陶誕、突盜、惕悍、憍暴，以偷生反側於亂世之閒」。楊注曰：「『陶』當爲『檮杌』之『檮』，頑嚚之貌。或曰：當爲『逃』，隱匿其情也。」念孫案：楊釋「陶」字之義未安，余謂「陶」讀爲「謟」。音「滔」。「謟」、「誕」雙聲字，「謟」亦「誕」也。《性惡篇》曰「其言也謟，其行也悖」，謂其言誕也，即上所謂「飾邪説，文姦言」也。作「陶」者，借字耳。凡從舀、從匋之字多相通，《小爾雅》「謟，索也」，「謟」即「宵爾索綯」之「綯」。《小雅·菀柳篇》「上帝甚蹈」，《一切經音義》五引《韓詩》「蹈」作「陶」。《楚辭·

九章》「滔滔孟夏兮」，《史記・屈原傳》作「陶陶」。《説文》「搯搯，搯也」，《一切經音義》引《通俗文》曰「搯出曰掏」，皆其證也。《彊國篇》曰「陶誕比周以争與，汙漫突盜以争地」，「陶」、「誕」、「突」、「盜」四字義竝與此同。

疾

「小人也者，疾爲誕而欲人之信己也，疾爲詐而欲人之親己也」。念孫案：疾，猶力也。言力爲誕、力爲詐也。上文云「軥録疾力，以敦比其事業」，《仲尼篇》云「疾力以申重之」，是「疾」與「力」同義，《臣道篇》云「事人而不順者，不疾者也」，言事上不力也。《吕氏春秋・尊師篇》「疾諷誦」，高注云：「疾，力也。」

慮之難知也

念孫案：此言小人之慮事不能知也。蓋公生明，私生暗，小人之思慮不足以知事，故曰「慮之難知」，下文「行之難安」「持之難立」與此文同一例。楊注云「慮之難知，謂人難測其姦詐」，則與下二句不合。

注錯

「則君子注錯之當，而小人注錯之過也」。楊注曰：「注錯，謂所注意錯履也，亦與措置義同。」念孫案：楊後説得之，「注」、「錯」二字同義。《廣雅》「措、鉒，置也」，「措鉒」即「注錯」，是「注錯」同訓爲「置」，非「注意錯履」之謂也。下文曰「是注錯習俗之節異也」，又曰「在注錯習俗之所積耳」，舊本「注錯」上有「埶」字，涉下文「得埶」而衍，今據上文删。《儒效篇》曰「注錯習俗，所以化性也」，又曰「謹注錯，慎習俗」，「注錯」二字皆上下平列。

君子安雅

「譬之越人安越，楚人安楚，君子安雅」。引之曰：「雅」讀爲「夏」，「夏」謂中國也，故與「楚」、「越」對文。《儒效篇》「居楚而楚，居越而越，居夏而夏」是其證。古者「夏」、「雅」二字互通，故《左傳》「齊大夫子雅」，《韓子·外儲説右篇》作「子夏」。楊注云「正而有美德謂之雅」，此下有「《詩》曰『弁彼鸒斯，歸飛提提』，鸒斯，雅烏也」十五字，乃後人妄加，非楊注原文。則與上二句不對矣。

習俗

「是非知能材性然也，是注錯習俗之節異也」。楊注曰：「習俗，謂所習風俗。」念孫案：「習」、「俗」雙聲字，「俗」即是「習」，非謂「所習風俗」也。《説文》「俗，習也」，《廣雅》同。《周官·大司徒》注曰「俗，謂土地所生習也」，《性惡篇》曰「上不循於亂世之君，下不俗於亂世之民」，不俗，不習也。楊注「俗，謂從其俗」，亦誤。又《儒效篇》「習俗移志，安久移質」，餘見前「注錯」下。《大略篇》曰「政教習俗，相順而後行」，《史記·秦始皇紀》「宣省習俗」，《漢書·食貨志》「同巧拙而合習俗」，「習俗」二字皆上下平列。

是又人之所生而有也是無待而然者也是禹桀之所同也

念孫案：此二十三字涉上文而衍，下文「爲堯禹則常安榮，爲桀紂則常危辱」云云，與上文「在注錯習俗之所積」句緊相承接，若加此二十三字，則隔斷上下語脈，故知爲衍文。

今是

「今是人之口腹」。念孫案：「今是」猶言「今夫」也，説見《釋詞》「是」字下。

無嗛於鼻

「彼臭之而無嗛於鼻，嘗之而甘於口，食之而安於體，則莫不棄此而取彼矣」。念孫案：「臭之而無嗛於鼻」，「無」，衍字也。嗛，苦簟反，快也。《莊子・盜跖篇》曰「口嗛於芻豢醪醴之味」，《趙策》曰「衣服之便於體，膳啗之嗛於口」，《魏策》曰「齊桓公夜半不嗛，易牙乃煎敖燔炙，和調五味而進之」，高注：「嗛，快也。」「臭之而嗛於鼻，嘗之而甘於口，食之而安於體」三句文同一例，若「嗛」上有「無」字，則與下文不合矣。楊讀「嗛」爲「慊」，而訓爲「厭」，失之。汪說同。

靡之儇之　積靡使然也

「人者，「人」與「仁」同，説見《脩身篇》「愛人」下。好告示人，告之示之，靡之儇之，鉛之重之」。楊注曰：「靡，順從也。儇，疾也。靡之儇之，猶言緩之急之也。」引之曰：楊説非也。靡之儇之，即《賈子》所云「服習積貫」也，《儒效篇》曰「居楚而楚，居越而越，居夏而夏，是非天性也，積靡使然也。楊注「靡，順也。順其積習故能然」，非是。故人知謹注錯，慎習俗，大積靡，則爲君子矣」，《性惡篇》曰「身日進於仁義，而不自知者，靡使然也」，《方言》曰「還，積也」，「還」與「儇」聲近而義同，是「靡之儇之」皆積貫之意也。

陋者俄且僩也

「則夫塞者俄且通也，陋者俄且僩也，愚者俄且知也」。楊注曰：「『僩』與『撊』同。《方言》云：『晉魏之閒謂猛爲撊。』『陋者俄且僩』，言鄙陋之人俄且矜莊、有威儀也。《詩》曰『瑟兮僩兮』，鄭云：『僩，寬大也。』下板反。」盧云：「案此注説頗岐出，竊疑『僩』當爲嫺雅之義，《賈誼書·傅職篇》云『明僩雅以道之文』，又《道術篇》云『容志審道謂之僩，反僩爲野』，此以『僩』與『陋』相對，義亦合。」念孫案：盧説是也，《脩身篇》「多見曰閑，少見曰陋」，「閑」與「陋」對文，是其證。「僩」、「閑」古字同耳。楊後説以僩爲寬大，近之。陳説略同。

是若不行則湯武在上曷益桀紂在上曷損

念孫案：「是若不行」，「是」字承上文「告之示之」四句而言。言民從告示，故湯武在上則治，桀紂在上則亂；若民不從告示，則湯武在上何益，桀紂在上亦何損乎？楊注云「若不行告示之道，則湯武何益，桀紂何損？所以貴湯武、賤桀紂，以行與不行耳」，失之。

豈非

「豈非人之情，固可與如此，可與如彼也哉」。念孫案：「豈」本作「幾」，古「豈」字也。今作「豈」者，後人不識古字而改之耳。案上文「幾直夫芻豢稻粱之縣糟糠爾哉」，注云：「幾，讀爲豈，下同。」下文「幾不甚善矣哉」，注云：「幾，亦讀爲豈。」後注既言「幾亦讀爲豈」，則前注不須更言「下同」，所謂「下同」者，正指此「幾」字而言。今改「幾」爲「豈」，則前注所謂「下同」者竟不知何指矣。

幾不

「非不欲也，幾不長慮顧後而恐無以繼之故也」。念孫案：「非不欲也」二句，文意緊相承接，中不當有「幾不」二字，蓋涉下文「幾不甚善」而衍。下文「幾」字有音，而此無音，則爲衍文明矣。

爲溝壑中瘠

「是其所以不免於凍餓，操瓢囊爲溝壑中瘠者也」。念孫案：「瘠」讀爲「掩骼埋胔」之「胔」。露骨曰骼，有肉曰胔。出蔡氏《月令章句》。言凍餓而轉死於溝壑，故曰「爲溝壑中胔」，作「瘠」

者，借字耳。說見《管子·八觀篇》。楊以「瘠」爲「羸瘦」，失之。

其功盛姚遠矣　以觀其盛　饗其盛　嚮萬物之美而盛憂兼萬物之利而盛害

「先王之道，仁義之統，《詩》《書》《禮》《樂》之分，將爲天下生民之屬，長慮顧後，而保萬世也，其流長矣，其溫厚矣。「溫」讀爲「薀」，薀積也。《大雅·雲漢篇》「薀隆蟲蟲」，正義：「薀，作溫。」《内則》「柔色以溫之」，釋文：「溫，本又作薀。」是「薀」與「溫」通，楊注「溫，猶足也」，非是。汪說、陳說同。其功盛姚遠矣」。楊注曰：「姚與遥同，言功業之盛甚長遠也。」引之曰：楊讀「盛」爲「茂盛」之「盛」，非也。「盛」讀爲「成」，「成」亦「功」也。《爾雅》曰：「功，成也。」《大戴禮·盛德篇》曰「能成德法者爲有功」，《周官·典婦功》曰「秋獻功」，《稾人》曰「秋獻成」，是「成」與「功」同義。「姚」亦「遠」也。言其功甚遠也。「成」與「盛」古同聲而通用。《說卦傳》「終萬物、始萬物者，莫盛乎艮」，言莫成乎艮也。「莫成乎艮」即「成言乎艮」，說見《經義述聞》。《吕氏春秋·悔過篇》「我行數千里以襲人，未至而人已先知之矣，此其備必已盛矣」，言其備已成也。高注：「盛，彊也。」失之。《繫辭傳》「成象之謂乾」，蜀才本「成」作「盛」。《左氏春秋·莊八年》「師及齊師圍郕」，《公羊》「郕」作「成」，《隱五年》《十年》《文十二年》竝作「盛」。《秦策》「今王使成橋守事於韓」，《史記·春申君傳》「成」作「盛」。《封禪書》「七曰日主，祠成山」，《漢書·郊祀志》「成」作「盛」。皆其證也。《王霸篇》曰「論一相，陳一法，明一指，以兼覆之，兼炤之，以觀其盛」，言觀其成也。楊注：「盛，讀爲成。」《臣道篇》曰：「明主尚賢使能而饗其盛，闇主妬賢畏能而滅其功」，「盛」讀爲「成」，「成」亦「功」也，楊注「盛謂大業」，失之。故《説苑·臣術篇》作「上賢使能而享其功」，《正名篇》曰「心憂恐則口銜芻豢而不知其味，耳聽鐘鼓而不知其聲，目視黼黻而不知其狀，輕煖平簟而體不知其安，故嚮萬物之美而盛憂，兼萬物之利而盛害」，言美反成憂，利反成害也。

孰脩爲

「非孰脩爲之君子莫之能知也」。念孫案：《禮論篇》曰「非順孰修爲之君子莫之能知也」，楊彼注云：「順，從也。孰，精也。脩，治也。爲，作也。」此文脱「順」字，楊又云「孰，甚也，甚脩飾作爲之君子」，直望文生義耳，當從《禮論篇》補「順」字。

以獨則足樂意者其是邪

「夫《詩》《書》《禮》《樂》之分，固非庸人之所知也。以治情則利，以爲名則榮，以羣則和，以獨則足，樂意者其是邪」。楊讀「以獨則足」爲句，注云：「知《詩》《書》《禮》《樂》，羣居則和同，獨處則自足也。」又讀「樂意者其是邪」爲句，注云：「樂意莫過於此。」念孫案：此當讀

「以獨則足樂」爲句，言獨居而説《禮》《樂》、敦《詩》《書》，則致足樂也。以羣則和，以獨則足樂，「樂」與「和」義正相承，則「樂」字上屬爲句明矣。「意者其是邪」，自爲一句，「意」者，語詞也。「其是邪」指《詩》《書》《禮》《樂》而言，《呂氏春秋·重言篇》曰「日之役者，有執蹠痛而上視者，意者其是邪」，句法正與此同。

然則

「夫貴爲天子，富有天下，是人情之所同欲也。然則從人之欲則勢不能容，物不能贍也」。念孫案：「然則」猶言「然而」也，説見《釋詞》「則」字下。

使有貴賤之等長幼之差知賢愚能不能之分

元刻無「賢」字。念孫案：無「賢」字者是也。「知」讀爲「智」，「智」對「愚」，「能」對「不能」，則不得有「賢」字明矣。下文「以仁厚知能盡官職」，「知能」二字，正與此相應，是其證。宋本有「賢」字者，蓋誤讀「知」爲「知識」之「知」，故於「愚」上加「賢」字，而以爲「知賢愚能不能之分」也。不知「使有」二字直貫至「知愚能不能之分」而止，若讀「知」爲「知識」之「知」，則與「使有」二字不相聯屬矣。

斬而齊，枉而順，不同而一

楊注曰：「斬而齊，謂彊斬之使齊，若《漢書》云『一切』者。」劉云：「『斬』讀如『儳』，《説文》：『儳，儳互不齊也。』《周語》『冒没輕儳』，韋注云：『儳，進退上下無列也。』言多儳互不齊，乃其所以爲齊也。」念孫案：僖二十三年《左傳》「鼓儳可也」，杜注：「儳巖，未整陳。」義與此同。「儳而齊」即《正名篇》所謂「差差然而齊」。

荀子弟二

非相

相人古之人無有也學者不道也

元刻「相」下無「人」字。宋龔本同。念孫案：無「人」字者是。此謂古無相術，非謂古無相人也；謂學者不道相術，非謂不道相人也。下文云「長短、小大、善惡形相，古之人無有也，學者不道也」，是其證。宋本作「相人」者，涉下「相人之形狀」而誤。

焉廣三寸

「面長三尺，焉廣三寸」。盧云：「案：『焉』字古多以爲發聲，如《淮南子》『天子焉始乘舟』是也，《荀書》或用『焉』、或用『案』、或用『安』，字異語同，皆以爲發聲。」

善於後世

「仁義功名善於後世」。引之曰：「善」字文義不明，疑「著」字之譌，隸書「著」字或作「着」，形與「善」相似。《史記·五帝紀》「帝摯立，不善」，索隱：「古本作『不著』。」

越勁

「筋力越勁，百人之敵也」。楊注曰：「越，過人也。」念孫案：如楊說，則「越」、「勁」二字義不相屬。今案：越者，輕也，言筋力輕勁也。《說文》云「赳，輕勁有材力」是也。「越」字本作「娍」，《說文》曰「娍，輕也」，《廣雅》同。《玉篇》音于厥切。「娍」與「越」古字通，《呂氏春秋·本味篇》注曰：「越越，輕易之貌。」《緇衣》引《大甲》曰「毋越厥命以自覆」，言毋輕發厥令以自傾覆也。鄭注以「越」爲「顛蹷」，非是。說見《經義述聞》。《說文》「䟢，輕足也」，義亦與「越」同。

知士不能明

「知行淺薄，曲直有與「又」同。以相縣矣，宋呂、錢本竝如是。元刻脱「相」字，盧依元刻删「相」字，非。然而仁人不能推，知士不能明」。楊注曰：「曲直，猶能否也。言智慮德行至淺薄，其能否與人又相縣遠，而不能推讓明白之。言不知己之不及也。」念孫案：楊以「明」爲「明白」，非也。明者，尊也，言不能尊智士也。「仁人不能推，智士不能明」，「明」與「推」皆尊崇之謂也，古者多謂「尊」爲「明」。《禮運》「故君者所明也，非明人者也」，《大傳》「庶子不祭，明其宗也」，鄭注竝曰：「明，猶尊也。」《祭義》「明命鬼神」，鄭注曰：「明命，猶尊名也。」《晉語》曰「晉公子可謂賢矣，而君蔑之，是不明賢也」，《管子·牧民篇》曰「明鬼神祇山川」，《墨子·明鬼篇》曰「鬼神不可不尊明也」，皆其證矣。

三數行

「人有此三數行者」。引之曰：「三數行」文不成義，當作「有此數行」，「數行」謂上文之「三不祥」與「三必窮」也，其「三」字即涉上文而衍。

故曰 息

「故曰：文久而息，節族久而絶」。念孫案：「故」，衍字也。自「曰文久而息」以下，皆與上文「聖王有百，吾孰法焉」二句自相問荅，則「曰」上不當有「故」字明矣，蓋涉下文三「故曰」

而衍。下文曰「是以文久而滅，節族久而絶」，「滅」與「絶」爲韻，則此亦當然，今本「滅」作「息」，則失其韻矣。「息」字蓋涉注文「滅息」而誤。

守法數之有司極禮而褫

楊注曰：「褫，解也。有司世世相承，守禮之法數，至於極久，亦下脱也。」劉云：「極，疲極也。」念孫案：「褫」之言「弛」也，言疲於禮而廢弛也。

欲觀聖王之跡則於其粲然者矣後王是也

楊注曰：「後王，近時之王也。夫禮法所興，以救當世之急，故隨時設教，不必拘於舊聞。而時人以爲：君必用堯舜之道，臣必行禹稷之術，然後可。斯惑也，故荀卿深陳以後王爲法，而審其所貴君子焉。司馬遷曰：『法後王者，以其近己而俗相類，議卑而易行也。』」劉云：「案：後王謂文武也，楊注非。」汪云：「《史記》引『法後王』，蓋如賦《詩》之斷章耳，此注承其誤，名爲解《荀子》而實汩之。」念孫案：「後王」二字本篇一見，《不苟篇》一見，《儒效篇》二見，《王制篇》一見，《正名篇》三見，《成相篇》一見，皆指文武而言，楊注皆誤。

欲知周道則審其人所貴君子

劉云：「案：『其人』，荀卿自謂也。『所貴君子』，『其人』之所宗仰，若仲尼、子弓也。」

以其治亂者異道宋吕本如是。

「夫妄人曰：『古今異情，以其治亂者異道。』」宋錢本「以其」作「其以」。念孫案：此文本作「其所以治亂者異道」，謂古今之所以治亂者，其道不同也。錢本「其以」之閒脱「所」字，吕本「其以」又誤作「以其」，則義不可通，《韓詩外傳》正作「其所以治亂異道」。

不欺

「聖人何以不欺」。念孫案：「不欺」當作「不可欺」，「聖人不可欺」，正對上文「衆人可欺」而言，下文「鄉乎邪曲而不迷」云云，正所謂聖人不可欺也。今本脱「可」字，則失其義矣。楊注云「人不能欺，亦不欺人」，則所見本已脱「可」字，故曲爲之説，而不知與上下文不合也，《外傳》正作「不可欺」。

古今一度也

「故以人度人，度，徒落反。以情度情，以類度類，以説度功，以道觀盡，古今一度也」。念孫案：「古今一度也」當作「古今一也」，言自「以人度人」以下皆無古今之異，故曰「古今一也」。《彊國篇》「治必由之，古今一也」，《正論篇》「有擅國，無擅天下，古今一也」，《君子篇》「故尊聖者王，貴賢者霸，敬賢者存，慢賢者亡，古今一也」，文意竝與此同，則「一」下不當更有「度」字，蓋涉上數「度」字而衍。楊注云「古今不殊，盡可以此度彼」，則所見本已有「度」字，《外傳》無。

聞其詳

「愚者聞其略而不知其詳，聞其詳而不知其大也」。念孫案：「聞其詳」，本作「聞其小」，「略」與「詳」對，「小」與「大」對，據楊注云「惟聖賢乃能以略知詳，以小知大」，則本作「聞其小而不知其大」明矣。今本「小」作「詳」，涉上句「詳」字而誤。《外傳》作「聞其細，不知其大」，「細」亦「小」也。

觀人以言　聽人以言宋吕、錢本竝如是。

「故贈人以言，重於金石珠玉；觀人以言，美於黼黻文章；聽人以言，樂於鐘鼓琴瑟」。念孫案：「觀」本作「勸」，「勸人以言」，謂以善言勸人也。故曰「美於黼黻文章」，若「觀人以言」，則何美之有？楊注云「謂使人觀其言」，則所見本已譌作「觀」。《太平御覽·人事部三十一》所引亦然，《藝文類聚·人部十五》正引作「勸人以言」。「聽人以言」。元刻「以」作「之」，而盧本從之。案：此與上二句文同一例。「聽人以言」者，我言之而人聽之也。我言而人聽，則是我之以善及人也，故曰「樂於鐘鼓琴瑟」，若聽人之言，則何樂之有？此後人不曉文義而妄改之耳。據楊注云「使人聽其言」則本作「聽人以言」明矣，《藝文類聚》《太平御覽》竝引作「聽人以言」。

渠匽

「府然若渠匽檃栝之於己也」。楊注曰：「渠匽所以制水，檃栝所以制木。」引之曰：正文、注文「渠」字疑皆「梁」字之誤，《爾雅》「隄謂之梁」，鄭仲師注《周官·𡟰人》云：「梁，水偃也。」「偃」與「匽」通，即「堰」字也。「梁」與「匽」同義，故以「梁」、「匽」連文。「梁」、「渠」形相似，遂誤爲「渠」耳。《史記·建元以來侯表》「煇渠忠侯僕多」，《廣韻》引《風俗通》「渠」作「梁」。《漢書·地理志》「彊梁原」，《水經·渭水注》作「荆渠原」。《後漢書·安帝紀》「高渠谷」，注引《東觀記》作「高梁谷」。

故君子之度己則以繩接人則用抴

楊注曰：「抴，牽引也。度己，猶正己也。君子正己則以繩墨，接人則牽引而致之，言急正己而馴致人也。或曰：『抴』當爲『枻』。枻，檝也。言如以檝櫂進舟船也。韓侍郎云：枻者，檠枻也，正弓弩之器也。」劉云：「韓説是也。《淮南·説山訓》曰：『擏不正而可以正弓。』此即用『枻』之義。『擏』同『檠』。」念孫案：《攷工記·弓人》「恒角而達，譬如終紲」，鄭注曰：「紲，弓鞑也。」《秦風·小戎篇》「竹閉緄縢」，毛傳曰：「閉，紲也。」《小雅·角弓》傳曰：「不善紲檠巧用，則翩然而反。」《士喪禮記》「弓有柲」，注曰：「柲，弓檠，弛則縛之於弓裏，備損傷也，以竹爲之。」「紲」與「枻」同，「閉」與「柲」、「鞑」同，即《淮南》所謂「可以正弓」者也。「枻」與「繩」對文，若訓爲「牽引」，則與「繩」不對，若訓爲「檝」，則於義愈遠矣。

因求

「故能寬容因求，以成天下之大事矣」。念孫案：「因求」二字義不可通，「求」當爲「衆」，字之誤也。唯寬容，故能因衆以成事。上文「與時遷徙，與世偃仰」，正所謂「因衆」也。楊注云「成事在衆」，言「衆」而不言「求」，則「求」爲「衆」之誤甚明。

分別 譬稱

「分別以喻之，譬稱以明之」。念孫案：「分別」當在下句，「譬稱」當在上句。譬稱所以曉人，故曰「譬稱以喻之」；分別所以明理，故曰「分別以明之」。今本「譬稱」與「分別」互易，《韓詩外傳》及《説苑·善説篇》引此竝作「譬稱以喻之，分別以明之」。

芬薌

「欣驩芬薌以送之」。楊注曰：「芬薌，言至芳潔也。『薌』與『香』同。」念孫案：芬薌，和也。《方言》「芬，和也」，郭璞曰：「芬香和調。」《廣雅》與《方言》同。《周官·鬯人》注曰「鬯，釀秬爲酒，芬香條暢於上下也」，《大雅·鳧鷖篇》曰「旨酒欣欣，燔炙芬芬」，皆芬香和調之意。「欣驩」、「芬薌」皆謂和氣以將之也。《議兵篇》曰「其民之親我歡若父母，其好我芬若椒蘭」，義與此同。

謂爲

「夫是之謂爲能貴其所貴，《傳》曰『唯君子爲能貴其所貴』」。引之曰：上「爲」字涉下「爲」字而衍，《韓詩外傳》《説苑》皆作「夫是之謂能貴其所貴」，無「爲」字。

謀救

「起於下，所以忠於上，謀救是也」。念孫案：「謀救」二字於義無取，楊注以爲嘉謀匡救，於「謀」上加「嘉」字以曲通其義，其失也迂矣。余謂「謀救」當爲「諫救」，字之誤也。《管子·立政九敗解篇》「諫臣死而諂臣尊」，今本「諫」誤作「謀」。《淮南·主術篇》「執正進諫」，高注：「諫，或作謀。」《周官》有「司諫」、「司救」，《説文》「救，止也」，《論語·八佾篇》「女弗能救與」，馬注與《説文》同。然則諫止其君之過，謂之諫救，故曰：「起於下所以忠於上，諫救是也。」

故言君子必辯

「志好之，行安之，樂言之，故言君子必辯」。楊讀「故言」爲一句而釋之曰「所以好言説，以此三者」也。念孫案：楊説非也。「故君子必辯」爲一句，「故」下本無「言」字，此言君子

「志好之」、「行安之」、「樂言之」，是以必辯也。上文云「故君子之於言也，志好之，行安之，樂言之，故君子必辯」是其證，今本作「故言君子必辯」，「言」字乃涉上文而衍。楊斷「故言」爲一句以結上文，則「君子必辯」四字竟成贅語矣。

見本分

「小辯不如見端，見端不如見本分」。扶問反。引之曰：「本分」上本無「見」字，此涉上兩「見端」而衍。「本分」者，本其一定之分也。楊注云「見端首，不如見本分」，則所見本已衍「見」字。下文「小辯而察，見端而明，本分而理」，皆承此文言之，而「本分」上無「見」字，故知「見」爲衍文。

居錯

「居錯遷徙，應變不窮」。楊注曰：「錯，置也。居錯，安居也。」念孫案：「居」讀爲「舉」。言或舉或錯或遷徙，皆隨變應之而不窮也。《王制篇》曰「舉措應變而不窮」，《君道篇》曰「與之舉錯遷移而觀其能應變也」，《禮論篇》曰「將舉錯之，遷徙之」，皆其證矣。「舉」與「居」古字通，《史記·越世家》曰「陶朱公約要父子，耕畜，廢居，候時轉業」，《仲尼弟子傳》曰

「子貢好廢舉，與時轉貨資」，「廢舉」即「廢居」。《司馬相如傳》「族舉遞奏」，《漢書》「舉」作「居」。《書大傳》「民能敬長憐孤，取舍好讓，舉事力者」，《韓詩外傳》「舉」作「居」。

致實

「文而致實，博而黨正」。念孫案：「致」讀爲「質」。襄三十年《左傳》「用兩珪質于河」，釋文：「質，如字，又音致。」《昭十六年》「與蠻子之無質也」，釋文：「質，之實反，或音致。」《淮南·要略》「約重致，剖信符」，「重致」即「重質」，「質」、「致」古同聲，故字亦相通，説見《唐韻正》。質，信也，見昭十六年、二十年《左傳》注、《魯語》《晉語》注。謂信實也。「致實」與「黨正」對文。楊注：「『黨』與『讜』同，謂直言也。」楊注「致，至也」，失之。

非十二子

假今之世

「假今之世，飾邪説、文姦言以梟亂天下」云云。楊注曰：「假如今之世也。或曰：假，借也。今之世，謂戰國昏亂之世，言十二子借亂世以惑衆也。」念孫案：《彊國篇》云「假今之世，益地不如益信之務也」，則前説爲是。

欺惑愚衆喬宇嵬瑣

元刻無「欺惑愚衆」四字。宋龔本同。念孫案：元刻是也。宋本有此四字者，依《韓詩外傳》加之也，楊注但釋「喬宇嵬瑣」而不釋「欺惑愚衆」，至下文「足以欺惑愚衆」始釋之，云「足以欺惑愚人衆人」，則此處本無「欺惑愚衆」四字明矣。《外傳》有此四字者，「欺惑愚衆」下文凡五見而《外傳》皆無之，故得移置於此處。若據《外傳》增入，則既與下文重複，又與楊注不合矣。

大儉約　僈差等

「上功用，「上」與「尚」同。大儉約而僈差等」。念孫案：「大」亦「尚」也，謂尊尚儉約也。《表記》「君子不自大其事，不自尚其功」，亦以「大」與「尚」竝言之。《性惡篇》「大齊信而輕貨財」，隱三年《公羊傳》「故君子大居正」，竝與此「大」字同義。楊讀「大」爲「太」，而以爲「過儉約」，失之。

「僈」讀爲「曼」，《廣雅》曰：「曼，無也。」《法言·寡見篇》「曼是爲也」，《五百篇》「行，有之也；病，曼之也」，皆謂「無」爲「曼」。《文選·四子講德論》「空柯無刃，公輸不能以斲，但縣曼繒，蒲苴不能以射」，「曼」亦「無」也。李善注訓「曼」爲「長」，失之。曼差等，即無差等，作「僈」者，借字耳。《富國篇》曰「墨子將上功勞苦，與百姓均事業、齊功勞」，正所謂「無差等」也。故下文云「曾不足以容辨異，縣君臣」，楊以「僈」爲「輕慢」，亦失之。

下脩

「尚法而無法，下脩而好作」。念孫案：「下脩而好作」，義不可通，「下脩」當爲「不循」，謂不循舊法也。《墨子・非儒篇》道儒者之言曰「君子循而不作」，此則反乎君子之所爲，故曰「不循而好作」也。「不」與「下」、「循」與「脩」字相似而誤。隸書「循」、「脩」二字相亂，説見《管子・形勢篇》。楊注云「以脩立爲下而好作爲」，失之。

取聽　取從

「上則取聽於上，下則取從於俗」。念孫案：「取聽」、「取從」，言能使上下皆聽從之耳，楊云「言苟順上下意」，失之。

及紃察之

「終日言成文典，及紃察之，楊注：「紃，與循同。」則倜然無所歸宿」。元刻「及」作「反」。宋龔本同。引之曰：元刻是也。反，復也，謂復紃察之也。楊注云：「雖言成文典，若反復紃察，則疏遠無所歸」，則「及」爲「反」之誤明矣。《榮辱篇》「反鉛察之」，其字正作「反」，「紃」、「鉛」古聲相近，故字亦相通。《禮論篇》「則必反鉛」，《三年問》「鉛」作「巡」，《祭義》「終始相巡」，注：「巡，讀如沿漢之沿。」皆其例矣。

甚察而不惠辯而無用

念孫案：「惠」當爲「急」，字之誤也。「甚察而不急」，謂其言雖甚察而不急於用，故下句云「辯而無用」也。下文「無用而辯，不急而察」，「急」字亦誤作「惠」。《天論篇》云「無用之辯，不急之察」，《性惡篇》云「雜能旁魄而無用，析速粹孰而不急」，皆其明證也。楊訓「惠」爲「順」，失之。

類

「甚僻違而無類」。楊注曰：「謂乖僻違戾而不知善類也。」念孫案：楊説非也。「僻」、「違」皆邪也，説見《脩身篇》。類者，法也，言邪僻而無法也。《方言》「類，法也」，《廣雅》同。齊曰類」，《楚辭・九章》「吾將以爲類兮」，王注與《方言》同。《太玄・毅》次七「觥羊之毅，鳴不類」，《測》曰：「觥羊之毅，言不法也。」是古謂「法」爲「類」。《儒效篇》「其言有類，其行有禮」，謂言有法也。楊注「類，善也，謂比類於善」，失之。《王制篇》「飾動以禮義，聽斷以類」，謂聽斷以法也。楊注「所聽斷之事，皆得其善類」，失之。《富國篇》「誅賞而不類」，謂誅賞不法也。楊注「不以其類」，失之。「類」之言「律」也，「律」亦「法」也。故《樂記》「律小大之稱」，《史記・樂書》「律」作「類」，《王制篇》曰「其有法者以法行，無法者以類舉」，蓋「法」與「類」對文則異、散文則通矣。

斂然

「斂然聖王之文章具焉」。引之曰：古無以「斂然」二字連文者，「斂」當爲「歙」，字之誤也。「歙然」者，聚集之貌，言聖王之文章歙然皆聚於此也。《漢書・韓延壽傳》曰「郡中歙然，莫不傳相敕厲」，《匡衡傳》曰「學士歙然歸仁」。字亦作「翕」，《史記・自序》曰「天下翕然，大安殷富」，義竝同也。楊注亦當作「歙然，聚集之貌」，今隨正文而誤。

則六說者不能入也十二子者不能親也

元刻無「則」字。宋龔本同。念孫案：無「則」字者是也。上文「若夫」二字總領下文十九句，而結之曰：「是聖人之不得埶者也。」此二十句皆一氣貫注，若第十一句上加一「則」字，則隔斷上下語脈矣，《韓詩外傳》無「則」字。下文「六說者立息，十二子者遷化」，「六說」上亦無則字。

願以爲臣

「成名況乎，案：此下有脱文，不可考，楊注非。諸侯莫不願以爲臣」。引之曰：《儒效篇》「願」下有「得」字，彼文因此而衍，則此文當有「得」字也。宋龔本有。《非相篇》「婦人莫不願得以爲夫，處女莫不願得以爲士」，文義正與此同。據楊注亦當有「得」字。

財萬物

「一天下，財萬物，養長生民，兼利天下」。念孫案：「財」如《泰・象傳》「財成天地之道」之

「財」，「財」亦「成」也。說見《經義述聞》。「財萬物」與「養長生民」、「兼利天下」連文，是「財萬物」即「成萬物」，《繫辭傳》曰「曲成萬物而不遺」是也。《儒效篇》曰「通乎財萬物、養百姓之經紀」，《王制篇》曰「等賦政事，財萬物，所以養萬民也」，楊云「裁制萬物」，失之。又曰「序四時，裁萬物，「裁」與「財」同。兼利天下」，《富國篇》曰「財萬物，養萬民」，義竝與此同。

多少

「故多言而類，聖人也；少言而法，君子也；多少無法而流湎然，「而」與「如」同。雖辯，小人也」。盧云：「此數語又見《大略篇》，彼作『多言無法』，此『少』字似訛。」

知而險賊而神

楊注曰：「用智於險，又賊害不測如神也。」郝云：「按小人雖有才智，而其心險如山川，賊害於物而其機變若鬼神。楊注未了了。」念孫案：「知而險」與「賊而神」對文，則「知」非美稱。知者，巧也。《淮南·覽冥篇》注：「智故，巧詐也。」《莊子·胠篋篇》「知詐漸毒」，《淮南·原道篇》「偶𥈤智故，曲巧僞詐」，竝與此「知」字同義。故下句即云「爲詐而巧」，言既智巧而又險巇也。

言無用而辯辯不惠而察

念孫案：此本作「無用而辯，不急而察」，辯者，智也，慧也。《廣雅》：「辯，慧也。」「慧」通作「惠」，《晉語》曰「巧文辯惠則賢」，《逸周書·寶典篇》曰「辯惠千智」，《商子·説民篇》曰「辯慧，亂之贊也」，「辯」通作「辨」。《大戴記·文王官人篇》曰「不學而性辨」，《荀子·性惡篇》曰「性質美而心辯知」，《東周策》曰「兩周辯知之士」，是「辯」與「智」、「慧」同義。非「辯論」之「辯」，下文「言辯而逆」，乃及言論耳。「無用而辯」，即辯而無用，非謂「言無用而辯」也。今本「言」字涉下文「言辯」而衍。「不急而察」，即察而不急，非謂「辯不惠而察」也。今本「辯」字涉上句而衍。上文云「甚察而不急」，今本「急」字亦誤作「惠」，辯見前「甚察而不惠」下。「辯而無用」，是其明證矣，楊説皆失之。

好

「飾非而好」。楊注曰：「好飾非也。」念孫案：「飾非而好」，言其飾之工也。「好」字當讀上聲，不當讀去聲，楊説非。

察辯

「察辯而操僻淫」。楊注曰：「爲察察之辯，而操持僻淫之事」。念孫案：「察辯」二字平列，「辯」字義見上。言能察能辯，而所操皆僻淫之術也。《勸學篇》曰「不隆禮，雖察辯，散儒也」，《不苟篇》曰「君子辯而不争，察而不激」，《荀子書》皆以「察」、「辯」對文，不可枚舉。

利足而迷負石而墜

楊注曰：「謂申徒狄負石投河，言好名以至此也，亦利足而迷之類。」郝云：「按：『利足而迷』，所謂『捷徑以窘步也』；『負石而墜』，所謂『力少而任重，高位實疾顛』也，二句皆譬況之詞。」

高上尊貴不以驕人聰明聖知不以窮人齊給速通不争先人剛毅勇敢不以傷人

念孫案：「不争先人」，當依上下文作「不以先人」，今本「以」作「争」，涉下文「與人争」而誤也。《韓詩外傳》作「不以欺誣人」，《説苑·敬慎篇》作「無以先人」，文雖不同而「以」字則同。

士仕

「古之所謂士仕者」。念孫案:「士仕」當爲「仕士」,與下「處士」對文,今本「仕士」二字倒轉。下文同。楊曲爲之説,非。

觸抵

「觸抵者也」。念孫案:「觸抵」,謂觸罪過也。此對上文「遠罪過」而言,楊云「恃權埶而忤人」,失之。

離縱而跂訾

「以不俗爲俗,楊云:「以不合俗人自爲其俗也。」離縱而跂訾者也」。念孫案:楊有前後二説,前説讀「訾」爲「恣」,以「離縱」爲「離於俗而放縱」,「跂訾」爲「跂足違俗而恣其志意」,皆非也;後説謂「縱」爲「縰」之誤,是也。《莊子·在宥篇》「儒墨乃始離跂攘臂乎桎梏之閒」,「離跂」疊韻字;《荀子》云「離縰而跂訾」,「離縰」、「跂訾」亦疊韻字,大抵皆自異於衆之意也。「離縰」爲「離於俗而步去」,「跂訾」爲「跂足自高而訾毁於人」,亦楊訓「縰」爲「步」,而以「離縰」爲「離於俗而步去」,「跂訾」爲「跂足自高而訾毁於人」,亦非。凡疊韻之字，其意即存乎聲，求諸其聲則得，求諸其文則惑矣。

士君子之所能不能爲宋吕、錢本竝如是，世德堂本同。

盧删上「能」字，云：「宋本『之所』下衍一『能』字，今從元刻删。」又云：「或疑此句因下文首句而衍。」念孫案：此文本作「士君子之所能爲、不能爲」，乃總冒下文之詞。下文「君子能爲可貴，不能使人必貴己」六句，皆承此文而言。宋本脱上「爲」字，元刻又脱上「能」字。盧既依元刻删「能」字，又不知此句爲冒下之詞，而以爲承上之詞，遂劃出此句爲上段之末句，誤矣。又疑此句因下文而衍，則誤之又誤也。

仲尼

門人

「仲尼之門人，五尺之豎子，言羞稱乎五伯」。念孫案：「仲尼之門人」，「人」字後人所加也。下文同。下文兩言「曷足稱乎大君子之門」，皆與此「門」字相應，則無「人」字明矣。《春秋繁露·對膠西王篇》「仲尼之門，五尺之童子，言羞稱五伯，爲其詐以成功，苟爲而已也，故不足稱於大君子之門」《漢書·董仲舒傳》同。《風俗通義·窮通篇》「孫卿小五伯，以爲仲尼之門羞稱其功」，語皆本於《荀子》而亦無「人」字。《文選·陳情事表》注、《解嘲》注兩引《荀子》皆無「人」字。

固曷足稱乎大君子之門哉宋吕本如是。

「其事行也，若是其險汙淫汏也，固曷足稱乎大君子之門哉」。宋錢本「險污淫汏也」下有「如彼」二字，元刻無「如」字，以「彼」字屬下讀。念孫案：元刻是也，下文云「彼固曷足稱乎大君子之門哉」正與此句相應，則「彼」字屬下讀明矣。錢本彼上衍「如」字，則以「如彼」與「若是」對文，與楊注不合矣。錢本及元刻「事行」作「行事」，亦與楊注不合。

安出

「安忘其怒，出忘其讎，遂立以爲仲父」。念孫案：安，語詞。《荀子書》通以「安」、「案」二字爲語詞，說見《釋詞》「安」字下。「忘其怒，忘其讎，遂立以爲仲父」三句，文義甚明，則「忘其讎」上不當有「出」字，蓋衍文也。楊注云「安，猶内也。出，猶外也」，此不得其解而爲之詞。

本政教

「彼非本政教也，非致隆高也，非綦文理也」。引之曰：五伯亦有政教，不得言五伯「非本政教」，「本」當爲「平」，字之誤也。隸書「本」字與「平」相似，故「平」誤爲「本」。《致士篇》曰「刑政平而百姓歸之」，《孟子·離婁篇》曰「君子平其政」，昭二十年《左傳》曰「是以政平而不干」，《周南·芣苢序》箋曰「天下和、政教平，五伯猶未能平其政教」，故曰「非平政教也」。「平政教」三字本篇一見，《王制篇》兩見，《王霸篇》兩見，其誤爲「本政教」者四。楊注《王霸篇》曰「雖有政教，未盡修其本也」，此不得其解而爲之説。唯《王制篇》之一未誤，今據以訂正。

畜積脩鬬

「鄉方略，審勞佚，畜積脩鬬」。引之曰：「脩鬬」二字殊爲不詞，楊注曰：「脩戰鬬之術。」加數字以解之，其失也迂矣。《王霸篇》作「鄉方略，審勞佚，謹畜積，脩戰備」，疑此亦本作「謹畜積，脩鬬備」而傳寫有脱文也。此篇及《王霸篇》「自鄉方略以下」皆以三字爲句，以是明之。

委然

「委然成文，以示之天下」。楊注曰：「委然，俯就之貌，言俯就人使成文理，以示天下。」引之曰：楊説迂回而不可通，竊謂「委然」，文貌也。「委」讀如「冠緌」之「緌」，《儒效篇》「緌緌兮其有文章也」，楊彼注云：「『緌』或爲『葳蕤』之『蕤』，『蕤』與『緌』同音。」此云「委然成文」，即所謂「緌緌音「蕤」。有文章也」，《禮記》多以「緌」爲「緌」，而《説文》「飢餧」字經典多作「餒」，是從委、從妥之字古多相通。

安以無誅

「文王誅四，武王誅二，周公卒業，至於成王，則安以無誅矣」。念孫案：「安」下本無「以」字，此後人不知「安」爲語詞，而誤以爲「安定」之「安」，故妄加「以」字耳。《大略篇》「至成康則案無誅已」，「案」亦語詞。「案」下無「以」字是其明證。

嗛

「主信愛之，則謹慎而嗛」，楊注曰：「『嗛』與『歉』同。」引之曰：「嗛」與「謙」同，《周易釋文》

曰：「謙，子夏作嗛。」故與「謹慎」連文。

慎比

「主安近之，則慎比而不邪」。引之曰：「慎比」即「順比」。《王制篇》曰「天下莫不順比從服」，「順」、「慎」古多通用，不煩引證。言雖順比於君，而不諂諛也。楊分「慎」「比」爲二義，失之。

信而不忘處謙宋吕本如是，錢及各本俱無「忘」字。

盧補校云：「注讀『謙』爲『嫌』，云『不處嫌疑閒』，則『忘』字衍。」

財利至則言善而不及也必將盡辭讓之義然後受

元刻無「言」字。念孫案：無「言」字者是也。據楊注云「善而不及，而，如也」，則「善」上無「言」字明矣。注又云「言己之善寡，如不合當此財利也」，此「言」字乃申明正文之詞，非正文所有也。宋本有「言」字即涉注文而衍。

能耐任之　能而不耐任

「求善處大重、理任大事、擅寵於萬乘之國，必無後患之術：莫若好同之，援賢博施，除怨而無妨害人，能耐任之，則慎行此道也。能而不耐任，且恐失寵，則莫若早同之，推賢讓能，而安隨其後」。楊解「能耐任之」云：「耐，忍也。言人有賢能者，雖不欲用，必忍而用之。」又解「能而不耐任」云：「有能者不忍急用之。」念孫案：「能耐任之」、「能而不耐任」兩「能」字皆衍文，「耐」即「能」字也。《禮運》「故聖人耐以天下爲一家，以中國爲一人者」，鄭注曰：「耐，古能字。傳書世異，古字時有存者，則亦有今誤矣。」《樂記》「故人不耐無樂」，鄭注曰：「耐，古書能字也，後世變之，此獨存焉。」成七年《穀梁傳》「非人之所能也」，釋文：「能，亦作耐。」《管子・入國篇》「聾盲、喑啞、跛躄、偏枯、握遞，不耐自生者」，「耐」即「能」字。「耐任之則慎行此道」者，言能任國家之大事，此承上「理任大事」而言。則慎行此道也。今作「能耐任之」者，後人記「能」字於「耐」字之旁，而傳寫者因誤合之也。「而不耐任」云云者，「而」讀爲「如」，言如不能任其事，則莫若推賢讓能也。今作「能而不耐任者」，傳寫者既「能」、「耐」竝録，而「能」字又誤在「而不」二字之上也，楊氏不得其解，故曲爲之詞。

輕舊怨

「志驕盈而輕舊怨」。念孫案：「輕」謂「輕忽」也，以其處重擅權，見上文。故志驕盈而輕忽舊怨，以爲莫如予何也。楊云「輕報舊怨」，於「輕」下加「報」字，失之。

儒效

屬

「周公屏成王而及武王以屬天下」。念孫案：屬，繫也。「天子」者，天下之所繫，言周公屏成王而及武王以繫屬天下，故下句云「惡天下之倍周也」，楊訓「屬」爲「續」，「續天下」之語不詞。

天下之籍

「履天下之籍，聽天下之斷」。念孫案：上「天下」當爲「天子」，此涉下句而誤也。下文「履天下之籍」，宋本作「天子」，世德堂本同。是也。《文選·江淹〈雜體詩〉》注引此正作「履天子之籍」，《淮南·氾論篇》「周公履天子之籍，聽天下之政」語即本於《荀子》。籍者，位也，謂履天子之位也。下文言「周公反籍於成王」，是「籍」與「位」同義。《彊國篇》曰「夫桀紂，執籍之所存，天下之宗室也」，「埶籍」即「埶位」，故《韓詩外傳》作「履天子之位，聽天下之政」，楊以「籍」爲「天下之圖籍」，非也，「圖籍」不可以言「履」。高注《淮南》以「籍」爲「圖籍」，誤與楊同。

變埶次序節然也

「周公鄉有天下，今無天下，非擅也；成王鄉無天下，今有天下，非奪也，變埶次序節然也」。引之曰：「節」上有「之」字而今本脱之，則文義不明，此言周公鄉有天下而今無，成王鄉無天下而今有，皆變埶次序之節如此也。據楊注云「節，期也。權變次序之期如此」，則正文原有「之」字明矣。《榮辱篇》曰：「是非知能材性然也，是注錯習俗之節異也。」文義與此相似。

抑亦變化矣宋吕、錢本竝如是，世德堂本同。

「因天下之和，遂文武之業，明枝主之義，抑亦變化矣，天下厭然猶一也」。「厭然」，説見下條。

念孫案：「抑亦變化矣」，承上文而言，言周公以枝代主、君臣易位，然後反籍於成王，以明枝主之義，其事抑亦變化矣，然而天下晏然如一也。「抑亦變化矣」五字不須注釋，故楊氏無注，元刻「抑亦變化矣」作「仰易變化」而妄爲之注曰：「仰易，反易也。」案諸書無謂「反易」爲「仰易」者，盧從元刻作「仰易變化」，增入注文，皆非。

厭然猶一　猒猒兮其能長久　厭焉有千歲之固　厭然與鄉無以異

「天下厭然猶一也」。念孫案：「厭然」，安貌。字本作「懕」，或作「猒」，又作「愔」。《方言》曰：「猒，安也。」《說文》曰：「懕，安也。」《玉篇》音於廉切。《爾雅》曰：「懕懕，安也。」《秦風・小戎篇》「厭厭良人」，毛傳曰：「厭厭，安静也。」《小雅・湛露篇》「厭厭夜飲」，《韓詩》作「愔愔」，昭十二年《左傳》「《祈招》之愔愔」，杜注曰：「愔愔，安和貌。」皆其證也。下文曰「猒猒兮其能長久也」，《王霸篇》曰「厭焉有千歲之固」，《正論篇》曰「天下厭然，與鄉無以異也」，義竝與此同。乃楊注於「天下厭然猶一」，則云「厭然，順從之貌，一涉反」；《正論篇》注又云「順服之貌」，古皆無此訓。於「猒猒兮其能長久」，則云「猒，足也」；於「厭焉有千歲之固」，則云「厭讀爲黶，黶然深藏，千歲不變改」，皆由不知「厭」之訓爲「安」，故望文生義而卒無一當矣。

埶在本朝

「人主用之，則埶在本朝而宜；不用，則退編百姓而慤」。念孫案：埶者，位也，言位在本朝也。《禮運》「在埶者去」，鄭注曰：「埶，埶位也。」下文曰「埶在人上」，《仲尼篇》曰「埶不在人上而羞爲人下」，《正論篇》曰「埶位至尊」，是「埶」與「位」同義，楊以「埶」爲「權埶」，失之。

嗚呼

「嗚呼而莫之能應」。楊注曰：「嗚呼，歎辭也。」念孫案：「嗚」當爲「嘄」，字之誤也。「嘄」與「叫」同。《爾雅》「祈，叫也」，《周官・大祝》注「叫」作「嘄」。《小雅・北山傳》曰「叫，呼也」，《周官・銜枚氏》曰「禁嘂呼歎嗚於國中者」，《淮南・原道篇》曰「叫呼仿佛」，《漢書・息夫躬傳》曰「狂夫嘄謼於東崖」，竝字異而義同。上言「嘄呼」，故下言「莫之能應」；若作「嗚呼」，則與下文義不相屬矣。《新序・雜事篇》作「叫呼而莫之能應」，是其明證也。

窮閻漏屋

「雖隱於窮閻漏屋，人莫不貴之」。楊注曰：「窮閻，窮僻之處。閻，里門也。漏屋，弊屋漏雨者也。」念孫案：《廣雅》曰「閻謂之衖」，與「巷」同。「窮閻」即《論語》所云「陋巷」，非謂「里門」也。《新序・雜事篇》作「窮閭」，「閭」亦「巷」也，故《祭義》「弟達乎州巷」，鄭注曰：「巷，猶閭也。」「巷」謂之「閻」，亦謂之「閭」，猶「里門」謂之「閻」，亦謂之「閭」。「漏」讀爲「陋巷」之「陋」，《說文》曰：「陋，阸陝也。」「陋屋」與「窮閻」同意，非謂「弊屋漏雨」也。《爾雅》曰：「陋，隱也。」《大雅・抑篇》「尚不愧于屋漏」，鄭箋曰：「漏，隱也。」是「陋」與「漏」通。《羣書治要》引作「窮閻陋屋」，《韓詩外傳》作「窮巷陋室」，皆其明證矣。

豫賈

「仲尼將爲司寇，魯之鬻牛馬者不豫賈」。楊注曰：「豫賈，定爲高價也。」引之曰：楊說非也。「豫」猶「誑」也，《周官・司市》注曰「使定物賈防誑豫」是也。「豫」與「誑」同義，賈疏云「恐有豫爲誑欺，故云防誑豫」，失之。《晏子・問篇》曰「公市不豫，宮室不飾」，《鹽鐵論・力耕篇》曰「古者商通物而不豫，工致牢而不僞」，「不豫」謂「不誑」也。又《禁耕篇》曰「教之以禮則工商不相豫」，謂不相誑也。「豫」、「猶」一聲之轉，《方言》曰「猶，詐也」，「詐」亦「誑」也。「惑」謂之「猶」，亦謂之「豫」，《老子》「與兮若冬涉川，猶兮若畏四鄰」，「與」與「豫」同。詐說、惑人謂之猶，亦謂之豫，此轉語之相因者也。「豫」又作「儲」，《家語・相魯篇》「孔子爲政三月，則鬻牛馬者不儲賈」，「儲」與「奢」古聲相近，說文曰「奢，張也」，《爾雅》曰「侜張，誑也」，亦古訓之相因者也。然則市不豫賈者，市賈皆實，不相誑豫也。《淮南・覽冥篇》曰「黃帝治天下，市不豫賈」，《史記・循吏傳》曰「子産爲相，市不豫賈」，索隱云「謂臨時評其貴賤，不豫定賈」，失之。《說苑・反質篇》曰「徒師沼治魏而市無豫賈」，義竝與此同，說者皆讀「豫」爲「凡事豫則立」之「豫」，望文生義，失其傳久矣。

必蚤正以待之也

楊注曰：「言仲尼必先正其身以待物，故得從化如此。」劉云：「案孔子將爲司寇，而魯之人蚤自修正以待之，所謂『不動而變，無爲而成』也。」念孫案：楊說是也。「蚤正以待之」與下文「孝弟以先之」皆指孔子而言，若謂魯人蚤自修正以待，則與下文不類矣。

罔不分

「闕黨之子弟罔不分，宋呂、錢本竝如是。有親者取多」。楊注曰：「闕黨之子弟，罔不分均有無，於分均之中，有父母者取多也。」元刻作「罔不必分」，盧從元刻。劉云：「案：『罔不分』當作『罔罘分』。念孫案：《晏子春秋·内篇》曰：「結罘罔。」罘，兔罟也。一曰：麋鹿罟也。《新序》卷一作『畋漁分，有親者取多』，其卷五作『罔罟分，有親者取多』，與此文大同。元刻作『罔不必分』，妄增『必』字，不可從。」

官

「禮節修乎朝，法則度量正乎官」。念孫案：「官」與「朝」對文，《曲禮》「在官言官，在朝言朝」，鄭注曰：「官，謂板圖文書之處。」是也。《富國篇》亦曰「節奏齊於朝，百事齊於官」，楊云「官，百官」，失之。

此君義

「行一不義、殺一無罪而得天下，不爲也。此君義信乎人矣，通於四海，則天下應之如讙」。

楊注曰：「以君義通於四海，故應之如讙。」念孫案：楊説非也。「君」當爲「若」，字之誤也，「此若義」猶云「此義」。若，亦此也。《論語・公冶長篇》曰：「君子哉若人。」連言「此若」者，古人自有複語耳。「此若義」三字承上文而言，言此義信乎人，通乎四海，則天下莫不應之也。《新序・雜事篇》作「若義信乎人矣」，是其明證也。《禮記・曾子問篇》曰：「子游之徒，有庶子祭者，以此若義也。」鄭讀以「此」爲一句，「若義也」爲一句，非是，説見《經義述聞》。《管子・山國軌篇》曰「此若言何謂也」，《墨子・尚賢篇》曰「此若言之謂也」，《史記・蘇秦傳》曰「王何不使辯士以此若言説秦」，今本「若」譌作「苦」，《燕策》作「若此言」。皆竝用「此若」二字。

比中

「比中而行之」。念孫案：比，順也，從也。説見《經義述聞・比・彖傳》。言從乎中道而行之也，楊以「比」爲「比類」，未確。

有所正矣

楊注曰：「苟得其正，不必偏能。或曰：『正』當爲『止』，言止於禮義也。」念孫案：後説是也。《解蔽篇》曰：「夫學也者，固學止之也。惡乎止之？曰：止諸至足。曷謂至足？曰：

聖王也。」是其證。《羣書治要》正作「有所止矣」。

然不然

「不恤是非、然不然之情」。引之曰：「然不然」本作「然不」，即「然否」也。《哀公篇》「情性者所以理然不、取舍也」，是其證。「取舍」與「然不」對文，「是非」與「然不」亦對文，後人不知「不」爲「否」之借字，故又加「然」字耳。《性惡篇》「不恤是非、然不然之情」，誤與此同。

若夫謪德而定次量能而授官

楊注曰：「謪，與商同，商度其德而定位次，本多作『譎』，『譎』與『決』同，謂斷決其德，故下亦有『譎德而序位』之語。」念孫案：作「譎」者是也，作「謪」者，「譎」之譌耳。「譎」、「決」古字通，《睽》上九王注「恢詭譎怪」，釋文：「譎，本亦作決。」謂決其德之大小而定位次也。下文「譎德而序位」是其明證，又《君道篇》「譎德而定次」，今本作「論德」，「論」字乃後人以意改之，《正論篇》「論德而定次」同。《韓詩外傳》作「決德」，則《荀子》之本作「譎」甚明。或據《君道篇》改此篇之「譎德」爲「論德」，非也。又《正論篇》「圖德而定次」，舊校云一本作「決德」，亦當以作「決」者爲是，作「圖」者蓋亦後人所改。

行事

「行事失中謂之姦事」。宋吕本如是。宋錢本及各本「行事」皆作「事行」，盧從吕本。念孫案：上文云「事行無益於理者廢之，知説無益於理者舍之」，此云「事行失中謂之姦事，知説失中謂之姦道」，皆承上文而言，則作「事行」者是也。《仲尼篇》云「其事行也，若是其險汙淫汏也」，楊注：「事險而行汙也。行，下孟反。」案：楊於《仲尼篇》已釋「事行」二字，故此不復釋。《王制篇》云「立身則從傭俗，事行則遵傭故」，皆其證。

夫是之謂上愚

楊注曰：「有偏僻之見，非昧然無知，然亦不免於愚，故曰『上愚』。」劉云：「『上愚』猶言『極愚』，楊注非。」

敦慕焉

「行之，曰士也；敦慕焉，君子也」。楊注曰：「敦厚慕之。」引之曰：楊説非也。敦、慕皆勉也。《爾雅》曰「敦，勉也」，《大戴記·五帝德篇》曰「幼而彗齊，長而敦敏」，《内則》曰「惇行孝弟」，「敦」、「惇」古字通。是「敦」爲「勉」也。《説文》「慔，莫故切。勉也」，《爾雅》曰「慔慔，勉也」，釋文：「慔，音墓，亦作慕。」是「慕」爲「勉」也。《方言》「侔莫，强也。北燕之外郊，凡勞而相勉，若言努力者，謂之侔莫」，《淮南・繆稱篇》「猶未之莫與」，高注：「莫，勉之也。」「莫」與「慕」，亦聲近而義同。此承上文而言，言能行之則爲士，行而加勉則爲君子。故《曲禮》云「敦善行而不怠，謂之君子」，非徒厚慕之而已也。

效門室之辨

「鄉也，效門室之辨，混然曾不能決也」。楊注曰：「效，白也。向者，明白門室之別異，猶不能決，言所知淺也。」引之曰：楊以「效」爲「明白」，既明白門室之別矣，何又不能決乎？乃又云「言所知淺也」，此則曲爲之解而終不可通。今案：效者，考也，驗也。竝見《廣雅》。考驗門室之別，曾混然不能決，言其愚也。古謂「考」爲「效」，説見《經義述聞・梓材》及《曲禮》。

胥靡

「鄉也，胥靡之人，俄而治天下之大器舉在此，豈不貧而富矣哉」。楊注曰：「胥靡，刑徒人也。胥，相。靡，繫也。謂鎖相聯相繫。」引之曰：此「胥靡」非謂刑徒人也。「胥靡」者，空無所有之謂，故《荀子》以況貧。「胥」之言「疏」也，司馬彪注《莊子·應帝王篇》曰：「胥，疏也。」宣十四年《左傳》「車及于蒲胥之市」，《吕氏春秋·行論篇》作「蒲疏」。《史記·蘇秦傳》「東有淮、潁、煮棗、無胥」，《魏策》作「無疎」。疏，空也，靡，無也。「胥靡」猶言「胥無」，春秋齊有賓胥無，蓋取此義也。《漢書·楊雄傳〈客難〉》曰「胥靡爲宰，寂寞爲尸」，「胥靡」與「寂寞」相對爲文，是「胥靡」爲空無所有之意。張晏曰：「胥，相也。靡，無也。言相師以無爲作宰者也。」案：張訓「靡」爲「無」，是也，其訓「胥」爲「相」，則失之。

杅杅

「是杅杅亦富人已」。楊注曰：「杅杅即于于也，自足之貌。《莊子》曰：『聽居居，視于于也。』」引之曰：「聽居居，視于于」與「富」意無涉。案：《方言》：「于，大也。」《文王世子》「于其身以善其君」，鄭注曰：「于，讀爲迂。」迂，猶廣也、大也。《檀弓》「易則易，于則于」，正義亦曰：「于，謂廣大。」重言之則曰「于于」。上文曰「治天下之大器在此」，又曰「大富之器在此」，是言學之富如財之富也，故曰「是杅杅亦富人已」。

遵道

「遵道則積，夸誕則虚」。念孫案：「道」當爲「遁」，字之誤也。「遵遁」即「逡巡」，《文選·上林賦》注引《廣雅》曰：「逡巡，卻退也。」《管子·戒篇》作「逡遁」，《小問篇》作「遵遁」。與《荀子》同。《晏子·問篇》作「逡遁」，又作「逡循」，《莊子·至樂篇》作「蹲循」，《漢書·平當傳贊》作「逡遁」，《萬章傳》作「逡循」，《三禮注》作「逡遁」，竝字異而義同。「遵遁」與「夸誕」對文，「遵遁則積」承上文「讓之則至」而言，「夸誕則虚」承上文「争之則失」而言，故下文云「君子務積德於身而處之以遵遁」，今本亦誤作「遵道」。言以退讓自處也。若作「遵道」，則與「夸誕」不對，且與上文不相應矣。楊依「遵道」爲解，故失之。

比周而譽俞少　推類接譽

「比周而譽俞少，鄙争而名俞辱，煩勞以求安利，其身俞危」。念孫案：「譽」非「名譽」之「譽」，即「與」字也。「與」、「譽」古字通，《射義》「則燕則譽」，鄭注：「譽，或爲與。」《堯典》「伯與」，《漢書·古今人表》作「柏譽」。《韓子·有度篇》「忘主外交，以進其與」，《管子·明法篇》「與」作「譽」。言雖比周以求黨與，而黨與愈少也。《彊國篇》曰：「比周以争與。」下句「鄙争而名俞辱」，乃言名譽耳。元刻「譽」作

「與」，本字也；宋本作「譽」，借字也。《小雅·角弓》傳「比周而黨愈少，鄙争而名愈辱，求安而身愈危」，語皆本於《荀子》，「黨」亦「與」也。又《臣道篇》「推類接譽以待無方」，楊注：「無方，無常也。」「譽」亦讀爲「與」，「與」亦「類」也。《周語》「少曲與焉」，韋注曰：「與，類也。」言推類接與以待事之無常者而應之也。楊以「譽」爲「聲譽」，失之。

是猶傴伸而好升高也指其頂者愈衆

楊注曰：「傴，僂也。伸讀爲身，傴身之人而彊升高，則頭頂尤低屈，故指而笑之者愈衆。」劉云：「『伸』，蓋即『僂』字之譌。」

交不相亂

「是言上下之交不相亂也」。念孫案：「交」如「上下交征利」之「交」。此承上文而言，「分不亂於上，能不窮於下」，是「上下交不相亂也」，「交不相亂」四字連讀，《富國篇》云「上下俱富，交無所藏之」，文義正與此同。楊云「交，謂上下相交接」，則誤以「上下之交」連讀矣。

以從俗爲善以貨財爲寶以養生爲己至道是民德也

楊注曰：「養生爲己至道，謂莊生之徒。民德，言不知禮義也。」念孫案：「民」字對下「士」、「君子」、「聖人」而言。劉云：「案『養生』猶言『治生』，故曰『民德』，未及乎莊生之徒。」

行法至堅

劉云：「案：《韓詩外傳》引此作『行法而志堅』。下同。據楊注云『行有法度』，明『行法』與『志堅』對舉，不當作『至』。」念孫案：法者，正也。言其行正，其志堅，楊云「行有法度」，加「有」字以釋之，則於義稍迂。故下句云「不以私欲亂所聞」也。古謂「正」爲「法」，說見《漢書·賈鄒枚路傳》。

博若一人　和傳而一

「億萬之衆而博若一人」。楊注曰：「雖博雜衆多，如理一人之少也。」《議兵篇》「和傳而一」，注曰：「相傳以和，無有二心也。或以『傳』爲『博』，博，衆也。而一，如一也。言和衆如一也。」劉曰：「『博若一人』，『博』當作『傳』，『和傳而一』亦當作和『傳』，皆字之誤也。

『而一』，如一也。億萬之衆親附若一人，即所謂『和傅如一』也。」念孫案：「博」與「傳」皆「摶」字之誤也，「摶」即「專一」之「專」，億萬之衆而專若一人，即所謂「和專如一」也。《管子・幼官篇》曰「摶一純固，今本「摶」誤作「博」。則獨行而無敵」，《吕氏春秋・決勝篇》曰「積則勝散矣，摶則勝離矣」，《淮南・兵略篇》曰「武王之卒三千人，皆專而一」，古書多以「摶」爲「專」，詳見《管子》。

聖人　如是則可謂聖人矣

「如是，則可謂聖人矣」。念孫案：自「修百王之法」以下十句，非聖人不足以當之，故曰「如是，則可謂聖人矣」。下文「如是則可謂聖人矣」乃涉此文而衍。自「井井兮其有理」以下十句，楊注皆以爲論大儒之德，則非論聖人明矣。此下安得又有「如是則可謂聖人矣」八字乎？盧不知下文之衍，又以《哀公篇》孔子對哀公語「有如此則可謂賢人矣」一句在「君子」、「大聖」之閒，遂改此文之「聖人」爲「賢人」，以別於下文之「聖人」，不知本書之例皆以士、君子、聖人分爲三等，與孔子對哀公者不同。上文云「行之，曰士也；敦慕焉，君子也；知之，聖人也」，《脩身篇》云「好法而行，士也；篤志而體，君子也；齊明而不竭，聖人也」，《解蔽篇》曰「嚮是而務，士也；類是而幾，君子也；知之，聖人也」，皆以「士」、「君子」、「聖人」分爲三等，與此文同一例，不得於「君子」之上添出「賢人」名目，各本及《韓詩外傳》皆作「聖人」，無作「賢人」者。上文之「篤厚君子」即賢人也。故《外傳》曰「篤厚君子，未及聖人也」，是「篤厚君子」之上即是「聖人」，不得又添一「賢人」名目。

分分兮　分然

「分分兮其有終始也」。楊注曰：「事各當其分，即無雜亂，故能有終始。分，扶問反。」念孫案：楊說迂曲而不可通。余謂「分分」當爲「介介」，字之誤也。隸書「介」、「分」相似，故傳寫多譌，説見《淮南・繆稱篇》。《脩身篇》「善在身，介然必以自好也」，楊彼注云「介然，堅固貌」，引《繫辭傳》「介如石焉」，此「介介」，亦堅固貌也。固守不變，始終如一，故曰「介介兮其有終始」；若作「分分」，則義不可通。又《君子篇》「刑罰不怒罪，爵賞不踰德，分然各以其誠通」，「分」亦當爲「介」，「介然」，堅固貌。言誠心介然，上下相通也，若作「分然」，則義不可通。楊彼注云「善惡分然」，亦失之。

脩脩兮　用統類之行

「脩脩兮其用統類之行也」。念孫案：「脩」讀爲「條」，《春秋繁露・如天之爲篇》曰「行而無留，若四時之條條然」，是「條條」爲「行貌」，故曰「條條兮其統類之行也」，作「脩」者借字耳。《韓子·難篇》「百官脩通」，《管子·明法解篇》「脩」作「條」。《集韻》「脩，他彫切，縣名，周亞夫所封」，即《史記·絳侯世家》之「條侯」，是「條」、「脩」古字通。楊以「脩脩」爲「整齊貌」，則與「行」字義不相屬。引之曰：「統類」上不當有「用」字，蓋涉上句而衍。

故詩書禮樂之歸是矣

劉云：「『之』下當有『道』字，與上兩『之道』對文。」

負扆而坐

盧云：「『坐』當作『立』。」又《正論篇》「居則設張容，負依而坐，諸侯趨走乎堂下」，汪亦云：「『坐』當爲『立』，古無坐見諸侯之禮，鈔者淺陋，以意改之。」

汜

「至汜而汎，至懷而壞」。楊注曰：「汜，水名，音『祀』。」汪云：「『汜』當作『氾』，音『汎』，字从巳，不从巳，『氾』『汎』、『懷』『壞』以音成義，注非。」見乾隆丙申校本。念孫案：汪說是也。然

《荀子》所謂「至氾」者究不知爲今何縣地。盧用汪説而引《左傳》「鄙在鄭地氾」爲證。《僖二十四年》案：杜注云「鄭南氾也，在襄城縣南」，則非周師所至，不得引爲「至氾」之證矣。

至共頭而山隧

楊注曰：「共，河内縣名。共頭，蓋共縣之山名。隧，謂山石崩摧也。『隧』讀爲『墜』。」盧云：「『共頭』即『共首』，見《莊子》。」念孫案：此八字亦汪校語也，「共首」見《讓王篇》，「共頭」又見《吕氏春秋・誠廉篇》。

跨天下而無蘄

楊注曰：「蘄，求也。越天下而無求，言自足也。」劉云：「案：『蘄』蓋與『圻』同，言四海一家，無封疆之限也。《淮南・俶真訓》『四達無境，通於無圻』，高注：『圻，垠字也。』」

在一大夫之位以下三十二字

「在一大夫之位，則一君不能獨畜，一國不能獨容，成名況乎，諸侯莫不願得以爲臣」。盧云：「此三十二字當爲衍文，《韓詩外傳》無，必删此三十二字，上下語勢方吻合。」念孫案：

此三十二字涉《非十二子篇》而衍。

其衣冠行僞已同於世俗矣

楊注曰：「行僞，謂行僞而堅。行，下孟反。」劉云：「案：《荀子書》言『僞』者，義皆作『爲』，此『行僞』，《韓詩外傳》作『行爲』。」念孫案：「行僞」二字，「行」讀如字。本篇一見，《非十二子篇》一見，《正論篇》一見，《賦篇》一見，其見於《正論》及《賦篇》者，後人皆已改作「爲」，唯此篇及《非十二子篇》未改，而此篇注遂讀爲「詐僞」之「僞」矣。

然而不知惡者

念孫案：「然而不知惡烏路反。」，與下「然而明不能别」對文，則「惡」下不當有「者」字。

隨其長子事其便辟舉其上客

念孫案：「舉」讀爲「相與」之「與」，「與」古通作「舉」，説見《經義述聞·左傳·昭三年》。謂交其上客以求助也。楊以「舉」爲「褒美」，於義疏矣。

僡然若終身之虜而不敢有他志

楊注曰：「僡，字書無所見。」念孫案：「僡」蓋「億」字之誤。《説文》：「億，安也。從人，意聲。」意，於力切。《左傳》《國語》通作「億」，「億」行而「億」廢矣。「億然」，安然也。言俗儒居人國中，苟圖衣食，見上文。安然若將終身而不敢有他志也。

内不自以誣外不自以欺

念孫案：《唐風·羔裘》傳曰：「自，用也。」《大雅·緜》傳、《江漢》箋及《大傳》注竝同。言内不用之以誣己，外不用之以欺人也。楊釋下句云「不自欺人」，失之。

法先王統禮義一制度以淺持博以古持今以一持萬

楊注曰：「『先王』當爲『後王』，『以古持今』當爲『以今持古』。」劉云：「案：後王，謂周也。『以古持今』亦謂以文、武、周公之德持今世。楊謂當爲『以今持古』，非。」

晻然

「張法而度之，《韓詩外傳》「張」作「援」。則晻然若合符節」。引之曰：晻然，同貌也。《韓詩外傳》作「奄然」。《爾雅》「弇，同也」，郭引《詩》「奄有龜蒙」，《魯頌·閟宮》「弇」、「奄」、「晻」竝通。楊云「晻，與暗同」，失之。

一朝而伯

「故人主用大儒，則百里之地久，而後三年，天下爲一，諸侯爲臣。用萬乘之國，則舉錯而定，一朝而伯」。楊注云：「伯讀爲霸，言一朝而霸也。」念孫案：楊讀「伯」爲「霸」，非也。信如楊説，則是大儒用百里之地而可以王，用萬乘之國而僅止於霸也，斯不然矣。今案：「伯」讀爲「白」，《王制》正義引《元命包》曰：「『伯』之爲言『白』也，明白於德也。」是「伯」與「白」義相通，古鐘鼎文「伯仲」字多作「白」，是「伯」與「白」字亦相通。白，顯著也，言一朝而名顯於天下也。上文曰「儒者爲人上，則貴名白而天下治」，《致士篇》曰「貴名白，天下願，令行禁止，王者之事畢矣」，《樂論篇》曰「名聲於是白，光輝於是大」。《王霸篇》曰：「如是，則夫名聲之部發於天地之閒也，豈不如日月雷霆然矣哉！故曰以國濟義，一日而白。湯武是也。」「一日而白」，猶「一朝而白」耳。《韓詩外傳》曰「用萬乘之國，則舉錯而定，一朝而白，《詩》曰『周雖舊邦，其命維新』，可謂白矣」，此尤其明證也。

云能　其云益乎

「故人無師無法，而知則必爲盜，勇則必爲賊，云能則必爲亂」。楊注曰：「云能，自言其能也。」盧補校曰：「云能，當如《易・繫辭傳》之『云爲』，蓋『云』有旋轉運動之義。『云能』二字，必當時有此成語，蓋即營幹之意。」念孫案：下文云「人有師有法，而知則速通，勇則速威，云能則速成」，則「云能」非自言其能之謂也，「知」、「勇」、「云能」皆出於天生，而非出於人爲，則「云能」非「營幹」之意也。今案：云者，有也。言無師無法，而有能則必爲亂，有師有法而有能則其成必速也。楊注《非十二子篇》引《慎子》曰「云能而害，無能則亂也」，云能，有能也。《法行篇》：「曾子曰：《詩》曰：『轂已破碎，乃大其輻。事以敗矣，乃重大息。』其云益乎？」「云益」，有益也。古者多謂「有」爲「云」，《大雅・桑柔篇》「民有肅心，荓云不逮」，言使有不逮也；「爲民不利，如云不克」，言如有不克也。「云」字或作「員」，《秦誓》曰「雖則員然」，言雖則有然也。今本「員」作「云」，乃衛包所改，今據《正義》及《漢書・韋賢傳》注改正，以上三條說者多失其義，辯見《釋詞》。故《廣雅》曰「員、云，有也」，《文選・陸機〈答賈長淵詩〉》注引應劭《漢書注》曰：「云，有也。」《晉語》「其誰云不從」，韋注曰：「誰有不從。」

辯則速論

念孫案：論，決也，言辯事則速決也。《後漢書·陳寵傳》「季秋論囚」注云：「論，決也。」楊說「論」字未了。

情 不足以獨立而治

「師法者，所得乎情，非所受乎性，不足以獨立而治。性也者，吾所不能爲也，然而可化也；情也者，非吾所有也，然而可爲也」。楊釋「所得乎情」三句云：「或曰：『情』當爲『積』，所得乎積習，非受於天性。既非天性，則不可獨立而治，必在化之也。」又釋「情也者」三句云：「或曰：『情』亦當爲『積』，積習與天然有殊，故曰『非吾所有』。雖非所有，然而可爲之也。」念孫案：楊所稱「或説」改「情」爲「積」者，皆是也。下文皆言「積」不言「情」，是其證，前説皆非。又案「不足以獨立而治」上當更有一「性」字，言性不足以獨立而治，必待積習以化之也。故下文曰「性也者，吾所不能爲也，然而可化也」。

人論　人臣之論

念孫案：「人論」二字乃目下之詞。「論」讀爲「倫」，倫，類也，等也。謂人之等類，即下文所謂「衆人」、「小儒」、「大儒」也。下文又云「人倫盡矣」，《榮辱篇》云「斬而齊，枉而順，不同而一，夫是之謂人倫」，作「論」者，借字耳。《屯·象傳》「君子以經論」，荀爽曰：「論者，理也。」《大雅·靈臺篇》「於論鼓鐘」，鄭箋：「論之言倫也。」《公食大夫禮》「倫膚七」，今文「倫」或作「論」。《王制》「必即天論」，「論」或爲「倫」。《逸周書·官人篇》「規小物而不知大倫」，《大戴記》「倫」作「論」。楊云「論人之善惡。論，盧困反」，失之。又《臣道篇》「人臣之論，有態臣者，有篡臣者，有功臣者，有聖臣者」，「論」亦讀爲「倫」，謂人臣中有此四等也。楊云「論人臣之善惡」，亦失之。

汙漫

「行不免於汙漫」。念孫案：「漫」亦「汙」也。《方言》：「浼，洿也。東齊海岱之閒或曰浼。」「洿」與「汙」同，「浼」與「漫」同。《呂氏春秋·離俗篇》「不漫於利」，高注曰：「漫，汙也。」楊讀「漫」爲「謾欺」之「謾」，分「汙」、「漫」爲二義，失之。凡《荀子書》言「汙漫」者竝同。

其愚陋溝瞀而冀人之以己爲知也

念孫案：「其」字文義不順，當是「甚」字之誤。言甚愚而冀人之以己爲智也。

檢式

「禮者，人主之所以爲羣臣寸尺尋丈檢式也」。念孫案：檢、式皆法也。《文選・演連珠》注引《蒼頡篇》云：「檢，法度也。」是「檢」與「式」同義。言治人以禮，如寸尺尋丈之有法度也。楊云「檢，束也。式，法也、度也」，分「檢」、「式」爲二義，失之。

壇宇

「君子言有壇宇，行有防表」。楊注曰：「言有壇宇，謂有所尊高也。」念孫案：壇，堂基也。《獨斷》曰：「壇謂築土起堂。」宇，屋邊也。「言有壇宇」，猶曰言有界域，即下文所謂「道不過三代，法不二後王」，非「有所尊高之謂」。

荀子弟三

王　制

中庸民

「元惡不待教而誅，中庸民不待政而化」。念孫案：「元惡」、「中庸」對文，「中庸」下不當獨有「民」字，此涉注文「中庸民」而衍，《韓詩外傳》無「民」字。

王者之政也

念孫案：「王者」上當有「是」字，「是王者之政也」，乃總承上文之詞，下文「是王者之人也」、「是王者之制也」、「是王者之論也」皆與此文同一例。今本脱「是」字，則語意不完。《韓詩外傳》有「是」字。

名聲日聞

「名聲日聞天下願，楊注「願」謂：「人人皆願。」令行禁止，王者之事畢矣」。念孫案：「名聲日聞」，本無「聞」字，「日」本作「白」。「名聲白」者，白，明也，顯也，謂名聲顯著於天下也。《致士篇》曰「貴名白，天下願，令行禁止，王者之事畢矣」，文正與此同。「貴名白」即「名聲白」也。《樂論篇》曰「名聲於是白，光煇於是大」，《堯問篇》曰「名聲不白，徒與不衆，光煇不大」，皆其證也。「名聲白」、「天下願」二句相對爲文，若於上句内加一字，則句法參差矣。此因「白」字譌作「日」，後人不得其解，故於「日」下加「聞」字耳。

小事殆乎遂　廢易遂亡

「凡聽威嚴猛厲而不好假道人，則下畏恐而不親，周閉而不竭，若是，則大事殆乎弛，小事殆乎遂」。楊注曰：「弛，廢也。遂，因循也。下既隱情不敢論説，則大事近於弛廢，小事近於因循。」劉曰：「遂，如『大夫無遂事』之『遂』，威嚴猛厲則小事不復關白，故曰『遂』。」念孫案：「遂」讀爲「墜」，「墜」與「弛」義相近，下畏恐而箝口，則百事墮壞而上不得聞，故大事近乎廢弛，小事近乎失墜也。下文曰「法而不議，則法之所不至者必廢；職而不通，則職之所不及者必隊」，「隊」與「墜」同。義與此相承也。《正論篇》曰「國雖不安，不至於廢易遂亡」，「遂」亦讀爲「墜」，《史記・倉公傳》「陽脈下遂」，徐廣曰：「一作隊。」正義曰：「遂，音直類反。」「遂」、「隊」竝與「墜」同。「墜」之通作「遂」，猶「墜」之通作「隧」，《儒效篇》「至共頭而山隧」，漢石經《論語》殘碑「未隧於地」，《漢書・王莽傳》「不隧如髮」，竝以「隧」爲「墜」。謂不至於廢弛墜失也。廢易，即廢弛，《爾雅》曰：「弛，易也。」《君道篇》曰：「境内之事，有弛易齵差者矣。」

凝止之 宋呂、錢本竝如是，世德堂本同。

「和解調通，好假道人，而無所凝止之」。元刻「之」作「也」，盧從元刻。念孫案：作「之」者是也。《解蔽篇》云「以可以知人之性，求可以知物之理，而無所疑止之」，文義正與此同。

故公平者職之衡也

劉云：「案：注先解『聽』、後解『衡』，『職之衡』當作『聽之衡』，此涉上文『職』字致誤。」

偏

「分均則不偏，分，扶問反。執齊則不壹，衆齊則不使」。念孫案：「偏」讀爲「徧」，言分既均，則所求於民者亦均，而物不足以給之，故「不徧」也。下文曰：「埶位齊而欲惡同，物不能澹古「贍」字。」，正所謂「不徧」也。「徧」、「偏」古字通，說見《墨子・非攻篇》。

兩者字

「子產，取民者也，未及爲政者也；管仲，爲政者也，未及脩禮者也」。元刻「未及爲政」、「未及脩禮」下皆無「者」字。宋龔本同。念孫案：元刻是也，此兩者字皆涉上下文而衍。《韓詩外傳》《羣書治要》及《文選・永明十一年策秀才文》注引此皆無兩「者」字，上文「未及取民也」亦無「者」字。

下漏

「筐篋已富，府庫已實，而百姓貧，夫是之謂上溢而下漏」。引之曰：溢，滿也。「漏」之言「漉」也，字或作「盝」、「滰」。《爾雅》曰：「盝，涸竭也。」《方言》曰「滰，涸也」，「漉，極也」，郭璞曰：「滲漉，極盡也。」《月令》曰：「毋竭川澤，毋漉陂池。」《淮南・本經篇》「竭澤而魚」，高注曰：「竭澤，漏池也。」「漏池」，即所謂「漉陂池」也。「漉」、「漏」古同聲，故「滲漉」或謂之「滲漏」。《本經篇》又曰「禹疏三江五湖，流注東海，鴻水漏，九州乾」，亦謂鴻水涸也。「上溢而下漏」，即是上富而下貧，楊説「溢」、「漏」二字皆未了。

懷交接

「諸侯莫不懷交接，句怨而不忘其敵」。楊注曰：「諸侯皆欲相連結怨國，而不忘與之爲敵，本多作『壞交接』。言壞其與己交接之道也。」念孫案：「壞」、「懷」古字通，《禮論篇》「諸侯不敢壞」，《史記·樂書》作「懷」。襄十四年《左傳》「王室之不壞」，釋文：「壞，服本作懷。」楊後説以「壞交接」連讀，是也；前説以「懷交接怨」連讀，失之。

知彊大者不務彊也

引之曰：「彊大」當爲「彊道」，彊道，謂所以致彊之道，即下文所謂「以王命全其力，凝其德」也。不知此道而務以力勝，則務彊而反弱，即下文所謂「非其道而慮之以王也」。故曰「知彊道者不務彊也」。下文云「是知彊道者也」，正與此句相應。又云「是知霸道者也」、「是知王道者也」，皆與此句相應。此篇大旨，皆言王道、霸道、彊道之不同，故此文云「知彊道者不務彊也」。兩「彊」字亦上下相應，則「彊」下之字作「道」不作「大」明矣。今本作「彊大」，「大」字蓋涉上文三「彊大」而誤。楊云「知彊大之術者，不務以力勝也」，則所見本已誤作「彊大」。

慮以王命全其力凝其德 慮敵之者削 焉慮率用賞慶刑法埶詐

「慮以王命全其力，凝其德」。楊注曰：「慮，計也。其計慮常用王命。」念孫案：「慮」猶「大氐」也。言知彊道者不務以力勝人，大氐以王命全其力，凝其德也。《議兵篇》曰「諸侯慮敵之者削，反之者亡」，楊注以「慮」爲「謀慮」，亦非。又曰「焉慮率用賞慶、刑罰、埶詐而已矣」，楊注以「慮」爲「大凡」，是。《漢書·賈誼傳》「慮亡不帝制而天子自爲者」，師古曰：「慮，大計也。言諸侯皆欲同帝制而爲天子之事。」是其證矣。

便備用

「辟田野，實倉廩，便備用」。楊注曰：「備用，足用也。《左傳》曰：『無重器備。』」襄五年念孫案：楊訓「備用」爲「足用」，「便足用」之語不詞，且與「田野」「倉廩」不對，余謂「備用」二字平列。「備」，《說文》本作「葡」字，從用、從苟省。苟，音「棘」。《淮南·脩務篇注》云：「備，猶用也。」故或謂之器用，或謂之器備，「便備用」，猶言「便器用」耳。「便備用」，三字本篇凡三見，與「田野」、「倉廩」對文者二，與「功苦」、「完利」對文者一。其見於《儒效篇》者，則與

「規矩」、「準繩」對文；見於《富國篇》者，亦與「田野」、「倉廩」對文，皆以二字平列。

則諸侯疏之矣

元刻無「之」字。念孫案：無「之」字者是也。下文「則諸侯離矣」，「離」下無「之」字，是其證。宋本作「諸侯疏之」，涉上文「諸侯親之」、「諸侯説之」而誤。

天下無王霸主則常勝矣是知霸道者也

念孫案：「天下無王霸主」，本作「天下無王主」。上文説彊者之事云「天下無王霸主，句則常勝矣」，言天下無王霸主，則彊者常勝也；此文説霸者之事云「天下無王主，句則常勝矣」，言天下無王主則霸者常勝也。「王主」二字之閒不當更有「霸」字，蓋涉上文「王霸主」而衍。楊不知「霸」字之衍，而讀「天下無王」爲句，「霸主則常勝矣」爲句。具見楊注。則句法與前不合。

眇天下

「仁眇天下，義眇天下，威眇天下」。楊注曰：「眇，盡也。盡天下皆懷其仁，感其義，畏其威。」念孫案：諸書無訓「眇」爲「盡」者，且正文但言「眇天下」，而注言「盡天下皆懷其仁，感其義，畏其威」，加數語以釋之，其失也迂矣。余謂「眇」者，高遠之稱。《漢書·王褒傳》「眇然絶俗離世」，顔師古曰：「眇然，高遠之意。」《文選·文賦》「志眇眇而臨雲」，李善曰：「眇眇，高遠貌。」言仁高天下，義高天下，威高天下耳。若「懷其仁，感其義，畏其威」，自見下文，非此三句意。

飾動

「飾動以禮義」。念孫案：「飾」讀爲「飭」。古字通以「飾」爲「飭」。言動作必以禮義自飭也。楊分「飾」、「動」爲二義，失之。

等宜　五儀

「衣服有制，宮室有度，人徒有數，喪祭械用皆有等宜」。此五句又見《王霸篇》。楊注曰：「皆有等級，各當其宜也。」念孫案：楊注失之迂，「宜」讀爲「儀」，《大雅·文王篇》「宜鑒于殷」，《大學》引此「宜」作「儀」。《楚語》「采服之儀」，《春官》注引此「儀」作「宜」。「儀」與「等」義相近。《周官·大司徒》曰「以儀辨等則民不越」，《典命》曰「掌諸侯之五儀，諸臣之五等之位」，《大行人》曰「以九儀辨諸侯之命，等諸臣之爵」，皆是也。「衣服有制，宮室有度，人徒有數」，制、度、數與等、儀義亦相近。《哀公篇》曰：「人有五儀：有庸人，有士，有君子，有賢人，有大聖。」謂人有此五等也。楊以「儀」爲「儀法」，亦失之。

析愿　抃急

「析愿禁悍而刑罰不過」。念孫案：「析愿」二字義不可通，當從《韓詩外傳》作「折暴」，字之誤也。「折暴」與「禁悍」對文，下文曰「如是而可以誅暴禁悍矣」，《富國篇》曰「不足以禁暴勝悍」，皆以「暴」、「悍」對文，則此亦當作「折暴禁悍」明矣。楊云：「析，分異也。分其愿愨之民，使與凶悍者異也。」此不得其解而爲之詞。又下文「抃急禁悍，防淫除邪」，「抃急」二字語意不倫，當亦是「折暴」之誤，下文「暴悍以變，姦邪不作」正承此文而言，則當作「折暴禁悍」又明矣。楊云「『抃』當爲『析』，『急』當爲『愿』」，亦失之。

王者之等賦政事財萬物所以養萬民也

念孫案：「之」下當有「法」字。「王者之法」，乃總目下文之詞，下文「是王者之法也」正與此句相應。上文「王者之人」、「王者之制」、「王者之論」皆上下相應，此文脱「法」字，則上下不相應矣。「等」、「賦」二字連讀。楊云：「賦税有等，所以爲等賦。」《富國篇》云：「等賦府庫者，貨之流也。」

「政」讀爲「正」，言等地賦，正民事，以成萬物而養萬民也。財者，成也。說見《非十二子篇》。楊讀「王者之等賦」爲句，「政事財萬物」爲句，皆失之。劉云：「『所以』二字，當在『財萬物』上。」

相地而衰政

楊注曰：「衰，差也。政爲之輕重。『政』或讀爲『征』。」盧補校云：「案：《齊語》正作『相地而衰征』，韋昭注曰：『視土地之美惡及所生出，以差征賦之輕重也。』」

理道之遠近而致貢

念孫案：《小雅·信南山》傳曰：「理，分地里也。」謂貢以遠近分也。上句「相地而衰政」，「衰」與「分」，義相近，楊云「理，條理也」，未確。

丹干

「南海則有羽翮、齒革、曾青、丹干焉」。楊注曰：「丹干，丹砂也。蓋一名丹干，『干』讀爲『矸』，胡旦反。或曰：丹，丹砂也。『干』當爲『玕』。《尚書·禹貢》『雍州，球、琳、琅玕』，孔云：『石而似玉者。』」念孫案：楊前說以「丹干」爲「丹砂」，未知是否；後說以「干」爲「琅玕」，非也。「琅玕」不得但謂之「玕」。《正論篇》云「加之以丹矸，重之以曾青，犀象以爲樹，琅玕、龍茲、華覲以爲實」，「丹矸」即「丹干」也，既言「丹矸」，又言「琅玕」，則「丹干」之「干」非「琅玕」明矣。

夫是之謂大神

楊注曰：「能變通裁制萬物，故曰大神也。」郝云：「按：《釋詁》『神，治也』，『大神』即『大治』。」

始則終終則始

楊注曰：「始，謂類與一也。終，謂雜與萬也。」念孫案：「始終」二字泛指治道而言，下文曰「君臣父子，兄弟夫婦，始則終，終則始」，義亦同也。「始」非謂「類與一」，「終」亦非謂「雜與萬」。

亦且

「人有氣、有生、有知，亦且有義，故最爲天下貴也」。楊注曰：「亦且者，言其中亦有無義者也。」盧云：「『亦且』二字乃謂異於禽獸，注誤。」

人何以能羣曰分分何以能行曰以義

盧云：「『以義』，元刻無『以』字。」宋龔本同。念孫案：無「以」字者是也。「曰義」與「曰分」對文，《繫辭傳》「何以守位曰仁，何以聚人曰財，理財正辭，禁民爲非曰義」，亦以「曰義」對「曰仁」、「曰財」。則不當有「以」字。宋本有「以」字者，涉上兩「以」字而衍。

乘白

「司馬知師旅、甲兵、乘白之數」。楊讀「乘」爲《周官》「四丘爲甸」之「甸」，云：「白謂甸徒，猶今之白丁也。或曰：『白』當爲『百』，百人也。」劉云：「案：《管子·乘馬篇》『白徒三十人，奉車兩』，又《七法篇》『以教卒練士，擊敺衆白徒』，尹注云：『白徒，謂不練之卒，無武藝。』《吕氏春秋·決勝篇》『廝輿白徒』，高注云：『白衣之徒。』」引之曰：「白丁」、「白徒」皆不得但謂之「白」，竊謂「白」與「伯」同。《逸周書·武順篇》「五五二十五曰元卒，此以二十五人爲卒，與《周官》「百人爲卒」不同。四卒成衞曰伯」，是百人爲伯也。《淮南·氾論篇》曰「隊伯之卒」，《兵略篇》曰「正行五，連什伯」，《史記·秦始皇紀》曰「躡足行伍之閒，而倔起什伯之中」。昭二十一年《左傳》「不死伍乘，軍之大刑也」，彼言「伍乘」猶此言「乘伯」也。隱元年《傳》「繕甲兵，具卒乘」，彼言「甲兵」、「卒乘」，猶此言「甲兵」、「乘伯」也。作「白」者，借字耳。《史記・五子胥傳》「伯嚭」，《吴越春秋》作「白喜」。古鍾鼎文多以「白」爲「伯」。「乘」乃「車乘」之「乘」，非「四丘爲甸」之「甸」。或謂「白」爲「甸」之譌，尤非。「乘」可言數，「甸」不可言數，「乘甸之數」則尤不成語。

塞備

「塞備天地之閒」。引之曰：「塞備」二字義不相屬，「備」當爲「滿」，字之誤也。「備」字俗書作「備」，「滿」字俗書作「滿」，二形相似，故傳寫多譌。《管子・霸言篇》「文武具備」，今本「備」譌作「滿」。「塞滿天地之閒」，即承上「上察於天，下錯於地」而言。

審詩商

「修憲命，審詩商，禁淫聲，以時順脩，使夷俗邪音不敢亂雅，大師之事也」。楊説「審詩商」云：「『詩商』當爲『誅賞』，字體及聲之誤，故《樂論篇》曰『其在《序官》也，脩憲命，審誅賞』，謂誅賞其所屬之功過者。或曰：詩謂四方之歌謠，商謂商聲哀思之音，如甯戚之悲歌也。」引之曰：「商」讀爲「章」。「章」與「商」古字通。《柴誓》「我商賚女」，「商」，徐邈音「章」。《吕氏春秋・勿躬篇》「臣不如弦章」，《韓子・外儲説左篇》作「弦商」。太師掌教六詩，故曰「審詩章」。《賈子・輔佐篇》曰「觀民風俗，審詩商，命禁邪音，息淫聲」，語意略與此同，則「詩商」非「誅賞」之誤明矣。且「誅賞」非太師之職，而「商」、「賞」聲相近，《樂論篇》之「誅」字恐轉是後人所改，楊謂「誅賞其所屬之功過者」，則曲爲之説耳。陳説同，又云：「詩章，雅也。淫聲，夷俗邪音也。審之禁之使不亂也。」

百索

「養山林藪澤草木魚鼈百索」。引之曰：「百索」二字義不可通，「索」當爲「素」，字之誤也。「百素」即「百蔬」。《富國篇》曰「葷菜百疏」，《魯語》曰「能殖百穀百蔬」，作「素」者借字耳。《月令》曰「取蔬食」，《管子・禁藏篇》曰「果蓏素食」，是「蔬」、「素」古字通。楊云「百索，上所索百物也」，此望文生義而非其本旨。

閒樹藝

念孫案：「閒」與「閑」同。《爾雅》曰：「閑，習也。」謂習樹藝之事也。楊云「閒之使疏密得宜」，失之。

賓旅安

「以時順脩，使賓旅安而貨財通，治市之事也」。引之曰：賓客之事，非治市者所掌，且與「通貨財」無涉，「賓」當爲「賨」，字之誤也。《説文》：「賨，行賈也。從貝，商省聲。」今通用「商」字。《考工記》「通四方之珍異以資之，謂之商旅」，鄭注曰：「商旅，販賣之客也。」《月令》曰「易關市，來商旅，納貨賄」，故曰「使賨旅安而貨財通，治市之事也」。《王霸篇》「商旅安，貨財通」是其明證矣。今本「貨財通」誤作「貨通財」。今經傳以「商」代「賨」，「商」行而「賨」遂廢，此「賨」字若不誤爲「賓」，則後人亦必改爲「商」矣。

制與在此亡乎人

念孫案：「與」讀爲「舉」。説見《經義述聞·禮運》。舉，皆也。亡，不在也。説見《經義述聞·穀梁傳·僖三十一年》。言其制皆在此而不在乎人也。下文「制與在我，亡乎人」同。

就能有與是鬭者與

引之曰：「就」字義不可通，當是「孰」字之誤，「孰」、「就」字相似。

好取侵奪宋吕本如是。

「之所以接下之人百姓者則好取侵奪」。宋錢本無「取」字，盧從吕本。念孫案：「取」與「侵奪」意複，且不詞，作「好侵奪」者是也。上文云「之所以接下之人百姓者則庸寬惠」，句法正與此同。

富國

無宜而有用爲人數也

「萬物同宇而異體，無宜而有用，爲人，句數也」。念孫案：「無宜而有用爲人」爲一句，「數也」爲一句。「爲」讀曰「于」。「爲」、「于」二字古同聲而通用。説見《釋詞》「爲」字下。言萬物於人雖無一定之宜，而皆有用於人，數也。「數也」云者，猶言道固然也。《吕氏春秋·壅塞篇》「寡不勝衆，數也」，高注：「數，道數也。」「數也」與下文「生也」對文，楊以「爲人數也」四字連讀而下屬爲義，故失之。

生也

「人倫竝處，同求而異道，同欲而異知，生也」。念孫案：「生」讀爲「性」，故楊注云「此人之性也」，「生也」二字本在楊注「倫，類也」之上，今本誤在楊注下，與下文相連。

故百技所成所以養一人也

楊注曰：「一人，君上也。言百工所成之衆物，所以養一人。是物多而所奉者寡，故能治也。」汪云：「此言『一人之身，而百工之所爲備』耳。注非。」

以無禮而用之

「上雖好取侵奪，猶將寡獲也，而或以無禮而用之」。盧云：「元刻作『無禮節用之』。」念孫案：元刻是也。上文云「上以法取焉，而下以禮節用之」，楊注：「以禮節用，謂不妄秏費也。」與此三句正相反，是其證。《羣書治要》正作「以無禮節用之」。錢本、世德堂本同。

糾譑

「則必有貪利糾譑之名」。念孫案：糾，收也。「譑」讀爲「撟」，音「矯」。取也。言貪利而收取之也。僖二十四年《左傳》注云：「糾，收也。」《方言》云：「撟捎，選也。自關而西，秦晉之閒凡取物之上謂之撟捎。」《淮南·要略覽》「取撟掇」，高注云：「撟，取也。」即上文之「好取侵奪」也。楊云「糾，察也。譑，發人罪也」，則於「貪利」外別生支節矣。

出入相揜

「皆使衣食百用出入相揜」。念孫案：《爾雅》曰：「弇，同也。」《方言》曰：「掩，同也。」《周頌·執競》傳曰：「奄，同也。」「弇」、「奄」、「掩」、「揜」竝通，「出入相同」，謂不使出數多於入數也。楊訓「揜」爲「覆蓋」，失之。

或佚或樂或劬或勞

「故使或美或惡，或厚或薄，或佚或樂，或劬或勞」。念孫案：下二句本作「或佚樂，或劬勞」，「美」與「惡」對，「厚」與「薄」對，「佚樂」與「劬勞」對，今本「樂」上、「勞」上又有兩「或」

字，即涉上文而衍。據楊注云「在位則佚樂，百姓則劬勞」，則正文本作「或佚樂，或劬勞」明矣。《羣書治要》同。

出死斷亡而愉

「百姓貴之如帝，親之如父母，爲之出死斷亡而愉」。楊注曰：「愉，歡也。」念孫案：「愉」讀爲「偷」，「愉」上當有「不」字。出死斷亡而不偷者，民皆死其君事而不偷生也。楊所見本已脱「不」字，故誤以「愉」爲歡愉之「愉」。下文「爲之出死斷亡而愉」，「愉」上亦脱「不」字。《王霸篇》曰「爲之出死斷亡而不愉」，《羣書治要》引作「不偷」，足正此篇之誤。楊不知「愉」爲古「偷」字，反以「不」爲衍文，謬矣。《説文》「偷薄」字本作「愉」，從心，俞聲。《爾雅》「佻，偷也」，《小雅·鹿鳴》傳作「恌，愉也」。《周官·大司徒》「則民不愉」，桓七年《公羊傳》注「則民不愉」，《坊記》注「不愉於死亡」，《釋文》竝音「偷」。漢《繁陽令楊君碑》「不愉禄求趨」，亦與「偷」同。《唐風·山有樞篇》「他人是愉」，鄭箋：「愉，讀爲偷。」《大戴禮·文王官人篇》「欲色嘔然以偷」，《逸周書》「偷」作「愉」。經傳中「愉」字或作「偷」者，皆後人所改也。此篇之「出死斷亡而不愉」，若非脱去「不」字，則後人亦必改爲「偷」矣。

待之而後功

「百姓之力，待之而後功」。楊注曰：「百姓雖有力，待君上所使然後有功也。」念孫案：如楊説，則「功」上須加「有」字，而其義始明。今案：力者，功也。《論語》曰：「管仲之力也。」「待之而後功」，功者，成也，言百姓之功待君而後成也。下文曰「百姓之羣，待之而後和；百姓之財，待之而後聚；百姓之勢，待之而後安；百姓之壽，待之而後長」，「和」、「聚」、「安」、「長」與「功」相對爲文，是「功」爲「成」也。《爾雅》曰：「功，成也。」《大戴禮·盛德篇》曰：「能成德法者爲有功。」《周官·稾人》「乃入功于司弓矢及繕人」，鄭注曰：「功，成也。」《管子·五輔篇》曰「大夫任官辯事，官長任事守職，士脩身功材」，言脩身成材也。《莊子·天道篇》曰「帝王無爲而天下功」，言無爲而天下成也。

天下之事

「高者不旱，下者不水，寒暑和節，而五穀以時孰，是天下之事也」。念孫案：「天下之事」當作「天之事」，「不旱」、「不水」、「寒暑和節」此皆出於天而非人之所能爲，故曰「是天之事」，正對下文「是聖君賢相之事」而言，今本「天下」之「下」乃涉上文「下」者而衍，楊曲爲之說，非。

墨子之言昭昭然爲天下憂不足

念孫案：昭昭，小也。《中庸》「今夫天，斯昭昭之多」，鄭注：「昭昭，猶耿耿，小明也。」《淮南·繆稱篇》：「昭昭乎小哉。」言墨子之所見者小也，故下文曰「夫不足非天下之公患也，特墨子之私憂過計也」。

使而功宋吕、錢、龔本竝如是。

「則天下大而富，楊注：「大，讀爲泰，優泰也。」使而功，撞鐘擊鼓而和」。楊注曰：「使，謂爲上之使也，可使則有功也。」元刻「使而功」作「使有功」，盧從元刻。劉云：「此當作『佚而功』，形近而譌也。」念孫案：劉說是也。《王霸篇》「守至約而詳，事至佚而功」是其證。《彊國篇》亦云「佚而治，約而詳」，下文「勞苦頓萃而愈無功」正與「佚而功」相反。元刻作「使有功」者，涉注「有功」而誤。

頓萃

「勞苦頓萃而愈無功」。楊注曰：「《説文》云：『頓，下首也。』『萃』與『顇』同，上下不能相制，雖勞苦頓頹，猶將無益也。」念孫案：「頓」如「困頓」之「頓」，《管子·版法篇》「頓卒怠倦以辱之」，尹注曰：「頓卒，猶困苦。」王襃《洞簫賦》「桀跖鬻博，儡以頓顇」，「頓卒」、「頓萃」竝與「頓顇」同。

忠信調和均辨之至也

念孫案：「辨」讀爲「平」，「平」、「辨」古字通，若《堯典》「平章」之爲「辨章」，「平秩」之爲「辨秩」是也。說見段氏《古文尚書撰異》。「忠」與「信」，「調」與「和」，「均」與「辨」皆同義。楊以辨爲「明察」，則與「均」異義矣。

速乎急疾　威乎刑罰

「故君國長民者欲趨事遂功，則和調累解，「累解」二字未詳，注非。速乎急疾；忠信均辨，說乎賞慶矣；必先修正其在我者，然後徐責其在人者，威乎刑罰」。念孫案：「速乎急疾」、「威乎刑罰」下皆當有「矣」字，與「說乎賞慶矣」對文。

勤屬

「誅而不賞，則勤屬之民不勸」。楊注曰：「屬謂著於事業，屬，之欲反。『屬』或爲『厲』。」念孫案：作「厲」者是也。厲，勉也。《羣書治要》作「勤勵」。「勵」即「厲」之俗書，則本作「厲」明矣。「厲」與「屬」字相似而誤。《韓子·有度篇》「厲官威民」，《詭使篇》「上之所以立廉恥者，所以厲下也」。今本「厲」字竝誤作「屬」。楊曲爲之説，非。

取天下矣　保社稷也　危國家也

「利而不利也，愛而不用也者，取天下矣；利而後利之，愛而後用之者，保社稷也；不利而利之，不愛而用之者，危國家也」。念孫案：「取天下矣」、「保社稷也」、「危國家也」，本作「取天下者也」、「保社稷者也」、「危國家者也」，今本或作「矣」、或作「也」，文義參差不協，當依《文選·五等諸侯論》注所引改正。

都邑露

「入其境，其田疇穢，都邑露」。楊注曰：「露謂無城郭牆垣。」念孫案：楊未解「露」字之義，露者，敗也，謂都邑敗壞也。《方言》曰：「露，敗也。」《莊子·漁父篇》曰「田荒室露」，《齊策》曰「百姓罷而城郭露」，竝與此「都邑露」同義。「露」字或作「路」，又作「潞」，説見《管子》「振罷露」下。

躁者

「汙者皆化而修，悍者皆化而愿，躁者皆化而慤」。楊注曰：「躁，暴急之人也。」引之曰：「躁」讀爲「剿」。剿，謂狡猾也。《方言》曰：「剿，獪也。秦晉之閒曰獪，楚謂之剿。」「剿」與「躁」古字通。《商子·懇令篇》曰「姦僞躁心，私交疑農之民」，《韓子·有度篇》曰「聰智不得用其詐，險躁不得關其佞」，《説疑篇》曰「躁詐之人，不敢北面立談」，又曰「躁佻反覆謂之智」，皆其證也。「汙」與「脩」相反，「悍」與「愿」相反，「躁」與「慤」相反，是「躁」爲狡猾之義，非暴急之義也。

上好攻取功則國貧上好利則國貧

盧云：「元刻無『攻取』二字。」念孫案：宋錢佃校本亦云「上好攻取功」，諸本作「上好功」。案：諸本是也，上文以「不隆禮」、「不愛民」對文，以「已諾不信」、「慶賞不漸」、「將率不能」

對文，此以「好功」、「好利」對文，則不當有「攻取」二字。宋本「攻」即「功」字之誤，又衍一「取」字。

以國持之　以國載之

「以國持之，而不足以容其身」，又下文「以國載之，則天下莫之能隱匿也」。念孫案：持，載也。載，持也。《中庸》曰「辟如地之無不持載」是也。楊説「持」字未確，説「載」字尤非。

伉隆高

「仁人之用國，將脩志意，正身行，伉隆高，致忠信，期文理」。楊注曰：「伉，舉也。舉崇高遠大之事。『期』當爲『綦』。綦，極也。極文理，謂其有條貫也。」念孫案：楊説「伉」字之義非是。伉者，極也。《廣雅》曰：「亢，極也。」《乾·文言》曰：「亢龍有悔，與時偕極。」《子夏傳》曰：「亢，極也。」王肅曰：「窮高曰亢。」窮，亦極也。宣三年《左傳》「可以亢寵」，杜注曰：「亢，極也。」《漢書·五行志》曰：「兵革抗極。」「亢」、「抗」、「伉」字異而義同。桓九年《穀梁傳》「伉諸侯之禮」，十八年《傳》「以夫人之伉」，釋文竝云：「伉，本又作亢。」《論語》「陳亢」，《説文》作「陳伉」。《史記·貨殖傳》「國君無不分庭與之抗禮」，《漢書》「抗」作「亢」。「伉隆高，致忠信，期文理」，伉、致、期皆極也。「伉隆高」猶言

「致隆高」。《仲尼篇》曰「非致隆高也，非綦文理也」，《王霸篇》同。《王制篇》曰「致隆高，綦文理」，皆其證矣。

境内之聚也保固視可午其軍取其將若撥麷

「將辟田野，實倉廩，便備用，上下一心，三軍同力，與之遠舉極戰則不可。境内之聚也，保固視可，午其軍，取其將，若撥麷」。楊注曰：「其境内屯聚，則保其險固，視其可進，謂觀釁而動也。午，讀爲『迕』，遇也。麷，麥之牙糱也，至脆弱，故以喻之。若撥麷，如以手撥麷也。」念孫案：楊讀「保固視可」爲一句，非也。此當讀「境内之聚也保固」爲句。保，安也，言境内之聚既安且固也。「視可午其軍」，「可」字因上文「不可」而衍。「視午其軍，取其將，若撥麷」者，午，觸也，言境内之聚安固，則視觸人之軍，取人之將，若撥麷也。

忿之

「若是，則忿之者不攻也」。引之曰：「忿之」當作「爲忿」。爲，于僞反。上文云「則爲名者不攻也」，「則爲利者不攻也」，下文云「爲名者否，爲利者否，爲忿者否」皆其證。今本「爲忿」作「忿之」者，涉上文「誰能忿之」而誤。既言「誰能忿之」，則不得又言「忿之」；既言「忿之」則不得又言「不攻」。

錙銖

「割國之錙銖以賂之」。楊注曰：「八兩爲錙。」引之曰：「八兩爲錙」，用鄭氏《儒行》注也。案二十四銖爲兩，八兩爲錙，錙與銖輕重相遠，不得竝稱。古人言「錙」者，其數或多或少。《淮南・詮言篇》「割國之錙錘以事人」，高注曰：「六兩曰錙，倍錙曰錘。」與鄭注「八兩曰錙」相近，此數之多者也。《説山篇》「有千金之璧，而無錙錘之礛諸」，注曰：「六銖曰錙，八銖曰錘。」此與《詮言篇》注異，而與《説文》同，蓋許慎注也。《説文》亦曰：「錙，六銖也。」「錘，八銖也。」《一切經音義》二十引《風俗通》曰「銖六則錘，二錘則錙」，又以十二銖爲錙，此數之少者也。此文及《儒行》皆以「錙」、「銖」竝稱，輕重必不相遠，則當以「六銖曰錙」爲正訓，鄭、楊皆以「八兩爲錙」，失之。

彌煩　遠方致願

「事之彌煩，其侵人愈甚」。念孫案：《韓詩外傳》「煩」作「順」，於義爲長。又下文「近者競親，遠方致願」，《外傳》作「遠者願至」，亦於義爲長。

逢蒙視　君盧屋妾

「辟之是猶使處女嬰寶珠、佩寶玉、負戴黄金，而遇中山之盜也。雖爲之逢蒙視，詘要橈膕，君盧屋妾，由將不足以免也」。楊注曰：「逢蒙，古之善射者。言處女如善射者之視物，謂微眇不敢正視也。盧，當爲廬。君廬屋妾，謂處女自稱是君廬屋之妾，卑下之辭也。」盧云：「逢蒙視，言不敢正視也。不必引善射人，《淮南子》有『籠蒙目視』語。念孫案：《淮南》本作「籠蒙目」，目，即視也。今本衍「視」字，辯見《淮南・脩務篇》。『君盧』句疑有訛字。」念孫案：「逢蒙視」，微視也，《賈子・勸學篇》有「風蚉視」，今本譌作「蚉蝱視」。「風」、「逢」聲相近，「蚉」、「蒙」聲相近，《淮南》謂之「籠蒙」，皆微視之貌。劉云：「『君盧屋妾』，『君』疑作『若』，言詘要撓膕，若盧屋之妾也。《漢書・鮑宣蕭望之傳》皆有『蒼頭盧兒』，注謂：『官府之給賤役者所居爲盧，因呼爲盧兒。』」

巧繁

「故非有一人之道也，直將巧繁拜請而畏事之，則不足以持國安身」。楊説「巧繁拜請而畏事之」云：「巧爲繁多拜請，以畏事之。」引之曰：楊説非也，「繁」讀爲「敏」。《説文》「繁」字本作

「緐」，從糸，每聲，而「敏」字亦從每聲。「敏」與「繁」聲相近，故字亦相通。《楚辭·天問》「繁鳥萃棘」，《廣雅》作「鷩鳥」，曹憲音「敏」，是其例也。巧敏，謂便佞也。《臣道篇》云「巧敏佞説，善取寵乎上」，是也。上文云「逢蒙視，詘要橈膕，若廬屋妾」，即此所謂「巧敏拜請而畏事之也」，《韓詩外傳》作「特以巧敏拜請畏事之」，是其明證矣。

荀子弟四

王霸

主

「主之所極然帥羣臣而首鄉之者，則舉義志也」。引之曰：「之所」上本無「主」字，此後人不曉文義而妄加之也。後人以下有「羣臣」二字，故加「主」字。之，猶其也。見下及《釋詞》。言其所極然帥羣臣而首鄉之者，則皆義志也。上文「之所與」、「之所以」，「之」上皆無「主」字，《王制篇》三言「之所以接下之人百姓者」，「之」上亦無「主」字。《議兵篇》作「其所以接下之人百姓者」，是「之」與「其」同義。據楊注「主所極信」云云，則所見本已有「主」字。

綦

「是綦定也」。楊注曰：「綦，當爲基。基，本也。言以義爲本。」劉云：「案：此『綦』亦訓

『極』，義如『皇極』之『極』，不必破爲『基』」。又下文「國一綦明」，楊注曰：「綦亦當爲基。」劉云：「案：『綦』亦訓『極』，『極』猶言標準。」念孫案：前「極」謂義，後「極」謂信也，俱見上文。

襲然

「使襲然終始猶一也」。念孫案：「襲然」，合一之貌。《周語》及《淮南・天文篇》注竝云：「襲，合也。」故曰「襲然終始猶一」。楊以「襲」爲「相掩襲」，未確。

奏

「然而天下之理略奏矣」。念孫案：「奏」讀爲「湊」。《廣雅》「湊，聚也」，謂天下之理略聚於此也。「湊」、「奏」古字通，《周官・合方氏》及《爾雅・釋獸》釋文竝云「奏，本或作湊」。《商子・筭地篇》「名利之所奏」，亦與「湊」同。楊以「奏」爲「節奏」，失之。

然常欲人之有　啖啖然

「內不脩正其所以有，然常欲人之有」，又下文「不好脩政其所以有，今本「脩」誤作「循」，據上文改，「政」與「正」同。啖啖然常欲人之有。今本脱「然」字，據上文補。」念孫案：下文言「啖啖然」，則上文「然」上亦當有「啖啖」二字，而今本脱之。引之曰：「啖啖」猶「欲欲」也。《説文》：「欲，欲得也，讀若『貪』。」「欲」與「啖」聲近而字通，故曰「啖啖然常欲人之有」。楊云「啖啖，并吞之貌」，則誤讀爲「啖食」之「啖」矣。

北足以敗燕

盧云：「此句楊氏無注，脱耳。案：《史記·六國表》及《田敬仲完世家》皆不載，唯《燕世家》載之，當在齊閔王十年。」

錯之險

「國者，天下之大器也，重任也。不可不善爲擇所而後錯之，錯之險則危」。宋吕本如是。宋錢本作「錯險則危」，無「之」字。元刻、世德堂本同，盧從吕本。念孫案：「錯險則危」與「塗薉則塞」對文，則無「之」字者是也。吕本有「之」字者，涉上句「錯之」而衍。

道之

「不可不善爲擇道，然後道之」。念孫案：道之，行之也。故下文云「塗薉則塞」，下文「何法之道」及「道王者之法」云云，竝與此「道」字同義。楊皆訓爲「導達」，失之。

故

「故道王者之法與王者之人爲之，則亦王」云云。引之曰：「故」當爲「曰」，上文「何法之道」云云是問詞，此文「曰道王者之法」云云是荅詞。下文兩設問荅之詞，皆有「曰」字，則此亦當然。今本「曰」作「故」，則義不可通，此涉下文諸「故」字而誤。又下文「故一朝之日也，一日之人也，然而厭焉有千歲之固，何也」。念孫案：「故」字亦涉上下文而衍，「一朝之日」云云是問詞，則不當有「故」字明矣，《羣書治要》無「故」字。

改王改行也

楊注曰：「改一王則改其所行之事。或曰：《國語》襄王謂晉文公曰：『先民有言曰：改玉改行。』玉，佩玉。行，步也。」盧云：「案：或說是，古『玉』字本作『王』，與『王』字形近而訛。」念孫案:《羣書治要》正作「改玉改行」。

詩云如霜雪之將將如日月之光明爲之則存不爲則亡此之謂也

盧云:「下二句,楊注不以爲逸《詩》,《詩攷》連引之爲是。」

急逐樂

「闇君者必將急逐樂而緩治國」。宋呂本如是。錢本及元刻、世德堂本「急」竝作「荒」,盧從呂本。念孫案:《逸周書・謚法篇》曰「好樂怠政曰荒」,《管子・戒篇》曰「從樂而不反謂之荒」,故曰「荒逐樂」。宋監本作「急逐樂」者,據上文改之也。呂本多從監本,錢本及元刻則兼從建本。其作「荒逐樂」,蓋亦從建本也。《羣書治要》正引作「荒作樂」。

一日而曲列之

「貫日而治詳,一日而曲列之」。楊注曰:「貫日,積日也。積日而使條理詳備,一日而委曲列之無差錯也。」劉曰:「『一日』當作『一目』,立一條目而委曲具列之,若簿書之類。」念孫案:「一日」與「貫日」相對爲文,則「日」非「目」之譌也。《君道篇》作「一日而曲辨之」,今本

「日」譌作「内」。「辨」與「别」古字通，《周官・小宰》「聽稱責以傅别」，故書「别」作「辨」，鄭大夫讀爲「别」。《朝士》「有判書」，故書「判」爲「辨」，鄭司農讀爲「别」。《諸子》「辨其等」，《燕義》「辨」作「别」。《大行人》「辨諸侯之命」，《小行人》「每國辨異之」，《大戴禮・朝事篇》「辨」竝作「别」。《樂記》「别宜居鬼而從地」，《史記・樂書》「别」作「辨」。又「男女無辨」、「磬以立辨」，《樂書》「辨」竝作「别」。又「樂統同，禮辨異」，《荀子・樂論篇》「辨」作「别」。則「列」爲「别」之譌也。王逸注《離騷》云「貫，累也」，言以累日之治而辨之於一日也。

一天下

「若是，則一天下，名配堯禹」。引之曰：「一天下」上有「功」字，而今本脱之，則與下句不對。下文「功壹天下，名配舜禹」，是其證。

人主者宋吕本如是。

「人主者，守至約而詳，事至佚而功」。宋錢本「人」作「之」，元刻、世德堂本同，盧從吕本。念孫案：錢本是也。之主者，是主也。「是主」者指上文「功一天下，名配堯禹」之主而言，非泛論人主也。吕本作「人主者」，涉下文「人主者」而誤。

勢業

「則雖臧獲不肯與天子易勢業」。念孫案：勢者，位也。說見《儒效篇》「勢在本朝」下。所居曰勢，所執曰業，楊以「勢」爲「權勢」，失之。臧獲無權勢，不得言「與天子易權勢」。

侈離

「四方之國有侈離之德」。楊注曰：「侈，奢侈。離，乖離。皆謂不遵法度。」念孫案：楊分「侈」、「離」爲二義，非也，「侈」亦「離」也。《爾雅》曰：「誃，離也。」《說文》曰：「誃，離别也。」作「侈」者，借字耳。陳說同，又云：「《穀梁·僖四年傳》『於是哆然外齊侯也』，邵氏二雲云：『哆然，離散之貌。』『侈』、『誃』、『哆』同。」

罣牢天下而制之

楊注誤解「罣」字，盧云：「案《後漢書·馬融傳》『皋牢陵山』，章懷注云：『皋牢，猶牢籠也。』引此作『皋牢』，『皋』俗作『臯』，亦轉爲『罣』。」念孫案：《困學紀聞》已辯之。

無偏貴賤

「人主胡不廣焉，無卹親疏，無偏貴賤」。念孫案：「偏」當爲「倫」，字之誤也。「倫」與「論」同。《大雅·靈臺》箋曰：「論之言倫也。」是「論」與「倫」義相通。《王制》「必即天論」，「論」或爲「倫」。是「論」與「倫」字亦相通。言不卹親疏，不論貴賤也。《臣道》《性惡》二篇竝云「不卹是非，不論曲直」，是其證。

若是則人臣輕職業讓賢而安隨其後

念孫案：「輕職」下本無「業」字。「輕職讓賢」與上文「爭職妬賢」正相反，多一「業」字，則累於詞矣。「輕職」，謂重賢而輕職也，可言「輕職」不可言「輕職業」。「業」字蓋涉下文「王業」而衍。

還

「如是則舜禹還至，王業還起」。念孫案：「還至」即「至」也，「還起」即「起」也。《漢書·董仲舒傳》「還至而立有效」是也，楊訓「還」爲「復」，失之。

楊朱哭衢涂曰此夫過舉蹞步而覺跌千里者夫

楊注曰：「言此岐路第過舉半步，則知差而哭，況跌千里者乎？」劉云：「案：『覺跌千里』言至千里而後覺其差，注似非。」

而國

「兩者竝行而國在，上偏而國安，在下偏而國危」。楊注：「上偏，偏行上事也，謂治法多，亂法少，賢士多，罷士少之類。下偏反是。」念孫案：尋繹文義，「竝行」下不當有「而國」二字，蓋涉下文兩「而國」而衍。案：此條未確。説見《補遺》。

其治法宋呂本如是。

「故其治法，其佐賢，其民愿，其俗美」。宋錢本「其治法」作「其法治」，盧從呂本。念孫案：錢本是也。上文「治法」與「亂法」對，「賢士」與「罷士」對，「愿民」與「悍民」對，「美俗」與「惡俗」對，此云「其法治，其佐賢，其民愿，其俗美」，皆承上文而言，則作「其法治者」是也。呂本作「其治法」即涉上文「治法」而誤。

序於有天下之勢

「桀紂即序於有天下之勢，索爲匹夫而不可得也」。念孫案：「序」字義不可通，「序」當爲「厚」，字之誤也。隸書「厚」、「序」相似，傳寫易譌。說見《墨子·非攻篇》。言桀紂有天下之勢雖厚，曾不得以匹夫終其身也。《仲尼篇》曰：「桀紂厚於有天下之勢而不得以匹夫老。」《彊國篇》曰：「厚於有天下之勢，索爲匹夫不可得也，桀紂是也。」皆其證。楊云「即序於有天下之勢，謂就王者之次序爲天子」，此望文生義而曲爲之說。

所以同

「是百王之所以同也，而禮法之樞要也」。楊注曰：「是百王之同用愛民之道而得民也。」盧云：「正文『以同』，疑當作『同以』，觀注言『同用』可見。」念孫案：盧說非也。「是百王之所以同」，「以」，衍文也。上下文皆云「是百王之所同，而禮法之大分也」，《禮論篇》云「是百王之所同，古今之所一也」，皆言「所同」，不言「所以同」，則「以」爲衍文明矣。據楊注言「同用愛民之道」，則所見本似已衍「以」字。

用挾　制度數量

「以是用挾於萬物，尺寸尋丈莫得不循乎制度數量，然後行」。念孫案：「用挾」二字文義不明，「用」當爲「周」，字之誤也。「周挾」即「周浹」，《君道篇》曰「先王審禮，以方皇周浹於天下」，《禮論篇》曰「方皇周挾，曲得其次序」，楊彼注曰：「挾，讀爲『浹』，帀也。言於是禮之中，徘徊周帀，委曲皆得其次序而不亂。」此注亦曰「挾，讀爲『浹』」，則楊本正作「周挾」明矣。「制度數量」，盧云：「各本作『制數度量』，今從宋本。」案：作「制數度量」者是也。《富國篇》曰「無制數度量則國貧」，是其證，宋本「數度」二字互誤耳。《禮記·王制》「度量數制」，鄭注曰：「度，丈尺也。量，斗斛也。數，百十也。制，布帛幅廣狹也。」「數制」即「制數」。

樞機者

「是人君者之樞機者也」。楊注曰：「人君，當爲君人。」念孫案：下「者」字涉上「者」字而衍。

則雖幽閒隱辟百姓莫敢不敬分安制以禮化其上

元刻無「禮」字。念孫案：無「禮」字者，是也。主相、臣下、百吏各謹其所見聞，見上文。而民自化之，故曰「莫敢不敬分安制以化其上」，「化」上不當有「禮」字。俗書「禮」字或作「礼」形，與「化」相似，「化」誤爲「礼」，後人因改爲「禮」。《淮南·道應篇》「孔子亦可謂知化矣」，今本「化」誤爲「禮」。宋本作「禮化」者，一本作「禮」，一本作「化」，而寫者因誤合之也。《羣書治要》正作「以化其上」，無「禮」字。

是過者也猶不及也

元刻作「過猶不及也」，語意較足。《羣書治要》與元刻同。

天下之人百姓

「辯政令制度，所以接天下之人百姓，有非理者如豪末，則雖孤獨鰥寡必不加焉」。念孫案：「天下之人百姓」，「天」字後人所加也。下者，對上而言。上文云「上之於下，如保赤子，政令制度，所以接下之人百姓，有不理者如豪末，則雖孤獨鰥寡必不加焉」，文正與此同。又《王制篇》云「之所以接下之人百姓者，則庸寬惠」，又云「之所以接下之人百姓者，則好取侵奪」，又云「之所以接下之人百姓者，則好用其死力矣，而慢其功勞，好用其籍斂矣。而忘其本務」，《議兵篇》云「其所以接下之人百姓者，無禮義忠信」，《彊國篇》云「今上不貴義，不敬義，如是則下之人百姓皆有棄義之志，而有趨姦之心矣」，「人百姓」，猶言「衆百姓」，《王霸篇》曰「朝廷羣臣之俗若是，則夫衆庶百姓亦從而成俗，不隆禮義而好貪利矣」，語意略與此同。彼言「衆庶百姓」，猶此言「人百姓」也。又見下。皆其證也。又案：「下之人百姓者」，人，衆也，謂下之衆百姓也。《儒效篇》云「塗之人百姓，積善而全盡，謂之聖人」，亦謂塗之衆百姓也。《師·彖傳》曰：「師，衆也。」《爾雅》曰「師，人也」，郭注曰：「謂人衆。」是「人」與「衆」同義。《春秋·隱四年》「衛人立晉」，《公羊傳》曰：「其稱人何？衆立之之辭也。」《穀梁傳》曰：「衛人者，衆辭也。」《柴誓》曰「人無譁」，鄭注曰：「人，謂軍之士衆。」《史記·鄒陽傳》「人無不按劍相眄者」，《漢書》「人」作「衆」，皆其證也。

適

「孔子曰：『審吾之所以適人，適人之所以來我也。』」念孫案：下「適」字涉上「適」字而衍。據楊注云「審慎其與人之道，爲其復來報我也」，則無下「適」字明矣。《羣書治要》無下

「適」字。

詐故

「不隆本行，不敬舊法，而好詐故」。念孫案：「故」亦「詐」也。《晉語》「多爲之故以變其志」，韋注曰：「謂多作計術以變易其志。」《吕氏春秋·論人篇》「釋智謀，去巧故」，高注曰：「巧故，僞詐也。」《淮南·主術篇》「上多故，則下多詐」，高注曰：「故，巧也。」是「故」與「詐」同義。《王制篇》曰「進退貴賤則舉幽險詐故」，《大戴記·文王官人篇》曰「以故取利」，《管子·心術篇》曰「恬愉無爲，去知與故」，《淮南·原道篇》曰「偶睹智故，曲巧僞詐」，「故」皆謂「詐」也。故曰「不隆本行，不敬舊法，而好詐故」。楊云「故，事變也」，則分「詐」、「故」爲二義，失之矣。

敬節

「則士大夫莫不敬節死制者矣」。盧云：「敬節，元刻作『貴節』。」引之曰：「敬」當作「敄」，「敄」與「務」古字通。《説文》：「敄，彊也。」《爾雅》：「務，强也。」「敄」與「敬」字相似而誤。「務節」謂以節操爲務也。《曲禮》曰「士死制」，「務節」與「死制」同義，下文云「士大夫務節死制」，是其證。

今本作「敬節」，則於義疏矣。元刻作「貴節」者，以意改之耳。

佻其期日

「百工佻其期日而利其巧任」。楊注曰：「佻，與『傜』同，緩也，謂不迫促也。」盧補校云注：「當云『佻，與窕同』，案《爾雅》曰『窕，肆也。』古書『窕』字皆訓寬肆，不當作『傜』。」

然而

「士大夫務節死制，然而兵勁」。楊注曰：「然而，當爲然後。」念孫案：楊以下文作「然後」，故云「當爲然後」，不知此「然而」與他處言「然而」者不同。然，如是也。說見《釋詞》。言如是而兵勁也。《文王世子》曰「然而衆知父子之道矣」，義與此「然而」同。

商賈敦慤無詐則商旅安貨通財而國求給矣

念孫案：「商旅安，貨通財」當作「商旅安，貨財通」，「貨財通」與「商旅安」對文，今本作「貨通財」，則義不可通。《王制篇》「使賓旅安而貨財通」，是其證。今本「賓」誤作「賓」，辯見《王制篇》。

嘖　乘是而後豐取刻與以無度取於民

「斗斛敦槩者，敦槩，即準槩。所以爲嘖也，上好貪利，則臣下百吏乘是而後豐取刻與，以無度取於民」。盧本於「而後」下加「鄙」字云：「宋本、世德堂本皆無『鄙』字，今從元刻。」又云「嘖，情也」，引《繫辭傳》及《太玄·礥·測》爲證。念孫案：元刻有「鄙」字者，後人以意加之也。後人以上文云「乘是而後欺」、「乘是而後偏」、「乘是而後險」，疑此處「乘是而後」下脱一字，又以上句言「貪利」，故加入「鄙」字耳。今案：上文云：「合符節别契券者，所以爲信也，上好權謀，則臣下百吏誕詐之人乘是而後欺；探籌投鉤者，所以爲公也，上好曲私，則臣下百吏乘是而後偏；衡石稱縣者，所以爲平也，上好傾覆，則臣下百吏乘是而後險。」「欺」與「信」相反，「偏」與「公」相反，「險」與「平」相反，此云「斗斛敦槩者，所以爲嘖也，上好貪利，則臣下百吏乘是而後豐取刻與，以無度取於民」，「無度」與「嘖」亦相反，嘖者，齊也。《説文》「嫧，齊也」，「嫧」與「嘖」通。又《説文》「𪘂，齒相值也」，《釋名》曰「幘，賾也，下齊眉賾然也」，又曰「柵，賾也，以木作之，上平賾然也」，又曰「册，賾也，敕使整賾，不犯法也」，竝聲近而義同。無度則不齊，故與「嘖」相反。若云「乘是而後鄙」，則「鄙」與「嘖」義非相反，與上三條不合。且加一「鄙」字，則下文「豐取刻與」云云竟成贅語矣。盧據元刻加「鄙」字，又訓「嘖」爲「情」，皆失之。宋呂、錢二本皆無「鄙」字。

難聳

「故君子恭而不難，敬而不聳」。引之曰：「難」讀《詩》「不戁不竦」之「戁」，「聳」讀《方言》「蛩烘，戰栗也」之「蛩」。說見《經義述聞·大戴記·曾子立事篇》。盧說「難」、「聳」二字皆失之。

變態

「竝遇變態而不窮」。宋本如是。元刻改「變態」爲「變應」，而盧本從之。念孫案：元刻以下文有「應變故」，故改「變態」爲「變應」，而不知其謬也。「竝遇變態而不窮」者，竝，猶普也，偏也。說見《周易述聞》「竝受其福」下。言偏遇萬事之變態而應之不窮也。下文云「其應變故也，齊給便捷而不惑」，「變故」即此所謂「變態」也。改「變態」爲「變應」，則反與下文不合矣。

不危

「其所爲身也，謹脩飾而不危」。盧云：「『脩飾』，元刻作『脩勑』，『飾』與『飭』、『勑』古皆通用。」念孫案：「危」讀爲「詭」，言君子脩飭其身而不詭於義也。《淮南·主術篇》注：「詭，違也。」「詭」、「危」古字通，説見《經義述聞·緇衣》。

用天地

「明達用天地，理萬變而不疑」。念孫案：用天地而不疑，義不可通，「用」當爲「周」，字之誤也。言其智足以周天地、理萬變而不疑。

君者儀也儀正而景正君者槃也槃圓而水圓君者盂也盂方而水方

盧云：「案：《帝範》注引『君者，儀也』下有『民者，景也』句，『君者，槃也』下有『民者，水也』句，無『君者，盂也』二句。」念孫案：《廣韻》「君」字注所引與《帝範》注同。既言「儀正而景正」，則當有「民者，景也」句；既言「槃圓而水圓」，則當有「民者，水也」句，宋錢本有「民者水也」句。既以「槃」喻「君」，則不必更以盂喻。二書所引有「民者，景也」、「民者，水也」而無

「君者，盂也」二句，於義爲長。《藝文類聚·雜器物部》《太平御覽·器物部三》竝引作「君者盤也，民者水也，盤圓則水圓，盤方則水方」。

民之不親不愛而求其爲己用爲己死不可得也

元刻無「之」字。念孫案：無「之」字者是也。下文「民不爲己用、不爲己死，而求兵之勁、城之固，不可得也」，「民」下無「之」字，是其證。《韓詩外傳》無「之」字。

敵至而求無危削不滅亡不可得也

元刻「無」上「不」字。念孫案：元刻是也。宋本有上「不」字者，涉上下諸「不」字而衍。「無」亦「不」也，說見《釋詞》。「無危削滅亡」，即不危削滅亡也，《外傳》作「不危削滅亡」，是其證。

是狂生者也

「危削滅亡之情舉積此矣，而求安樂，是狂生者也」。盧云：「元刻作『是聞難狂生者也』。」宋錢佃校本亦云「是狂生者也」，諸本作「是聞難狂生者也」。念孫案：此文本作「危削滅亡之情舉積此矣，而求安樂是聞，不亦難乎？·是狂生者也」，今本脱「聞不亦難乎，是」六字。此因兩「是」字相亂，而脱去六字。元刻亦僅存「聞難」二字，《外傳》作「夫危削滅亡之情皆積於此，而求安樂是聞，不亦難乎，是枉生者也」，「枉」蓋「狂」之誤。《臣道篇》亦云「迷亂狂生」。

美國

「欲脩政美國，則莫若求其人」。念孫案：《外傳》作「脩政美俗」，是也。上文曰「政令不煩而俗美」，《儒效篇》曰「在本朝則美政，在下位則美俗」，《王霸篇》曰「政令行，風俗美」，皆以「政」與「俗」竝言之，蓋二者恒相因也。今本「美俗」作「美國」，則泛而不切矣。

于是　莫欲之　獨猶將爲之

「以天下之王公莫好之也，然而于是獨好之；以天下之民莫欲之也，然而于是獨爲之；好之者貧，爲之者窮，然而于是獨猶將爲之也」。念孫案：三「于是」皆義不可通，當依《外傳》作「是子」。「是子」二字對上文「王公」與「民」而言，下文曰「非于是子莫足以舉之，故舉是子而用之」，是其證。今本作「于是」者，「是子」譌爲「是于」，後人因改爲「于是」耳。「莫欲之」，亦當依《外傳》作「莫爲之」。「莫好之」與「獨好之」相應，「莫爲之」亦與「獨爲之」相應。今本作「欲之」，則既與「爲之」不相應，又與「好之」相複矣。「于是獨猶將爲之」，當作「是子猶將爲之」，言雖好之者貧，爲之者窮，而是子猶將爲之也。「猶」上不當有「獨」字，蓋涉上文兩「獨」字而衍，《外傳》無。

是其人者也

念孫案：衍「者」字。此句或爲結上之詞，或爲起下之詞，皆不當有「者」字。《外傳》作「則是其人也」，無「者」字。

道者何也曰君道也

念孫案：此篇以《君道》爲題，而又釋之曰「道者何也？曰：君道也」，則贅矣。《韓詩外傳》作「道者何也？曰：君之所道也」，於義爲長。「君之所道」，謂君之所行也。《儒效篇》曰「道者，人之所道也」與此文同一例。今本蓋脱「之所」二字。

使其人載其事

「論德而定次，量能而授官，皆使其人載其事而各得其所宜」。念孫案：人載其事而各得其所宜，謂人人皆載其事而得其宜也。「使」下不當有「其」字，蓋涉下兩「其」字而衍。《榮辱篇》曰「皆使人載其事而各得其宜」，《正論篇》曰「皆使民載其事而各得其宜」，「使」下皆無「其」字。

賞克

「賞克罰偷則民不怠」。念孫案：「克」當爲「免」，字之誤也。「免」與「勉」同，言勉者賞之、偷者罰之也。《王制篇》曰「百吏免盡而衆庶不偷」，是其證也。又《樂論篇》「弟子免學」，《漢書·薛宣傳》「宣因移書勞免之」，今本「免」作「勉」，乃後人所改。宋毛晃《增修禮部韻略》引此尚作「免」。《谷永傳》「閔免遁樂」，竝以「免」爲「勉」。《韓詩外傳》正作「賞勉罰偷」。

不探

「故職分而民不探，次定而序不亂」。念孫案：「不探」二字義不可通，《外傳》作「不慢」，是也。下文曰「臣下百吏至於庶人，莫不脩己而後敢安正，與「政」同。誠能而後敢受職正」，所謂「職分而民不慢」也。隸書「曼」字或作「[illegible]」，與「罙」字略相似，故「慢」誤爲「探」。

孽

「好女之色，惡者之孽也」。念孫案：孽，猶害也。下文云「衆人之痤」、「汙邪之賊」，義竝與此同。《議兵篇》曰「百姓莫不敦惡，莫不毒孽」，言莫不毒害也。《緇衣》引《大甲》曰「自作孽」，言自作害也。《小雅·十月篇》「下民之孽」，箋曰：「孽，妖孽。」謂相爲災害也。昭十年《左傳》「蘊利生孽」，杜注曰：「孽，妖害也。」

循乎道之人

「循乎道之人，汙邪之賊也」。念孫案：「循道之人」與「好女之色」、「公正之士」對文，則「循」下不當有「乎」字。《羣書治要》無。

不

「是豈不必得之之道也哉」。念孫案：「不」猶「非」也。說見《釋詞》。

速致遠

「欲得善馭速致遠者」。宋呂、錢本竝如是。元刻、世德堂本「速」上有「及」字。盧從宋本云「俗閒本有『及』字」。念孫案：有「及」字者是也。「及速」與「致遠」對文。行速則難及，道遠則難致，故唯善馭者乃能及速致遠，非謂其致遠之速也，則不得以「速致遠」連讀。「善馭及速致遠」與「善射射遠中微」對文，若無「及」字，則與上文不對，一證也。《王霸篇》云「欲得善射，射遠中微則莫若羿、蠭門矣；欲得善馭，及速致遠則莫若王良、造父矣」，與此文同一例，二證也。《淮南・主術篇》云：「夫載重而馬羸，雖造父不能以致遠；車輕而馬良，雖中工可使追速」，「追速」、「致遠」即「及速」、「致遠」，三證也。《羣書治要》有「及」字，四證也。

數十

「古有萬國，今有數十焉」。念孫案：《富國篇》「數十」作「十數」，是也。當荀子著書時，國之存者已無數十矣。

不還秩

「不還秩，不反君」。念孫案：「秩」當爲「私」，字之誤也，「還」讀爲「營」，言不營私、不叛君也。「營」與「還」古同聲而通用。《管子・山至數篇》曰「大夫自還而不盡忠」，謂自營其私也。《秦策》曰「公孫鞅盡公不還私」，謂不營私也。《成相篇》「比周還主黨與施」，還主，謂營惑其主也。「還」字或作「環」，《臣道篇》「朋黨比周，以環主圖私爲務」是也。又《齊風・還篇》「子之還兮」，《漢書・地理志》「還」作「營」，亦以聲同而借用。「還」字或作「環」，《韓子・五蠹篇》曰「古者蒼頡之作書也，自環者謂之私」，「私」本作「厶」，見下。《說文》「厶」字解引作「自營爲厶」。《管子・君臣篇》曰「兼上下以環其私」，《韓子・人主篇》曰「當途之臣，得勢擅事以環其私」，皆謂營其私也。

荀子弟五

臣道

環主

「朋黨比周，以環主圖私爲務」。楊注曰：「環繞其主，不使賢臣得用。」念孫案：楊説甚迂，「環」讀爲「營」。營，惑也，謂營惑其主也。《呂氏春秋・尊師篇》注曰：「營，惑也。」《大戴禮・文王官人篇》曰「煩亂以事而志不營」，又曰「臨之以貨色而不可營」，《荀子・宥坐篇》曰「言談足以飾邪營衆」，皆是也。「營」訓爲「惑」，故或謂之「營惑」，《漢書・淮南王安傳》「營惑百姓」是也。「營」與「環」古同聲而通用。《春秋・文十四年》「有星孛入于北斗」，《穀梁傳》曰「其曰入北斗，斗有環域也」，「環域」即「營域」，猶「營繞」之爲「環繞」，「營衛」之爲「環衛」也。餘見前「不還秩」下。字或作「還」，《成相篇》云「比周還主黨與施」是也。楊注「還，繞也」，誤與此注同。「還」與「營」古亦通用，説見前「不還秩」下。

刑下

「政令教化,刑下如影」。楊注曰:「刑,制也,言施政令教化以制其下。」念孫案:古無訓「刑」爲「制」者,「刑」如「刑于寡妻」之「刑」。刑,法也,言下之法上,如影之從形。

養交

「偷合苟容,以持禄養交而已耳」。楊注曰:「養交,謂養其與君交接之人,不忤犯使怒也。或曰:養其外交,若蘇秦、張儀、孟嘗君,所至爲相也。」念孫案:後説是。持禄養交,見後《議兵篇》「持養」下。

補削

「事聖君者,有聽從,無諫争;事中君者,有諫争,無諂諛;事暴君者,有補削,無撟拂」。楊注曰:「補,謂彌縫其闕。削,謂除去其惡。言不敢顯諫,闇匡救之也。」引之曰:楊分「補」與「削」爲二義,非也。「聽從」、「諫争」、「諂諛」、「補削」、「撟拂」皆兩字同義。「補削」謂彌縫其闕也。削者,縫也。《韓子·難篇》曰「管仲善制割,賓胥無善削縫,隰朋善純緣,衣成，君舉而服」之「制割」、「削縫」、「純緣」亦兩字同義。舊注以「削」爲「翦削」，誤與楊注同。《吕氏春秋·行論篇》曰「莊王方削袂」，《燕策》曰「身自削甲札，妻自組甲絣」，蓋古者謂「縫」爲「削」，而後世小學書皆無此訓，失其傳久矣。

違其惡

「則崇其美，揚其善，違其惡，隱其敗」。念孫案：「違」讀爲「諱」。「諱其惡」與「隱其敗」同意，《曲禮》注曰：「諱，辟也。」「辟」與「避」同。《緇衣》注曰：「違，辟也。」「諱」、「違」皆從韋聲，而皆訓爲「避」，故字亦相通。《墨子·非命篇》「福不可請而禍不可諱」，「諱」與「違」同。

關内

「時關内之」。楊注曰：「關，當爲開。内，與納同。言時以善道開納之也。或曰：以道關通於君之心中也。」念孫案：或説近之，凡通言於上曰關。《周官·條狼氏》「誓大夫曰『敢不關，鞭五百』」，先鄭司農曰：「不關，謂不關於君也。」《史記·梁孝王世家》曰：「大臣及袁盎等有所關説於景帝。」《佞幸傳》曰「公卿皆因關説」，索隱曰：「關，通也。謂公卿因之而通其詞説。」《漢書注》曰：「關説者，言由之而納説。」是「關」與「納」義相近。《書大傳》「雖禽獸之聲，猶悉關於律」，鄭注曰：「關，猶入也。」「入」亦「納」也。下文曰：「因其喜也而入其道。」故曰「時關內之」，不當改「關」爲「開」。

辨其故

「故因其懼也，而改其過；因其憂也，而辨其故」。楊注曰：「辨其致憂之端。」念孫案：楊說「辨」字、「故」字之義皆誤。「辨」讀爲「變」。變其故，謂去故而就新也。憂懼者，改過遷善之機，故曰「因其懼也，而改其過；因其憂也，而變其故」，「變」亦「改」也。「辨」或作「辯」。《廣雅》曰「辯，變也」，《坤・文言》「由辯之不早辯也」，「辯」，荀本作「變」。《莊子・逍遥遊篇》「乘天地之正而御陰陽之辯」，「辯」與「變」同。

滅苦

「故無德之爲道也，傷疾、墮功、滅苦，故君子不爲也」。楊注曰：「傷疾、墮功、滅苦，未詳，或恐錯誤耳。」念孫案：「苦」當爲「善」，字之誤也。隸書「苦」字作「[illegible]」，與「善」相似。「疾」與「功」，已見上文。「善」即上文之「忠敬」也。「傷疾」、「墮功」、「滅善」皆承上文言之。

戰戰兢兢三句

「《詩》曰：『不敢暴虎，不敢馮河。人知其一，莫知其佗。戰戰兢兢，如臨深淵，如履薄冰。』此之謂也。」引之曰：《荀子》引《詩》，至「莫知其佗」而止，其「戰戰兢兢」三句，則後人取《詩》詞增入也。此承上文「人不肖而不敬，則是狎虎」而言，言人但知暴虎馮河之害，而不知不敬小人之害與此同，故曰「『不敢暴虎，不敢馮河。人知其一，莫知其佗』，此之謂也」。「此之謂也」四字，正承「人知其一，莫知其佗」而言，若加入「戰戰兢兢」三句，則與「此之謂也」義不相屬矣。據楊注但釋「不敢暴虎」四句，而不釋「戰戰兢兢」三句，則所見本無此三句甚明，一證也。又《小閔》傳曰「他，不敬小人之危殆也」，箋曰：「人皆知暴虎馮河立至之害，而無知當畏慎小人能危亡也。」傳、箋皆本於《荀子》，二證也。《呂氏春秋・安死篇》：「《詩》曰：『不敢暴虎，不敢馮河，人知其一，莫知其他。』此言不知鄰類也。」所引《詩》詞，至「莫知其他」而止。高注曰：「人皆知小人之爲非，不知不敬小人之危殆，故曰『不知鄰類』也。」《淮南・本經篇》：「《詩》云『不敢暴虎，不敢馮河。人知其一，莫知其他』，此之謂也。」文與《荀子》正同。高注曰：「人皆知暴虎馮河立至害也，故曰『知其一』；而不知當畏慎小人危亡也，故曰『莫知其他』，此不免於惑，故曰『此之謂也』。」《呂覽》、《淮南》高注皆本於

《荀子》，三證也。

樂利

「故君子安禮樂利，謹慎而無鬭怒」。念孫案：「樂利」當爲「樂樂」。「樂樂」與「安禮」對文，「安禮樂樂」，承上「禮」、「樂」而言，「謹慎而無鬭怒」，承上「謹慎」、「鬭怒」而言。今本作「樂利」者，涉上「利也」而誤。

致士

隱忌

「隱忌雍蔽之人，君子不近」，楊注曰：「隱，亦蔽也。忌，謂妬賢。」念孫案：楊誤分「隱」「忌」爲二義，且下文言「雍蔽」，則「隱忌」非「雍蔽」也。余謂「隱忌」即「意忌」。謂妬賢也，《史記·平津侯傳》云「弘爲人意忌，外寬内深」，《酷吏傳》云「張湯文深意忌」。唯其意忌，是以雍蔽，《秦誓》曰「人之有技，冒疾以惡之」，所謂「意忌」也。又曰「人之彦聖而違之，俾不達」，所謂「雍蔽」也。「意」、「隱」聲相近，「意忌」之爲「隱忌」，若《左氏春秋經》之「季孫意如」，《公羊》作「隱如」矣。《史記·孝文紀》「故楚相蘇意」，《漢紀》作「蘇隱」。凡之部之字，或與諄部相轉，上、去聲亦然。《樂記》「天地訢合」，鄭注：「訢，讀爲熹。」《射義》「耄期稱道不亂者」，《大雅·行葦》傳作「耄勤」。《左傳》「曹公子欣時」，《公羊》作「喜時」。《荀子·性惡篇》「驊騮騹驥」即「騏驥」，皆其例也。

士其刑賞

「定其當而當，然後士其刑賞而還與之」。引之曰：「士」字義不可通，「士」當爲「出」，字之誤也。隸書「出」字或省作「士」，故諸書中「出」字或誤作「士」，説見《大略篇》「教出」下。高注《淮南·説林篇》曰：「當，丁浪反。猶實也。」言定其善惡之實而當然後出其刑賞而還與之也。楊讀「士」爲「事」，又訓「事」爲「行」，展轉以求其通，鑿矣。

貴名白

「能以禮挾而貴名白，天下願」。盧曰：「貴名白，《王制篇》作『名聲日聞』，此恐有訛。」念孫案：《儒效篇》曰「貴名白而天下治」，《君道篇》曰「文王欲立貴道，欲白貴名」，則「貴名白」三字不訛。《韓詩外傳》作「貴名自揚」義亦同也。《王制篇》作「名聲日聞」乃後人所改，辯見《王制》。

川淵枯則龍魚去之山林險則鳥獸去之

郝云：「『險』，當爲『儉』，『儉』與『險』古通用。儉，如山之童，林木之濯濯，皆是。」念孫案：郝説是也。「險」非「險阻」之「險」，乃「儉」之借字耳。《否·象傳》「君子以儉德辟難」，虞注：「儉，或作險。」《大戴記·文王官人篇》「多稽而儉貌」，《逸周書》「儉」作「險」。襄二十九年《左傳》「險而易行」，杜注：「險，當爲儉。」山林儉則鳥獸無所依而去之，猶「川淵枯而龍魚去之」也，此與上文之「山林茂」正相反。

本作

「故土之與人也，道之與法也者，國家之本作也。君子也者，道法之摠要也」。楊注曰：「本作，猶本務也。」念孫案：楊未解「作」字之義。「國家之本作」、「道法之摠要」相對爲文，作者，始也，始，亦本也。摠，亦要也。上文云「無土則人不安居，無人則土不守，無道法則人不至」，故此四者爲國家之本始也。《魯頌·駉篇》傳曰：「作，始也。」《廣雅》同。《皋陶謨》「烝民乃粒，萬邦作乂」，「作」與「乃」相對爲文，言烝民乃粒，萬邦始乂也。《禹貢》「萊夷作牧」，言萊夷水退始放牧也。「沱潛既道，雲夢土作乂」，「作」與「既」相對爲文，言沱、潛之水既道，雲夢之土始乂也。竝見《經義述聞》。

誠必

「人主之患，不在乎不言用賢，而在乎誠必用賢」。盧云：「當作『而在乎不誠用賢』。」念孫案：當作「而在乎不誠必用賢」，言用賢之不誠不必也。《管子·九守篇》曰「用賞者貴誠，用刑者貴必」，《呂氏春秋·論威篇》曰「又況乎萬乘之國而有所誠必乎」，《賈子·道術篇》曰「伏義誠必謂之節」，《淮南·兵略篇》曰「將不誠必則卒不勇敢」，枚乘《七發》曰「誠必不悔，決絶以諾」，皆以「誠」、「必」連文，則「必」字不可删。

政之隆　隆正

「臨事接民而以義，變應寬裕而多容，恭敬以先之，政之始也；然後中和察斷以輔之，政之隆也；然後進退誅賞之，政之終也」。念孫案：「政之隆」，謂政之中也。《孝經》曰「夫孝始於事親，中於事君，終於立身」，彼以「中」對「始」、「終」，此以「隆」對「始」、「終」，是「隆」即「中」也。楊以「隆」爲「崇高」，失之。又《正論篇》「凡議必將立隆正然後可也，無隆正則是非不分而辯訟不決」，「隆正」謂「中正」也。《王霸篇》曰：「君臣上下，貴賤長幼，至于庶人，莫不以是爲隆正。」下文「天下之大隆」亦謂「大中」也。楊以「隆」爲「崇高」，亦失之。

節奏欲陵　節奏陵而文生民寬而安　陵謹

「凡節奏欲陵，而生民欲寬；節奏陵而文，生民寬而安」。楊注曰：「節奏，謂禮之節奏。陵，峻也。侵陵，亦嚴峻之義。言人君自守禮之節奏，則欲嚴峻不弛慢；養民則欲寬容，不迫切也。」又解「節奏陵而文」云：「節奏雖峻，亦有文飾，不至於刻急。」念孫案：楊説「陵」字之義及「節奏陵而文」皆非是。「節奏欲陵而生民欲寬」者，「陵」謂嚴密也，故與「寬」相反。《富國篇》曰「其於貨財取與計數也，寬饒簡易；其於禮義節奏也，陵謹盡察」，「陵謹」與「寬饒」亦相反，「節奏陵謹」即此所云「節奏欲陵」也。楊訓「陵」爲「侵陵」，誤與此注同。「節奏陵而文，生民寬而安」者，「而」猶「則」也。《孟子·公孫丑篇》「可以仕則仕，可以止則止，可以久則久，可以速則速」，《萬章篇》作「可以速而速，可以久而久，可以處而處，可以仕而仕」。言節奏陵則文，生民寬則安也，節奏密則成文章，《樂記》曰「節奏合以成文」是也。「陵」字或作「凌」，《管子·中匡篇》曰：「有司寬而不凌。」

議兵

故兵要在乎善附民而已

元刻無「善」字。宋龔本同。念孫案：無「善」字者是也。下文臨武君曰「豈必待附民哉」，正對此句而言，則無「善」字明矣。宋本有「善」字者，涉上文「善附民者」而衍，《羣書治要》亦無「善」字。

路亶

「彼可詐者，怠慢者也，路亶者也，君臣上下之閒滑然有離德者也」。楊注曰：「路，暴露也。亶，讀爲『袒』。露袒，謂上下不相覆蓋。《新序》作『落單』。」念孫案：路單，猶羸憊也。上不恤民則民皆羸憊，故下句云「君臣上下之閒滑然有離德也」。《孟子·滕文公篇》「是率天下而路也」，趙注云：「是率導天下之人以羸路也。」今本「羸路」作「羸困之路」，乃後人所改，辯見《管子·五輔篇》。《管子·五輔篇》云「匡貧窶，振罷露，資乏絶」，《韓子·亡徵篇》云「好罷露百姓」，《吕氏春秋·不屈篇》云「士民罷潞」，「路」、「露」、「潞」竝通，是「路」爲「羸憊」也。《爾雅》云：「瘽，病也。」《大雅·板篇》「下民卒癉」，毛傳云：「癉，病也。」「病」亦謂「羸憊」也。《緇衣》引《詩》「下民卒瘽」，《釋文》「瘽」作「亶」，「癉」、「瘽」、「亶」竝通。《秦策》「士民潞病於内」，高注云：「潞，羸也。」「潞病」與「路亶」亦同義。《新序·雜事篇》作「落單」，《晏子·外篇》云「路世之政，單事之教」，或言「路亶」，或言「路單」，或言「落單」，其義一而已矣，楊説皆失之。

焉

「若赴水火，入焉焦没耳」。念孫案：「焉」猶「則」也，説見《釋詞》。

延兑

「延則若莫邪之長刃，嬰之者斷；兑則若莫邪之利鋒，當之者潰」。楊注曰：「兑，猶聚也，與『隊』同，謂聚之使短。《新序》作『鋭』。」盧云：「『延』，《韓詩外傳》作『延居』；『兑』，作『鋭居』。」案『延』讀『延衺』之『延』，謂衡布則其鋒長，嬰之者斷也。『兑』讀爲『鋭』，謂直擣則其鋒利，當之者潰也。《外傳》兩『居』字與下文『圜居』一例，可知注未是矣。」

案角鹿埵隴種東籠而退耳

劉云：「『角』字當爲衍文，蓋涉上而誤。『案』，語詞。」

設何道

「請問王者之兵設何道？何行而可」。念孫案：道，術也。楊以「道」爲「論説教令」，失之。

不足卬

「上足卬，則下可用也；上不足卬，則下不可用也」。楊注曰：「卬，古仰字。不卬，不足卬也。」盧云：「以注觀之，正文當本是『上不卬』，衍『足』字。」

民齊者强不齊者弱

元刻「不齊」上亦有「民」字。宋龔本同。念孫案：有「民」字者是也，上文之「政令」，下文之「賞」「刑」「械用兵革」，皆於上下句兩見，則「民」字亦當兩見。

度

「魏氏之武卒，以度取之」。楊注曰：「度取之，謂取其長短材力中度者。」汪云：「案：度，程也。下文所云是也。注非。」

負服矢

「負服矢五十箇」。盧云：「元刻無『服』字，與《漢書》同。」念孫案：此本作「服矢五十箇」，「服矢」即「負矢」，「負」與「服」古同聲而通用。《考工記·車人》「牝服」，先鄭司農云：「服，讀爲負。」故《漢書》作「負」。今本作「負服矢」者，校書者依《漢書》旁記「負」字，而寫者誤合之也。元刻無「服」字，則又後人依《漢書》删之也。

其生民也陿阸其使民也酷烈

郝云：「陿阸，即狹隘也，謂民生計窮蹙。《王霸篇》云『生民則致貧隘』，語意正同。注以『陿阸』爲『秦地險固』，非也。下云『隱之以阸』，亦非地險。」念孫案：楊注沿《刑法志》注而誤。

有遇之者若以焦熬投石焉

盧云：「此二句似專言天下無有能敵仁義者。注惟言『以魏遇秦』，殆以當時無湯武，并無桓文故也，然無妨據理爲説。或云：此二句當并從齊説下。」念孫案：或説是。

拱挹

「拱挹指麾」。盧依《富國篇》改「挹」爲「揖」。念孫案：「揖」與「挹」通，不煩改字。《宥坐篇》「挹而損之」，《淮南·道應篇》「挹」作「揖」。《晏子·諫篇》「晏子下車挹之」，「挹」即「揖」字。諸本皆作「挹」。

治鄰敵

「故兵大齊則制天下，小齊則治鄰敵」。楊注曰：「治鄰敵，言鄰敵受其治化耳。」念孫案：「治」讀爲「殆」。殆，危也，謂危鄰敵也。《王制篇》曰「威彊未足以殆鄰敵」，《王霸篇》曰「威動天下，彊殆中國」，《彊國篇》曰「威動海内，彊殆中國」，「殆」、「治」古字通。《彊國篇》「彊殆中國」，楊注：「殆或爲治。」《史記·范雎傳》「夫以秦卒之勇，車騎之衆，以治諸侯，譬若馳韓盧而搏蹇兔也」，「治諸侯」即「殆諸侯」。楊謂「受其治化」，則非用兵之事矣。

道

「遇敵決戰必道吾所明，無道吾所疑」。楊注曰：「道，言也，行也。」念孫案：當訓爲「行」。

慕其德

「故近者親其善，遠方慕其德，兵不血刃，遠邇來服。德盛於此，施及四極」。念孫案：「慕其德」，「德」本作「義」，後人改「義」爲「德」，以與「服」、「極」爲韻，而不知與下文「德」字相複也。《文選・爲袁紹檄豫州文》注、《石闕銘》注、《太平御覽・兵部五十三》引此竝作「義」。

脱文八

「《詩》曰『淑人君子，其儀不忒』，此之謂也」。陳云：「玩上文語意，其下尚有『其儀不忒，正是四國』二句，今脱之也。儀，即義也，故《尸鳩篇》『儀』皆讀爲『義』。」念孫案：此正承上文「遠方慕義」而言，所引《詩》蓋本作「其義不忒」，今本「義」作「儀」者，後人據《詩》改之耳。

輅

「楚人鮫革犀兕以爲甲，鞈如金石」。楊注曰：「鞈，堅貌。以鮫魚皮及犀兕爲甲，堅如金石之不可入。《史記》作『堅如金石』。《禮書》鞈，古洽反。《管子》曰：『制重罪入以兵甲，犀脇二戟；輕罪入蘭盾，鞈革二戟。』《小匡篇》」念孫案：楊本作「鞈如金石」，與《史記》不同。然「鞈」訓「堅貌」，諸書未有明文。《説文》「鞈，防扞也」，今本「扞」譌作「汗」，據《玉篇》《廣韻》改。尹注《管子》曰「鞈革，重革，當心箸之，可以禦矢」，皆不訓爲「堅貌」。《史記》而外，《韓詩外傳》亦作「堅如金石」，《文選·三月三日曲水詩序》注引《荀子》正作「堅」。《太平御覽·兵部八十七》同。鈔本《北堂書鈔·武功部九》引作「牢如金石」，陳禹謨本改爲「堅」。此是避隋文帝諱，故改「堅」爲「牢」。然則虞所見本正作「堅」，與楊本異也。

然而兵殆於垂沙唐蔑死

盧云：「垂沙，《史記》作『垂涉』。」念孫案：「垂」字古讀若「陀」。説見《唐韻正》。「垂沙」蓋地名之疊韻者，《韓詩外傳》及《淮南·兵略篇》竝作「兵殆於垂沙」，《楚策》云：「垂沙之事，死者以千數」，則作「垂沙」者是。

爲炮烙刑

楊注曰：「《列女傳》曰：『炮烙，爲膏銅柱，加之炭上，令有罪者行焉，輒墮火中。』烙，古責反。」盧云：「『炮烙之刑』，古書本作『炮格之刑』，『格』讀如『庋格』之『格』，古『閣』、『格』一也。《史記索隱》『鄒誕生音「閣」』，此注云『烙，古責反』，可證楊時本尚作『格』也。」念孫案：此段氏若膺説也，説見《鍾山札記》。昔嘗聞盧校《荀子》多用段説，故盧本前列參訂名氏有金壇段若膺，而書中所引段説則唯有《禮論篇》「持虎」一條，余未見段氏校本，無從採録，故但據所見之書略舉一二焉。

溝池不拑

楊注曰：「拑，古『掘』字。《史記》作『溝池不掘』，《文子》曰『無伐樹木，無鉗墳墓』，『鉗』亦音『掘』。或曰：『拑』當作『扣』，篆文『扣』字與『拑』字相近，遂誤耳。」盧云：「案：甘聲之『拑』，不當爲古『掘』字。注後説『當作扣』，是也。《正論篇》『大古薄葬，故不扣』，又《列子・説符篇》『俄而扣其谷』，《吕覽・節喪篇》『葬淺則狐狸扣之』，皆作『扣』字，知此『拑』字誤。」

然而國晏然不畏外而明內者無它故焉明道而分鈞之時使而誠愛之下之和上也如影嚮

楊注曰：「『內』，當爲『固』。《史記》作『晏然不畏外而固』也。」念孫案：此當依《史記》作「不畏外而固」，今本「而」下有「明」字者，涉下文「明道」而衍。「明道而分鈞」之「分鈞」，《史記》《韓詩外傳》竝作「均分」，「均」與「鈞」通。亦當依《史記》《外傳》乙轉。

誅之

「有不由令者，然后誅之以刑」。念孫案：「誅之以刑」，本作「俟之以刑」，此後人不解「俟」字之義而妄改之也。《韓詩外傳》《史記》皆作「俟之以刑」，《正義》訓「俟」爲「待」。《王制篇》曰「以不善至者待之以刑」，足與此互相證明矣。《宥坐篇》亦曰：「躬行不從，然後俟之以刑。」今本「躬行」作「邪民」，辯見《宥坐》。

威厲而不試刑錯而不用

楊注曰：「厲，謂抗舉。使人畏之。」念孫案：諸書無訓「厲」爲「抗舉」者，余謂厲，猛也。定十二年《左傳》注：「厲，猛也。」《王制篇》曰：「威嚴猛厲。」錯，置也。置，設也。言威雖猛而不試，刑雖設而不用也。《宥坐篇》「威厲而不試，刑錯而不用」，義同。楊彼注云「厲，抗也，但抗其威而不用也。錯，置也，如置物於地不動也」，亦非。「錯」訓「設置」之「置」，與《史記·周本紀》「刑錯四十餘年」之「錯」不同。

除阸

「其所以接下之人百姓者，人百姓，衆百姓也。今本無「人」字，乃後人不曉古義而妄删之，說見前「天下之人百姓」下。無禮義忠信，句焉慮率用賞慶、刑罰、埶詐除阸其下，獲其功用而已矣」，楊注曰「焉慮，無慮，猶言大凡也。除，謂驅逐。阸，謂迫蹙。若秦劫之以埶，隱之以阸，狃之以慶賞之類。『阸』或爲『險』也。」念孫案：焉，語詞也。說見《釋詞》。慮，大凡也。說見前「慮以王命全其力[一]」下。「除」、「阸」二字義不相屬，楊以「除」爲「驅逐」，非也。「除」當爲「險」，俗書之誤也。俗書「險」字作「険」，形與「除」相似。「險」與「阸」同義，馮衍《顯志賦》「悲時俗之險阸」是也。或作「險隘」，《楚辭·離騷》「路幽昧以險隘」是也。楊注「阸或爲險」，當作「除或爲險」，今作「阸」者，因正文及注内三「阸」字而誤。「除」與「險」俗書相近，「阸」與「險」形聲皆相遠，

[一] 力，原作「德」，據《荀子雜志》弟三改。

以是明之。

大寇則至　則失亡其羣匹

「大寇則至，使之持危城則必畔，遇敵處戰則必北，勞苦煩辱則必奔」。念孫案：「大寇則至」，則者，若也。與下三「則」字異義。又《禮論篇》「今夫大鳥獸則失亡其羣匹」云云，則，亦若也。古或謂「若」爲「則」，說見《釋詞》「則」字下。

敦惡

「則百姓莫不敦惡，莫不毒孽」。楊注曰：「敦，厚也。」又《禮論篇》「師旅有制，刑法有等，莫不稱罪，是君子之所以爲悼詭其所敦惡之文也」，楊注曰：「敦，厚也，厚惡，深惡也。或曰：『敦』讀爲『頓』，頓，困躓也。」念孫案：楊說皆非也。《說文》：「憝，怨也。」《廣雅》：「憝，惡也。」《康誥》「罔不憝」，傳曰：「人無不惡之者。」《孟子·萬章篇》引《書》作「譈」。《法言·重黎篇》「楚憞羣策而自屈其力」，李軌曰：「憞，惡也。」「譈」、「憞」、「敦」竝與「憝」同。本篇之「敦惡」與「毒孽」對文，《禮論篇》之「敦惡」與「喜樂」、「哀痛」對文，則「敦」不得訓爲「厚」，亦不得讀爲「困頓」之「頓」也。盧引《方言》「諄憎，所疾也，諄，郭音之潤反。宋魯凡相惡謂之諄憎」，「諄」與「敦」亦聲之轉。

脩上之法

「然後百姓曉然皆知脩上之法，像上之志而安樂之」。念孫案：「脩」當爲「循」，字之誤也。隸書「循」、「脩」二字，傳寫往往譌溷，説見《管子・形勢篇》。循，順也，謂順上之法也。《説文》：「循，順行也。」鄭注《尚書中候》曰：「循，順。」《君道篇》曰「百姓莫敢不順上之法，象上之志而勸上之事，而安樂之矣」，文略與此同，「順」與「循」古同聲而通用也。《大射儀》「順左右隈」，今文「順」爲「循」。《莊子・天下篇》「已之大順」，「順」或作「循」。《書大傳》「三正若循連環」，《白虎通義》引此「循」作「順」。

持養

「高爵豐禄以持養之」。楊注曰：「持此以養之也。」念孫案：「持養」二字平列，「持」亦「養」也。非「持此以養之」之謂。《臣道篇》云「偷合苟容，以持禄養交而已耳」，《管子・明法篇》云「小臣持禄養交」，《晏子春秋・問篇》云「仕者持禄，游者養交」，皆以「持禄」、「養交」對文。《荀子・正論篇》又以「持老」、「養衰」對文，故《吕氏春秋・異用篇》「仁人之得飴，以養疾持老也」，高注曰：「持，亦養也。」今本「持」誤作「侍」。又《勸學篇》云「除其害者以持養之」，《榮辱篇》云「以相羣居，以相持養」，《墨子・天志篇》云「内有以食飢息勞，持養其萬民」，《非命篇》云「上以事天鬼，下以持養百姓」，今本「持」誤作「侍」。《吕氏春秋・長見篇》云「申侯伯善持養吾意」，亦皆以「持」、「養」對文。

而順

「所存者神，所爲者化，句而順，句暴悍勇力之屬爲之化而愿」云云，楊以「而順」二字屬下讀，注云：「順，從也，謂好從暴悍勇力之人，皆化而愿愨也。」汪云：「『而順』上疑脱九字，此句與下三句一類，句末當是『爲之化而順』，因上有『化』字，遂相承脱去耳。」見丙申校本。盧用汪説而小變其文，云：「『爲之化而順』上脱六字或若干字，不可知矣。」

矜糾收繚

「暴悍勇力之屬爲之化而愿，旁辟曲私之屬爲之化而公，矜糾收繚之屬爲之化而調」。楊注曰：「矜，謂夸汏。糾，謂好發摘人過者也。收，謂掠美者也。繚，謂繚繞言委曲也。四者皆鄙陋之人，今被化則調和也。」念孫案：《廣雅》曰：「矜，急也。」《一切經音義》卷二十三引《廣雅》曰：「糾，急也。」《齊語》注曰：「糾，收也。」「糾」、「收」竝從丩聲，而義亦相同。《説文》「糾，繩三合也」,今人猶謂「糾繩」爲「收繩」。《楚辭・九章》注曰:「糾,戾也。」「繚」謂「繚戾」也,《鄉飲酒禮》注曰:「繚,猶紾也。」《孟子・告子篇》注曰:「紾,戾也。」「矜」、「糾」、「收」、「繚」皆急戾之意,故與調和相反。「暴悍勇力」與「愿」相反,「旁辟曲私」與「公」相反,「矜糾收繚」與「調」相反。楊說皆失之。

猶既

「《詩》曰:『王猶允塞,徐方既來。』」宋吕、錢本竝如是,與今《詩》同。盧依元刻作「王猷允塞,徐方其來」,云:「《君道篇》亦作『猷』字。」念孫案:「謀猶」字,《詩》皆作「猶」,《說文》有「猶」無「猷」,作「猷」者,隸變耳。俗以「猶」爲「猶若」字,「猷」爲「謀猷」字,非也。《君道篇》作「猷」者,亦隸變耳。宋錢本作「猶」。且《君道篇》正作「徐方既來」,不作「其來」也,元刻不可從。此處楊氏無注者,注已見於《君道篇》也。今本《君道篇》注文全脫。盧云「此處當本有注,脫之耳」,亦非。

掌窌

「則必發夫掌窌之粟以食之」。楊注曰:「地藏曰窌。掌窌,主倉廩之官。」引之曰:「掌」當爲「稟」。稟，古「廩」字也。《榮辱篇》「有囷窌」，楊彼注云：「圜曰囷，方曰廩。」彼言「囷窌」，猶此言「稟窌」，「稟」、「窌」皆所以藏粟，故云「發稟窌之粟以食之」。若云「發掌窌之粟」，則義不可通。隸書「掌」或作「𥥍」，與「稟」略相似，故諸書「稟」字或譌爲「掌」。説見《管子·輕重甲篇》「一掌」下。

朞三年

「已朞三年，然後民可信也」。引之曰：朞者，周也，謂已周三年也。楊注非。

彊國

黭然而雷擊之如牆厭之

劉云：「案：《韓詩外傳》作『如雷擊之』。此『而』字義亦作『如』。」念孫案：古書多以「而」「如」互用，而其義則皆爲「如」。《小雅·都人士篇》「彼都人士，垂帶而厲。彼君子女，卷髮如蠆」，《大戴記·衞將軍文子篇》「滿而不滿，實如虛，見善如不及」，《孟子·離婁篇》「文王視民如傷，望道而未之見」，皆其證。

最

「執拘則最，得閒則散」。楊注曰：「最，聚也。《公羊傳》曰『會，猶最也』，何休曰：『最，聚也。』」引之曰：「最」當爲「冣」，《説文》「冣，才句切。積也」，徐鍇曰：「古以聚物之聚爲冣。」「冣」與「最」字相似，世人多見「最」少見「冣」，故書傳中「冣」字皆譌作「最」。《韓詩外傳》作「執拘則聚」，即「冣」字也。隱元年《公羊傳》及何注皆本作「冣」，今譌作「最」，楊所見本已然。辯見《經義述聞》。

賁潰

「如是，下比周賁潰以離上矣」。楊注曰：「賁，讀爲憤。」郝云：「『賁』與『奔』古字通。『賁潰』謂奔走潰散而去也。『賁』，《韓詩外傳》六作『憤』，二義俱通，似不必依彼讀『憤』也。」陳説同。

西伐蔡

「子發將子匠反。西伐蔡」。念孫案：蔡在楚北，非在楚西，不得言「西伐蔡」，「西」當爲

「而」，言子發將兵而伐蔡也。

屬

「舍屬二三子而治其地」。楊注曰：「屬，請也。子發不欲獨擅其功，故請諸臣理其地也。」念孫案：古無訓「屬」爲「請」者。屬，會也。見《孟子·梁惠王篇》注、《左傳·哀十三年》注、《齊語》《晉語》《楚語》注。言會諸臣以治之也。

亶有之

「相國之於勝人之勢，亶有之矣」。楊注曰：「亶，讀爲『擅』，本亦或作『擅』。或曰：亶，誠也。」念孫案：或說是也。本或作「擅」者，借字耳。

曷若

「曷若？兩者孰足爲也」。念孫案：「曷若」二字與上下文義不相屬，此涉上文「曷若是」而衍，「兩者」二字指上文「勝人之道」與「勝人之勢」而言，楊注：「兩者，勝人之道與勝人之勢。一則天下歸一，一則爲天下笑，問何者可爲也。」則不當有「曷若」二字明矣。楊云「問以爲何如也」，此望文生義而曲爲之説。

埶籍

「夫桀紂，聖王之後子孫也，有天下者之世也，埶籍之所存，天下之宗室也」。今本楊注曰：「埶，謂國籍之所在也。」念孫案：楊注本作「埶位、圖籍之所在也。」《禮運》「在埶者去」，鄭注：「埶，埶位也。」是「勢」與「位」同義。《儒效篇》「履天子之籍」，楊彼注曰：「籍，謂天下之圖籍也。」故此注亦曰「埶位、圖籍之所在」。今本「位」作「謂」，「圖」作「國」，則義不可通。又案楊以「籍」爲「圖籍」，非也。籍，亦位也。《儒效篇》曰「周公履天子之籍」，又曰「反籍於成王」，是「籍」與「位」同義，非謂圖籍也。《正論篇》曰「聖王之子也，有天下之後也，埶籍之所在也，天下之宗室也」，文義竝與此同，盧云「埶籍」謂「埶力憑藉也」，亦非。見《正論篇》。

脩政

「故自四五萬而往者彊勝，非衆之力也，隆在信矣；自數百里而往者安固，非大之力也，隆在脩政矣」。念孫案：「政」非「政事」之「政」，「脩政」即「脩正」也。古書通以「政」爲「正」。言必自脩自正，然後國家可得而安也。《富國篇》曰「必先脩正其在我者」，《王霸篇》曰「内不脩正其所以有」，皆其證。「信」，即上所謂「忠信」，對下「陶誕比周」而言；「脩正」，即上所謂「禮義」，對下「汙漫突盜」而言。《荀子書》多言「脩正」，作「政」者，借字耳。非「脩政事」之謂也，楊説「脩政」二字未了。

安樂　歾頸

「故人莫貴乎生，莫樂乎安，所以養生安樂者莫大乎禮義。人知貴生樂安而弃禮義，辟之是猶欲壽而歾頸，愚莫大焉」。念孫案：「安樂」當爲「樂安」，「養生樂安」與「貴生樂安」竝承上「莫貴乎生，莫樂乎安」而言。今本「樂安」二字倒轉，則與上下文不合。「欲壽而歾頸」，楊云：「歾，當爲刎。」案《説文》「歾」或作「殁」。《吕氏春秋·高義篇》「石渚殁頭乎王庭」，「殁頭」即「刎頭」也。「歾」、「刎」皆從勿聲，故「歾」字又讀爲「刎」。《史記·循吏傳》「石奢即石渚。自歾而死」，索隱：「歾，音亡粉反。」宋毛晃《增脩禮部韻略》及《班馬字類》皆如是，今本則改「歾」爲「刎」而删去其音矣。是「歾」字兼有「殁」、「刎」二讀，無煩改「歾」爲「刎」也。

刳其脛

「安欲刳其脛而以蹈秦之腹」。楊注曰：「刳，亦斬也。」念孫案：斬脛以蹈秦之腹，義不可通。《玉藻》「弁行，剡剡起屨」，正義：「弁，急也。」是「剡剡」爲起屨之貌。然則「剡其脛以蹈秦之腹」，亦謂起其脛以蹈秦之腹也。《漢書・賈誼傳》「剡手以衝仇人之匈」，義與此同。顔注「剡，利也」，亦非。

此所謂廣大乎舜禹也

盧云：「此句或疑當在『彊殆中國』下。」念孫案：此汪說也，汪直移此句於上文「彊殆中國」下，是也。

於塞外

「則雖爲之築明堂於塞外而朝諸侯，殆可矣」。楊注曰：「『於塞外』三字衍也。以前有『兵不復出於塞外』，故誤重寫此三字耳。」念孫案：此說是也，後說非。

不可勝

「王者之功名不可勝日志也」。楊注曰：「日記識其政事，故能功名不可勝數。」念孫案：玩楊注則正文「不可勝」下當有「數」字。

瞻曠

「堂上不糞，則郊草不瞻曠芸」。念孫案：此言事當先其所急，後其所緩，故堂上不糞除，則不暇芸野草也。「芸」上不當有「瞻曠」二字，不知何處脱文闌入此句中也。據楊注引魯連子「堂上不糞者，郊草不芸」，無「瞻曠」二字，即其證。楊注又曰「堂上猶未糞除，則不暇瞻視郊野之草有無也」，此則不得其解而曲爲之説。

白刃扞乎胸

「白刃扞乎胸，則目不見流矢」。楊注曰：「扞，蔽也。扞蔽於胸，謂見斬刺也。」念孫案：「扞蔽」非斬刺之義，楊説非也。「扞」之言「干」也。干，犯也。謂白刃犯胸，則不暇顧流矢也。《史記·游俠傳》「扞當世之文罔」，謂犯法也。《漢書·董仲舒傳》「抵冒殊扞」，文穎曰：「扞，突也。」突，亦犯也。

天論

脩道而不貳　貳之則喪　貳則疑惑

「脩道而不貳，則天不能禍」。念孫案：「脩」當爲「循」，字之誤也。隸書「循」、「脩」相似，說見《管子・形勢篇》。循，順也。「貳」當爲「貣」，亦字之誤也。凡經傳中「貣」字多誤作「貳」，說見《管子・勢篇》。「貣」與「忒」同，《管子・正篇》「如四時之不貣」，《史記・宋世家》「二衍貣」，竝以「貣」爲「忒」。字本作「忒」，又作「貸」，說見《管子・勢篇》。又作「慝」、作「匿」，說見後「匿則大惑」下。忒，差也。言所行皆順乎道而不差，則天不能禍也。下文曰「倍道而妄行，則天不能使之吉」，正與此相反。今本「循」作「脩」，「貣」作「貳」，則非其旨矣。楊不知「貳」爲「貣」之誤，又見下文言「倍道妄行」，遂釋之曰「貳，即倍也」，此望下文生義，而非本句之旨。《羣書治要》作「循道而不忒」，足正楊本之誤。又《禮論篇》「萬物變而不亂，貳之則喪也」，「貳」亦當爲「貣」。貣，差也。言禮能治萬變而不亂，若於禮有所差忒，則必失之也。《大戴記・禮三本篇》作「貸之則喪」，是其證。「貸」見上注。楊云「貳謂不一」，亦失之。又《解蔽篇》「心枝則無知，傾則不精，貳則疑惑」，「貳」亦當爲「貣」，言差忒則生疑惑也。「貳則疑惑」猶《天論篇》言「匿則大惑」也。「匿」與

「慝」、「忒」通，説見「匿則大惑」下。彼以「中」、「從」爲韻，「畸」、「爲」爲韻，「匿」、「惑」爲韻，此以「枝」、「知」爲韻，「傾」、「精」爲韻，「貣」、「惑」爲韻，「忒」、「貣」、「慝」、「匿」竝通，故「貣」、「匿」竝與「惑」爲韻，「貳」則非韻矣。貣從弋聲，於古音屬之部；貳從弍聲，於古音屬脂部。

故水旱不能使之飢渴寒暑不能使之疾祆怪不能使之凶

劉云：「案：『渴』字衍，此承上文而言：『彊本節用』，故『水旱不能使之饑』；『養備動時』，故『寒暑不能使之疾』；『脩道不貳』，故『祆怪不能使之凶』。」念孫案：《羣書治要》無「渴」字，下文「水旱未至而飢」，亦無「渴」字。注内「渴」字，亦後人據已衍之正文加之。

未至

「祆怪未至而凶」。念孫案：「未至」二字與上文複。《羣書治要》「至」作「生」，是也。下文「祆是生於亂」，即其證。「生」、「至」字相似，又涉上文「未至」而誤。

皆知其所以成莫知其無形夫是之謂天

楊注曰：「言天道之難知。或曰：當爲『夫是之謂天功』，脱『功』字耳。」念孫案：或説是也。人功有形而天功無形，故曰「莫知其無形，夫是之謂天功」，「天功」二字，下文凡三見。

形能

「耳目鼻口形能，各有接而不相能也」。楊注曰：「耳目鼻口形其所能，皆可以接物，而不能互相爲用。」念孫案：楊以「耳目鼻口形」連讀，而以「能」字屬下讀，於義未安。余謂「形能」當連讀，「能」讀爲「態」。《楚辭·招魂》注曰：「態，姿也。」形態，即形也。言耳目鼻口形態各與物接而不能互相爲用也。古字「能」與「耐」通，說詳《唐韻正》。故亦與「態」通。《楚辭·九章》「固庸態也」，《論衡·累害篇》「態」作「能」。《漢書·司馬相如傳》「君子之態」，《史記》亦作「能」。徐廣本如是，今本作「熊」，非。《易林·无妄之賁》「女工多能，亂我政事」，「能」即「態」字也。多態，謂淫巧。故以「形」、「能」連文。《正名篇》以「耳目口鼻」與「形體」竝列，彼言「形體」，猶此言「形態」。

所志於陰陽者已其見知之可以治者矣「已」與「以」同。

楊注曰：「知，或爲和。」念孫案：作「和」者是也。上文云「陰陽大化」、「萬物各得其和以生」，是其證。陰陽見其和而聖人法之以爲治，故曰「所志於陰陽者，以其見和之可以治者矣」。「和」與「知」字相似而誤。楊前注謂「知其生殺，而效之爲賞罰以治之」，此曲說也。

楚王後車千乘非知也君子啜菽飲水非愚也是節然也

楊注曰：「節，謂所遇之時命也。」劉引《正名篇》「節遇謂之命」。

心意

「若夫心意脩，德行厚，知慮明」。念孫案：「心意」當爲「志意」，字之誤也。《荀子書》皆言「志意脩」，無言「心意脩」者，《脩身篇》曰「志意脩則驕富貴」，《富國篇》曰「脩志意，正身行」，皆其證。又《榮辱篇》曰「志意致脩，德行致厚，智慮致明」，《正論篇》曰「志意脩，德行厚，知慮明」，皆與此文同一例，此尤其明證也。

怪星之黨見

「夫日月之有蝕，風雨之不時，怪星之黨見」。楊注曰：「黨見，頻見也，言如朋黨之多。」念孫案：楊説甚迂，且訓「黨」爲「頻」，於古無據。惠氏定宇《九經古義》曰「黨見，猶所見也」，訓「黨」爲「所」，雖據《公羊》注，然「怪星之所見」殊爲不詞。余謂「黨」，古「儻」字。儻者，或然之詞。「怪星之黨見」與「日月之有蝕」、「風雨之不時」對文，謂怪星之或見也。《莊子・繕性篇》「物之儻來寄也」，釋文：「儻，崔本作黨。」《史記・淮陰侯傳》：「恐其黨不就。」《漢書・伍被傳》：「黨可以徼幸。」「黨」竝與「儻」同。《韓詩外傳》作「怪星之晝見」，「晝」字恐是後人所改。《羣書治要》引此正作「怪星之儻見」。

耘耨失薉

「楛耕傷稼，耘耨失薉，政險失民」。楊注曰：「失薉，謂耘耨失時，使薉也。」盧云：「《韓詩外傳》作『枯耕傷稼，枯耘傷歲』，『枯』與『楛』同，疑是也。此處句法不一律，注强爲之説，頗難通。」念孫案：盧説是也，「楛耘失歲」，上對「楛耕傷稼」，下對「政險失民」。今本作「耘耨失薉」，則文不成義。「歲」之爲「薉」，乃涉下文「田稼薉惡」而誤，而楊所見本已然，故强爲之説而不可通。

則父子相疑

「内外無别，男女淫亂，則父子相疑，上下乖離」。念孫案：「内外無别」二句爲一類，「父子相疑」二句爲一類，「父子」上不當有「則」字。《羣書治要》無「則」字，《韓詩外傳》亦無。

三者錯

「三者錯，無安邦」。念孫案：錯，交錯也。《説文》作「遺」，云：「这，遺也。」言此三祆交錯於國中，則國必危也。楊讀「錯」爲「措置」之「措」，失之。

勉力不時則牛馬相生六畜作祆楊注：「勉力，力役也。」

念孫案：吕本所載正文，此三句本在上文「禮義不脩」之上。「勉力不時，則牛馬相生，六畜作祆」，此是祆由人興，故曰「祆是生於亂」。自錢本始依楊注移置於下文「可怪也，而不可畏也」之上，楊注「勉力不時」三句云：「此三句直承『其菑甚慘』之下。」注「可怪也」二句云：「此二句承『六畜作祆』之下。」且删去楊注，而各本及盧本皆從之，謬矣。今録吕本原文於左，而加訂正焉：

「星隊、木鳴，國人皆恐。曰：是何也？曰：無何也。是天地之變，陰陽之化，物之罕至者也，怪之可也，而畏之非也。夫日月之有蝕，風雨之不時，怪星之黨見，是無世而不常有之。上明而政平，則是雖竝世起，無傷也；上闇而政險，則是雖無一至者，無益也。夫星之隊，木之鳴，是天地之變，陰陽之化，物之罕至者也，怪之可也，而畏之非也。物之已至者，人祆則可畏也。楛耕傷稼，耘耨失薉，政險失民，田薉稼惡，糴貴民飢，道路有死人，夫是之謂人祅。政令不明，舉錯不時，本事不理，夫是之謂人祅。案此句當在下文「六畜作祅」之下，乃總上之詞，今倒在「勉力不時」之上，則文義不順。「政令不明，舉錯不時，本事不理，勉力不時」四句相連，「牛馬相生」二句乃總承此四句而言，非專承「勉力不時」而言。勉力不時，則牛馬相生，六畜作祅，禮義不脩，内外無别，男女淫亂，則父子相疑，上下乖離，寇難竝至，夫是之謂人祅。祅是生於亂，三者錯，無安邦。其説甚爾，其菑甚慘，可怪也，而不可畏也。」引之曰：「不可畏也」當作「亦可畏也」。蓋「星隊、木鳴」，乃天地之變，陰陽之化，非人事之所招，故曰「怪之可也，而畏之非也」，若「牛馬相生，六畜作祅」，則政亂之所致，所謂人祅也，「其説甚邇，其菑甚慘，可怪也，而亦可畏矣」。上文云「物之已至者，人祅則可畏也」，正與此句相應。若作「不可畏」，則與上文相反矣。楊不知「不」爲「亦」之誤，故欲顛倒其文耳。《外傳》曰：「星墜、木鳴，國人皆恐，何也？曰：是天地之變，陰陽之化，物之罕至者也，怪之可也，畏之非也。夫日月之薄蝕，怪星之晝見，風雨之不時，是無世而不嘗有也。上明政平，是雖竝至，無傷也；上闇政險，是雖無一至，無益也。夫萬物之有災，人妖最可畏也。曰：何謂人妖？曰：枯耕傷稼，枯耘傷歲，政險失民，田穢稼惡，糴貴民饑，道有死人，寇賊竝起，上下乖離，鄰人相暴，對門相盜，禮義不循，牛馬相生，六畜作妖，臣下殺上，父子相疑，是謂人妖，是生於亂。」案此文與《荀子》略同。「牛馬相生，六畜作妖」在「是謂人妖」之上，是「牛馬相生」二句乃人妖也。然則《荀子》原文本作「政令不明，舉錯不時，本事不理，勉力不時，則牛馬相生，六畜作祅，夫是之謂人祅」明矣。

不睹乎外

「珠玉不睹乎外，則王公不以爲寶」。念孫案：「不睹乎外」四字文義不明，「睹」當爲「暏」。

《說文》：「晵，旦明也。從日，者聲。」《玉篇》「丁古切」，「晵」之言「著」也，上言「日月不高，則光煇不赫；水火不積，則煇潤不博」，則此言「珠玉晵乎外」，亦謂其光采之著乎外，故上文云「在物者莫明於珠玉」也，世人多見「睹」少見「晵」，故「晵」誤爲「睹」。《夏小正傳》「蓋陽氣且晵也」，今本「且晵」作「旦睹」，誤與此同。

物畜而制之

「大天而思之，孰與物畜而制之？從天而頌之，孰與制天命而用之？望時而待之，孰與應時而使之？因物而多之，孰與騁能而化之」。念孫案：「物畜而制之」，「制」當爲「裁」。「思」、「裁」爲韻，「頌」、「用」爲韻，「待」、「使」爲韻，「多」、「化」爲韻。「思」、「裁」二字於古音竝屬之部，「制」字於古音屬祭部，不得與「思」爲韻也。又案：楊注云「使物畜積而我裁制之」，此釋正文「物畜而裁之」也，正文作「裁之」，而注言「裁制之」者，加一「制」字以申明其義耳。今正文作「制之」，即因注內「制之」而誤。

匿則大惑　匿而采

「故道之所善，中則可從，畸則不可爲，匿則大惑」。楊注曰：「匿，謂隱匿其情。禮者，明示人者也，若隱匿，則大惑。」念孫案：「隱匿」與「大惑」，義不相屬，楊曲爲之説，非也。「匿」與「慝」同，《逸周書・大戒篇》「克禁淫謀，衆匿乃雍」，《管子・七法篇》「百匿傷上威」，竝以「匿」爲「慝」。又《管子・明法篇》「比周以相爲匿」，《明法解》「匿」作「慝」。《漢書・五行志》「朔而月見東方，謂之仄慝」，《書大傳》「慝」作「匿」。慝，差也，《洪範》「民用僭忒」，《漢書・王嘉傳》引此「忒」作「慝」，而釋之曰：「民用僭差不壹。」董仲舒《雨雹對》曰：「無有差慝。」言大惑生於差慝也，上文曰「亂生其差」，正謂此也。道貴乎中，畸則偏，差則惑矣，故曰「中則可從，畸則不可爲，慝則大惑」。又《樂論篇》曰「亂世之徵，其聲樂險，其文章匿而采」，「匿」亦讀爲「慝」。慝，邪也，言文章邪慝而多采飾也。《鄘風・柏舟》傳曰：「慝，邪也。」《漢書・嚴安傳》「樂失而淫，禮失而采」，如淳曰：「采，飾也。」

荀子弟六

正論

則不然

「以桀紂爲常有天下之籍則然，親有天下之籍則不然，天下謂在桀紂則不然」。引之曰：上「則不然」，亦當作「則然」。親有天下之籍則然，天下謂在桀紂則不然者，言桀、紂雖親有天下之籍，而天下之人心已去桀紂而歸湯武也。今本「則然」作「則不然」涉下句而誤耳。下文云「有天下之後也，執籍之所在也」，則桀紂固親有天下之籍矣，何得云「不然」乎？楊曲爲之説，非是。

不材不中

「然而不材不中」。楊注曰：「不中，謂處事不當也。中，丁仲反。」念孫案：「中」讀「中正」之

「中」，《孟子·離婁篇》「中也養不中，材也養不材」，是其證。楊説非。

天下未嘗有説

「以天下之合爲君，則天下未嘗合於桀紂也。然則以湯武爲弑，則天下未嘗有説也」。念孫案：「天下未嘗有説」，「天下」二字涉上文而衍。據楊注云「自古論説，未嘗有此」，則本無「天下」二字明矣。

行之爲

「其知慮至險也，其至意至闇也，楊注：「『至意』當爲『志意』。」其行之爲至亂也」。引之曰：「知慮」、「志意」、「行爲」相對爲文，則「行」下不當有「之」字。《荀子書》「行爲」字皆作「僞」，今作「爲」者，後人以其所知改其所不知耳。

不容妻子之數

「是不容妻子之數也」。楊注曰：「不能容有其妻子，是如此之人數也，猶言不能保妻子之徒也。」念孫案：楊未曉「數」字之意。數，猶道也。《吕氏春秋·壅塞篇》「寡不勝衆，數也」，高注：「數，道數也。」言是不容妻子之道也。凡道有吉有凶，下文曰「故至賢疇四海，湯武是也；至罷不容妻子，桀紂是也」，然則如湯武者，是疇四海之道也，吉道也；如桀紂者，是不容妻子之道也，凶道也。

可以

「可以奪之者，可以有國，而不可以有天下」。念孫案：「奪之」上不當有「可以」二字，此涉上下文而衍。

墨黥慅嬰共艾畢菲對屨殺赭衣而不純

「世俗之爲説者曰：『治古無肉刑而有象刑：墨黥；慅嬰；共，艾畢；菲，對屨；殺，赭衣而不純。』」楊注「墨黥」曰：「世俗以爲古之重罪，以墨涅其面而已，更無劓、刖之刑也。或曰『墨黥』當爲『墨幪』，但以墨巾蒙其頭而已。」注「慅嬰」曰：「當爲『澡嬰』，謂澡濯其布爲纓。『凶冠之飾，令罪人服之』。《禮記》曰『緦冠澡纓』，鄭云：『有事其布以爲纓也。』《雜記》『慅』或讀爲『草』，《愼子》作『草纓』。」注「共，艾畢」曰：「『共』，未詳，或衍字耳。艾，蒼白色。畢，與『韠』同，紱也。所以蔽前，令罪人服之，故以蒼白色爲韠也。」注「菲、對屨」曰：「菲，草屨也。『對』當爲『紨』，傳寫誤耳。紨，枲也，《慎子》作『紨』，言罪人或菲或枲爲屨，故曰『菲紨屨』。紨，方孔反。」注「殺，赭衣而不純」曰：「以赤土染衣，故曰『赭衣』。純，緣也。殺之，所以異於常人之服也。純，音準。殺，所介反。《慎子》曰：『有虞氏之誅：以畫跪當黥，以草纓當劓，以紨屨當刖，以艾畢當宫。』又《尚書大傳》曰：『唐虞之象刑：上刑赭衣不純，中刑雜屨，下刑墨幪。』」劉云：「『共』當作『宫』，『菲』當作『剕』，『殺』當如字讀，言犯墨黥之罪者以草纓代之，宫罪以艾畢代之，刖罪以紨屨代之，殺罪以赭衣不純代之。注引《尚書大傳》及《慎子》之言正可參證。」念孫案：「墨黥」二字語意未完，當有脱文。以《慎子》言「畫跪當黥」，《書大傳》言「下刑墨幪」知之。「慅嬰」上，蓋脱「劓」字，以《慎子》言「草纓當劓」知之。

赤旂宋吕本如是。

「昔者武王伐有商，誅紂，斷其首，縣之赤旂」。宋錢本「旂」作「旆」。注「旂」字同。元刻世德堂本同。念孫案：《解蔽篇》云「紂縣於赤旆」，則作「旆」者是。

同儀

「故諸夏之國同服同儀」。楊注曰：「儀，謂風俗也。」念孫案：風俗不得謂之儀，「儀」謂制度也，下文「蠻、夷、戎、狄之國同服不同制」，正與此相反。

王者之至

「夫是之謂視形埶而制械用，稱遠近而等貢獻，是王者之至也」。楊注曰：「至，當爲志。所以志識遠近也。」念孫案：「至」當爲「制」。上文云「彼王者之制也，視形埶而制械用，稱遠邇而等貢獻」，下文云「則未足與及王者之制也」，皆其證，楊說非。

代皋而食

楊注曰：「皋，未詳，蓋香草也。或曰：皋，讀爲『槀』，即所謂蘭茝槀本也。或曰：當爲『澤』，澤，蘭也。《士喪禮》『茵著用荼，實綏澤焉』，俗書『澤』字作『水』傍『皋』，傳寫誤遺其『水』耳。代澤而食，謂焚香氣歇，即更以新者代之。」劉云：「案：『代皋』當爲『伐皋』。《淮南·主術訓》云『鼛鼓而食』，高注：『鼛鼓，王者之食樂也。』引《詩》『鼓鐘伐鼛』。」念孫案：《周官・大司樂》「王大食，三侑，皆令奏鐘鼓。」又案：《淮南》亦本作「伐鼛而食」，與「奏雍而徹」對文，《淮南》即本於《荀子》也。高注引《詩》「鼓鐘伐鼛」，正釋「伐鼛」二字之義。今本正文作「鼛鼓」者，涉注文而誤。《玉海》一百九引《淮南》正作「伐鼛而食」。《考工記・韗人》作「皋鼓」。

雍而徹乎五祀執薦者百人侍西房

楊以「《雍》而徹乎」爲句，而釋之曰：「《奏》雍而徹饌，《論語》曰『三家者以《雍》徹』，言其僭也。」又以「五祀」爲句，連下文「執薦者百人侍西房」而釋之曰：「《周禮・宗伯》『以血祭祭社稷、五祀』。或曰：此『五祀』謂礿、祠、烝、嘗及大祫也。或曰：《國語》展禽曰：『禘、郊、祖、宗、報，此五者，國之祀典也。』皆王者所親臨之祭，非謂户、竈、中霤、門、行之五祀也。薦，謂所薦陳之物，籩豆之屬也。」劉云：「案此當以『《雍》而徹乎五祀』爲句。『徹乎五祀』，謂徹於竈也。《周禮・膳夫職》云：『王卒食，以樂徹于造。』《淮南・主術訓》云：『奏雍而徹，已飯而祭竈。』蓋徹饌而設之於竈，若祭然，天子之禮也。『造』、『竈』古字通用，《大祝》『六祈』『二曰造』，故書『造』作『竈』，《吴語》『係馬舌，出火竈』，《吴越春秋》作『出火於造』。」念孫案：《史記・秦本紀》「客卿竈」，《秦策》作「造」。《管子・輕重己篇》「熯竈泄井」，《禁藏篇》作「造」。專言之則曰『竈』，連言之則曰『五祀』，若謂丞相爲『三公』，左馮翊爲『三輔』也。楊氏失其句讀，乃爲是多方駢枝之説。此言天子奉養之盛，而以祭祀爲言，何當乎？」念孫案：劉説既得其句，而又得其義，確不可易。劉又云：「案天子羞用百有二十品。『執薦者百人』，舉成數。」

居則設張容負依而坐

楊注曰：「容，謂羽衛也。居則設張其容儀，負依而坐也。念孫案：「坐」當爲「立」，説見《儒效篇》。或曰：《爾雅》曰『容謂之防』，郭璞云：『如今牀頭小曲屏風，唱射者所以自防隱也。』言施此容於户牖閒，負之而坐也。」郝云：「案『張』與『帳』同，古以『張』爲『帳』也。『容』則《爾雅》『容謂之防』，『張』、『容』二物，與『依』而爲三。」

夾道

「庶士介而夾道」。宋吕本如是。宋錢佃本及元刻「夾道」竝誤作「坐道」，而盧本從之。念孫案：作「坐道」者非也，上文云「天子出則三公奉軶持納，諸侯持輪挾輿先馬」，然則庶士豈得坐道乎？當從吕本作「夾道」，《周官·條狼氏》「王出入則八人夾道」是也。楊注本云「介而夾道，被甲夾於道側，以禦非常也」，而今本注文兩「夾」字亦誤爲「坐」矣。

不老者休也休猶有安樂恬愉如是者乎

楊注曰：「不老，老也，猶言不顯，顯也。或曰：衍『不』字。夫『老』者，休息之名，言豈更有休息安樂過此者？」念孫案：或説是。

不能以撥弓曲矢中

「羿、逢門者，天下之善射者也，不能以撥弓、曲矢中」。陳云：「案：『中』下脱『微』字，『撥弓曲矢不能中微』與下文『辟馬毀輿不能致遠』句法相同，《儒效篇》曰：『輿固馬選矣，而不能以至遠一日而千里，則非造父也；弓調矢直矣，而不能以射遠中微，則非羿也。』《王霸篇》曰：『人主欲得善射，射遠中微則莫若羿、逢門矣；欲得善馭，及速致遠，則莫若王良、造父矣。』《君道篇》曰：『人主欲得善射，射遠中微者，欲得善馭，及速致遠者。』《議兵篇》曰：『弓矢不調則羿不能以中微，六馬不和則造父不能以致遠。』皆『中微』與『致遠』作對文，可證。《小雅》毛傳曰『殪，壹發而死，言能中微而制大也』，語本《荀子》。」

不以備不足足則以重有餘也

盧云：「下『足』字衍。」

則求利之詭緩而犯分之羞大也

楊注曰：「詭，詐也，求利詭詐之心緩也。」郝云：「按：詭者，責也，言掊人冢墓以求利，國法必加罪責也。《漢書》趙充國傳，陳湯、京房、尹賞、王莽傳及《後漢》孟嘗、陳重傳注皆以『詭』爲『責』。今人但知『詭詐』不知『詭責』，楊氏亦習於今而忘於古矣，此『詭』訓『詐』其義難通。」

當厚

「聖人之生民也，皆使當厚」。楊注曰：「當，謂得中也，丁浪反。」念孫案：「當厚」二字不詞，楊説非也。「當厚」蓋「富厚」之誤。《秦策》：「勢位富厚。」下文「優猶知足」正承「富厚」言之。舊本作「不知足」，楊云：「『不』字衍。」

潮陷

「是特姦人之誤於亂説，以欺愚者而潮陷之」。盧云：「案：『潮』，當作『淖』。古『潮』字作『淖』，故『淖』誤爲『淖』，又誤爲『潮』。」

豈鉅知

「今俳優、侏儒、狎徒詈侮而不鬬者，是豈鉅知見侮之爲不辱哉」。楊注云：「『鉅』與『遽』同。言此倡優豈速遽知宋子有見侮不辱之論哉？」盧删「速」字，非各本皆有。念孫案：「豈鉅知」者，豈知也。鉅，亦豈也，古人自有複語耳。或言「豈鉅」，或言「豈遽」，或言「庸詎」，或言「何遽」，其義一而已矣。説見《漢書·陸賈傳》。楊讀「鉅」爲「遽」，而云「豈速遽知」，失之。

與無益於人

「將以爲有益於人邪，則與無益於人也」。楊注曰：「『與』，讀爲『預』。本謂有益於人，反預於無益人之論也。」念孫案：楊説甚迂。余謂「與」讀爲「舉」。「舉」古通作「與」，説見《經義述聞·禮運》。舉，皆也。見《左傳·宣十七年》注、《哀六年》注。言其説皆無益於人也。

枯磔

「斬斷枯磔」。楊注曰：「枯，棄世暴屍也。磔，車裂也。」又曰：「《周禮》『以疈辜祭四方百物』，注謂：『披磔牲也』。或者『枯』與『疈辜』義同歟？《韓子》曰：『采金之禁，得而輒辜磔。』疑『辜』即『枯』也。」念孫案：後説是也。《周官·掌戮》「殺王之親者辜之」，鄭注曰：「辜之言枯也，謂磔之。」

以爲成俗

「聖王以爲法，士大夫以爲道，官人以爲守，百姓以爲成俗」。念孫案：第四句本作「百姓以成俗」，與上三句對文。《晉語》注曰：「爲，成也。」《廣雅》同。「以成俗」即「以爲俗」。今本「成」上有「爲」字，乃涉上三「爲」字而衍。《禮論篇》「官人以爲守，百姓以成俗」，「成」上無「爲」字。

成文曲

「今子宋子嚴然而好説，聚人徒，立師學，成文曲」。念孫案：「成文曲」義不可通，「曲」當爲

「典」，字之誤也，故楊注云「文典，文章也」。今本注文亦誤作「文曲」。「成文典」謂作《宋子》十八篇也。見《藝文志》。《非十二子篇》云「終日言成文典」是其證。

禮論

五味調香

「芻豢稻粱，五味調香，所以養口也」。念孫案：香，臭也，非味也，與「五味調」三字義不相屬。下文云「椒蘭芬苾，所以養鼻」，是「香」以「養鼻」，非以「養口也」。「香」當爲「盉」，《說文》：「盉，調味也，從皿，禾聲。」今通作「和」，昭二十年《左傳》曰：「和如羹焉，水火醯醢鹽梅，以亨魚肉，宰夫和之，齊之以味，濟其不及，以洩其過，君子食之，以平其心。」故曰：「五味調盉，所以養口也。」「盉」與「香」字相似，故「盉」誤爲「香」，而楊注不釋「盉」字，則所見本已誤爲「香」矣。《說文》又曰：「鬻，與「羹」同。五味盉羹也。」《博古圖》所載商、周器皆有盉，蓋因其可以盉羹而名之，故其字從皿而以禾爲聲。今經傳皆通用「和」字，而「盉」字遂廢。此「盉」字若不誤爲「香」，則後人亦必改爲「和」矣。

持虎　彌龍

「寢兕、持虎、蛟韅、絲末、彌龍，所以養威也」。楊注曰：「持虎，謂以虎皮爲弓衣，武士執持者也。《詩》曰『虎韔鏤膺』，劉氏云『畫虎於鈴竿及楯也。』彌龍，彌，如字。又讀爲弭，弭，末也，謂金飾衡軛之末爲龍首也，徐廣曰：『乘輿車以金薄繆龍爲輿倚較。』」盧云：「案：『持』當爲『特』，字之誤也。寢兕、特虎，謂畫輪爲飾也。劉昭注《輿服志》引《古今注》：『武帝天漢四年，令諸侯王朱輪，特虎居前，左兕右麋；小國朱輪，畫特熊居前，寢麋居左右。』《白虎通》亦曰：『朱輪特熊居前，寢麋居左右。』此謂朱輪每輪畫一虎居前，兕、麋在兩旁，卻後而相竝，故虎稱『特』。左右，謂每輪兩旁也。寢，伏也。大國畫特虎，兕麋不寢；小國則畫特熊，二寢麋，無兕。天子乘輿，蓋畫二寢兕居輪左右、畫特虎居前歟？此段若膺說。」念孫案：向聞盧校《荀子》多用段氏之說，而盧校本所引者則唯此一條。又云：「案：『彌』即《說文》之『䉲』，《廣韻》引《說文》云『䉲，乘輿金耳也，讀若湏水。一讀若《月令》「靡艸」之「靡」。』金耳，謂車耳，即重較也。徐廣說爲得之。」念孫案：此亦段說也。今本《說文》作「乘輿金飾馬耳也」，經段氏校正，說見段氏《說文注》。

道及

「郊止乎天子，而社至於諸侯，道及士大夫」。楊注曰：「道，通也。言社自諸侯通及士大夫也。或曰：道，行神也。《祭法》『大夫適士皆得祭門及行』，《史記》『道』作『啗』，司馬貞曰：『啗音含，苞也。』言士大夫皆得苞立社。倞謂當是『道』誤爲『蹈』，傳寫又誤以『蹈』爲『啗』耳。」念孫案：楊注皆出於小司馬，其説「道」、「啗」二字皆非也。楊以「道」爲「行神」，亦非。「道及」者，覃及也，説見《史記・禮書》。

積厚

「所以別積厚，積厚者流澤廣，積薄者流澤狹也」。盧云：「《大戴》及《史記》『積厚』二字不重。」念孫案：不重者是也，上文「所以別尊者事尊，卑者事卑」，與此文同一例，則「積厚」二字不當重。

不文

「三年之喪，哭之不文也」。楊注曰：「不文，謂無曲折也。《禮記》曰：『斬衰之哭，若往而不反。』」盧云：「不文，《大戴禮》《史記》皆作『不反』，觀注意，此亦似本作『不反』，『文』字疑誤。」

至文以有別至察以有説

念孫案：以，猶而也。説見《釋詞》。言至文而有別，至察而有説也。《史記》「以有」二字皆倒轉，誤也。楊前説誤解「以」字，後用小司馬説，讀「説」爲「悦」，尤非。

足禮

「不法禮，不足禮，謂之無方之民；法禮，足禮，謂之有方之士」。念孫案：「足禮」，謂重禮也，「不足禮」謂輕禮也。《儒效篇》云「縱性情而不足問學，則爲小人矣」，《樂論篇》云「百姓不安其處，不樂其鄉，不足其上」，與此言「不足禮」同。反是則足禮矣。上文云「禮者人道之極也」正「足禮」之謂也。楊云「足」謂「無闕失」，失之。

竝行而雜

「文理、情用，相爲内外表裏，竝行而雜」。念孫案：「雜」讀爲「集」。《爾雅》：「集，會也。」言文理、情用竝行而相會也。「集」、「雜」古字通。《月令》「四方來集」，《吕氏春秋・仲秋紀》「集」作「雜」。《論衡・别通篇》「集糅非一」，即「雜糅」。楊未達假借之旨。

人有是

「是君子之壇宇、宫廷也。人有是，士君子也；外是，民也」。「是」謂禮也。念孫案：「有」讀爲「域」，《孟子・公孫丑篇》注曰：「域，居也。」人域是，人居是也，故與「外是」對文。《商頌・玄鳥篇》「奄有九有」，《韓詩》作「九域」。見《文選・册魏公九錫文》注。《魯語》「共工氏之伯九有也」，韋注曰：「有，域也。」《漢書・律曆志》引《祭典》曰：「共工氏伯九域。」是「域」、「有」古通用。《史記・禮書》正作「人域是」。索隱：「域，居也。」

衣衾

「然後皆有衣衾多少厚薄之數」。楊注曰：「衣，謂衣衾。《禮記》所謂『君陳衣於庭，百稱』之比者也。衾，謂君錦衾，大夫縞衾，士緇衾也。食，謂遣車所苞。遣，奠也。」盧云：「正文『衣衾』，案注當本作『衣食』。元刻於注頗有删節，今悉依宋本。」念孫案：盧説是也。正文本作「然後皆有衣食多少厚薄之數」。「衣」字統衣衾而言。楊注本作「衣，謂衣衾。此釋正文

「衣」字。衣，《禮記》『所謂君陳衣於庭，百稱』之比者也。衾，謂君錦衾，大夫縞衾，士緇衾也。此是楊氏自釋注内「衣衾」二字，非釋正文也。正文本無「衾」字。食，謂遣車所苞。遣，奠也。」此釋正文「食」字。宋本正文「食」字誤而爲「衾」，注文「《禮記》」上又脱一「衣」字，則義不可通，而元刻遂妄加删節矣。

屬

「天子之喪動四海，屬諸侯」。念孫案：屬，合也。下文四「屬」字義竝同。下文云「庶人之喪合族黨，動州里」是也。《周官·州長》「各屬其州之民而讀法」，鄭注曰：「屬，猶合也、聚也。」《晉語》「三屬諸侯」，韋注曰：「屬，會也。」楊以「屬」爲「付託」，失之。

反其平

「各反其平，各復其始」。引之曰：「平」字文義不明，「平」當爲「本」，字之誤也。「本」亦「始」也。《吕氏春秋·孝行篇》注：「本，始也。」《晉語》注：「始，本根也。」「反其本」，即「復其始」。「復其始」，謂若無喪時也。

卜日　卜宅

「然後月朝卜日，月夕卜宅」。楊注曰：「月朝，月初也。月夕，月末也。先卜日知其期，然後卜宅，此大夫之禮也。士則筮宅。《士喪禮》先筮宅，後卜日；此云『月朝卜日，月夕卜宅』，未詳也。」引之曰：當作「月朝卜宅，月夕卜日」，今本「宅」、「日」二字上下互誤耳，斷無先卜日、後卜宅之理。

時舉而代御

「故文飾、麤惡，聲樂、哭泣，恬愉、憂戚，是反也。楊注：「是相反也。」然而禮兼而用之，時舉而代御」。念孫案：此「時」字非謂天時，時者，更音「庚」。也。謂文飾與麤惡，聲樂與哭泣，恬愉與憂戚，皆更舉而代御也。《方言》曰：「蒔，郭音「侍」。更也。」古無「蒔」字，故借「時」爲之。《莊子·徐無鬼篇》云：「堇也，桔梗也，雞廱也，豕零也，是時爲帝者也。」《爾雅》：「帝，君也。」《淮南·齊俗篇》云：「見雨則裘不用，升堂則蓑不御，此代爲帝者也。」「帝」今本誤作「常」。《說林篇》云：「旱歲之土龍，疾疫之芻靈，是時爲帝者也。」今本脫「時」字，據高注補。《太平御覽·器物部十》引馮衍《詣鄧禹牋》云：「見雨則裘不用，上堂則蓑不御，此更爲適者也。」

「適」讀「嫡子」之「嫡」，《廣雅》：「嫡，君也。」或言「時爲」，或言「代爲」，或言「更爲」，是「時」、「代」皆「更」也。《方言》：「更，代也。」《説文》：「代，更也。」故曰「時舉而代御」，楊説「時」字之義未了。

麤衰

「麤衰、哭泣、憂戚」。念孫案：「麤衰」本作「麤惡」，此後人不曉文義而妄改之也。「麤惡」對「文飾」，「哭泣」對「聲樂」，「憂戚」對「恬愉」，皆見上文。「麤惡」二字，所包者廣，不止麤衰一事，不得改「麤惡」爲「麤衰」也。下注云「立麤衰以爲居喪之飾」，則楊所見本已誤。

娩澤

「故説豫娩澤，憂戚萃惡，是吉凶憂愉之情發於顔色者也」。念孫案：「娩」讀若「問」。「娩澤」，謂顔色潤澤也。「説豫」與「憂戚」對文，「娩澤」與「萃惡」對文，故曰「是憂愉之情發於顔色者也」。《内則》「免薨」，鄭注：「免，新生者。薨，乾也。」釋文：「免，音問。」「娩」、「免」古字通。《内則》以「免」對「薨」，猶此文之以「娩澤」對「惡萃」也。楊云「娩，媚也，音晚」，則讀爲「婉娩」之「娩」，分「娩」、「澤」爲二義，且與「萃惡」不對矣。

酒漿

「芻豢、稻粱、酒醴、餰鬻、魚肉、菽藿、酒漿，是吉凶憂愉之情發於食飲者也」。念孫案：「酒漿」當爲「水漿」。芻豢、稻粱、酒醴、魚肉，吉事之飲食也；餰鬻、菽藿、水漿，凶事之飲食也。今本「水漿」作「酒漿」，則既與凶事不合，又與上文「酒醴」相複矣。此「酒」字即涉上「酒醴」而誤。

皁絻

「皁絻、黼黻、文織」。楊注曰：「皁絻，與裨冕同，衣裨衣而服冕也。」念孫案：《富國篇》曰「天子袾裷衣冕，諸侯玄裷衣冕，大夫裨冕，士皮弁」，《大略篇》曰「天子山冕，諸侯玄冠，大夫裨冕，士韋弁」，其制上下不同，此不當獨舉「裨冕」言之，楊以「皁絻」爲「裨冕」，未是也。「皁絻」疑當爲「卑絻」，「卑」即今「弁」字也。「弁絻」、「黼黻」、「文織」皆二字平列，且「弁絻」二字兼上下而言，此篇曰「弁絻、黼黻、文織」，《君道篇》曰「冠弁、衣裳、黼黻、文章」，《曾子問》曰「天子賜諸侯大夫冕弁服」，《禮運》曰「冕弁兵革」，昭元年《左傳》曰「吾與子弁冕端委」，九年《傳》曰「猶衣服之有冠冕」，宣元年《公羊傳》曰「已練可以弁冕」，僖八年《穀梁傳》曰「弁冕雖舊，必加於首」，或言「弁冕」，或言「冕弁」，或言「冠冕」，或言「冠弁」，皆二字平列，且兼上下而言，故知「卑絻」爲「曻絻」之誤。《說文》：「皃，冕也。籀文作曻，或作卉。」今經傳皆作「弁」，而「皃」、「曻」、「卉」三字遂廢，此「曻」字若不誤爲「卑」，則後人亦必改爲「弁」矣。

説褻衣

楊注：「《禮記》曰『季康子之母死，陳褻衣』，鄭云：『褻衣非上服，陳之將以斂也。』」盧云：「正文『説』字疑當是『設』。」

不成内

「薄器不成内」。楊注曰：「薄器，竹葦之器。不成内，謂有其外形，内不可用也。『内』或爲『用』。《禮記》曰『竹不成用』，鄭云：『成，善也。』竹不可善用，謂邊無縢也。」念孫案：作「用」者是，「内」即「用」之譌，注前説非。

金革

「金革鞗靷而不入」。念孫案:「金革」即《小雅·蓼蕭》所謂「鞗革」也。《説文》「鞗」作「鋚」,云:「鞗首銅也。從金攸聲。」《石鼓文》及《寅簋文》作「鋚勒」,《焦山鼎》作「攸勒」,《伯姬鼎》作「攸勒」,《宰辟父敦》作「攸革」。《爾雅》曰:「鞗首謂之革。」故曰「金革鞗靷」。楊以「金」爲「和鸞」,失之。又曰「革,車軮也」,宋本「軮」譌作「軼」,今本譌作「軼」,盧又改「軼」爲「輥」,皆與「金革」無涉。

無帾

「無、帾、絲、䕸、縷、翣,其須以象菲、帷、幬、尉也」。楊注曰:「無,讀爲幠,幠,覆也。所以覆尸者也。《士喪禮》『幠用斂衾、夷衾』是也。」念孫案:幠者,柳車上覆,即《禮》所謂「荒」也。《喪大記》曰「飾棺,君龍帷,黼荒,素錦褚,加僞荒」,鄭注曰:「荒,蒙也。《鄘風·君子偕老》傳曰:『蒙,覆也。』在旁曰帷,在上曰荒,皆所以衣柳也。」「僞,當爲帷。大夫以上有褚以襯覆棺,乃加帷荒於其上。」以上鄭注。「荒」、「幠」一聲之轉,皆謂「覆」也。故柳車上覆謂之「荒」,亦謂之「幠」。「帾」即「素錦褚」之「褚」。幠、帾皆所以飾棺,幠在上,象幕;帾在下,象幄，故曰：「其須象菲、帷、幬、尉也。」《周官・縫人》「掌縫棺飾」，鄭注曰：「若存時居於帷幕而加文繡。」是也。若斂衾、夷衾，非所以飾棺，不得言「象菲、帷、幬、尉」矣。《詩・公劉》傳曰：「荒，大也。」《閟宫》傳曰：「荒，有也。」《爾雅》曰：「幠，大也，有也。」是「幠」與「荒」同義，幠從無聲，荒從巟聲，巟從亡聲，荒之轉爲幠，猶亡之轉爲無，故《詩》「遂荒大東」，《爾雅》注引作「遂幠大東」，《禮記》「毋幠毋敖」，《大戴》作「無荒無傲」矣。

謂之墨

「刻死而附生謂之墨，刻生而附死謂之惑，殺生而送死謂之賊」。楊注曰：「墨，墨子之法。」念孫案：「墨」與「惑」、「賊」對文，則「墨」非墨子之謂。上文云「事生不忠厚、不敬文謂之野，送死不忠厚、不敬文謂之瘠」，楊注：「瘠，薄。」此云「刻死而附生謂之墨」，《樂論》云「亂世之徵，其養生無度，其送死瘠墨」，又以「瘠」、「墨」連文，則「墨」非墨子明矣。

父能生之不能養之

楊注曰：「養或爲食。」念孫案：作「食」者是也。下文「母能食之，不能教誨之；君者，已能食之矣，又善教誨之者也」，兩「食」字竝承此「食」字而言。

志意思慕之情　志意之情者

「祭者，志意思慕之情也」。念孫案：「情」與「志意」義相近，可言「思慕之情」，不可言「志意思慕之情」，「情」當爲「積」，字之誤也。《儒效篇》「師法者所得乎情」，楊注：「或曰：情，當爲積。」志意思慕積於中而外見於祭，故曰「祭者，志意思慕之積也」。下文「唈僾」，注云「氣不舒，憤鬱之貌」，正所謂「志意之積」也。又下文「則其於志意之情者惆然不嗛」，「情」亦當爲「積」，言志意之積於中者不慊也。楊云「忠臣孝子之情悵然不足」，則所見本已誤。

箾簡象

「故鐘鼓、管磬、琴瑟、竽笙，《韶》《夏》《護》《武》《酌》《桓》《箾》《簡》《象》」。楊注曰：「箾，音朔。賈逵曰：『舞曲名。』《左傳·襄二十八年》「見舞《象箾》《南籥》者」注。簡，未詳。」念孫案：《箾象》即《左傳》之《象箾》也。自「鐘鼓管磬」以下皆四字爲句。則「《箾象》」之閒不當有「簡」字，疑即「箾」字之誤而衍者。

脩塗

「齋戒脩塗」。楊注曰：「脩塗，謂脩自宫至廟之道塗也。」念孫案：「塗」讀爲「除」，《周官·典祀》「若以時祭祀，則帥其屬而脩除」，鄭注曰：「脩除，芟埽之。」「脩除」二字專指廟中而言。作「塗」者，借字耳，非謂「脩自宫至廟之道塗」也。

樂論

不諰

「使其文足以辨而不諰」。盧云：「《禮記·樂記》作『論而不息』，《史記·樂書》作『綸而不息』，此作『諰』，乃『諰』之譌。《莊子·人閒世篇》『氣息茀然』，向本作『諰』，崔本亦同。案《詩》『南有喬木，不可休息』，『息』亦是『思』字，此二字形近易譌也。」

美善相樂

「故樂行而志清，禮脩而行成，耳目聰明，血氣和平，移風易俗，天下皆寧，美善相樂」。宋本如是。盧從元刻改「美善相樂」爲「莫善於樂」。念孫案：元刻以上文言「移風易俗」，又以《孝經》言「移風易俗，莫善於樂」，故改爲「莫善於樂」也。不知「美善相樂」正承上五句而言，唯其樂行志清，禮脩行成，是以天下皆移風易俗而美善相樂。此「樂」字讀「喜樂」之「樂」，下文「君子樂得其道，小人樂得其欲」云云，皆承此「樂」字而言，若改爲「莫善於樂」，則仍讀「禮樂」之「樂」，與上下文皆不相應矣。《樂記》亦云：「故樂行而倫清，耳目聰明，血氣和平，移風易俗，天下皆寧。」此下若繼之曰「莫善於樂」，尚成文理乎？仍當依宋本作「美善相樂」爲是。

簫和

「聲樂之象：鼓大麗，宋本「大」作「天」。鐘統實，磬廉制，竽笙簫和，筦籥發猛，塤篪翁博」。引之曰：「竽笙簫和」，「簫」當爲「肅」，言竽笙之聲既肅且和也。《漢書·劉向傳》曰「雜還衆賢，罔不肅和」是也。「竽笙肅和」、「筦籥發猛」、「塤篪翁博」三句相對爲文。今本「肅」作「簫」者，因與「竽笙」二字相連而誤加「竹」耳。又下文云「鼓似天，鐘似地，磬似水，竽笙筦籥似星辰日月」，今本「竽笙」下有「簫和」二字，亦因上文而衍。

吾觀於鄉而知王道之易易也

盧云：「案《禮記·鄉飲酒義》，此爲孔子之言，句首『孔子曰』三字似當有。」

不酢而隆殺之義辨矣　終於沃者

盧云：「元刻『而』下有『降』字。下文『終於沃者』，元刻『沃』下有『洗』字，皆與《禮記》同。」

念孫案：元刻是。下文「焉知其能弟長而無遺也」，「焉」字下屬爲句，説見劉氏《經傳小記》。

荀子弟七

解蔽

雖走

「是以與治雖走而是己不輟也」。楊注曰：「既私其所習，妬繆於道，雖與治竝馳，而自是不輟。『雖』或爲『離』。」念孫案：作「離」者是也，言與治離走而自是不已也。作「雖」者，字之誤耳。隸書「離」、「雖」相似，説見《淮南·天文篇》。前説非。

德道

「德道之人，亂國之君非之上，亂家之人非之下，豈不哀哉」。念孫案：「德道」即「得道」也。《剥》上九「君子得與」，釋文：「得，京本作德。」《論語·泰伯篇》「民無得而稱焉」，《季氏篇》作「德」。《大戴記·文王官人篇》「小施而好大得」，《逸周書》作「德」。楊説失之。

故爲蔽宋呂、錢本竝如是。

楊注曰：「數爲蔽之端也。」盧依元刻改正文之「故爲蔽」作「數爲蔽」。念孫案：作「故」者是也。注言「數爲蔽之端」者，數，所主反。下文言人之蔽有十，故先以「故爲蔽」三字總冒下文，然後一一數之於下。注言「數爲蔽之端」，亦是總冒下文之詞，而正文自作「故」，不作「數」也。若云「數爲蔽」，則不詞甚矣。元刻作「數」，即涉注文而誤。

亭山

「桀死於亭山」。楊注曰：「亭山，南巢之山。或本作『鬲山』，案《漢書・地理志》廬江有灊縣，當是誤以『灊』爲『鬲』，傳寫又誤爲『亭』。」念孫案：作「鬲山」者是也。「鬲」讀與「歷」同，字或作「歷」。《太平御覽・皇王部七》引《尸子》曰：「桀放於歷山。」《淮南・脩務篇》「湯整兵鳴條，困夏南巢，譙以其過，放之歷山」，高注曰：「歷山，蓋歷陽之山。」案漢歷陽故城爲今和州治，其西有歷湖，即《淮南・俶真篇》所謂「歷陽之都，一夕反而爲湖」者也。《史記・夏本紀》正義引《淮南子》曰：「湯放桀於歷山，與末喜同舟浮江，奔南巢之山而死。」此所引蓋許注。「歷山」即「鬲山」也。《史記・滑稽傳》「銅歷爲棺」，索隱曰：「歷，即釜鬲也。」是「鬲」、「歷」古字通。

楊以「鬲山」爲「灊山」之誤，非也。《魯語》「桀奔南巢」，韋注曰：「南巢，楊州地，巢伯之國，今廬江居巢縣是。」是南巢地在漢之居巢，不在灊縣也。且廬江有灊縣而無灊山，今以「鬲山」爲「灊山」之誤，則是以縣名爲山名矣，尤非。

有鳳有皇

「《詩》曰：『鳳皇秋秋，其翼若干，其聲若簫。有鳳有皇，樂帝之心。』」念孫案：「有鳳有皇」，本作「有皇有鳳」，「秋」、「簫」爲韻，「鳳」、「心」爲韻。《說文》「鳳」從凡聲，古音在侵部，故與「心」爲韻。「鳳」從凡聲而與「心」爲韻，猶「風」從凡聲而與「心」爲韻也。「鳳」字古文作「朋」，又作「鵬」，而古音蒸、侵相近，則「朋」、「鵬」二字亦可與「心」爲韻。《秦風·小戎篇》以「膺」、「弓」、「縢」與「音」爲韻，《大雅·大明篇》以「林」、「興」、「心」爲韻，《生民篇》以「登」、「升」、「歆」今爲韻，《魯頌·閟宮篇》以「乘」、「縢」、「弓」、「綅」、「增」、「膺」、「懲」、「承」爲韻，皆其例也。後人不知古音而改爲「有鳳有皇」，則失其韻矣。王伯厚《詩攷》引此已誤，《藝文類聚·祥瑞部》、《太平御覽·人事部》《羽族部》引此竝作「有皇有鳳」。先言「皇」而後言「鳳」者，變文協韻耳。古書中若此者甚多，後人不達，每以妄改而失其韻。若《衛風·竹竿篇》「遠兄弟父母」與「右」爲韻，而今本「作遠父母兄弟」。《大雅·皇矣篇》「同爾弟兄」與「王」、「方」爲韻，而今本作「同爾兄弟」。《莊子·秋水篇》「無西無東」與「通」爲韻，而今本作「無東無西」。《逸周書·周祝篇》「惡姑柔剛」，與「明」、「陽」、「長」爲韻，而今本作「剛柔」。《管子·內業篇》「能無卜筮而知凶吉乎」，與「一」爲韻，而今本作「吉凶」。《淮南·原道篇》「與萬物終始」，與「右」爲韻，而今本作「始終」。《文選·鵩鳥賦》「或趨西東」，與「同」爲韻，而今本作「東西」。

《荅客難》「外有廩倉」，與「享」爲韻，而今本作「倉廩」，皆其類也。

道人

「以其不可道之心，與不道人論道人，亂之本也」。盧云：「下『人』字可去。」念孫案：盧説非也。「與不道人論道人」，「道人」，見上。謂與小人論君子，非謂與之論道也。上文云「得道之人，亂國之君非之上，亂家之人非之下，豈不哀哉」正所謂「與不道人論道人」也。與不道人論道人，則道人退而不道人進，國之所以亂也，故曰「與不道人論道人，亂之本也」，故楊云：「必有妬賢害善。」

非道

「以其可道之心，與道人論非道，治之要也」。楊注曰：「必能懲姦去惡。」盧云：「正文『非』字疑衍，注似曲爲之説。」念孫案：盧説亦非也。「與道人論非道」，謂與道人論非道之人，非謂與之論道也。與道人論非道人，則非道人退而道人進，國之所以治也。故曰「與道人論非道，治之要也」，楊云「必能懲姦去惡」，正釋「治之要」三字，非曲爲之説也。「非道」二字，上文凡兩見。

已所臧

「不以已所臧古「藏」字。害所將受，謂之虚」。盧云：「『已所臧』，元刻作『所已臧』。」念孫案：「所已臧」與「所將受」對文，元刻是也。楊注「積習」二字，正釋「所已臧」三字。宋錢本、世德堂本竝作「所已臧」。

作之則將須道者之虚則人將事道者之壹則盡將思道者静則察

楊注曰：「此義未詳，或恐脱誤耳。或曰：此皆論『虚壹而静』之功也。作，動也。須，待也。將，行也。當爲『須道者，虚則將；事道者，壹則盡；思道者，静則察』，其餘字皆衍也。作之則行，言人心有動作則自行也。以虚心須道，則萬事無不行；以一心事道，則萬物無不盡；以静心思道，則萬變無不察。」引之曰：楊訓「將」爲「行」而以「作之則將」絶句，又增删下文而强爲之解，皆非也。此當以「作之」二字絶句。下文當作「則將須道者之虚，虚則入，將事道者之壹，壹則盡；將思道者之静，静則察」。此承上文「虚一而静」言之。將，語詞也。道者，即上所謂「道人」也。言心有動作，則「將須道者之虚，虚則能入；將事道者之壹，「事」如「請事斯語」之「事」。壹則能盡；將思道者之静，静則能察」也。「虚則入」

者，入，納也，猶言虛則能受也。故上文云「不以所已臧害所將受謂之虛」也。「壹則盡」者，言壹心於道，則道無不盡也。「靜則察」者，言靜則事無不察也。今本「入」誤作「人」，其餘又有脱文衍文耳。

墨云

「故口可刼而使墨云」。陳云：「『墨』與『默』同。《楚辭·九章》『孔靜幽默』，《史記·屈原傳》作『墨』。《商君傳》：『殷紂墨墨以亡。』」

賈師

「農精於田而不可以爲田師，賈精於市而不可以爲賈師，宋吕本如是。工精於器而不可以爲器師」。宋錢本「賈師」作「市師」。念孫案：作「市師」者是也。上文以兩「田」字相承，下文以兩「器」字相承，則此文亦當以兩「市」字相承。吕本作「賈師」者，涉上「賈精於市」而誤。

精於物者也

盧云：「案此句當在『不可以爲器師』之下，誤脱在此。」念孫案：此汪説也，見丙申校本。

昔者舜之治天下也至**惟明君子而後能知之**

阮氏芸臺曰：「此篇言知道者皆當專心壹志，虛静而清明，不爲欲蔽，故曰：『昔者舜之治天下也，不以事詔而萬物成，處一危之，其榮滿側，養一之微，榮矣而未知，故《道經》曰：「人心之危，道心之微。」危微之幾，惟君子而後能知之。』案後人在《尚書》内解此者姑弗論，今但就《荀子》言《荀子》其意則曰：舜身行人事而處以專壹，且時加以戒懼之心，所謂危之也。惟其危之，所以滿側皆獲安榮，此人所知也。舜心見道而養以專壹，在於幾微，其心安榮，則他人未知也。如此解之，則引《道經》及『明君子』二句與前後各節皆相通矣。楊注謂『危之』當作『之危』，非也。『危之』者，懼蔽於欲而慮危也；『之危』者，已蔽於欲而陷危也。謂『榮』爲『安榮』者，《儒效篇》曰：『爲君子則常安榮矣，爲小人則常危辱矣。凡人莫不欲安榮而惡危辱。』據此則《荀子》常以『安榮』與『危辱』相對爲言。此篇言『處一危之，其榮滿側』，若不以本書證之，則『危榮』二字難得其解矣。故解《道經》當以《荀子》此說爲正，非所論於《古文尚書》也。」念孫案：此說是也。下文言「闢耳目之欲，遠蚊蝱之聲」「可謂危矣，未可謂微也」言人能如舜之危，不能如舜之微也。然則所謂「危」者，非蔽於欲而陷於危之謂。

察理

「故人心譬如槃水，正錯而勿動，則湛濁在下而清明在上，則足以見須眉而察理矣」。郝云：「『理』上當有『膚』字，《榮辱》《性惡》二篇竝云『骨體膚理』是矣。」

乘杜

「乘杜作乘馬」。楊注曰：「《世本》云『相土作乘馬』，『杜』與『土』同。」念孫案：古無謂「相土」爲「乘杜」者，「乘杜」蓋「桑杜」之誤。「相」、「桑」古同聲，故借「桑」爲「相」。《爾雅·釋蟲》「諸慮，奚相」，釋文：「相，舍人本作桑。」隸書「桑」或作「桒」，「乘」或作「乗」見漢《安平相孫根碑》。二形相似，又因下文「乘馬」而誤爲「乘」耳。《漢書·王子侯表》「桑丘節侯將夜」，今本「桑」誤作「乘」。楊云以其作乘馬之法，故謂之「乘杜」，此則不得其解而曲爲之說。

凡人之有鬼也必以其感忽之閒疑玄之時正之

念孫案：「正」當爲「定」，聲之誤也。下文「正事」同。「必以其感忽之閒、疑玄之時定之」者，必以感忽之閒，疑眩之時而定其有鬼也。據楊注云「必以此時定其有鬼」，則所見本是「定」字明矣。「定」字上文凡六見。

故傷於溼而擊鼓鼓痺則必有弊鼓喪豚之費矣而未有俞疾之福也

念孫案：自「鼓痺」以上，脱誤不可讀，似當作「故傷於溼而痺，痺而擊鼓烹豚，則必有弊鼓喪豚之費矣，而未有俞疾之福也」，「俞」與「愈」同。楊云「傷於溼則患痺，反擊鼓烹豚以禱神，何益於愈疾乎」，是其證。

法其法以求其統類類以務象效其人

元刻無下「類」字。念孫案：元刻是也。「法其法，以求其統類，以務象效其人」三句一氣貫注，若多一「類」字，則隔斷上下語脈矣。宋本下「類」字即涉上類字而衍。

故有知非以慮是以下十句　懼　脩蕩

「故有知非以慮是，則謂之懼；有勇非以持是，則謂之賊；察孰非以分是，則謂之篡；多能非以脩蕩是，則謂之知；辯利非以言是，則謂之詍」。引之曰：「懼」字義不可通，「懼」當爲「攫」，字之誤也。攫，謂攫取之也。《不苟篇》「小人知與「智」同。則攫盜而漸」，漸，詐也。說見《尚書述聞》「民興胥漸」下。故曰「有知非以慮是，則謂之攫」。「脩」讀爲「滌」。《周官·司尊彝》「凡酒脩酌」，鄭注：「脩，讀爲『滌濯』之『滌』。」謂滌蕩使潔清也。此言智也、勇也、察也、多能也、辯利也，皆必用之於是而後可。「是」字，指聖王之制而言，見上文。若有智而不以慮是，則謂之攫；有勇而不以持是，則謂之賊；孰於察而不以分是，則謂之篡；多能而不以滌蕩是，則謂之智；智，謂智故也。《淮南·主術篇》注曰：「故，巧也。」《管子·心術篇》曰「恬愉無爲，去知與故」，《莊子·胠篋篇》曰「知詐漸毒」，《荀子·非十二子篇》曰「知而險，賊而神，爲詐而巧」，《淮南·原道篇》曰「偶睉智故，曲巧僞詐」，竝與此「知」字同義。辯利而不以言是，則謂之詍也。楊云：「詍，多言也。《詩》曰：『無然詍詍。』」楊說皆失之。

彊鉗

「案彊鉗而利口」。楊注曰：「鉗，鉗人口也。」念孫案：《方言》「鉗，惡也。《廣雅》同。南楚凡人殘駡謂之鉗」，郭璞曰：「殘，猶惡也。」然則「彊鉗」者，既彊且惡也，非鉗人口之謂。

忍訽 忍謑詢

「厚顔而忍訽」。楊注曰：「訽，詈也。」念孫案：訽，恥也。《大戴禮·曾子立事篇》「君子見利思辱，見惡思訽」，定八年《左傳》「公以晉訽語之」，杜、盧注竝曰：「訽，恥也。」字或作「詢」，昭二十年《左傳》「余不忍其詢」，杜注曰：「詢，恥也。」又作「呴」，《大戴禮·武王踐阼篇》「口生呴」，盧注曰：「呴，恥也。」又作「垢」，宣十五年《左傳》「國君含垢」，杜注曰：「忍垢恥。」《漢書·路温舒傳》作「國君含訽」。「訽」訓爲「恥」，故曰「厚顔而忍訽」，非謂「忍詈」也。《楚辭·離騷》曰「忍尤而攘訽」，王注：「訽，恥也。」《吕氏春秋·離俗篇》曰「彊力忍詢」，高注：「詢，辱也。」《淮南·氾論篇》曰「忍詢而輕辱」，《史記·伍子胥傳》曰「剛戾忍詢」，皆其證也。《非十二子篇》「無廉恥而忍謑詢」，即此所謂「厚顔而忍訽」也。《説文》：「謑，恥也。」或作「謨」。」訽謑，訽恥也，或作「詢」。《廣雅》作「謨訽」。楊注以「謨詢」爲「詈辱」，亦失之。

能

「爲之無益於成也，求之無益於得也，憂戚之無益於幾也，則廣焉能弃之矣」。念孫案：

「能」讀爲「而」。「曠焉而弃之」，謂遠弃之也。楊注：「廣讀爲曠遠也。」古多以「能」爲「而」，説見《釋詞》。

正名

慮積焉能習焉而後成謂之僞

盧云：「此『僞』字，元刻作『爲』，非也。觀《荀》此篇及《禮論》等篇，『僞』即今之『爲』字，故曰『桀紂，性也，堯舜，僞也』，謂堯舜不能無待於人爲耳。後儒但知有『真僞』字，昧古六書之法而訾之者衆矣。下兩『而爲』，承上文，亦必本是『而僞』。」

所以知之在人者謂之知知有所合謂之智

盧云：「『謂之智』，亦當同上作『謂之知』，而皆讀爲『智』。下『能』字亦可不分兩音。」

智所以能之在人者謂之能

盧云：「句首『智』字衍。」

擅作名

「故析辭擅作名，以亂正名」。念孫案：「析辭擅作」下本無「名」字，有「名」字則成累句矣。此「名」字涉下「正名」而衍。下文「離正道而擅作」，「作」下無「名」字，即其證。

與所緣有同異

元刻「有」作「以」。宋龔本同。念孫案：作「以」者是也，下文云「然則何緣而以同異」，又云「此所緣而以同異也」，三「以」字前後相應，宋本作「有」者，涉上句「有名」而誤。

互紐

「交喻異物，名實互紐」。念孫案：「名實互紐」即上文所謂「名實亂」也。今本「互」字上下皆誤加點。楊所見本已然，故誤讀爲「胡涓切」，而所説皆非。

約名

「是所以共其約名以相期也」。楊注曰：「所以共其省約之名，以相期會。」念孫案：「約」非

「省約」之謂，「約名」猶言「名約」。上文云「是謹於守名約之功也」，楊彼注云「約，要約」，是也。下文云「名無固宜，約之以命，約定俗成謂之宜」，「名無固實，約之以命，今本「命」下有「實」字，辯見下。約定俗成謂之實名」，又其一證也。

洒酸

「香臭、芬鬱、腥臊、洒酸，奇臭以鼻異」。楊注曰：「洒未詳。酸，署浥之酸氣也。或曰：洒，當爲漏，篆文稍相似，因誤耳。《禮記》曰『馬黑脊而般臂漏』，鄭音『螻』，『螻蛄臭』者也。」盧曰：「洒，从水，西聲，古音與『辛』相同。洒酸，猶辛酸辣氣之觸鼻者。」念孫案：「辛」、「酸」皆味也，非臭也。宋玉《高唐賦》「孤子寡婦，寒心酸鼻」，阮籍《詠懷詩》「感慨懷辛酸，怨毒常苦多」，皆非辣氣觸鼻之謂。「西」古讀若「先」，「先」字古在諄部，「辛」字古在真部，不得言「西」、「辛」古音相同，盧説非也。楊以「洒」爲「漏」之誤，是也。余謂「酸」乃「庮」字之誤，「庮」從酉聲，與「酸」字左畔相同，又涉上文「辛酸」而誤也。《周官・内饔》及《内則》竝云「牛夜鳴則庮」，先鄭司農云：「庮，朽木臭也。」《説文》：「庮，久屋朽木。《周禮》曰：『牛夜鳴則庮。』臭如朽木。」《内則》注曰：「庮，惡臭也。《春秋傳》曰：『一薰一庮。』」《僖四年》今《左傳》作「蕕」，杜注：「蕕，臭草。」鬱、腥、臊、漏、庮，竝見《周官》《禮記》，則「洒酸」必「漏庮」之誤也。酸亦味也，非臭也。楊以爲「暑浥之酸氣」，亦失之。

莫不然謂之不知

「五官簿之而不知，心徵之而無説，則人莫不然謂之不知」。與「智」同。念孫案：「莫不然謂之不知」，「然」字涉上下文而衍。五官者，耳目鼻口與形體也。見上文。言五官能簿之而不能知，心能徵之而又無説，則人皆謂之不智也。楊注亦當作「五官，耳目鼻口體也」，今本「體」作「心」，乃後人不知其義而妄改之。上注云「天官，耳目鼻口心體也」，足正此注之誤。《天論篇》以「耳目鼻口形能」爲五官，「能」即「態」字。此篇以耳、目、鼻、口、形體爲五官，「形體」即「形態」。

知異實者之異名也故使異實者莫不異名也不可亂也猶使異實者莫不同名也

楊解末句云：「或曰：『異實』當爲『同實』，言使異實者異名，其不可相亂，猶使同實者莫不同名也。」念孫案：此説是也。上文「同則同之，異則異之」是其證，前説非。

共則有共

「故萬物雖衆，有時而欲徧舉之，故謂之物。物也者，大共名也。推而共之，共則有共，至於無共然後止」。念孫案：「共則有共」之「有」讀爲「又」，謂共而又共，至於無共然後止也。楊説失之。

徧舉之

「有時而欲徧舉之，故謂之鳥獸。鳥獸也者，大别名也。推而别之，别則有别，至於無别然後止」。念孫案：此「徧」字當作「别」，與上條不同。上條以同爲主，故曰「徧舉之」；此條以異爲主，故曰「别舉之」。下文皆作「别」。鳥獸不同類，而鳥獸之中又各不同類，推而至於一類之中，又有不同，若雉有五雉，雇有九雇，牛馬毛色不同，其名亦異之類。故曰「鳥獸也者，大别名也」。推而别之，别則有别，「有」讀爲「又」，見上條。至於無别然後止」也。今本作「徧舉」，則義不可通，蓋涉上條「徧舉」而誤。楊説皆失之。

命實

「名無固實，約之以命實，約定俗成，謂之實名」。念孫案：「約之以命實」，「實」字涉上下文而衍。上文「名無固宜，約之以命」，楊注云「約之以命，謂立其約而命之」，則此言「約之以命」，義亦與上同。若「命」下有「實」字，則義不可通，且楊必當有注矣。

辯執

「辯執惡用矣哉」。盧補校云：以注末釋「辯説」觀之，則正文「辯執」乃「辯説」之訛。注内更用「辯執」，「執」亦當作「説」。下文屢云「辯説」，則此之爲誤顯然。蓋因上「有臨之以執」語而誤涉耳。

諭

「辭也者，兼異實之名以論一意也」。念孫案：「論」當爲「諭」，字之誤也。《淮南·齊俗篇》「不足以諭之」，今本「諭」誤作「論」。諭，明也，言兼説異實之名以明之也。字或作「喻」，下文曰「辯説也者，不異實名，以喻動静之道也」是其證。上下文言「喻」者甚多，此不應獨作「論」也。楊説以《春秋》云「論公即位之一意」，則所見本已誤。

工宰

「心也者，道之工宰也」。陳云：「工，官也。官宰，猶言主宰。《廣雅》：「官，主君也。」《解蔽篇》曰『心者，形之君也，而神明之主也，出令而無所受令』，是其義。舊注『工能成物，宰能主物』

失之。」

質請而喻

「正名而期，質請而喻」。楊注曰：「質，物之形質。質請而喻，謂若形質自請其名然，因而喻知其實也。」念孫案：楊説甚迂。質，本也。《繫辭傳》「原始要終，以爲質也」，《曲禮》「禮之質也」，鄭、虞注竝曰：「質，本也。」「請」讀爲「情」。情，實也。言本其實而曉喻之也。上文云「名聞而實喻」，是其證也。「正名而期，質情而喻」，「情」即是「實」，「實」與「名」正相對也。古者「情」、「請」同聲而通用。《成相篇》「明其請」，楊注：「請當爲情。」《禮論篇》「情文俱盡」，《史記·禮書》「情」作「請」，徐廣曰：「古『情』字或假借作『請』，諸子中多有此比。」《列子·説符篇》「發於此而應於外者唯請」，張湛曰：「請，當作情。」又《墨子·尚同》《明鬼》《非命》諸篇皆以「請」爲「情」。

不治

「不治觀者之耳目，不賂貴者之權勢」。念孫案：「治」字義不可通，「治」當爲「冶」，字之誤也。「不冶觀者之耳目」，謂不爲袄辭以惑衆人之耳目也。「袄辭」見上文。「冶」與「蠱」古字通，《集韻·上聲三十五馬》：「蠱，以者切，媚也。」《文選·南都賦》「侍者蠱媚」，五臣本

「蠱」音「治」，劉良曰：「蠱媚，美容儀也。」《舞賦》「貌嫽妙以妖蠱」，五臣作「妖冶」。《後漢書·張衡傳》「咸姣麗以蠱媚」，注曰：「蠱音野，謂妖麗也。」是「冶」即蠱惑之「蠱」也。「不治觀者之耳目，不賂貴者之權勢」二句一意相承。據楊注云「其所辯説，不求夸眩於衆人」，則所見本當是「治」字。若是「治」字，則不得言「夸眩於衆」矣，以是明之。

生死也　性之具也

「有欲無欲，異類也，生死也，非治亂也。欲之多寡，異類也，情之數也。非治亂也」。楊注曰：「有欲無欲異類，如生死之殊，非治亂所繫。」又下文「故雖爲守門，欲不可去，性之具也；雖爲天子，欲不可盡」，楊注曰：「具，全也。若全其性之所欲，雖爲天子，亦不能盡。」念孫案：「生死也」三字，與上下文義不相屬，楊曲爲之説，非也。「生死也」當作「性之具也」。「生」、「性」字相近，又因下文有「生死」字而誤。下文「性之具也」，即此句之衍文。有欲無欲，是生而然者也，故曰「性之具也」。「性之具也」、「情之數也」二句相對爲文。下文「雖爲守門，欲不可去」，「雖爲天子，欲不可盡」四句亦相對爲文，若闌入「性之具也」一句，則隔斷上下語氣，楊曲爲之説，亦非也。

以所欲以爲可得而求之宋錢、吕本竝如是，世德堂本同。念孫案：「所」字不當删。下文曰「所欲雖不可盡，求者猶近盡」，是其證。盧從元刻删「所」字及下「以」字。

故人無動而不可以不與權俱

念孫案：上「不」字衍。此言人之舉動不可不與權俱。權，謂道也。不與權俱，則必爲欲惡所惑，故曰「人無動而可以不與權俱」，今本「可」上有「不」字者，涉注文「不可不與道俱」而衍。

隱而難其察

「有嘗試深觀其隱而難其察者」。楊注：「有，讀爲又。」念孫案：「隱而難其察」，「其」字涉上文而衍，據楊注云「隱而難察」，則無「其」字明矣。

故嚮萬物之美而不能嗛也假而與「如」同。 **得問而嗛之則不能離也**

念孫案:「得問」二字義不可通,楊曲爲之説,非也。「得問」當爲「得閒」,古莧反。字之誤也。言憂恐在心,則雖享萬物之美,而心不慊,即使暫時得閒而慊之,而其不慊者仍在也。

屋室廬庾葭稾蓐

楊注曰:「以廬庾爲屋室,葭稾爲席蓐,皆貧賤人之居也。」念孫案:「以廬庾爲屋室」而云「屋室廬庾」,則文義不明,且與「葭稾蓐」文非一律。《初學記·器物部》引作「局室、蘆簾、稾蓐」,於義爲長。《説文》:「局,促也。」「局室」謂促狹之室。「蘆簾、稾蓐」,謂以蘆爲簾,以稾爲蓐也。「屋室」蓋「局室」之誤,「廬庾」蓋「蘆廉」之誤。「簾」、「廉」古字通。「稾蓐」與「蘆廉」對文,則「稾」上不當有「葭」字,且「葭」即「蘆」也,又與「蘆」相複。

和樂

「如是而加天下焉,其爲天下多,其和樂少矣」。念孫案:「和」當爲「私」,字之誤也。《管子·法禁篇》「脩上下之交,以私親於民」,今本「私」誤作「和」。言以是不貪之心治天下,則其爲天下必多,而爲己之私樂必少也。「私樂」對「天下之樂」而言，若云「和樂少」則義不可通。楊云「爲己之私和樂少」，則未知「和」即「私」之誤也。

性惡

偏險

「今人無師法則偏險而不正」。念孫案：《廣雅》：「險，衺也」。《成相篇》曰：「險陂傾側。」《大戴記·衛將軍文子篇》曰：「如商也，其可謂不險矣。」

今人之性生而離其朴離其資必失而喪之用此觀之然則人之性惡明矣

念孫案：此下亦當有「其善者僞也」句。「人之性惡，其善者僞也」二句，前後凡九見，則此亦當然。

故陶人埏埴而爲器然則器生於工人之僞非故生於人之性也故工人斲木而成器然則器生於工人之僞非故生於人之性也

念孫案：「器生於工人之僞」，楊後説以此「工人」爲「陶人」之誤，是也。此文本作「故陶人埏埴而爲器，然則器生於陶人之僞，非故生於陶人之性也。故工人斲木而成器，然則器生於工人之僞，非故生於工人之性也」。今本「陶人之性」「工人之性」，皆作「人之性」，此涉上下文「人之性」而誤。下文云「瓦埴豈陶人之性」、「器木豈工人之性」，是其明證矣。

故聖人化性而起僞音「爲」。**僞起於性而生禮義**

宋錢佃校本云：「『僞起於性而生禮義』，諸本作『僞起而生禮義』，無『於性』二字。」念孫案：諸本是也。上文云「凡禮義者，是生於聖人之僞，非故生於人之性也」，則不得言「僞起於性而生禮義」明矣。宋本有「於性」二字者，不曉《荀子》之意而妄加之也。禮義生於聖人之僞，故曰「僞起而生禮義」。下文云「能化性，能起僞，僞起而生禮義」，是其明證矣。

倚而觀

「今當試去君上之埶，無禮義之化，去法正之治，無刑罰之禁，倚而觀天下民人之相與也，若是則夫彊者害弱而奪之，衆者暴寡而譁之，天下之悖亂而相亡不待頃矣」。楊注曰：「倚，任也。或曰：倚，偏倚，猶傍觀也。」念孫案：楊説非也。倚者，立也，言立而觀之也。《説卦傳》「參天兩地而倚數」，虞翻曰：「倚，立也。」《廣雅》同。《楚辭·九辯》「澹容與而獨倚兮」，謂獨立也。《招隱士》「白鹿麏麚兮，或騰或倚」，謂或騰或立也。《列子·黄帝篇》曰「有七尺之骸，手足之異，戴髮含齒，倚而趣者，謂之人」，謂立而趣也。《淮南·氾論篇》曰：「立之於本朝之上，倚之於三公之位。」

節

「故善言古者必有節於今，善言天者必有徵於人」。楊注曰：「節，準。徵，驗。」引之曰：諸書無訓「節」爲「準」者。節，亦驗也。《禮器》注云：「節，猶驗也。」下文曰「凡論者，貴其有辨合，有符驗」，「符驗」即「符節」。哀六年《公羊傳》注：「節，信也。」《齊策》注：「驗，信也。」或言「符節」，或言「符驗」，或言「符信」，一也。《漢書·董仲舒傳》作「善言古者必有驗於今」，是「節」即「驗」也。

孝具

「天非私齊魯之民，而外秦人也，然而於父子之義、夫婦之別，不如齊魯之孝具敬父者，何也」。楊云：「『敬父』當爲『敬文』，敬而有文，謂夫婦有別也。」念孫案：「敬文」見《勸學》《禮論》二篇。念孫案：「於父子之義、夫婦之別」上，當有「秦人」二字，而今本脱之。又案：「孝具」二字不詞，且與「敬文」不對，「具」當爲「共」，字之誤也。「孝共」即「孝恭」，「令德孝恭」，見《周語》。正與「敬文」對。楊云「孝具，能具孝道」，此望文生義而非其本旨。

今使塗之人伏術爲學專心一志

楊注曰：「伏術，伏膺於術。」郝云：「按：『伏』與『服』古字通。服者，事也。古書『服事』亦作『伏事』，『服膺』亦作『伏膺』。」念孫案：術者，道也。見《大傳》注、《樂記》注、《魯語》《晉語》注。「服術」，猶言「事道」。

仁之所在無貧窮仁之所亡無富貴

楊注曰：「唯仁所在爲富貴。《禮記》曰：『不祈多積，多文以爲富也。』」盧云：「案：此言仁之所在，雖貧窮，甘之；仁之所亡，雖富貴，去之也。注非。」念孫案：此汪説也，見丙申校本。

同苦樂之

「天下知之，則欲與天下同苦樂之」。楊注曰：「得權位則與天下之人同休戚。『苦』或爲『共』。」念孫案：作「共」者是也。此本作「欲與天下共樂之」，上言「仁之所在無貧窮，仁之所亡無富貴」，則此言「與天下共樂之」者，謂共樂此仁也。「樂」上不當有「苦」字。今本作「同苦樂之」者，「共樂」誤爲「苦樂」，後人又於「苦樂」上加「同」字耳。楊云「與天下同休戚」，此望文生義而爲之説耳。《太平御覽·人事部七十六》引作「欲與天下共樂之」，無「同」字，則宋初本尚有不誤者。

傀然

「天下不知之，則傀然獨立天地之閒而不畏」。楊注曰：「傀，傀偉，大貌也，公回反。或曰：『傀』與『塊』同，獨居之貌也。」念孫案：後説是也。《君道篇》云：「塊然獨坐。」

齊信

「禮恭而意儉，大齊信焉而輕貨財」。楊注曰：「大，重也。齊信，謂整齊於信也。」念孫案：《爾雅》：「齊，中也。」言大中信而輕貨財也。《顧命》「厎至齊信」，《傳》以「齊信」爲「中信」，是其證。「齊信」與「貨財」對文，《非十二子篇》「大儉約而僈差等」與此文同一例，則「齊信」非「整齊於信」之謂。

苟免

「輕身而重貨，恬禍而廣解。念孫案：「廣」解未詳，楊說非。苟免，不恤是非、然不然之情，以期勝人爲意，是下勇也」。盧云：「『苟免』上當脱三字，以上二句例之自明。」念孫案：此亦注説也，汪又云：「苟免，或是注文混入。」

鉅黍

「繁弱、鉅黍，古之良弓也」。楊注曰：「『鉅』與『拒』同。『黍』當爲『來』。《史記》蘇秦説韓王曰『谿子、少府時力、距來』，司馬貞云：『言弓弩勢勁，足以拒於來敵也。』」念孫案：作

「鉅黍」者是，説見《史記·蘇秦傳》。

驊驥

「驊騮、驊驥、纖離、緑耳」。念孫案：「騏驥」之爲「驊驥」，猶「耄期」之爲「耄勤」也。凡之部之字或與諄部相轉，説見《致士篇》「隱忌」下。楊云「驊，讀爲騏」，是也；而云「謂青驪，文如博棊」，則非。

前必有

「然而前必有銜轡之制，後有鞭策之威，加之以造父之馭，然後一日而致千里也」。念孫案：「前必有」本作「必前有」，「前有」「後有」皆承「必」字而言，若作「前必有」，則與下句不貫矣。《羣書治要》及《初學記·人部中》《太平御覽·人事部四十五》竝引作「必前有」。

君子

兩人字

「天下曉然皆知夫盜竊之人不可以爲富也，皆知夫賊害之人不可以爲壽也，皆知夫犯上之禁不可以爲安也」。念孫案：「盜竊之」、「賊害之」下，皆本無「人」字，後人加兩「人」字，而以「盜竊之人」、「賊害之人」與「犯上之禁」對文，謬矣。「盜竊不可以爲富」，「賊害不可以爲壽」，皆指其事而言，非指其人而言，不得加入兩「人」字也，《羣書治要》無「人」字。

不怒罪

「刑罰不怒罪，爵賞不踰德」。念孫案：怒、踰皆過也。《淮南·主術篇》注：「踰，猶過也。」《方言》曰：「凡人語而過，東齊謂之弩。」又曰：「弩，猶怒也。」是「怒」即「過」也。上言「刑不過罪」，此言「刑罰不怒罪」，其義一而已矣。

三族

「故一人有罪而三族皆夷」。楊注曰：「三族，父母妻族也。」汪云：「案『三族』謂父昆弟、己昆弟、子昆弟也。《禮》曰：『惟是三族之不虞。』」盧云：「鄭注《周禮・小宗伯》《禮記・仲尼燕居》皆云：『三族，父、子、孫。』」

當賢

「先祖當賢，後子孫必顯」。元刻無「後」字，《羣書治要》同。楊注曰：「當賢，謂身當賢人之號也。『當』或爲『嘗』。」念孫案：「先祖當賢」，即「先祖嘗賢」。作「當」者，借字耳。《正名篇》曰「嘗試深觀其隱而難察者」，《性惡篇》曰「當試去君上之勢」，「當試」即「嘗試」也。楊謂「身當賢人之號」，失之。古多以「當」爲「嘗」，説見《墨子・天志下篇》注。

知所養

「論法聖王，則知所貴矣。論知所貴，則知所養矣」。陳云：「養，取也。『知所養』，知所取法也。《周頌》毛傳云：『養，取也。』是『養』有『取』義，舊注『養』謂『自奉養』，失之。」

不流

「貴賤有等，則令行而不流」。念孫案：「流」讀爲「留」。貴賤各安其分，則上令而下從，故令行而不留也，《君道篇》曰「兼聽齊明，而百事不留」是也。《羣書治要》正作「令行而不留」。作「流」者，借字耳。《繫辭傳》「旁行而不流」，釋文：「流，京作留。」《荀子·王制篇》「無有滯留」，《韓詩外傳》作「無有流滯」。楊以「流」爲「邪移」，失之。

忠者惇慎此者也

楊注曰：「慎讀爲順，人臣能厚順此五者，則爲忠也。」郝云：「按：慎，誠也。說見《不苟篇》。言能惇厚誠信於此五者謂之忠。」

荀子弟八

成相

楊云：「《漢書・藝文志》謂之《成相雜辭》，蓋亦賦之流也。或曰：成功在相，故作《成相》三章。」盧云：「『成相』之義，非謂『成功在相』也。《禮記》『治亂以相』，『相』乃樂器，所謂春牘。又古者瞽必有相，篇首即稱『如瞽無相何倀倀』，義已明矣。首句『請成相』，言請奏此曲也。《漢・藝文志》『《成相雜辭》十一篇，惜不傳，大約託於瞽矇諷誦之詞，亦古詩之流也。』」引之曰：楊、盧二説皆非也。楊謂《漢書・藝文志》謂之《成相雜辭》，案《志》所載《成相雜辭》在漢人雜賦之末，非謂《荀子》之《成相篇》也。楊又云「成功在相」，稍爲近之，然亦非《荀子》所謂「成相」也。盧以「相」爲樂器之「春牘」，斯爲謬矣。以「相」爲樂器，則「成相」二字義不可通，且樂器多矣，何獨舉春牘言之乎？若篇首稱「如瞽無相」，乃指相瞽之人而言，非樂器，亦非樂曲也。竊謂「相」者，治也。昭九年《左傳》「楚所相也」，二十五年《傳》「相其室」，杜注竝曰：「相，治也。」《小爾雅》同。 成相者，成此治也；請成相者，請言成治之方也。自「世之殃」以下，乃先言今之不治，然後言成治之方也。下文「請布基」、「請牧基」，皆言成治之方也，與「請成相」同義。下文云「凡成相，辨法方」，又云「請成相，道聖王」，又云「請成相，言治方」，是「成相」即「成治」也。又云「治之經，禮與刑」，「治之志，後勢富」，「治之道，美不老」。後言「託於成相以喻意」者，「成相」爲此篇之總名，謂託此一篇之詞以喻意，非謂託於矇瞽諷誦之詞也。

愚闇愚闇墮賢良

盧云：「案『愚闇』重言之者，即下文『愚以重愚，闇以重闇』之意。」念孫案：《大戴記・曾子制言篇》「是以惑闇惑闇終其世而已矣」，亦重言「惑闇」。

還主

「比周還主黨與施」。念孫案：「還」讀爲「營」。「比周營主」謂朋黨比周，以營惑其主也。施，張也。楊訓「還」爲「繞」，失之。説見《君道篇》「不還秩」下。

愛下民

「上能尊主愛下民」。念孫案：「愛下民」當作「下愛民」，與「上能尊主」對文，《不苟》《臣道》

二篇竝云「上則能尊君，下則能愛民」，是其證。

基畢輸

「世之愚，惡大儒，逆斥不通孔子拘，展禽三絀，春申道綴基畢輸」，楊注曰：「畢，盡也。輸，傾委也。言春申爲李園所殺，其儒術政治、道德基業盡傾覆委地也。」念孫案：楊說「輸」字之義甚迂，輸者，墮也，言基業盡墮壞也。《公羊春秋・隱六年》「鄭人來輸平」，《傳》曰：「『輸平』者何？輸平猶墮成也。何言乎『墮成』？敗其成也。」《穀梁傳》亦曰：「輸者，墮也。」《小雅・正月篇》「載輸爾載」，鄭箋曰：「輸，墮也。」盧云：「『春申』二字有誤，必非指黃歇，注非。」念孫案：此汪說也，見丙申校本。

此之疑

「讒人罔極，險陂傾側此之疑」。念孫案：疑，恐也，畏也。《既濟・象傳》：「終日戒，有所疑也。」《雜記》「五十不致毀，六十不毀，七十飲酒食肉，皆爲疑死」，鄭注：「疑，猶恐也。」《宥坐篇》「其赴百仞之谷不懼」，《大戴記・勸學篇》「懼」作「疑」。「此之疑」，此是畏也。言此險陂傾側之讒人甚可畏也。《皋陶謨》曰「何畏乎巧言令色孔壬」是也，楊未喻「疑」字之義。

施

「基必施，辨賢罷」。念孫案：施，張也。言必欲張大其基業，當先辨賢、罷也。下文曰「道古賢聖基必張」，上文曰「請布基」，「布」與「張」亦同義。

不詳

「慎、墨、季、惠，百家之説誠不詳」。楊注曰：「言四子及百家好爲異説，故不用心詳明之。詳，或爲祥。」念孫案：「祥」、「詳」古字通，不祥，不善也。楊説失之。

仁人

「暴人芻豢，仁人糟糠」。引之曰：下「人」字涉上「人」字而衍，上已言「暴人」，則下「人」字可蒙上而省。此篇之例兩三字句，下皆用七字句，以是明之。

相反

「精神相反，一而不貳爲聖人」。楊注曰：「相反，謂反覆不離散。」引之曰：「反」當爲「及」，字之誤也。「精神相及」，故「一而不貳」。楊説失之。

道之

「君子道之順以達」。念孫案：道，行也。言君子能行此言則順以達也。楊云「道，言説也」，失之。

道聖王　道古賢聖　脱文四

「請成相，道聖王」。念孫案：「道聖王」，從聖王也。古謂「從」爲「道」，説見《史記·淮南衡山傳》。下文「道古賢聖基必張」，義與此同。楊皆以「道」爲「言説」，失之。又案「道古賢聖基必張」上當有一四字句，而今本脱之。此篇之例，兩三字句，一七字句，一四字句，又一七字句，共五句爲一章。今少一四字句。此指當時之君而言，與上成湯異事，故知有脱文。

舜授禹以天下

楊注曰：「舜所以授禹，亦以天下之故也。」念孫案：此不言「舜以天下授禹」，而言「舜授禹，以天下」者，倒文以合韻耳，「禹」、「下」爲韻。非有深意也。楊反以過求而失之。

勞心力

「禹勞心力，堯有德，干戈不用三苗服」。引之曰：「力」上本無「心」字，後人以《左傳》言「君子勞心，小人勞力」，故以意加「心」字耳。不知禹抑洪水，本是勞力於民，故《淮南·氾論篇》《論衡·祭意篇》竝言「禹勞力天下」，非「小人勞力」之謂也。且此篇之例，凡首二句皆三字，加一「心」字，則與全篇之例不符矣。

直成　爲輔

「得益、皋陶、横革、直成爲輔」，楊注云：「横革、直成，未聞。韓侍郎云：『此論益、皋陶之功，横而不順理者革之，直者成之也。』」盧云：「《困學紀聞》曰：『《吕氏春秋》：《求人篇》「得陶、化益、真窺、横革、之交五人佐禹。」陶，即皋陶也。化益，即伯益也。真窺，即直成也。併横革、之交二人，皆禹輔佐之名。』案：『窺』與『成』音同，與『窺』形似，《吕氏春秋》蓋本作『窺』，傳寫誤爲『窺』耳。『直』與『真』亦形似。」念孫案：盧説是也。「横革、直成爲輔」，此句例當用七字，今本脱一字，或在「爲」上，或在「爲」下，俱未可知。

脱文三

「願陳辭，世亂惡善不此治」。引之曰：「願陳辭」下脱一三字句。

良由姦詐

「隱諱疾賢，良由姦詐鮮無災」。念孫案：「良」當爲「長」，楊注「長用姦詐」，是其證。今本「長」作「良」者，涉注文「疾害賢良」而誤。注言「疾害賢良」者，加一「良」字以申明其義耳。若正文則以「隱諱疾賢」爲句，「長由姦詐鮮無災」爲句，無「良」字。

阪爲先

「患難哉，阪爲先聖，知不用愚者謀」。楊讀「阪爲先聖」爲句，云：「『阪』與『反』同，反先聖之所爲。」盧云：「『患難哉』一句，句三字。『聖知不用愚者謀』七字句，與『辭』、『治』、『災』、『哉』、『時』韻。『阪爲先』三字未詳，楊注不得其句。蓋此篇通例，兩三字句，一七字句，一四字句，又一七字句，如此五句爲一章也。」念孫案：「阪爲先」，「先」疑當作「之」。此言爲治者當進聖知而退愚，今不用聖知而用愚，是反爲之也。楊謂「阪與反同」，是也；但誤以

「先聖」連讀耳。「之」字本作「㞢」，《説文》「光」字從儿、㞢。「儿」與「人」同。此文「之」字蓋本從古作「㞢」，寫者誤加「儿」耳。「㞢」字正與「辭」、「治」、「災」、「哉」、「謀」、「時」爲韻。

前車已覆後未知更何覺時

楊讀「知」字句絶，云：「前車已覆，猶不知戒，更何有覺寤之時也？」盧云：「『前車已覆』四字句。更，改也。」

豈獨無故

「已無郵人，我獨自美豈獨無故」。楊注曰：「或曰：下無『獨』字。」盧云：「無『獨』字，則與全篇句法合。」

恨後遂過

「不知戒，後必有恨，後遂過不肯悔」。楊讀「後必有恨」爲句，云：「恨，悔也。」盧云：「『後必有』三字爲句。『有』讀曰『又』，所謂貳過也，古音『戒』。又『悔』、『態』爲韻。」念孫案：盧説是矣，而未盡也。「恨後遂過」四字，義不相屬。「恨」與「很」同。《爾雅》：「鬩，恨也。」孫炎本作

「很」。「後」當爲「復」，字之誤也。「復」、「後」形相近，又因上文「後必有」而誤。「復」與「愎」同。《韓子·十過篇》「夫知伯之爲人也，好利而鷙愎」，《趙策》「愎」作「復」。亦通作「覆」，《管子·五輔篇》「下愈覆鷙而不聽從」是也。又通作「蝮」，《史記·酷吏傳贊》「京兆無忌、馮翊殷周蝮鷙」是也。言很愎不從諫，以遂其過也。《莊子·漁父篇》曰：「見過不更，聞諫愈甚，謂之很。」《逸周書·謚法篇》曰：「愎很遂過曰剌。」

詐態

「讒夫多進，反覆言語生詐態」。念孫案：「態」讀爲「姦慝」之「慝」。下「人之態」同。言言語反覆，則詐慝從此生也。襄四年《左傳》：「樹之詐慝，以取其國家。」以「態」爲「慝」者，古聲不分去、入也。《秦策》曰「科條既備，民多僞態」，又曰「上畏大后之嚴，下惑奸臣之態」，《淮南·齊俗篇》曰「禮義飾，則生僞態之本」，《漢書·李尋傳》曰「賀良等反道惑衆，姦態當窮竟」，皆借「態」爲「慝」，非「姿態」之「態」也。

争寵嫉賢利惡忌

念孫案：「利惡忌」三字義不相屬，楊曲爲之説，非也。「利」當爲「相」，字之誤也。「相惡忌」，正承「争寵嫉賢」言之。

孰公長父之難厲王流于彘

楊注曰:「孰,或爲郭。」盧云:「案:古『郭』、『虢』字通。『郭公長父』即《吕氏春秋·當染篇》之『虢公長父』也,作『郭』字爲是。『之難』二字當屬下爲七字句。」念孫案:之,是也,言難厲王者是此人也。《楚語》云「秦徵衙實難桓、景」,「實難」即「是難」。

欲衷對

「欲衷對,言不從」。念孫案:此篇之例,凡首句必入韻,唯此處「對」字與下文之「從」、「凶」、「江」不協,「衷對」當爲「剖衷」,言欲剖衷以諫,而無如言之不見聽也。《史記·蔡澤傳》「披腹心,示情素」,即「剖衷」之謂。「欲剖衷,言不從」,即上文所謂「中不上達」也,「中」與「衷」古字同耳。「衷」字正與「從」、「凶」、「江」爲韻。今本作「欲衷對」者,「剖」誤爲「對」,又誤在「衷」字之下耳。楊説失之。

到而獨鹿

「恐爲子胥身離凶,進諫不聽,到而獨鹿棄之江」。楊注曰:「『獨鹿』與『屬鏤』同。本亦或作『屬鏤』，吴王夫差賜子胥之劍名。《國語》里革曰：『鳥獸成，水蟲孕，水虞於是禁罝罜䍡。』此當是自剄之後，盛以罜䍡棄之江也。賈逵云：『罜䍡，小罟也。』」盧曰：「案楊云：『本或作屬鏤。』則訓劍不可易，『《國語》』以下，必後人採他說附益之。」念孫案：後人讀「獨鹿」爲「罜䍡」者，蓋未解「而」字之義故也。其意謂「獨鹿」果爲劍名，則不當言「剄而獨鹿」，故讀爲「罜䍡」，謂是「既剄之後，盛以罜䍡而棄之江也」。今案：「而」猶「以」也，謂剄以獨鹿也。古者「而」與「以」同義，《顧命》曰「眇眇予末小子，其能而亂四方」，言其能以治四方也。某氏傳「能如父祖治四方」，非是。《墨子・尚賢篇》曰「使天下之爲善者可而勸也，爲暴者可而沮也」，言可以勸，可以沮也。《吕氏春秋・去私篇》曰：「晋平公問於祁黄羊曰：『南陽無令，其誰可而爲之。』」言誰可以爲之也。高注「而，能也」，非是，辯見《吕氏春秋》。「而」與「以」同義，故二字可以互用。《同人・彖傳》曰「文明以健，中正而應」，《繫辭傳》曰「蓍之德圓而神，卦之德方以知」，宣十五年《左傳》曰「易子而食，析骸以爨」，皆以二字互用。「而」與「以」同義，故又可以通用。《繫辭傳》「上古結繩而治」，《論衡・齊世篇》引此「而」作「以」。昭元年《左傳》「櫜甲以見子南」，《考工記・函人》鄭司農注引此「以」作「而」。

利往卬上

「利往卬上，莫得擅與孰私得」。楊注曰：「利之所往，皆卬於上，莫得擅爲賜與，則誰敢私得於人乎？卬，與仰同。」引之曰：「往」字文義不順，楊曲爲之説，非也。「往」當爲「隹」，「隹」，古「唯」字也。「唯」或作「惟」、「維」。古鐘鼎文「唯」字作「隹」，石鼓文亦然。言臣民之利，唯仰於上，莫得擅有所與也。凡隸書從彳、從亻之字多相亂，故「往」字或作「住」，與「隹」相似而誤。

刑稱陳

「刑稱陳，守其銀」。楊注曰：「稱，謂當罪。當罪之法施陳，則各守其分限。『銀』與『垠』同。」念孫案：楊説「稱陳」二字未安。余謂「陳」者，道也。文登畢氏恬谿説《尚書》曰：「李斐注《漢書·哀帝紀》曰『陳，道也』，是古謂『道』爲『陳』。《微子》云『我祖厎遂陳于上』，謂致成道於上也。《君奭》云『率惟茲有陳』，謂有道也。」念孫案：《大戴記·衛將軍文子篇》「君陳則進，不陳則行而退」，亦謂道與不道也。言刑之輕重皆稱乎道，而各守其限也。

脩領　理績　主執持

「五聽脩領，莫不理續主執持」。念孫案：「領」猶「治」也，理也，言五聽皆脩理也。《樂記》「領父子君臣之節」，鄭注：「領，猶理治也。」《仲尼燕居》「領惡而全好」，注：「領，猶治也。」《淮南·本經篇》「神明弗能領也」，高注：「領，理也。」「續」當爲「績」。「主執持」當爲「孰主持」。「莫不理績孰主持者」，《爾雅》曰「績，事也」，言百官莫不各理其事，夫孰得而主持之也。上文曰「莫得輕重威不分」，正所謂「孰主持」也。又曰「莫得擅與孰私得」，又曰「莫得貴賤孰私王」，竝與此文同一例。今本「績」誤作「續」，「孰」誤作「執」，「執」字又誤在「主」字下，則義不可通，楊説皆失之。

觀法不法見不視

楊注曰：「所觀之法非法，則雖見不視也」。郝云：「按此言觀法於法不及之地，見物於視不到之鄉，所以謂之『隱遠至』、『耳目顯』也，具見上下文。注非。」

各以宜舍巧拙

「下不私請，各以宜舍巧拙」。盧云：「『各以宜舍巧拙』句中脱一字，據楊注云『各以所宜，不苟求也』，或當作『各以所宜舍巧拙』。」

臣謹脩

「臣謹脩，君制變，公察善思論不亂」。謂君臣之倫不亂也。「倫」、「論」古字通，説見《儒效篇》。念孫案：「脩」當爲「循」，字之誤也。隸書「循」、「脩」相亂，説見《管子·形勢篇》。此言臣當謹循舊法而不變其制，變則在君也，「循」與「變」、「亂」、「貫」爲韻。此以諄、元二部通用，凡諄、元二部之字，古聲皆不分平、上、去。此篇之例，首句無不入韻者，今本「循」作「脩」，則既失其義，而又失其韻矣。

賦

隆物　示下民　帝不齊均

「智賦皇天，隆物以示下民，或厚或薄，帝不齊均，桀紂以亂，湯武以賢」。念孫案：「隆」與「降」同。古字或以「隆」爲「降」，説見《墨子·尚賢中篇》。「示」本作「施」，俗音之誤也。《廣雅》曰「施，予也」。「帝」本作「常」，字之誤也。「物」字即指智而言，言皇天降智，以予下民，厚薄常不齊均，故有桀紂、湯武之異也。今本「施」作「示」，「常」作「帝」，則義不可通，《藝文類聚·人部五》引此正作「皇天隆物，以施下民，或厚或薄，常不齊均」。楊説皆失之。

脩潔之爲親而雜汙之爲狄

「脩潔之爲親，而雜汙之爲狄者邪」。楊注曰：「智脩潔則可相親，若雜亂穢汙，則與夷狄無異，言險詐難近也。」念孫案：親，近也。狄，讀爲「逖」，逖，遠也。《大雅·瞻卬篇》「舍爾介狄」，毛傳曰：「狄，遠也。」是「狄」與「逖」同，此言智之爲德，近於脩潔而遠於雜汙也。楊説皆失之，陳説同。

也

「明達純粹而無疵也，夫是之謂君子之知」。引之曰：「疵」、「知」爲韻。「也」字涉上文而衍，《藝文類聚》無。

大盈乎大寓

《雲賦》「精微乎毫毛，而大盈乎大寓」。與「宇」同。宋錢佃校本云：「諸本作『充盈乎大寓』」，非。」念孫案：作「充盈」者是也。下文「充盈大宇而不窕」，即其證。「充盈」與「精微」對，監本作「大盈」，則既與下「大」字複，又與「精微」不對矣。楊云「其廣大時則盈於大宇之內」，則所見本已作「大盈」。《藝文類聚·天部上》引作「充盈乎天宇」。

忽兮其極之遠也攙兮其相逐而反也

「忽兮其極之遠也，攙兮其相逐而反也」。楊注曰：「『攙』與『劖』同。攙兮，分判貌。言雲或怳忽之極而遠舉，或分散相逐而還於山。」念孫案：忽，遠貌。《楚辭·九歌》曰「平原忽兮路超遠」，《九章》曰「道遠忽兮」，是「忽」爲遠貌。極，至也，言忽兮其所至之遠也。攙者，雲氣旋轉之貌。《考工記·鳧氏》「鍾縣謂之旋」，程氏易疇《通藝録》曰：「旋，所以縣鍾者，設於甬上。《孟子》謂之『追蠡』，言追出於甬上者乃蠡也。『蠡』與『螺』通，《文子》所謂『聖人法蠡蚌而閉户』是也。螺小者謂之蜁蝸，郭璞《江賦》所謂『鸚螺蜁蝸』是也。曰旋、曰蠡，其義不殊，蓋爲金枘於甬上，以貫於縣之者之鑿中，形如螺然，如此則宛轉流動，不爲聲病矣。」《水經·睢水注》云：「睢陽城内有高臺，謂之蠡臺。《續述征記》曰：『迴道如蠡，故謂之蠡臺。』」是凡言「蠡」者，皆取旋轉之義。「反」亦「旋」也，故曰「攙兮其相逐而反也」。楊説皆失之。

測意之

「君子設辭，請測意之」。楊注曰：「請測其意。」引之曰：楊以「意」爲「志意」之「意」，非也。

意者，度也，言請測度之也。《禮運》曰「聖人耐以天下爲一家，以中國爲一人者，非意之也。」《管子·小問篇》東郭郵曰：「君子善謀而小人善意，臣意之也。」是「意」爲「度」也。「意」之言「億」也。《韓子·解老篇》「先物行、先理動之謂前識，前識者，無緣而忘意度也。」「忘」與「妄」同。《莊子·胠篋篇》云「妄意室中之藏」是也。王褒《四子講德論》「今子執分寸而罔億度」，「罔億度」即「妄意度」，鄭注《少儀》曰：「測，意度也。」「意」本又作「億」。《論語·先進篇》「億則屢中」，《漢書·貨殖傳》「億」作「意」。

不窕　行遠疾速而不可託訊者與　億忌　私置

「此夫大而不塞者與？充盈大宇而不窕，入郤穴而不偪者與？行遠疾速而不可託訊者與？往來惛憊而不可爲固塞者與？暴至殺傷而不億忌者與？功被天下而不私置者與」。楊注「充盈大宇」二句云：「窕，讀爲窱，深貌也。言充盈則滿大宇，幽深則入郤穴，而曾無偪側不容也。」念孫案：楊訓「窕」爲「深貌」，又以「窕」字連下句解之，皆非也。「充盈大宇而不窕」爲句，「窕」者，閒隙之稱。言充盈大宇而無閒隙也。偪，不容也，「偪」與「窕」義正相反。《廣雅》曰：「窕，寬也。」昭二十一年《左傳》「鍾小者不窕，大者不摦，窕則不咸，摦則不容」，杜注曰：「窕，細不滿也。摦，橫大不入也。不咸，不充滿人心也。不容，心不堪容也。」《大戴禮·王言篇》曰：「布諸天下而不窕，內諸尋常之室而不塞。」《管子·宙合篇》

曰：「其處大也不窕，其入小也不塞。」《墨子・尚賢篇》曰：「大用之天下則不窕，小用之則不困。」《吕氏春秋・適音篇》曰「音大鉅則志蕩，以蕩聽鉅，則耳不容，不容則横塞，横塞則振大；小則志嫌，以嫌聽小則耳不充，不充則不詹，不詹則窕」，高注曰：「窕，不滿密也。」義竝與此同。「暴至殺傷而不億忌」，楊云：「億，謂以意度之，雷霆震怒，殺傷萬物，曾不億度疑忌。言果決不測也。」念孫案：「億」讀爲「意」。「意」、「億」古字通，説見前「測意之」下。意，疑也。言暴至殺傷，而曾無所疑忌也。《廣雅》曰：「意，疑也。」《漢書・文三王傳》「於是天子意梁」，顔師古注與《廣雅》同。《韓子・説疑篇》「上無意，下無怪」，無意，無疑也。《史記・陳丞相世家》「項王爲人，意忌信讒」，《平津侯傳》「弘爲人意忌，外寛内深」，《酷吏傳》「湯雖文深意忌」，皆謂疑忌也。楊以「億」爲「億度」，則分「億」與「忌」爲二義，失之矣。「功被天下而不私置」，楊云：「天下同被其功，曾無所私置，言無偏頗。」念孫案：「置」讀爲「德」，言功被天下而無私德也。《繫辭傳》「有功而不德」，「德」，鄭、陸、蜀才竝作「置」。鄭云：「置，當爲德。」《逸周書・官人篇》「有施而弗德」，《大戴禮・文王官人篇》作「有施而不置」。《荀子・哀公篇》「言忠信而心不德」，《大戴禮・哀公問五義篇》作「躬行忠信而心不置」，是「置」爲「德」之借字也。此段以「塞」、「偪」、「塞」、「忌」、「極」爲韻，「忌」讀如「極」，《左傳》「費無極」，《史記》作「費無忌」。「置」與「德」同。「行遠疾速而不可託訊」，「訊」下「者與」二字蓋因上下文而衍。「訊」字不入韻，上文「充盈大宇而不窕」，「窕」字亦不入韻也。盧云「『訊』不與前後韻協，疑是『訊』、『託』誤倒」，非是。「託」字於古音屬鐸部，「塞」、「偪」等字於古音屬職部，改「託訊」爲「訊託」，仍不合韻。

與暴爲鄰

《蠶賦》「名號不美，與暴爲鄰」。楊注曰：「侵暴者亦取名於蠶食，故曰『與暴爲鄰』也。」引之曰：如楊說則「蠶」下必加「食」字，而其義始明。竊謂《方言》「憯，殺也」，《說文》「憯，毒也」。字或作「憯」，《莊子・庚桑楚篇》曰：「兵莫憯于志，鏌鋣爲下。」「憯」、「蠶」、「憯」聲相近，故曰「與暴爲鄰」。

五泰

「請占之五泰」。盧云：「此與下文『五泰』，宋本皆作『五帝』，無『五泰，五帝也』五字注。今從元刻，與《困學紀聞》所引合。古者『帝』字不與『敗』、『世』、『害』韻，《五支》《六脂》之別也。」念孫案：「敗」、「世」、「害」、「泰」古音竝屬祭部，非唯不與《五支》之去聲通，并不與《六脂》之去聲通。此盧用段說而誤也。說見戴先生《聲韻攷》。

喜溼

「喜溼而惡雨」。念孫案：蠶性惡溼，不得言喜溼。《太平御覽·資産部五》引作「疾濕而惡雨」，是也。「惡雨」與「疾溼」同意。楊云「溼，謂浴其種」，乃曲爲之説耳。

簪以爲父

楊注曰：「簪形似箴而大，故曰『爲父』。」盧云：「『簪』當爲『鑽』，子貫反。謂所以琢箴之線孔者也。箴賴以成形，故曰『爲父』。」

幽晦

「幽晦登昭，日月下藏」。元刻作「幽闇」。宋龔本同。念孫案：元刻是也。楊注「幽闇之人」，是其證。宋本「闇」作「晦」者，涉上文「旦暮晦盲」而誤。《藝文類聚·人部八》引作「幽暗登照」，「暗」與「闇」同。

反見從横

「公正無私，反見從横」。楊注曰：「言公正無私之人，反見謂從横反覆之志也。」念孫案：「反見從横」四字文不成義。此本作「見謂從横」，言公正無私之人反以從横見謂於世也。楊注内「見謂」二字，即其證。凡見譽於人，曰「見謂」，若《王霸篇》曰「齊桓公閨門之内，縣樂奢泰游抏之循，於天下不見謂脩」，《賈子·脩政語篇》曰「故言之者見謂智，學之者見謂賢，守之者見謂信，樂之者見謂仁，行之者見謂聖」，皆是也。見毁於人，亦曰「見謂」，若《莊子·達生篇》曰「居鄉不見謂不修，臨難不見謂不勇」，《漢書·兒寬傳》曰「張湯爲廷尉，盡用文史法律之吏，而寬以儒生在其閒見謂不習事」，《邶風·谷風》箋曰「涇水以有渭，故見謂濁」，今本「謂」譌作「渭」，據《正義》改。及此言「見謂縱横」，皆是也。後人不曉「見謂」二字之義，又以楊注云「反見謂從横」，遂改正文「見謂」爲「反見」，不知楊注特加「反」字以申明其義，非正文所有也。《藝文類聚·人部八》引此正作「見謂從横」。

貳兵

「慹革貳兵」。楊注：「慹，與慴同。」念孫案：「貳兵」二字，文義不明。「貳」當爲「戒」，字之誤也。

隸書「戒」字作「𢦦」，與「貳」相似。「戒兵」，與「憼革」同義。楊云「貳，副也」，未安。

將將

「道德純備，讒口將將」。楊注曰：「將，去也。言以讒言相退送，或曰：『將將』讀爲『鏘鏘』，進貌。」念孫案：楊後説讀「將將」爲「鏘鏘」，是也；而云「進貌」，則古無此訓。余謂「將將」，集聚之貌也。《周頌·執競篇》「磬筦將將」，毛傳曰：「將將，集也。」然則「讒口將將」，亦謂讒言之交集也。《小雅·十月篇》「讒口囂囂」，箋云：「囂囂，衆多貌。」義亦與「將將」同。

雜布與錦

「雜布與錦，不知異也」。念孫案：此謂布與錦雜陳於前而不知別異。《説文》「布，枲織也。」言美惡不分也。楊以「雜布」二字連讀，而訓爲「麤布」，失之。

閭娵子奢

楊注曰：「閭娵，古之美女，《後語》作『明陬』，蓋一名『明陬』。《漢書音義》韋昭曰：『閭陬，梁王魏嬰之美女。』『子奢』，當爲『子都』，鄭之美人。《詩》曰『不見子都』，《後語》作『子都』。」盧云：「『明』是『閭』字之誤，楊未省照耳。」汪云：「『都』、『奢』古本一音，不必改字。」

大略

教出　而後士

「諸侯相見，卿爲介，以其教出畢行」，楊注曰：「教，謂戒令。畢行，謂羣臣盡行從君也。」念孫案：「教出」當爲「教士」，謂常所教習之士也。《大戴禮・虞戴德篇》云「諸侯相見，卿爲介，以其教士畢行」，文與此同也。下文曰「君子聽律習容而後士」，楊云：「言威儀如此，乃可爲士。」念孫案：「士」當爲「出」，言必聽律習容而後出也。楊云：「聽律，謂聽佩聲，使中音律也。」《玉藻》云「習容觀玉聲乃出」，鄭注曰：「玉，佩也。」是其證也。隸書「士」、「出」二字相似，傳寫往往譌溷。隸書「出」字或省作「士」，若「敳」省作「敖」，「賣」省作「賣」，「歁」省作「款」，皆是也。故諸書中「士」、「出」二字，傳寫多誤。僖二十五年《左傳》「諜出曰『原將降矣』」，《呂氏春秋・爲欲篇》「諜出」譌作「諜士」，《管子・大匡篇》「士欲通，吏不通」，今本「士」譌作「出」。《史記・呂后本紀》「齊内史士」，徐廣曰：「一作出。」《夏本紀》「稱以出」，《大戴禮・五帝德篇》作「稱以上士」，皆其證也。楊説皆失之。

虛之　非禮也　非義也

「仁非其里而虛之，非禮也；義非其門而由之，非義也」。楊注曰：「虛，讀爲『居』，聲之誤也。」念孫案：「虛」當爲「處」，字之誤也。下文云「君子處仁以義」，是其證。陳說同，又引《論語》「里仁爲美」、「擇不處仁」。又案：楊云「仁非其里，義非其門，皆謂有仁義而無禮也」，盧云「『非義也』，亦當爲『非禮也』」。案：楊、盧之説皆非也。「非禮也」當作「非仁也」，劉説同。「非義也」，「義」字不誤。此文云「仁，非其里而處之，非仁也；義，非其門而由之，非義也」，下文云「君子處仁以義，然後仁也；行義以禮，然後義也」，前後正相呼應，以是明之。

不知

「審節而不知，不成禮」。楊注曰：「知，或爲和。」念孫案：作「和」者是也。禮以和爲貴，故審節而不和則不成禮。下文「和而不發」，正承此「和」字言之。今本「和」作「知」，字之誤耳。隸書「和」字或作「知」，與「知」相似，見漢《白石神君碑》。既能審於禮節，則不得謂之「不知」，楊云「雖能明審節制，而不知其意」，於「不知」下加「其意」二字，失之。

殺大蚤

楊注曰：「《禮記》曰：『獺祭魚，然後虞人入澤梁，豺祭獸，然後田獵。』先於此爲早也。」念孫案：此説是也，前説非。

君臣不得不尊父子不得不親兄弟不得不順夫婦不得不驩少者以長老者以養故天地生之聖人成之

汪云：「『君臣』以下四十一字錯簡，當在後『國家無禮不寧』之下。此因上『尚尊』、『尚親』之文而誤。」

寢不踰廟設衣不踰祭服

念孫案：「設」當爲「讌」，字之誤也。故楊注云：「讌，宴也。」今注文「讌」字亦誤作「設」。「寢」對「廟」而言，「讌衣」對「祭服」而言。《王制》「燕衣不踰祭服，寢不踰廟」，是其證。

霜降逆女冰泮殺内十日一御

楊以「殺内」二字連讀，云：「當爲『冰泮逆女，霜降殺内』，故《詩》曰：『士如歸妻，迨冰未泮。』殺，減也。内，謂妾御也。十日一御，即殺内之義。冰泮逆女，謂發生之時合男女也。霜降殺内，謂閉藏之時禁嗜欲也。」盧云：「案《詩·陳風·東門之楊》毛傳云：『言男女失時，不逮秋冬。』正義引荀卿語，竝云：『毛公親事荀卿，故亦以秋冬爲昏期。』《家語》所説亦同。《匏有苦葉》所云『迨冰未泮』，《周官·媒氏》『中春會男女』，皆是。要其終，言不過是耳。楊注非。十日一御，君子之謹游於房也，不必連『冰泮』言。」引之曰：此文本作「霜降逆女，冰泮殺止」，謂霜降始逆女，至冰泮而殺止也。《召南·摽有梅》及《陳風·東門之楊》正義兩引此文，皆作「冰泮殺止」，《周官·媒氏疏》載王肅論引此文及《韓詩傳》亦皆作「冰泮殺止」，又《春秋繁露·循天之道篇》亦云：「古之人霜降而逆女，冰泮而殺止。」《東門之楊》正義所引如是，今本作「殺内」，乃後人依誤本《荀子》改之。自楊所見本「殺」下始脱「止」字，而楊遂以「殺内」二字連讀，誤矣。冰泮殺止，指嫁娶而言，「内」字下屬爲句。「内十日一御」，别是一事，非承「冰泮」而言。

大之

「立視前六尺而大之，六六三十六，三丈六尺」。引之曰：「大之」當爲「六之」。言以「六尺」而「六之」，則爲三丈六尺也。楊以「廣」釋「大」，則所見本已誤。

文貌　情用

「文貌情用，相爲内外表裏」。念孫案：文貌在外，情用在内，故曰「相爲内外表裏」。《禮論篇》曰「文理繁，情用省，是禮之隆也；文理省，情用繁，是禮之殺也；文理情用相爲内外表裏，竝行而雜，是禮之中流也」，彼言「文理」猶此言「文貌」。楊彼注云「文理謂威儀，情用謂忠誠」，是也，此注失之。

脩六禮明十教

楊注曰：「十，或爲七。」念孫案：《王制》曰：「《司徒》脩六禮以節民性，明七教以興民德。六禮：冠、昏、喪、祭、鄉、相見。七教：父子、兄弟、夫婦、君臣、長幼、朋友、賓客。」則作「七教」者是也。凡經傳中「七」、「十」二字互誤者多矣。楊前注以《禮運》之「十義」爲「十教」，失之。

管仲之爲人力功不力義力知不力仁野人也不可以爲天子大夫

郝云：「按此謂管仲尚功力而不脩仁義，不可爲王者之佐。注以『四子』言，恐非。」

害靡國家

「利夫秋豪，害靡國家」。楊注曰：「靡，披靡也。利夫秋豪之細，其害遂披靡而來，及於國家。」念孫案：楊説「靡」字之義非是。靡者，滅也。言利不過秋豪，而害乃至於滅國家也。《方言》「靡，滅也」，郭璞曰：「或作『摩滅』字，音『縻』。」《漢書·賈山傳》「萬鈞之所壓，無不縻滅者」，《司馬遷傳》「富貴而名摩滅」，「摩」與「縻」、「靡」古同聲而通用。說見《唐韻正》。陳云：「靡，累也。言所利在秋豪，而其害累及國家也。《詩·周頌》傳曰『靡，累也』，是其義。」

場園

「大夫不爲場園」。念孫案：「場園」當爲「場圃」，字之誤也，《韓詩外傳》作「不爲場圃」，玩楊注，亦是「圃」字。《論語・子路篇》馬注及《射義》鄭注竝云「樹菜蔬曰圃」，即楊注所本。

然故

「然故民不困財，《羣書治要》「財」作「則」，則以「民不困」爲句，「則」字下屬爲句。貧窶者有所竄其手」。念孫案：「然故」猶「是故」也。《堯問篇》「然故士至」同。説見《釋詞》「然」字下。

上好羞則民闇飾矣上好富則民死利矣二者亂之衢也

楊注曰：「好羞貧而事奢侈，則民闇自脩飾也。」念孫案：楊説迂曲而不可通。「羞」當爲「義」。「羞」字上半與「義」同，又涉上文兩「羞」字而誤也。上好義則民闇飾者，言上好義則民雖處隱闇之中，亦自脩飾，不敢放於利而行也。《呂氏春秋・具備篇》載宓子賤治亶父，使民闇行，若有嚴刑於旁，即所謂「民闇飾」也。《賈子・大政篇》曰：「聖明則士闇飾矣。」「上好義」與「上好富」對文，故下文又云「欲富乎」、「與義分背矣」。「上好義則民闇飾，上好富則民死利」即上文所云「上重義則義克利，上重利則利克義」也。《鹽鐵論・錯幣篇》「上好禮則民闇飾，上好貨則下死利」，即用《荀子》而小變其文。劉云：「『二者亂之衢』，『二者』二字承上兩句而言，則『亂』上當有『治』字。」

臨患難而不忘細席之言

郝云：「按『細席』注皆未安，恐『茵席』之形譌，蓋『茵』借爲『絪』，『絪』又譌爲『細』耳。」念孫案：郝説是也。《漢書・霍光傳》「加畫繡絪馮」，如淳曰：「絪，亦茵。」是其證。「茵席之言」，謂昔日之言，即《論語》所謂「平生之言」也，故《尸子》云「臨大事不忘昔席之言」。見楊注。

和之璧　爲天子寶

「和之璧，井里之厥也，盧云：「『厥』，同『橜』，《説文》：『橜，門梱也。』《荀子》以『厥』爲『橜』，《晏子》以『困』爲『梱』，皆謂門限。《意林》不解，乃改爲『璞』矣。」念孫案：此段説也，見《鍾山札記》。玉人琢之，爲天子寶」。念孫案：《文選・劉琨〈答盧諶詩〉序》「天下之寶，當與天下共之」注引此「和」下有「氏」字，《晏子春秋・雜篇》同。「爲天子寶」作爲「天下寶」，又引《史記・藺相如傳》「和氏璧，天下所共傳寶也」。於義爲長。下文亦云「子贛、季路，爲天下列士」。

不立

「君子疑則不言，未問則不立」。念孫案：「立」字義不可通，「立」亦當爲「言」。下文「未問則不立」同。「疑則不言，未問則不言」，皆謂君子之不易以豉反。其言也。《大戴記·曾子立事篇》「君子疑則不言，未問則不言」，此篇之文，多與《曾子》同也。隸書「言」字或作「㕫」，若「䜭」作「𧮳」，「詹」作「𧮳」，「譱」作「善」之類皆是。因脱其半而爲「立」。《秦策》「秦王愛公孫衍，與之閒，有所言」，今本「言」譌作「立」。楊曲爲之説，非。

少不諷

「少不諷，壯不論議」。念孫案：「少不諷」，當從《大戴記》作「少不諷誦」，「諷誦」與「論議」對文，少一「誦」字，則文不足意矣。楊云：「諷，謂就學諷《詩》《書》。」則所見本已脱「誦」字。

學者非必爲仕而仕者必如學

郝云：「按：如，肖似也。此言仕必不可負所學。注云『如，往』，非也。」

皋如　嵮如　鬲如

「望其壙，皋如也，嵮如也，鬲如也」。楊注曰：「皋，當爲宰，宰，冢也。宰如，高貌。嵮，與填同，謂土填塞也。鬲，謂隔絶於上。《列子》作『宰如』、『墳如』。《天瑞篇》」盧云：「《公羊·僖卅三年傳》『宰上之木拱矣』，是『宰』即『冢』也。冢，大也，如大山也。嵮，讀爲『顛』，山頂也。鬲如，形如實五穀之器也，山有似甗者矣，《列子》『嵮如』作『墳如』，如大防也。」劉云：「案今《列子》作『睪如也，宰如也』，『睪』即『皋』，豈楊氏所見本異邪？『睪如』、『宰如』二句疊出，則不得破『皋』爲『宰』矣。」念孫案：《家語·困誓篇》亦作「睪如也」，王肅曰：「睪，高貌。」

其人　其人也　非其人也

「君子也者而好之，其人，其人也而不教，不詳。非君子而好之，非其人也。非其人而教之，齎盜糧，借賊兵也」。盧云：「此條言所好者君子，是爲得其人；非君子而好之，則所好非其人也。人可與言而不教，是爲不祥；不可與言而教之，則又資盜糧，借賊兵也。楊注不了。」念孫案：「其人也而不教」，「也」字當在上句「其人」下。汪説同。下文「非君子而好之，非其人也，非其人而教之，齎盜糧，借賊兵也」，上「非其人」下有「也」字，下「非其人」下無「也」字，是其證。此言能好君子則爲可教之人，可教而不教之，是爲不詳；若所好非君子，則爲不可教之人，不可教而教之，則是齎盜糧，借賊兵也。盧説亦未了。

柳下惠與後門者同衣而不見疑非一日之聞也

楊注曰：「後門者，君之守後門，至賤者。子夏言『昔柳下惠衣之弊惡與後門者同，時人尚無疑怪者』，言安於貧賤，渾跡而人不知也。非一日之聞，言聞之久矣。」盧云：「案『柳下惠』一條，不當蒙上文。『與後門者同衣而不見疑』，蓋即《毛詩·巷伯詁訓傳》所云『嫗不逮門之女，而國人不稱其亂』也。『非一日之聞』，言素行爲人所信。」又《鍾山札記》引《呂氏春秋·長利篇》云「戎夷違齊如魯，天大寒而後門」，高誘注：「後門，日夕，門已閉也。」《韓非子·外儲説左下》云：「暮而後門。」

争利如蚤甲而喪其掌

楊注蒙上文爲解，盧云：「此亦當别爲一條。」

來乘

「凡物有乘而來，乘其出者，是其反者也」。念孫案：下「乘」字，疑涉上「乘」字而衍。「凡物有乘而來」者，乘，因也。《文選·謝眺〈始出尚書省詩〉》注引如淳《漢書注》。言凡物必有所因而來，反乎我者，即出乎我者也，故曰「其出者，是其反者也」，今本「來」下又有「乘」字，則義反晦矣。楊説失之。

禍之所由生也生自纖纖也

盧云：「元刻作『禍之所由生，自纖纖也』，宋龔本同。與《大戴·曾子立事篇》同。」汪從元刻。

泔之　奥之

「曾子食魚有餘，曰：『泔之。』門人曰：『泔之傷人，不如奥之。』」楊注曰：「泔與奥，皆烹和之名，未詳其説。」盧氏《龍城札記》曰：「案：非烹和也，曾子以魚多欲藏之耳。泔，米汁也。泔之，謂以米汁浸漬之。門人以易致腐爛，食之不宜於人，或致有腹疾之患，故以爲傷人。《説文》：『奥，宛也。』『宛，奥也。』『奥』與『宛』皆與『鬱』音義同。今人藏魚之法，醉魚則用酒，醃魚則用鹽，置之甀中以鬱之，可以經久且味美。『奥』如『鬱韭』、『鬱麴』之『鬱』，「鬱韭」見《説文》「⿱艹酤」字下，「鬱麴」見《釋名》。皆謂治之，藏於幽隱之處。今魚經鹽酒者，於老者病者極相宜，正與傷人相反。」念孫案：米泔不可以漬魚，盧謂「以米汁浸漬之」，非也。「泔」，當爲「洎」。《周官・士師》「洎鑊水」，鄭注曰：「洎，謂增其沃汁。」襄二十八年《左傳》「去其肉而以其洎饋」，正義曰：「添水以爲肉汁，遂名肉汁爲洎。」然則添水以爲魚汁，亦得謂之「洎」。洎之，謂添水以漬之也。《吕氏春秋・應言篇》「多洎之則淡而不可食，少洎之則焦而不熟」，高注曰：「肉汁爲洎。」彼言「多洎之」、「少洎之」即此所謂「洎之」矣。以洎漬魚，則恐致腐爛而不宜於食，故曰「洎之傷人」也。隸書「甘」字或作「[illegible]」，與「自」字極相似，故「洎」誤爲「泔」耳。漢《西嶽華山亭碑》「甘澍弗布」，「甘」字作「[illegible]」，見《漢隸字原》。「奥」亦非烹和之名，盧訓「奥」爲「鬱」，是也。《釋名》曰：「隩，奥也。藏物於奥内，稍出用之也。」彼所謂「隩」，即此所謂「奥之」矣。然盧謂「奥」與「宛」「鬱」同音，則非也。「奥」與「宛」「鬱」同義而不同音，故諸書中「鬱」字有通作「宛」者，而「宛」「鬱」二字無通作「奥」者。以「宛」「鬱」釋「奥」則可，讀「奥」爲「宛」「鬱」則不可。

唯

「天下之人，唯各特意哉，然而有所共予也」。盧云：「『唯』，元刻作『雖』。」念孫案：「唯」即「雖」字也，説見《經義述聞·桓十四年穀梁傳》。

飲而不食者蟬也不飲不食者蜉蝣也

汪云：「此二語别是一義，與上文不相蒙，注非。」

宥坐

今生也有時

「嫚令謹誅，賊也；今生也有時，斂也無時，暴也；不教而責成功，虐也」。念孫案：「今」字當在「嫚令謹誅」上，總下三事言之，文義方順。《家語·始誅篇》作「夫慢令謹誅」，「夫」字亦總下之詞。

綦三年而百姓往矣

盧云：「『往』乃『從』之誤，下注同。」念孫案：「從」下當有「風」字，今本無「風」字者，「從」誤爲「往」，則「往風」二字義不可通，後人因删「風」字耳。據楊注云「百姓從化」，「化」字正釋「風」字。《太平御覽·治道部五》引此正作「百姓從風」，《韓詩外傳》及《説苑·政理篇》竝同。

邪民不從

「邪民不從，然後俟之以刑」。念孫案：「邪民」本作「躬行」。上文云「上先服之」，「三年而百姓從風」，服者，行也，即此所謂「躬行」也，故云「躬行不從，然後俟之以刑」。隷書「躬」與「邪」相似，故「躬」誤爲「邪」。見《隷辨》。案「躬行」作「邪行」，「邪」字誤而「行」字不誤。《外傳》亦誤作「邪行」，唯《説苑》不誤，今本《荀子》「邪行」作「邪民」，乃後人所改，辯見下。《家語·始誅篇》作「其有邪民不從化者，然後待之以刑」，案《荀子》之「躬行不從」，誤作「邪行不從」，則義不可通。王肅不知「邪」爲「躬」之誤，故改「邪行不從」爲「邪民不從化」，以曲通其義，而今本《荀子》亦作「邪民」，則又後人以《家語》改之也。楊注云「百姓既從，然後誅其姦邪」，則所見本已同今本。

《説苑》正作「躬行不從，而后俟之以刑」。

任負車

「百仞之山任負車登焉」。楊注曰：「負，重也。任負車，任重之車也。」念孫案：古無訓「負」爲「重」者，余謂「負」亦「任」也。《魯語》注曰：「任，負荷也。」《楚辭·九章》注曰：「任，負也。」連言「任負」者，古人自有複語耳。倒言之則曰「負任」，《齊語》「負任擔荷」是也。

陵遲故也

楊注曰：「遲，慢也。陵遲，言丘陵之勢漸慢也。王肅云：『陵遲，陂陁也。』」盧云：「案《淮南》『山以陵遲，故能高』，《泰族篇》『陵遲』猶『迆邐陂陀』之謂。此注與《匡謬正俗》俱訓『陵』爲『丘陵』，似泥。」念孫案：盧説是也。《説文》：「夌，夌徲也。」其字本作「夌」，則非謂「丘陵」明矣，詳見《漢書雜志》末卷。

馮而游

「百仞之山，而豎子馮而游焉」。念孫案：馮者，登也。《周官·馮相氏注》曰：「馮，乘也。

相，視也。世登高臺以視天文之次序。」《廣雅》曰：「馮，登也。」故《外傳》作「童子登而遊焉。」《説苑》作「童子升而遊焉」，「升」亦「登」也。

大偏與諸生

「夫水，大偏與諸生而無爲也，似德」。念孫案：「偏與」上不當有「大」字，蓋涉上文「大水」而衍。據楊注云「偏與諸生，謂水能偏生萬物」，則無「大」字明矣。《初學記·地部中》引此無「大」字。《大戴記·勸學篇》《説苑·雜言篇》《家語·三恕篇》竝同。

洸洸乎

「其洸洸乎不淈盡，似道」。楊注曰：「洸，讀爲『滉』，滉滉，水至之貌。淈，讀爲『屈』，竭也。《家語》作『浩浩無屈盡之期』。」念孫案：楊讀「洸」爲「滉」，「滉滉，水至之貌」，古無此訓。「洸洸」，當從《家語》作「浩浩」，字之誤也。俗書「洸」字作「洸」，與「浩」略相似。《王制》曰「有餘曰浩」，故曰「浩浩乎不屈盡」。《初學記》引《荀子》正作「浩浩」，則所見本尚未誤。《太平御覽·地部二十三》同。

佚若聲響

「其應佚若聲響」。楊注曰：「佚，與逸同，奔逸也。」念孫案：「奔逸」與「聲響」義不相屬，楊説非也。佚，讀爲呹。音逸。呹，疾貌也。言其相應之疾，若響之應聲也。《漢書·楊雄傳·甘泉賦》「薌呹肸以掍根兮，聲駍隱而歷鍾」，師古曰：「言風之動樹，聲響振起，衆根合同駍隱而盛，歷入殿上之鍾也。」「薌」讀與「響」同，「呹」音丑乙反。《文選》李善注曰：「呹，疾貌也。余日切。」正與「佚」字同音。古無「呹」字，故借「佚」爲之耳。

皆繼

「鄉者賜觀於大廟之北堂，吾亦未輟，還復瞻被九蓋皆繼，被有説邪？匠過絶邪」。楊注曰：「九，當爲北。被，皆當爲彼。蓋音盍，户扇也。與「闔」同。皆繼，謂其材木斷絶，相接繼也。子貢問：『北盇皆繼續，彼有説邪？匠過誤而遂絶之邪？』《家語》《三恕篇》作『北蓋皆斷』，王肅云：『觀北面之蓋，皆斷絶也。』」念孫案：「繼」與「輟」、「説」、「絶」韻不相協，「繼」當爲「𢇍」字之誤也。《説文》「𢇍，古文絶」，正與「輟」、「説」、「絶」爲韻。「𢇍」爲古文「絶」，而此文以「𢇍」、「絶」竝用者，古人之文不嫌於複。凡經傳中同一字而上下異形者不可枚舉，即用韻之文亦有之。《皋陶謨》曰「天聰明自我民聰明，天明畏自我民明威」，釋文：「畏，馬本作『威』。」《周官・鄉大夫》注引作「天明威自我民明威」，是「畏」即「威」也。《小雅・正月篇》云「燎之方揚，寧或滅之，赫赫宗周，褒姒威之」，釋文：「威，本或作滅。」昭元年《左傳》引作「褒姒滅之」，是「威」即「滅」也。《越語》云「死生因天地之刑，天地形之，聖人因而成之」，《管子・勢篇》作「死死生生，因天地之形」，是「刑」即「形」也，皆與此文之「𢇍」、「絶」竝用同例。今本「𢇍」作「繼」，則既失其韻，而又失其義矣。楊云「皆繼，謂材木斷絶，相接繼」，非也。接繼與斷絶正相反，下文云「匠過絶邪」，則此文之不作「繼」甚明。《家語》作「北蓋皆斷」，斷，亦絶也。

嘗有説

「大廟之堂，亦嘗有説」。念孫案：「嘗」讀爲「當」。「當」、「嘗」古字通。《孟子・萬章篇》「是時孔子當阨」，《説苑・至公篇》「當」作「嘗」。言大廟之堂所以北蓋皆斷絶者，亦當有説也。下文「蓋曰貴文也」，正申明「亦當有説」之意。楊訓「嘗」爲「曾」，失[一]之。

[一] 失，原作「夫」，據《國學基本叢書》本改。

因麗節文

「官致良工，因麗節文」。楊注曰：「因隨其木之美麗節文而裁制之，所以斷絶。」念孫案：「麗」，非美麗之謂，麗者，施也。見《廣雅》及《多方》《顧命》《吕刑》傳、《士喪禮》注。言因良材而施之以節文也。良材，見下文。《家語》作「匠致良材，盡其功巧」，正謂施之以節文也。

子道

則不幸

「故勞苦彫萃而能無失其敬，災禍患難而能無失其義，則不幸不順見惡而能無失其愛」。念孫案：「則」與「即」同，説見《釋詞》。

則何以爲　脱一句

「無此三者，則何以爲而無孝之名也」。念孫案：「以」字衍，《韓詩外傳》無「以」字，下文「何爲而無孝之名也」，亦無「以」字。又案：《外傳》此句下有「意者所友非仁人邪」一句，玩本書亦似當有此句，下文「雖有國士之力」四句，正承此句而言。又下文「入而行不脩，身之罪也」，承上「身不敬」三句而言；「出而名不章，友之過也」，則承此句而言，若無此句，則與下文不相應矣。

法行

遠反

「内人之疏而外人之親，不亦遠乎？身不善而怨人，不亦反乎」。念孫案：「遠」當爲「反」，「反」當爲「遠」。内人親而外人疏，今疏内而親外，是反也，故曰「不亦反乎」。身不善而怨人，是舍近而求遠也，故曰「不亦遠乎」。下文曰「失之己而反諸人，豈不亦迂哉」，「迂」即「遠」也，是其證。今本「反」與「遠」互誤，則非其旨矣，《韓詩外傳》正作「内疏而外親，不亦反乎？身不善而怨他人，不亦遠乎」。楊説皆失之。

栗而理

「温潤而澤，仁也；栗而理，知也」。宋吕本如是。宋錢佃本及元刻依《聘義》於「栗」上增「縝」

字，而盧本從之。引之曰：增「縝」字者，誤也。楊注但釋「栗」、「理」二字而不釋「縝」字，則正文之無「縝」字甚明。《説苑·雜言篇》説玉曰「望之温潤，近之栗理。望之温潤者，君子比德焉；近之栗理者，君子比智焉」，亦言「栗理」而不言「縝」。栗者，秩然有條理之謂，故有似於智。楊依《聘義》注，訓「栗」爲「堅貌」，亦非。説詳《經義述聞·聘義》。

瑕適竝見情也

念孫案：「適」讀爲「讁」。經傳通以「適」爲「讁」。「讁」亦「瑕」也。《老子》曰「善言無瑕讁」是也。《管子·水地篇》「瑕適皆見，精也」，「精」與「情」同，説見《管子》。尹知章曰：「瑕適，玉病也。」《吕氏春秋·舉難篇》：「寸之玉，必有瑕適。」《説苑》曰「玉有瑕，必見之於外，故君子比情焉」，此言「瑕適」，而《説苑》但言「瑕」，是「適」即「瑕」也。「情」之言誠也，玉不自掩其瑕適，故曰「情」。《春秋繁露·仁義法篇》云「自稱其惡謂之情」，義與此同。楊讀「適」爲「調適」之「適」，失之。

哀公

紳而搢笏　此賢乎

「然則夫章甫、絢屨、紳而搢笏者，此賢乎」。念孫案：《大戴記·哀公問五義篇》《家語·五儀篇》「紳」下有「帶」字，「賢」上有「皆」字，竝於義爲長。

勤行　止交

「勤行不知所務，止交不知所定」。盧云：「『止交』，《大戴禮》《韓詩外傳》皆作『止立』。」引之曰：作「止立」者是，「止交」二字文不成義，楊云「交，謂接待於物」，非也。「勤行」亦當依《大戴》作「動行」，皆字之誤也。「動行」與「止立」對文，《外傳》作「動作」。

五鑿爲正心從而壞

楊注曰：「鑿，竅也。五鑿，謂耳目鼻口及心之竅也。言五鑿雖似於正，而其心已從外物所誘而壞矣。一曰：五鑿，五情也。《莊子》曰『六鑿相攘』，司馬彪曰『六情相攘奪』。」盧云：「案《大戴禮》作『五鑿爲政』，此『正』字義當與『政』同，注似非。」念孫案：楊後説以「五鑿」爲「五情」，頗勝前説。

大辨乎天地

「是故其事大辨乎天地，明察乎日月」。念孫案：「辨」讀爲「徧」，言其事大則徧乎天地，明則察乎日月也，與上「辨乎萬物之情性」不同。楊以「辨」爲「辨別」，則與「大」字義不相屬矣。「徧」、「辨」古字通，説見《日知録》。

若天之嗣

「若天之嗣，其事不可識」。念孫案：「嗣」讀爲「司」，《鄭風·羔裘》傳曰：「司，主也。」言若天之主司萬化，其事不可得而知也。「司」、「嗣」古字通，《大戴記》正作「若天之司」。《高宗肜日》「王司敬民」，《史記·殷本紀》「司」作「嗣」。楊云「嗣，繼也」，失之。

焉不至

「君以此思哀，則哀將焉不至矣」。盧云：「正文『焉』下，元刻有『而』字，下四句竝同。宋龔本同。而，當訓爲能，若以爲衍，不應四句皆然。」又補校云：「攷《齊策》『管燕謂其左右曰：「子孰而與我赴諸侯乎？」』『而』，即『能』字，高誘注《吕氏春秋·去私》《士容》二篇皆訓『而』爲『能』，其注《淮南》亦然。《易·屯》釋文亦云：『鄭讀「而」爲「能」。』然則此『焉而』正當讀爲『焉能』，不可易矣。」念孫案：盧説是也。《文選·王文憲集序》注引此有「而」字，其引此無「而」字者，皆後人不知古訓而删之也。古書多以「而」爲「能」，詳見《淮南·人閒篇》。

東野子之善馭乎

盧云：「《家語·顔淵篇》作『子亦聞東野畢之善御乎』，此脱『子亦聞』三字。又『子之』當作『之子』。」念孫案：「東野子」亦當作「東野畢」，下文皆作「東野畢」，是其證。《韓詩外傳》作「善哉東野畢之御也」，《新序·雜事篇》同。

是舜無失民造父無失馬也

盧云：「《新序》《家語》『是』下皆有『以』字。」念孫案：《太平御覽·工藝部三》引此亦有「以」字，《韓詩外傳》同，當據補。

堯問

振寡人之過

「天使夫子振寡人之過也」。念孫案：振，救也。《説文》：「振，舉救也。」《月令》《哀公問》注、昭十四年《左傳》注、《周語》《魯語》《吴語》注、《吕氏春秋·季春篇》注、《淮南·時則篇》注竝云：「振，救也。」《史記·蒙恬傳》曰「過可振而諫可覺」，故曰「振寡人之過」。楊云「振，舉也」，於義未該。

寠小

「彼其好自用也，是所以寠小也」。楊注曰：「寠，無禮也。彼伯禽好自用而不諮詢，是乃無禮驕人而器局小也。」念孫案：楊分「寠」與「小」爲二義，非也。寠，亦小也。言其好自用也，是其器局之所以寠小也。《韓子·詭使篇》「惇愨純信，用心一者，則謂之寠」，言世人皆尚詐僞，故見惇愨純信，用心專一者，則謂之寠小也。《釋名》曰：「寠數，猶局縮，皆小意也。」《漢書·東方朔傳》「迺覆樹上寄生，令朔射之。朔曰：『是寠數也。』」師古曰：「寠數，戴器也。以盆盛物，戴於頭者，則以寠數薦之。寄生者，芝菌之類，淋潦之日，著樹而生，形有周圜象寠數者。故朔云『著樹爲寄生，盆下爲寠數』。」

案物在盆下謂之「窶數」，亦局縮之意也。蔡邕《短人賦》「劣厥僂窶」，亦是短小之意。《詩傳》以「窶」爲「無禮」，謂貧者不能備禮，非謂「無禮驕人」也。

不聞即物少至

楊注曰：「物，事也。不見士則無所聞，無所聞則所知之事亦少。『聞』或爲『問』。」念孫案：「聞」，即「問」字也。說見《經義述聞·旅·象傳》及《王風》。言不問則所知之事少也。「問」字正承上文「見士問曰」而言。

不息

「多其功而不息」。劉云：「『不息』，《韓詩外傳》《春秋繁露·山川頌》《說苑·臣術篇》竝作『不言』。」引之曰：「言」與「息」形聲皆不相近，若本是「言」字，無緣誤爲「息」。「息」當爲「悳」。「悳」，古「德」字。《繫辭傳》曰「有功而不德」是也。《韓詩外傳》《春秋繁露》《說苑》作「不言」，意與「不德」同。俗書「悳」字作「悳」，形與「息」相似而誤。《大戴禮·公冠篇》「靡不蒙悳」，今本誤作「靡不息」，是其證也。《家語·困誓篇》作「多其功而不意」，王肅曰：「功雖多而無所意也。」兩「意」字亦「悳」字之誤。《家語》本於《荀子》，則《荀子》之本作「悳」明矣。《太平御覽・地部二》正引作「多其功而不德」。

荀子補遺

余昔校《荀子》，據盧學士校本而加案語，盧學士校本則據宋呂夏卿本而加案語。去年，陳碩甫文學以手録宋錢佃校本異同郵寄來都，余據以與盧本相校，已載入《荀子雜志》中矣。今年顧澗蘋文學又以手録呂、錢二本異同見示，余乃知呂本有刻本、影鈔本之不同，錢本亦有二本。不但錢與呂字句多有不同，即同是呂本、同是錢本而亦不能盡同，擇善而從，誠不可以已也。時《荀子雜志》已付梓，不及追改，乃因顧文學所録而前此未見者，爲《補遺》一編，竝以顧文學所考訂及余近日所校諸條載於其中，以質於好古之士云。道光十年五月二十九日高郵王念孫敘，時年八十有七。

勸學篇

「以錐飡壺也」。宋呂本「飡」作「湌」，與錢本同。

修身篇

「保利非義謂之至賊」。盧云：「『非』，元刻作『弃』。」念孫案：盧本作「非」者，爲影鈔宋本所誤也，刻本正作「弃」，「弃」與「保」義正相反，作「非」者，字之誤耳。吕、錢本、元刻及世德堂本皆作「弃」。

「其遠思也早」。吕本作「遠害」，與錢本同。

榮辱篇

「橋泄者，人之殃也」。吕本「橋」作「憍」，與錢本、元刻同。

「鯈鉌者，浮陽之魚也，胠於沙而思水，則無逮矣」。楊注曰：「胠，與『祛』同。《方言》云：『祛，去也。』『去於沙』，謂失水去在沙上也。」引之曰：魚在沙上不得謂之「去於沙」，楊説非也。案「胠」當爲「俗」，字從人，㕡聲。㕡，其虐反，與「風俗」之「俗」從「谷」者不同。《玉篇》「俗，渠戟切，倦也」，《集韻》「⿰亻⿰谷几」，《方言》『⿰亻劵也』，「⿰亻劵」與「倦」同。或作『⿰亻卻』、『俗』」，漢司馬相如《子虛賦》「傲谻〔一〕受詘」，郭璞曰：「谻，疲極也。」《上林賦》「與其窮極倦谻」，郭曰：「窮極倦谻，疲憊者也。」《説文》：「𠫓，傲𠫓受屈也。」「谻」、「谻」、「𠫓」竝與「㕁」同，「窮」、「極」、「倦」、「谻」其義一也。《廣雅》曰：「困、疲、羸、券、鄭注《考工記·輈人》曰：「券，今倦字也。」𠫓、窮、備，與「憊」同。《遯·象傳》「有疾憊也」，鄭注：「憊，困也。」極也。」趙注《孟子·離婁篇》曰：「極，困也。」《呂刑》曰：「人極于病。」困、疲、羸、倦、𠫓、窮、憊、極，其義一也。然則「㕁」者，窮困之謂，言魚困於沙而思水，則無及也。隸書「亻」旁或從篆作「刀」，見《隸辨》。與「月」相似，「谷」或作「去」，漢《冀州刺史王純碑》「卻掃閉門」，「卻」字作「却」，今俗書「卻」、「腳」二字亦作「却」「脚」。與「去」相似，故「㕁」字譌而爲「胠」。

非相篇

「以其治亂者異道」。吕本「以其」作「其以」，與錢本同。前謂吕本作「以其」，因盧本而誤。「故君子之於言也，志好之，行安之，樂言之，故君子必辯」。引之曰：「故君子之於言也」，

〔一〕谻，原作「谻」，下同。按「谻」音側侁切，與音渠戟切之「㕁」無關。此「谻」本當作「谻」，《説文·丮部》「谻，相踦之也。從丮，谷聲」，《集韻·入聲二十陌》「訖逆切」下「足相踦」之「谻」與「竭戟切」下「倦也」之「谻」字皆當作「谻」。今從《説文》訂正。又疑《集韻》之「⿰亻谻」字亦當作「谻」。

「言」當爲「善」，「善」字本作「譱」，脱其半而爲「言」，又涉上下文「言」字而誤也。「志好之，行安之，樂言之」三「之」字皆指「善」而言，下文云「凡人莫不好言其所善，而君子爲甚」，此句凡兩見。是其明證矣。下文又云「故君子之行仁也無厭，志好之，行安之，樂言之，故君子必辯」，今本「故」下衍「言」字，辯見前。「仁」即所謂「善」也。今本「善」作「言」，則下文三「之」字皆義不可通。

非十二子篇

「縱情性，安恣睢，禽獸之行」。吕、錢本皆無「之」字。念孫案：吕、錢本是也。據楊注云「與禽獸無異」，故曰「禽獸行」，則無「之」字明矣。《性惡篇》云「禽獸行，虎狼貪」，《司馬法》云「外内亂，禽獸行」，句法竝與此同。

仲尼篇

「其事行也若是其險汙淫汏也，固曷足稱乎大君子之門哉」。吕本「淫汏也」下有「如彼」二字，與錢本同。

儒效篇

「先王之道，仁人隆也，比中而行之」。吕本「仁人隆也」作「仁之隆也」。念孫案：吕本是也。此言先王之道，乃仁道之至隆者也。所以然者，以其比中而行之也。比，從也，毗至反，説見前。楊云「仁人之所崇高也」，失之。錢本以下作「仁人隆也」，即涉注「仁人」而誤。

「道者，非天之道，非地之道，人之所道也」。盧云：「宋本作『人之所以道也』，下又有『君子之所道也』句，今從元刻删正。」念孫案：盧説非也。「人之所以道」者，道行也，謂人之所以行也。「君子之所道」者，道爲人之所以行，而人皆莫能行之，唯君子爲能行之也。二句本不同義，後人以爲重複而删之，謬矣。下文「君子之所謂賢者」八句正承此「君子」而言，則此句之非衍文甚明。吕、錢本、世德堂本皆作「人之所以道也，君子之所道也」，今據以補正。

「如是則貴名起之如日月，天下應之如雷霆」。盧云：「『起之』，宋本無『之』字。」念孫案：宋本是也。「貴名起如日月」，言貴名之顯著也。《王霸篇》：「如是，則夫名聲之部發於天地之閒也，豈不如日月雷霆云乎哉？」」「起」下不當有「之」字，元刻及世德堂本有「之」字，乃涉下句「天下應之」而衍，吕、錢本皆無「之」字。

「盡善挾洽之謂神」。吕、錢本「洽」竝作「治」。念孫案：吕、錢本是也。「挾」與「浹」同，全體皆善，故曰「盡善」；全體皆治，故曰「浹治」。楊注：「『挾』讀爲『浹』，浹，周治也。」正文「挾治」二字，元刻及世德堂本竝作「挾洽」，「洽」字乃涉注文「周洽」而誤，盧從元刻，非也。「挾治」與「盡善」對文，若作「挾洽」，則與「盡善」不對矣。

「萬物莫足以傾之之謂固」。引之曰：此上當有「曷謂固？曰」四字。「萬物莫足以傾之之謂固」與「曷謂固」上下正相呼應。「曷謂固」與上文之「曷謂一」、「曷謂神」皆文同一例。「曷謂神」、「曷謂固」承上「執神而固」言之，下文「神固之謂聖人」又承上「曷謂神」、「曷謂固」言之。今本脱去「曷謂固曰」四字，則與上下文不相應矣。

「其愚陋溝瞀而冀人之以己爲知也」。吕本「其」作「甚」，與余説合。

王制篇

「析愿禁悍而刑罰不過」。念孫案：「析」當爲「折」，「折」之言「制」也。《吕刑》「制以刑」，《墨子·尚同篇》引作「折則刑」。《論語·顔淵篇》「片言可以折獄者」，鄭注：「魯讀『折』爲『制』。」「愿」讀爲「傆」，《説文》：「傆，音與「愿」同。黠也。」言制桀黠之民，使畏刑也，作「愿」者，借字耳。余前説改「愿」爲「暴」，未確。《韓詩外傳》作「折暴」，恐是以意改，未可援以爲據。下文之「誅暴禁悍」，《富國篇》之「禁暴勝悍」，文各不同，皆未可據彼以改此。又下文「抃急禁悍，防淫除邪」，「抃」亦當爲「折」，「急」即「愿」之譌。前改「急」爲「暴」，亦未確。「急」與「暴」形聲皆不相似，若本是「暴」字，無緣譌而爲「急」。

「東海則有紫紶魚鹽焉，然而中國得而衣食之」。楊注曰：「紫，紫貝也。紶，未詳，字書亦無『紶』字，當爲『蜐』，居業反。郭璞《江賦》曰『石蜐應節而揚葩』，注云：『石蜐，龜形，春則生花。』蓋亦蚌蛤之屬，古以龜貝爲貨，故曰『衣食之』。」引之曰：案：下文云「中國得而衣食之」，則「紫紶」爲可衣之物，「魚鹽」爲可食之物，較然甚明。「紫」與「茈」通，《管子·輕重丁篇》「昔萊人善染，練茈之於萊純錙，緺綬之於萊亦純錙也，其周，中十金」，是東海有「紫」之證。「紶」，當爲「綌」，右旁「谷」字與「去」相似。「綌」之譌「紶」，猶「郤」之譌「却」也，説見《補遺・榮辱篇》。葛精曰絺，麤曰綌。《周南・葛覃》傳《禹貢》「青州，厥貢鹽絺，海物惟錯」，有「絺」則有「綌」矣。《管子・輕重丁篇》「東方之萌，帶山負海，漁獵之萌也，治葛縷而爲食」。言以葛爲絺綌也。是「東海有綌」之證。「紫」與「綌」皆可以爲衣，故曰「中國得而衣之」。楊注大誤。

「天地者，生之始也；禮義者，治之始也；君子者，禮義之始也。爲之貫之，積重之、致好之者，君子之始也」。引之曰：「君子之始也」，「之始」二字，蓋涉上三「之始」而衍，此言禮義爲治之始，而爲之貫之，積重之、致好之者，則君子也。故君子又爲禮義之始，下文「無君子則天地不理，禮義無統」仍是此意。此承上文「君子爲禮義之始」而申言之，則「君子」下不當更有「之始」二字。楊云「君子以積學爲本」，則所見本已衍此二字。

「故喪祭、朝聘、師旅一也」。引之曰：「師旅」二字，後人以意加之也。此言祭祀賓客喪紀之事，而師旅不與焉。故楊注但言「喪祭、朝聘」而不言「師旅」，則本無「師旅」二字明矣。

「使百吏免盡而衆庶不偷」。念孫案：「免盡」當爲「盡免」，「免」與「勉」同。盡勉，皆勉也。

「勉」與「偷」對文，《君道篇》曰「賞免罰偷」。今本「免」譌作「克」，辯見《君道》。

「就能有與是鬭者與」。吕本「就」作「孰」，與引之説合。

富國篇

「而或以無禮而用之」。吕本「而」作「節」，與錢本、元刻同。

「掩地表畝」。引之曰：「掩地」二字義不可通，「掩」疑「撩」之譌。《説文》：「撩，理也。」《廣雅》同。《一切經音義》十四「撩，力條反。《通俗文》云『理亂謂之撩理』，今多作『料量』之『料』字也。」以上《一切經音義》。「撩地表畝」，謂「理其地，表其畝」也。「撩」字俗書作「撩」，與「掩」相似而誤。楊云「掩地，謂耕田，使土相掩」，迂回而難通矣。

王霸篇

「譬之猶衡之於輕重也，猶繩墨之於曲直也，猶規矩之於方圓也，正錯之，而人莫之能誣也」。盧云：「『正』，各本作『故』，今從宋本。」念孫案：「正錯之」，吕、錢本皆作「既錯之」，是也。衡既縣，則不可誣以輕重；繩墨既陳，則不可誣以曲直；規矩既設，則不可誣以方圓，故曰「既錯之而人莫之能誣也」，盧謂宋本作「正」者爲影鈔本所誤。影鈔本作「正」者涉上文兩「正」字而誤。

「欲調壹天下，制秦、楚，則莫若聰明君子矣」。吕、錢本「欲」下皆有「得」字，是也。上文兩言「欲得」，則此亦當然。元刻以下脱「得」字。

「兩者竝行而國在，上偏而國安在，下偏而國危」。念孫案：「國在」，謂國存也，「在」字不屬下讀，「下偏」與「上偏」相對，「下偏」上不當有「在」字。據楊注云「上偏，偏行上事也，謂治法多、亂法少，賢士多、罷士少之類，下偏反是」，則所見本作「下偏而國危」明甚。後人誤以「在上」二字連讀，又於「下偏」上增「在」字，而不知與正文注文皆不合也。余前説謂「兩者竝行」下衍「而國」二字，失之。

「故其治法」。吕本作「故其法治」，與錢本同。前謂吕本作「其治法」，因盧本而誤。

「是人君者之樞機者也」。吕、錢本「也」上皆無「者」字，與余説合。

「大國之主也，不隆本行，不敬舊法，而好詐故，若是則夫朝廷羣臣亦從而成俗，不隆禮義而好傾覆也」。吕、錢本「成俗」下皆有「於」字。念孫案：吕、錢本是也。「亦從而成俗於不隆禮義而好傾覆也」十五字爲一句，下文云則「夫衆庶百姓亦從而成俗於不隆禮義而好貪利矣」句法正與此同，元刻以下脱「於」字，則失其句矣。

君道篇

「王猷允塞」。吕本「猷」作「猶」，與錢本同。前謂吕本作「猷」，因盧本而誤。見《議兵篇》。

「君者槃也」。吕本此下有「民者水也」句，與錢本同。

「其不可以不知也，如是其危也」。吕、錢本「其」下皆有「中」字。念孫案：吕、錢本是也。「其中」，謂廣與狹之中也。耳目之所及甚狹，其所不及者甚廣，其中之事或弛易齵差而人主不知，則必有拘脅蔽塞之患，竝見上文。故曰「其中不可以不知，若是其危也」，元刻始脱

「中」字。

議兵篇

「君臣上下之間滑然有離德者也」，楊注曰：「滑，亂也，音『骨』。」引之曰：「滑然」非離德之謂，「滑」當爲「渙」。《説卦》曰「渙者，離也」，《雜卦》曰：「渙，離也。」下文「事大敵堅則渙然離耳」，是「渙」爲離貌，故曰「渙然有離德」。俗書「渙」字作「涣」，「滑」字作「滑」，二形略相似，故「渙」譌爲「滑」。《新序・雜事篇》正作「渙然有離德」，《韓詩外傳》作「奐然有離德」，「奐」乃「奐」之譌。「渙」、「奐」古字通，《文選・琴賦》注引《蒼頡篇》云：「奐，散也。」

「拱挹指麾」，吕本「挹」作「揖」。前謂諸本皆作「挹」，盧改爲「揖」，誤也。

正論篇

「故凡言議期命，是非以聖王爲師」。引之曰：「是非」當作「莫非」。正文云「莫非以聖王爲師」，故楊注云「皆以聖王爲師」，「皆」字正釋「莫非」二字。凡本書中言「莫非」、「莫不」者，注悉以「皆」字釋之。今本「莫非」作「是非」，則義不可通，蓋涉上文兩「是非」字而誤。

「百姓以爲成俗」。呂本無「爲」字，與余説合。

「子宋子曰『人之情，欲寡』，「人之情」三字連讀，「欲寡」二字連讀，非以「情欲」連讀。而皆以己之情欲爲多」。念孫案：「以己之情欲爲多」，呂本作「以己之情爲欲多」，是也。錢校亦云：「監本作『情爲欲多』。」「己之情」三字連讀，「欲多」二字連讀。謂人皆以己之情爲欲多不欲寡也。自錢本始誤作「以己之情欲爲多」，則似以「情欲」二字連讀矣。互見下條。《天論篇》注引此正作「以己之情爲欲多」。

「將使人知情欲之寡也」。楊注曰：「『情欲之寡』，或爲『情之欲寡』。」念孫案：或本是也。此謂宋子將使人知情之欲寡不欲多也。下文云「古之人以人之情爲欲多而不欲寡」，「今子宋子以人之情爲欲寡而不欲多也」，下「人之情」，各本作「是之情」。案：「人之情」三字，上文凡七見，今據改。是其證。楊本作「情欲之寡」，非。

禮論篇

「不法禮，不足禮，謂之無方之民；法禮，足禮，謂之有方之士」。念孫案：「足」當爲「是」。《爾雅》曰「是，則也」，「則」亦「法」也。《非十二子篇》曰「不法先王，不是禮義」，《脩身篇》曰：「不是師法，而好自用。」猶此言「不法禮，不是禮」也，「是」與「足」字相似而誤。楊説及余前説解「足」字皆未確。

「君子以倍叛之心接臧穀，猶且羞之，而況以事其所隆親乎」。楊注曰：「所隆親，所厚之親也。」引之曰：隆，尊也。見《經解》注。「隆」、「親」二字平列，「所隆」，謂君也；「所親」，謂父母也。下文曰「臣之所以致重其君，子之所以致重其親」，是其證。楊注非。

「故天子棺椁十重，諸侯五重，大夫三重，士再重」。楊注曰：「十重，蓋以棺椁與杭木合爲十重也。」引之曰：「十」，疑當作「七」。凡經傳中「七」、「十」二字多互譌，不可枚舉。禮自上以下，降殺以兩，天子七重，故諸侯減而爲五，大夫減而爲三也。楊注非。

「各反其平」。引之曰：「平」字不誤，下文曰「久而平」，楊注「久則哀殺如平常也」是其證。前謂「平」當爲「本」，失之。

「説褻衣」。錢本「説」作「設」，與盧説合。

「三月之殯」。楊注曰：「此殯，謂葬也。」引之曰：死三日而殯，三月而葬，則殯非葬也。三月之殯，謂既殯之後，未葬之前，約有三月之久也。上文曰「殯久不過七十日，速不損五十日」，楊彼注云「此皆據《士喪禮》首尾三月者也」，是其義矣。下文曰「將舉錯之，遷徙之，離宫室而歸丘陵也」，乃言葬事耳。

「先王恐其不文也，是以繇其期，句足之日也」。引之曰：「繇」讀爲「遥」。凡從「䍃」之字，多竝見於《蕭》《尤》二韻，故「傜役」之「傜」，《漢書》多作「繇」；「歌謡」之「謡」，《漢書·李尋傳》作「繇」。首飾之「步搖」，《周官·追師》注作「繇」。「遥其期」，謂遠其葬期也。「足之日」謂「足其日數」也。楊云：「繇其期足之日，然後葬也。繇，讀爲『由』，從也。」則誤讀「繇」爲「由」，且誤以「期足之日」連讀矣。

「故天子七月，諸侯五月，大夫三月，皆使其須足以容事，事足以容成，成足以容文，文足以容備」。引之曰：須者，遲也。《論語》樊須，字遲。謂遲其期，使足以容事也。楊云「須，待也，謂所待之期也」，則失之迂矣。

解蔽篇

「知賢之謂明，輔賢之謂彊。勉之彊之，其福必長」。盧云：「『輔賢之謂彊』，宋本『彊』作『能』。案：『彊』字與上下韻叶。」念孫案：盧説非也。「知賢之謂明」，承上文「仁知且不蔽」而言，「輔賢之謂能」，承上文「能持管仲」「能持周公」而言，「勉之彊之，其福必長」，承上文「名利福禄與管仲齊」「與周公齊」而言。此四句本不用韻，元刻「能」作「彊」，乃涉下「勉之彊之」而誤。吕、錢本竝作「能」。

「賈精於市，而不可以爲賈師」。吕、錢本「賈師」皆作「市師」，與余説合。前謂吕本作「賈師」，因盧本而誤。

「處一危之，其榮滿側；養一之微，榮矣而未知」。念孫案：《成相篇》云「思乃精，志之榮，好而壹之神以成」，《賦篇》云「血氣之精也，志意之榮也」，四「榮」字竝同義。

正名篇

「形體色理以目異」。引之曰：色理，膚理也。《榮辱》《性惡》二篇竝云「骨體膚理」，彼言「骨體膚理」，此言「形體色理」，「形體」猶「骨體」也，「色理」猶「膚理」也。楊云「色，五色也」，失之。

「驗之所以爲有名而觀其孰行，則能禁之矣」。楊注曰：「驗其所爲有名，本由不喻之患，困廢之禍。」見上文。下文「驗之所緣無以同異而觀其孰調，則能禁之矣」注曰：「驗其所緣同異，本由物一實，今本「實」譌作「貫」，據上文改。則不可分別。」引之曰：「驗之所」下「以」字、「驗之所緣」下「無」字皆後人所增，據注云「驗其所爲有名」、「驗其所緣同異」，則上無「以」字、下無「無」字明甚。上文云「所爲有名，「爲」即「以」也，説見《釋詞》。與所緣以同異，不可不察也」，故此承上文而言之。又案：孰者，何也。説見《釋詞》。「觀其孰行」者，觀其何所行也。「觀其孰調」者，觀其何所調也。楊讀「孰」爲「熟」，而訓爲「精熟」，則義不可通。

性惡篇

「夫感而不能然，必且待事而後然者，謂之生於僞」。音「爲」。引之曰：「謂之僞」三字中不當有「生於」二字，此涉上「生於」而衍也。上文曰「可學而能，可事而成之在人者，謂之僞」，《正名篇》曰「慮積焉，能習焉，而後成謂之僞」，皆其證。

「故性善，則去聖王，息禮義矣；性惡，則興聖王，貴禮義矣」。吕、錢本「興」皆作「與」。念孫案：《齊語》「桓公知天下諸侯多與己也」，韋注曰：「與，從也。」「與聖王」，從聖王也。「與」與「去」正相反，則作「與」者是，盧從元刻作「興」非。

「然則聖人之於禮義積僞也，亦陶埏而生之也」。吕、錢本「亦」下皆有「猶」字。念孫案：上文云「夫聖人之於禮義也，辟亦陶埏而生之也」，則此句内當有「猶」字，故楊注亦云「聖人化性於禮義，猶陶人埏埴而生瓦」。

「折速、粹孰而不急」。吕、錢本「折速」皆作「析速」。念孫案：楊注云「析，謂析辭，今本注文亦譌作「折」，案：「析辭」見《解蔽》《正名》二篇。若『堅白』之論者也」，則本作「析」明矣。盧從元刻作「折」，非。

君子篇

「治世曉然皆知夫爲姦，則雖隱竄逃亡之，由不足以免也」。盧云：「『治世』，元刻無『治』字。」念孫案：無「治」字者是也。「世曉然」猶上文言「天下曉然」，則「世」上不當有「治」字。自「聖王在上」以下至此，皆治世之事，則無庸更言「治世」，「治」字即上「流」字之誤而衍者。宋錢佃校本亦云「諸本無『治』字」。

賦篇

「大盈乎大寓」。吕、錢本作「盈大乎寓宙」，蓋本作「充盈乎大寓」，後脱「充」字。「乎大」又譌作「大乎」，後人又因注内兩言「宇宙」，而增「宙」字。案：「盈大」文不成義。「寓」與上文下「鉅」「矩」「禹」爲韻，「寓」下不得有「宙」字。楊注釋「宇」字而不釋「宙」字，則本無「宙」字明甚。前謂吕本作「大盈乎大寓」，誤也；謂當作「充盈乎大寓」，則不誤。

大略篇

「君人者，不可以不慎取臣；匹夫者，不可以不慎取友」。念孫案：「匹夫」下不當有「者」字，此涉上「君人者」而衍，吕、錢本「匹夫」下皆無「者」字。

「無三王之治，天下不待亡，國不待死」。吕、錢本「治」皆作「法」，是也。此承上「三王既已定法度」而言。

荀子佚文

桃李蒨粲於一時，時至而後殺；至於松柏，經隆冬而不凋，蒙霜雪而不變，可謂得其真矣。

右三十四字，見《文選·左思〈招隱詩〉》注，又分見於《蜀都賦》注、《上林賦》注、《歐陽堅〈臨終詩〉》注、《藝文類聚·果部上》《木部上》、《太平御覽·木部三》。

有人道我善者，是吾賊也；道我惡者，是吾師也。

右十八字見《文選·曹植〈與楊德祖書〉》注。

天下無二道，聖人無兩心，神人無功，聖人無名。聖人者，天下利器也。

右二十六字見《太平御覽·人事部四十二》，又分見於《藝文類聚·人部四》《初學記·人事部上》。案「天下無二道」二句見今本《解蔽篇》。《御覽》此下有「神人無功」四句，《類聚》亦有「神人無功」二句。《初學記》亦有「聖人者」二句，而今本皆無之。且細繹下文文義，亦不當有此四句，則《御覽》諸書所引當别是一篇，非《解蔽篇》文也。

何世之無才？何才之無施？良匠提斤斧造山林，梁棟阿衡之才，櫨柱楣椽之朴，森然陳於目前，大夏之器具矣。

右四十二字見《太平御覽·器物部九》，又分見於《文選·左思〈詠史詩〉》注。

元和顧氏澗蘋校本

修身篇

「事亂君而通，不如事窮君而順焉」。千里按：「窮」、「順」二字疑當互錯，「順君」、「亂君」對文也，「而通」、「而窮」亦對文也。《荀子》每以「通」與「窮」爲對文，如本篇上文及《不苟篇》《榮辱篇》《儒效篇》皆有之，可以相證。楊注已互錯，望文説之，非也。

不苟篇

「欲惡取舍之權：見其可欲也，則必前後慮其可惡也者；見其可利也，則必前後慮其可害也者；而兼權之，孰計之，然後定其欲惡取舍」。千里按：「欲惡取舍之權」，疑當作「欲惡利害，句取舍之權句」，脱「利害」二字。「然後定其欲惡取舍」，疑當作「然後定其取舍」，衍「欲惡」二字。《榮辱篇》「其定取舍楛僈」，上下文皆即此義明甚，楊注已脱衍，非也。

仲尼篇

「故道豈不行矣哉？文王載百里地而天下一，桀紂舍之，厚於有天下之勢，而不得以匹夫老」。千里按：「載」下疑當有「之」字，「載之」、「舍之」對文，二「之」字皆指道也。《富國篇》「以國載之」是其證矣。楊注「載」下已脱「之」字，非也。

儒效篇

「是何也？則貴名白而天下治也」。千里按：「治」疑當作「願」，《榮辱篇》「身死而名彌白，小人莫不延頸舉踵而願」，楊注：「願，猶慕也。」《王制篇》「若是，名聲白舊本誤「日」，下衍「聞」，見《雜志》弟三。天下願」，楊注：「願，謂人人皆願。」《致士篇》「而貴名白，天下願」，楊注：「天下皆願從之也。」此「願」同《榮辱篇》之「願」，此「天下願」同《王制篇》《致士篇》之「天下願」明甚，楊此篇無注，蓋已誤爲「治」，其實非也。

富國篇

「十年之後」。千里按：「後」下疑脱「七年之後」四字，承上「故禹十年水，湯七年旱」言之。

楊無注，宋本與今本同，蓋皆誤。

又「伐其本，竭其源，而并之其末」。千里按：「末」下疑脱「缺之其流」四字，承上「知本末源流之謂也」言之。楊無注，宋本與今本同，蓋皆誤。

王霸篇

「内不脩正其所以有」。千里按：「内」字疑不當有，涉上「内則不憚詐其民」而衍也。下文「不好脩舊本誤「循」，見《雜志》第四。正其所以有」，無「内」字是其證矣。又按「不」下疑亦同下文，當有「好」字，蓋上衍下脱。

又「國危則無樂君，國安則無憂民」。千里按：「民」疑當作「君」，此文「憂」與「樂」皆言君，不言民也，楊無注，宋本與今本同，蓋皆誤。

又「此夫過舉蹞步，而覺跌千里者夫」，楊注：「覺，知也。半步曰蹞。跌，差也。言此歧路，弟過舉半步，則知差而哭。況跌千里者乎？」千里按：「覺」疑當讀爲「較」，音「校」。《孟子音義・離婁下》《告子上》《盡心下》「覺」音「校」凡三見，盧學士《鍾山札記》云云，在本書「覺有校義」一條。《文選・西京賦》注引《鄧析子》「賢愚之相覺，若九地之下與重天之顛」，亦「覺」義之一證。則言此衢涂過舉弟半步，而其較之乃差千里明甚。楊讀「覺」如字，以「覺知」爲義，非也。

又下文「君人者，千歲而不覺也」，楊注：「歎君人者，千歲而不知求誠能之士。」千里按：「覺」讀爲「較」，「不覺」言「不較」，「榮」、「安」、「存」三者與「辱」、「危」、「亡」三者之衢也。楊注以「不知」爲義，亦非也。

君道篇

「貴名果明」。千里按：「明」，疑當作「白」，《荀子》屢言「貴名白」，上文「欲白貴名」，下文亦作「白」，不作「明」，又屢言「白」，皆其證也。《儒效篇》「一朝而白」，楊注「白」誤「伯」，見《雜志》弟二。此篇楊注亡，宋本與今本同，蓋皆誤。《韓詩外傳》四有此句，正作「貴名果白」亦其一證。

致士篇

「能以禮挾」。千里按：「禮」下疑當有「義」字。承上「禮義備而君子歸之，故禮及身而行修，義及國而政明」言之，楊注已無「義」字，非也。《韓詩外傳》五有此句，作「能以禮扶身」，疑「扶身」二字亦「義挾」二字之誤。

議兵篇

「使天下之民所以要利於上者」。千里按：「天」字疑不當有。此以「下之民」與「要利於上」相對爲文，謂「秦民」非謂「天下之民」明甚。宋本與今本同，蓋皆誤。

彊國篇

「荀卿子説齊相曰」。千里按：盧學士校語云：「此七字元本無，從宋本補，宋錢佃本卷末云：『監本有七字。』」宋吕夏卿本有。疑楊注所見與監本不同，或不止少七字，亦王伯厚所説「監本未必是」之類也。

正論篇

「荒服者終王」。千里按：「終」字疑不當有，觀上文四句，祭祀享貢，不言日月時歲，知此句「王」不言「終」明甚，涉下「終王之屬也」及楊注而衍。

禮論篇

「萬物變而不亂」。千里按：「物」字、「而」字疑不當有，《大戴禮·禮三本篇》無此二字，可以爲證。

樂論篇

「君子明樂，乃其德也」。千里按：「德」字疑當作「人」，與上下韻，此篇楊注亡。宋本與今本同，蓋皆誤。

解蔽篇

「罣罣廣廣。」千里按：「廣廣」疑當有誤，與上文「恢恢廣廣」重出。二字以楊注「罣」讀爲

「皞」例之，則此句「廣」讀爲「曠」也。又下文「孰知其形」，千里按：「形」字不入韻，疑當作「則」。

正名篇

「易使則公」。千里按：「公」，疑當作「功」。《荀子》屢言「功」，可以爲證。下文「則其迹長矣，迹長、功成，治之極也」承此「功」言之，不作「公」明甚。宋本與今本同，蓋皆誤。

又「志輕理而不重物者，無之有也」。千里按：「不」下疑當有「外」字，下文「外重物而不內憂者，無之有也；行離理而不外危者，無之有也；外危而不內恐者，無之有也」一氣承接，「外重物」與「外危」二句爲同例也。

性惡篇

「不可學、不可事而在人者，謂之性」。千里按：「而」，疑當作「之」。「人」疑當作「天」。與下文「可學而能，可事而成之在人者，謂之僞」爲對文也。上文「凡性者，天之就也，不可學、不可事」亦其明證。

成相篇

「慎聖人」。千里按：「人」字疑當有誤，不入韻。本篇「人」字下文兩見，一「平」、「傾」、「人」、「天」韻，一「精」、「榮」、「成」、「人」韻，此上韻「基」，下韻「治」、「災」，互爲歧異，非原文耳。

又「宗其賢良，辨其殃孽」。千里按：此句以前後例之，應十一字，今存八字，疑尚少三字，無可補也。下文「道古賢聖基必張」亦應十一字，今存七字，尚少四字，見《讀書雜志》弟八。又下文「託於成相以喻意」。千里按：此句例之，應十一字，亦疑尚少四字，無可補也。本篇之例，兩三字句，一七字句，一十一字句爲一章。每章凡四句，每句有韻，其十一字句，或上八下三、或上四下七，各見本篇：上八下三者，如「愚以重愚闇以重闇，成爲桀」之屬是也；上四下七者如「主誠聽之，天下爲一海内賓」之屬是也。唯「下以教悔子弟，上以事祖考」，又「孰楊注：「孰，或爲郭。」公長父之難，厲王流于彘」兩處則上六下五，雖變例，正可推知其十一字句矣。盧學士校語定上四下七爲兩句，言五句爲一章，以前後例之，不合。

又「五聽脩領」，楊注：「五聽，折獄之五聽也。」千里按：「五聽」，疑即上文「君論有五約以明」

也。第一章「臣下職」云云，第二章「守其職」云云，第三章「君法明」云云，第四章「君法儀」云云，第五章「形稱陳」云云，下文接以「五聽脩領」，謂「五章」爲「五聽」明甚。下文又接以「聽之經」，謂「聽」爲「五聽」亦明甚。本屬一氣相承，而楊注别以「折獄之五聽」解之，非也。又於後注「耳目既顯，吏敬法令莫敢恣」始云「此已上論君有五之事也」，亦非也。

大略篇

「和樂之聲，步中《武》《象》，趨中《韶》《護》」，楊注：「或曰：此『和樂』謂在車和鸞之聲，步驟之節也。」千里按：疑或説是也。《正論篇》《禮論篇》「樂」皆作「鸞」可以爲證。

法行篇

「公輸不能加於繩」，楊注：「繩墨之外，亦不能加也。」千里按：正文「繩」字下，據注疑亦當有「墨」字，宋本同，今本蓋皆誤。

又孔子曰「君子有三恕」。千里按：盧學士刻本無「孔子曰」三字，與世德堂刻本合，與宋本不合，疑非也。

讀淮南内篇雜志

徐煒君　點校

淮南內篇弟一

原道

旋縣　縣矣

「旋縣而不可究，纖微而不可勤」。高注曰：「縣，猶小也。勤，猶盡也。」念孫案：諸書無訓「縣」爲「小」者，「縣」當爲「緜」，字之誤也。隸書「縣」字或作「縣」，「緜」字或作「緜」，二形相似，故「緜」誤爲「縣」。漢《緜竹令王君神道》「緜」字作「緜」，是其證也。《荀子·彊國篇》「令巨楚緜吾前」，《史記·孝文紀》「歷日緜長」，今本「緜」字竝誤作「縣」。《逸周書·和寤篇》曰：「緜緜不絶，蔓蔓若何。」《說文》：「緜，聯微也。」《廣雅》：「緜，小也。」故高注亦訓爲「小」。「旋」亦「小」也。《方言》「膔，短也」，郭璞曰：「便旋，庳小貌。」「膔」與「旋」同。此言道至微眇，宜若易窮，而實則廣大不可究也。此言「旋緜」，下言「纖微」，其義一也。又《主術篇》「鞅軩鐵鎧，瞋目扼掔，古「腕」字。其於以御兵刃縣矣。券契束帛，刑罰斧鉞，其於以解難薄矣」，高注曰：「縣，遠也。比於德不及之遠。」案：「縣」亦當爲「緜」。緜，薄也。此言「緜」，下言「薄」，其義一也。《漢書・嚴助傳》「越人緜力薄材」，孟康曰：「緜，薄也。」言德之所禦，折衝千里，若鞅鞈鐵鎧，瞋目扼掔，其於以禦兵刃，則薄矣。高訓「縣」爲「遠」，而曰「比於德不及之遠」，殆失之迂。

乘雲車入雲蜺

「昔者，馮夷、大丙之御也，乘雲車，入雲蜺」。高注曰：「以雲蜺爲其馬也。」念孫案：「雲車」與「雲蜺」相複，「雲」當爲「雷」。《太平御覽・天部十四》引此正作「乘雷車」。下文曰「電以爲鞭策，雷以爲車輪」，《覽冥篇》曰「乘雷車，服應龍」，今本「服」下誤衍「駕」字，辯見《覽冥》。皆其證也。「雷」與「雲」字相似，又涉下句「雲」字而誤。「入雲蜺」，本作「六雲蜺」。高注「以雲蜺爲其馬也」，本作「以雲蜺爲六馬也」。「其」字古作「亓」，形與「六」相似，故「六」誤爲「其」。《史記・周本紀》「三百六十夫」，索隱曰：「《劉氏音破》：『六爲古其字。』」《管子・重令篇》「明主能勝六攻」，《淮南・地形篇》「通谷六，易林蠱之臨，周流六虛」，今本「六」字皆誤作「其」。此言以雷爲車，以雲蜺爲六馬，故曰：「乘雷車，六雲蜺。」《齊俗篇》曰：「六騏驥，駟駃騠。」《藝文類聚・舟車部》引《尸子》曰：「文軒六駃題。」《韓子・十過篇》曰：「駕象車而六交龍。」司馬相如《上林賦》曰：「乘鏤象，六玉虯。」並與此「六雲蜺」同義。《文選・七發》「六駕蛟龍，附從太白」，李善曰：「以蛟龍若馬而駕之，其數六也。《淮南子》曰：『昔馮遲、太白之御乘雷車，今本「雷」字亦誤作「雲」。六雲蜺。』」此尤其明證矣。今本作「入雲蜺」，《太平御覽》引作「駕雲蜺」，皆後人不曉「六」字之義而妄改之耳。若作「入雲蜺」，則與注中「雲蜺爲六馬」之義了不相涉。若作「駕雲蜺」，則注但當云「以雲蜺爲馬」，無煩言「六馬」也。

怳忽　始終　宇内　刑罰　石礫　東西　度量　黍肉　梁柱

「游微霧，鶩怳忽，歷遠彌高以極往。經霜雪而無迹，照日光而無景，扶搖抮抱，羊角而上」。念孫案：「怳忽」當爲「忽怳」。注内「怳忽」同。《文選·七發》注引作「忽荒」。「荒」與「怳」通。老子曰：「是謂忽怳。」賈誼《鵩鳥賦》曰：「寥廓忽荒。」「怳」與「往」、「景」、「上」爲韻，「景」古讀若「鞅」。下文「如響之與景」，與「像」爲韻。《大荒西經》「正立無景」，與「鄉」、「往」爲韻。《荀子·臣道篇》「形下如景」，與「響」、「象」爲韻。若作「怳忽」，則失其韻矣。下文曰：「是故無所私而無所公，靡濫振蕩，與天地鴻洞。無所左而無所右，蟠委錯紾，與萬物始終。」案：「始終」當爲「終始」。上文云：「水流而不止與萬物終始。」「公」、「洞」爲韻，高注：「『洞』讀『同異』之『同』。」「鴻」、「洞」，疊韻字。「右」、「始」爲韻，「右」古讀若「以」，說見《唐韻正》。若作「始終」，則失其韻矣。《俶真篇》曰：「若夫真人，則動溶於至虚，而游於滅亡之野，騎蜚廉而從敦圄，馳於外方。《道藏》本如是。各本「外方」作「方外」，乃劉績依《文子・精誠篇》改之。休乎宇内，燭十日而使風雨，臣雷公，役夸父，妾宓妃，妻織女。」案：「宇内」當爲「内宇」。「内宇」猶「宇内」也，若「谷中」謂之「中谷」，「林中」謂之「中林」矣。「内宇」與「外方」相對爲文，「宇」與「野」、「圄」、「雨」、「父」、「女」爲韻，「野」古讀若「墅」，說見《唐韻正》。若作「宇内」，則失其韻矣。《天文篇》曰：「不周風至，則脩宫室，繕邊城。廣莫風至，則閉關梁，決刑罰。」案：「刑罰」當爲「罰刑」。說見後「決刑罰」下。「刑」與「城」爲韻，若作「刑罰」，則失其韻矣。《精神篇》曰：「是故視珍寶珠玉猶石礫也，視至尊窮寵猶行客也，視毛嬙西施猶倛魄也。」今本作「頬醜」，非，說見後「頬醜」下。案：「石礫」當爲「礫石」。「石」與「客」、「魄」爲韻，若作「石礫」，則失其韻矣。說見後「石礫」下。《齊俗篇》曰：「古者，民童蒙不知東西。」案：「東西」當爲「西東」。「東」與「蒙」爲句中韻，猶《覽冥篇》言「浮游不知所求，罔兩不知所往」也，若作「東西」，則失其韻矣。《文子・道原篇》作「不知東西」，亦傳寫之誤。其《精誠篇》正作「不知西東」。《文選・鵩鳥賦》「或趨西東」，「東」與「同」爲韻。《易林・萃之鼎》「不知西東」，與「通」爲韻。今本竝誤作「東西」。《兵略篇》曰：「無形則不可制迫也，不可度量也，不可巧詐也，不可規慮也。」案：「度量」，當爲「量度」。「度」如不可度思之「度」。「迫」、「度」爲韻，「迫」古讀若「博」。《楚辭・招魂》「遒相迫些」，與「薄」、「白」爲韻。「白」古讀若「薄」。《釋名》曰：「薄，迫也。單薄相逼迫也。」「詐」、「慮」爲韻，「詐」古音則故反。《主術篇》曰：「上多故，則下多詐。上多事，則下多態。」《晉語》「輿人誦惠公詐之見詐」，與「賂」爲韻。《荀子・脩身篇》「體倨固而心執詐」，與「汙」爲韻。《吕氏春秋・情欲篇》「胸中欺詐」，與「固」爲韻。《韓子・安危篇》「七曰有信而無詐」，與「惡」、「度」、「惡」、「譽」、「度」爲韻。若作「度量」，則失其韻矣。《説林篇》曰：「無鄉之社，易爲黍肉。無國之稷，易爲求福。」案：「黍肉」當爲「肉黍」。注内「黍肉」同。後人以「肉」與「福」韻相協，故改爲「黍肉」，不知「福」字古讀若「偪」，不與「肉」爲韻也。説見《唐韻正》。「社」、「黍」爲韻，「社」，古讀若「墅」。《説文》：「社，從示，土聲。」《甘誓》「不用命戮于社」，與「祖」爲韻。《郊特牲》「而君親誓社」，與「賦」、「伍」、「旅」爲韻。《左傳・閔二年》成季將生，卜辭「間于兩社」，與「輔」爲韻。《管子・揆度篇》「殺其身以釁其社」，與「鼓」、「父」爲韻。《漢書・郊祀志》曰：「社者，土也。」《左傳・昭二十二年》「前城人敗陸渾于社」，釋文：「社，本或作杜。」「稷」、「福」爲韻，若作「黍肉」，則失其韻矣。《人間篇》曰：「癰疽發於指，其痛遍於體。故蠹啄剖梁柱，蟁蝱走牛羊。」案：「梁柱」當爲「柱梁」。《説苑・説叢篇》作「蠹蝝仆柱梁，蚊蝱走牛羊」。「指」、「體」爲韻，「梁」、「羊」爲韻，若作「梁柱」，則失其韻矣。以上諸條，或轉寫錯誤，或憑臆妄改，而前人用韻之文，遂不可讀矣。

利鍛

「末世之御，雖有輕車良馬，勁策利鍛，不能與之争先」。高注曰：「策，箠也。末之感也，言不能與馮夷、大丙争在前也。『鍛』，讀『炳燭』之『炳』。」劉績本「鍛」作「錣」，注内「末之感也」作「錣，箠末之箴也」，「『鍛』讀『炳燭』之『炳』」作「『錣』讀『焫燭』之『焫』」，云：「『錣』舊作『鍛』，非。」念孫案：劉本是也。錣謂馬策末之箴，所以刺馬者也。《説文》：「笍，羊車騶箠也。箸箴其耑，長半分。」《玉篇》：「陟衛切。」字或作「錣」，《玉篇》：「錣，竹劣、竹芮二切，針也。」《道應篇》「白公勝到杖策，錣上貫頤」，彼注云：「策，馬捶。端有針以刺馬，謂之錣。」「錣」音竹劣、竹芮二反。錣之言鋭也，其末鋭也。《韓子・喻老篇》作「白公勝倒杖策，而鋭貫頤」。《氾論篇》「是猶無鏑銜策錣而御馯馬也」，注云：「錣，椯頭箴也。」《説文》：「椯，箠也。」義竝與此注同。《脩務篇》云：「良馬不待冊錣而行。」「冊」與「策」同。《韓子・外儲説右篇》云：「延陵卓子乘蒼龍與翟文之乘，前則有錯飾，後則有利錣，進則引之，退則策之。」《列子・説符篇》「白公勝倒杖策，錣上貫頤」，釋文曰：「許慎注《淮南子》云：『馬策端有利鍼，所以刺不前也。』」義亦與高注同。錣爲策末之箴，故「勁策」與「利錣」連文。今本「錣」作「鍛」，則義不可通矣。高注「錣，箠末之箴也」，《道藏》本作「未之感也」，此是「末」誤作「未」，「箴」誤作「感」，又脱去「錣箠」二字耳。茅一桂本改「未之感也」爲「末世之御」，而莊伯鴻本從之，斯爲謬矣。「焫」音如劣反，聲與「錣」相近，故曰：「『錣』讀『焫燭』之『焫』。」焫燭，燒燭也。《郊特牲》曰：「焫蕭合羶薌。」《秦策》「秦且燒焫獲君之國」，《史記・張儀傳》作「燒掇」，是其例也。今本作「『鍛』，讀『炳燭』之『炳』」，則不可通矣。

陰陽爲御

「四時爲馬，陰陽爲御。乘雲陵霄，與造化者俱。縱志舒節，以馳大區。可以步而步，可以驟而驟」。顧氏寧人《唐韻正》曰：「『御』本作『騶』。『騶』古音則俱反，與『俱』、『區』、『驟』爲韻。《説文》：『騶，從馬，芻聲。』《曲禮》『車驅而騶』，釋文：『騶，仕救反，又七須反。』《荀子·禮論篇》『趨中韶護』，《正論篇》『趨』作『騶』。注『騶，御也』，『御』字正釋『騶』字，而今本爲不通音者竟改本文『騶』字爲『御』。」案：《韻補》引此正作『騶』。」念孫案：顧説是也。今本作「御」者，後人依《文子·道原篇》改之耳。《太平御覽·天部八》《兵部九十》引此，竝作「騶」。

霄霓　無垠

「上游於霄霓之野，下出於無垠之門」。高注曰：「霄霓，高峻貌也。無垠，無形狀之貌。」念孫案：霄窕者，虚無寂漠之意。《俶真篇》曰「虚無寂漠，蕭條霄霓」是也。上言「霄霓」，下言「無垠鄂」，義本相近。高以正文言上游，遂以霄霓爲高峻貌，非其本指也。「無垠」下有「鄂」字，今本正文及注皆脱去。《漢書·楊雄傳》「紛被麗其亡鄂」，顔師古曰：「鄂，垠也。」「垠鄂」與「霄窕」相對爲文。《文選·西京賦》「前後無有垠鄂」，李善注：「《淮南子》曰『出於無垠鄂之門』，許慎曰：『垠鄂，端崖也。』」《七命》注同。是許本有「鄂」字。《太平御覽·地部二十》：「《淮南子》曰『下出乎無垠鄂之門』，高誘曰：『無垠鄂，無形之貌也。』」是高本亦有「鄂」字。

四支不動

「是故疾而不搖，遠而不勞，四支不動，聰明不損，而知八紘九野之形埒」。念孫案：「動」當爲「勤」，字之誤也。《齊語》「天下諸侯知桓公之爲己動也」，《管子·小匡篇》「動」作「勤」。《史記·十二諸侯年表》「楚堵敖囏」徐廣曰「囏，一作勤」，今本「勤」誤作「動」。《脩務篇》「四胑不勤」，即其證。「四支不勤，聰明不損，而知八紘九野之形埒」，即上文所謂「遠而不勞」也。「不勤」即「不勞」，意與「不損」相近，若「不動」，則意與「不損」相遠矣。且「搖」、「勞」爲韻，「勤」、「損」爲韻，若作「動」，則失其韻矣。

秉其要歸之趣

「是故天下之事不可爲也，因其自然而推之，萬物之變不可究也，秉其要歸之趣」。念孫案：「秉其要歸之趣」當作「秉其要趣而歸之」。秉，執也。要趣，猶要道也。言執其要道而萬變皆歸也。此與「因其自然而推之」相對爲文，且「歸」與「推」爲韻，今作「秉其要歸之趣」，則句法參差，而又失其韻矣。《文子·道原篇》正作「秉其要而歸之」。

默然

「是故響不肆應，而景不一設，叫呼仿佛，默然自得」。念孫案：《廣韻·去聲五十九鑑》「黷」字注云：「叫呼仿佛，黷然自得。音黯，去聲。」所引即《淮南》之文，而今本作「默然自得」，疑後人少見「黷」字而以意改之也。

莫敢

「以其無争於萬物也，故莫敢與之争」。念孫案：「莫敢」本作「莫能」，此後人依《文子·道原篇》改之也。唯不與萬物争，故莫能與之争，所謂柔弱勝剛彊也。若云「莫敢」，則非其指矣。下文曰：「攻大礦堅，莫能與之争。」《老子》曰：「夫唯不争，故天下莫能與之争。」又曰：「以其不争，故天下莫能與之争。」皆其證也。魏徵《羣書治要》引此正作「莫能與之争」。

棊衛之箭　淇衛箘簬

引之曰：《廣雅》：「箘、簬、簵，箭也。」《禹貢》曰：「惟箘、簬、楛。」「簬」與「簵」同。戴凱之《竹譜》曰：「簵，細竹也。《出蜀志》：『薄肌而勁，中三續射博箭。』『簵』音『衛』，見《三倉》。」以上《竹譜》。字通作「衛」。《原道篇》曰：「射者扜烏號之弓，「扜」讀若「紆」。今本「扜」誤作「扦」，辯見《韓子·扜弓》下。彎棊衛之箭。」《兵略篇》曰：「栝淇衛箘簬。」「淇」與「棊」同。「淇衛」、「箘簬」對文，皆箭竹之名也。《方言》曰：「簙或謂之箭裏，或謂之棊。」《竹譜》曰：「簵竹中博箭。」是簵與棊，一物也。以簵爲博箭謂之棊，以簵爲射箭則亦謂之棊耳。棊者，箭莖之名。《說文》曰：「萁，豆莖也。」豆莖謂之萁，箭莖謂之棊，聲義竝同矣。乃高注《原道篇》云：「棊，美箭所出地名也。衛，利也。」注《兵略篇》云：「淇衛、箘簬，箭之所出也。」《竹譜》引《淮南》而釋之云：「淇園，衛地，《毛詩》所謂『瞻彼淇奧，緑竹猗猗』是也。」案：「淇」乃衛之水名，先言「淇」而後言「衛」，則不詞矣。晉有澤曰董，蒲之所出也，然不得曰「董晉之蒲」。楚有藪曰雲，竹箭之所生也，然不得曰「雲楚之竹箭」。且淇水之地，去堯都非甚遠，當禹作貢時，何反不貢箘簬，而貢者乃遠在荆州乎？

罟

「張天下以爲之籠，《初學記》《太平御覽》引此竝無「之」字。因江海以爲罟，又何亡魚失鳥之有哉」。高注曰：「罟，魚網也。《詩》云：『施罟濊濊。』」念孫案：正文、注文内「罟」字皆當爲「罛」。「罛」、「罟」聲相近，又涉上文「網罟」而誤也。凡魚及鳥獸之網皆謂之罟，而罛則爲魚網之專稱。《爾雅》：「鳥罟謂之羅，兔罟謂之罝，麋罟謂之罞，彘罟謂之羉，魚罟謂之罛。」《衛風·碩人篇》「施罛濊濊」，毛傳曰：「罛，魚罟。」此皆高注所本。若專訓「罟」爲「魚網」，則失其義矣。「罛」字必須訓釋，故引《詩》爲證。若「罟」字，則不須訓釋。上文「網罟」二字無注，即其證。且此文「失鳥」二字，承上「籠」字言之，「亡魚」二字，則承上「罛」字言之。若變「罛」言「罟」，則又非其指矣。《呂氏春秋·上農篇》「罛罟不敢入於淵」，高彼注云：「罛，魚罟也。《詩》云：『施罛濊濊。』」正與此注同，足正今本之誤。《初學記·武部·漁類》《太平御覽·資産部·罛類》引此竝作「因江海以爲罛」。

繳不若無形之像

「故矢不若繳，繳不若無形之像」。念孫案：《初學記》引此作「矢不若繳，繳不若網，網不若無形之像」，是也。上文言「射者不能與羅者競多」，故曰「繳不若網」。又言「張天下以爲籠，因江海以爲罛，又何亡魚失鳥之有」，故曰「網不若無形之像」。且「網」與「像」爲韻，今本脱去四字，則失其韻矣。

三仞

「昔者夏鯀作三仞之城，諸侯背之」。念孫案：「三仞」，《藝文類聚·居處部三》《太平御覽·居處部二十》竝引作「九仞」，是也。《初學記·居處部》引《五經異義》曰：「天子之城高九仞，公侯七仞，伯五仞，子男三仞。」此謂鯀作高城而諸侯背之，則當言「九仞」，不當言「三仞」也。

欲寅之心　自穴之獸

「是故鞭噬狗、策蹏馬而欲教之，雖伊尹、造父弗能化。欲寅之心亡於中，則飢虎可尾，何況狗、馬之類乎」。念孫案：「欲寅之心」，「寅」當爲「宍」，字之誤也。「宍」與「肉」同。《干禄字書》云：「宍、肉，上俗下正。」《廣韻》亦云：「肉，俗作宍。」《墨子·迎敵祠篇》：「狗、彘、豚、鷄食其宍。」《太玄·玄數》：「爲食爲宍。」「欲肉」者，欲食肉也。諸本及莊本皆作「欲害之心」。「害」亦「宍」之誤。「害」字草書作「害」，與「宍」相似。《文子·道原篇》亦誤作「害」。劉績注云「古『肉』字」，則劉本作「宍」可知。而今本亦作「害」，蓋世人多見「害」少見「宍」，故傳寫皆誤也。《吴越春秋·句踐陰謀外傳》「斷竹、續竹，飛土、逐宍」，今本「宍」誤作「害」。《論衡·感虚篇》「廚門木象生肉足」，今本《風俗通義》「肉」作「害」，「害」亦「宍」之誤。又《齊俗篇》「夫水積則生相食之魚。土積則生自穴之獸」，「穴」亦「宍」之誤。「自肉」，謂獸相食也。「相食之魚」、「自肉之獸」，其義一也。《太平御覽·禮儀部二》引此作「食肉之獸」，「食」字涉上句「相食」而誤，而「肉」字則不誤。《文子·上禮篇》正作「自肉之狩」。「狩」與「獸」同。

致遠之術

「箠策繁用者，非致遠之術也」。念孫案：「術」當爲「御」，字之誤也。《繆稱篇》曰「急轡數策者，非千里之御也」，義與此同。《羣書治要》引此正作「御」。《文子·道原篇》亦作「御」。

循誤爲脩

「脩道理之數，因天地之自然」。念孫案：「脩」當爲「循」，隸書「循」、「脩」二字相似，故「循」

誤爲「脩」。說見《管子》「廟堂既脩」下。循道理，因天地。「循」亦「因」也。若作「脩」，則非其指矣。《太平御覽・地部二》《居處部八》引此竝作「循」。《文子・道原篇》亦作「循」。又《俶真篇》：「賈便其肆，農樂其業，大夫安其職，而處士脩其道。」「脩」亦當爲「循」。此四者皆謂各因其舊也。《文選・西都賦》注引此正作「循」。《太平御覽・皇王部二》引此亦作「循」。又《主術篇》：「橋植直立而不動，俛仰取制焉。人主静漠而不躁，百官得脩焉。」「脩」亦當爲「循」。言人主静漠而不躁，則百官皆得所遵循，猶橋衡之俛仰，取制於柱也。又《齊俗篇》：「守正脩理，不苟得者，不免乎飢寒之患。」「脩」亦當爲「循」。《文選・東都賦》《東京賦》注引此竝作「守道順理」，「順」亦「循」也。又《詮言篇》：「法脩自然，己無所與。」「脩」亦當爲「循」。謂循其自然而已不與也。《文子・符言篇》作「治隨自然」，「隨」亦「循」也。又「欲見譽於爲善，而立名於爲賢，今本「賢」誤作「質」，辯見《詮言》。則治不脩故，而事不須時」。「脩」亦當爲「循」，「須」當爲「順」，皆字之誤也。《文子》作「治不順理，而事不須時」，「順」亦「循」也。又「由其道則善無章，脩其理則巧無名」。「脩」亦當爲「循」。「循其理」，即「由其道」也。又「由此觀之，賢能之不足任也，而道術之可脩，明矣」。「脩」亦當爲「循」。《文子・道德篇》作「道術可因」。「因」亦「循」也。又《兵略篇》：「條脩葉貫，萬物百族，由本至末，莫不有序。」「脩」亦當爲「循」。循，謂順其序也。《俶真篇》曰「萬物之疏躍枝舉，百事之莖葉條榦，皆本於一根而條循千萬」是也。又《泰族篇》：「今夫道者，藏精於内，棲神於心，静漠恬淡，訟繆胸中，邪氣無所留滯，四枝節族，毛蒸理泄，則機樞調利，百脈九竅，莫不順比，其所居神者得其位也，豈節拊而毛脩之哉！」「脩」亦當爲「循」。「循」與「拊」同意也。

萍樹根於水

「夫萍樹根於水」。高注曰：「萍，大蘋也。」念孫案：「萍」本作「蘋」。《埤雅》引此已誤。高注「萍，大蘋也」本作「蘋，大萍也」。「萍」字或作「蓱」。《爾雅》：「苹、音「平」。蓱，音「瓶」。其大者蘋。音「頻」。」《召南·采蘋》傳曰：「蘋，大蓱也。」《説文》「蘋」作「薲」，亦云：「大蓱也。」此皆以小者爲萍，大者爲蘋，即高注所本也。《吕氏春秋·本味篇》「菜之美者，昆侖之蘋」，高注曰：「蘋，大萍。」舊本「大萍」誤作「大蘋」，今改正。足與此注互相證明矣。後人既改正文「蘋」字爲「萍」，又互改高注「蘋」、「萍」二字以就之，而不知其小大之相反也。

榛巢

「木處榛巢，水居窟穴」。高注曰：「聚木曰榛。」引之曰：「榛」、「巢」連文，則榛即是巢，猶

「窟」、「穴」連文，則窟即是穴。「榛」當讀爲「橧」。《廣雅》：「橧，巢也。」《禮運》曰「冬則居營窟，夏則居橧巢」，字亦作「曾」。《大戴禮・曾子疾病篇》「鷹鶽以山爲卑，而曾巢其上。魚鼈黿鼉以淵爲淺，而蹷穴其中」，《羣書治要》引《曾子》「蹷穴」作「窟穴」，以「窟穴」對「曾巢」，正與此同。《禮運》之「橧巢」亦與「營窟」對文也。凡秦聲、曾聲之字，古或相通，若溱洧之「溱」，《説文》作「潧」是也。高以「榛」爲「榛薄」之「榛」，《主術篇》「入榛薄」，高注：「聚木爲榛，深草爲薄。」則分「榛」與「巢」爲二物，比之下句，爲不類矣。《説林篇》曰：「榛巢者，處茂林安也。窟穴者，託埵防便也。」以「窟穴」對「榛巢」，亦與此同。彼言「榛巢者處茂林」，則榛巢非茂林也。此言「木處榛巢」，則榛巢亦非木也。若以「榛」爲「榛薄」之「榛」，則又合「榛」與「木」爲一物矣。

芄

「禽獸有芄，人民有室」。高注曰：「芄，蓐。」劉本「芄」作「艽」，云：「艽，音『仇』，獸蓐也。與《詩》『艽野』之『艽』同字，舊譌作『芄』。」念孫案：劉本是也。《廣韻》「艽，獸蓐也」，正與高注合。《脩務篇》曰「虎豹有茂草，野彘有艽莦，槎櫛堀虛連比，以像宮室」，此云「禽獸有艽，人民有室」，其義一也。

干越

「匈奴出穢裘，干越生葛絺」。高注曰：「干，吴也。」《道藏》本、朱東光本如是。劉本改「干」爲「于」，云：「『于越』一作『於越』，夷言發聲也。」茅本又改「于」爲「於」。念孫案：作「干」者是也。春秋言「於越」者，即是越，而以「於」爲發聲。此言「干越」者，謂吴越也。若是「于」字，則高注不當訓爲「吴」矣。《莊子·刻意篇》「夫有干越之劍者」，釋文：「司馬云：『干，吴也。吴越出善劍也。』」《荀子·勸學篇》「干越夷貉之子」，楊倞曰：「干越，猶言吴越。」近時嘉善謝氏刻本改「干」爲「于」，又改楊注「吴越」爲「於越」，非是，辯見《荀子》。《漢書·貨殖傳》「辟猶戎翟之與于越，不相入矣」，「于」亦「干」之誤。干、越，皆國名，故言「戎翟之與干越」，猶《荀子》之言「干越夷貉」也。顔師古以爲春秋之「於越」，失之。司馬彪訓「干」爲「吴」，正與高注同。莊從劉本作「于」，則與高注相背矣。

被髮文身

「九疑之南，陸事寡，而水事衆。於是民人被髮文身，以像鱗蟲」。高注曰：「被，翦也。」引之曰：諸書無訓「被」爲「翦」者，「被髮」當作「劗髮」，注當作「劗，翦也」。《漢書·嚴助傳》：「越，方外之地，劗髮文身之民也。」晉灼曰：「《淮南》云：『越人劗髮。』見《齊俗篇》。又曰：「越王句踐劗髮文身。」張揖以爲古『翦』字也。字又作「鬋」。《逸周書·王會篇》曰：「越漚鬋髮文身。」《墨子·公孟篇》曰：「越王句踐翦髮文身以治其國。」《史記·趙世家》曰：「夫翦髮文身，甌越之民也。」」此言「九疑之南」，正是越地，故亦曰「劗髮文身」也。《主術篇》「是猶以斧劗毛」，高彼注曰：「劗，翦也。」「劗」讀「驚攢」之「攢」，故此注亦曰：「劗，翦也。」後人見《王制》有「被髮文身」之語，遂改「劗」爲「被」，并注中「劗」字而改之，不知「劗」與「翦」同義，故云「劗，翦也」。若是「被」字，不得訓爲「翦」矣。《趙世家》之「翦髮」，《趙策》作「祝髮」，錢、曾、劉本竝同，俗本亦改爲「被髮」。且越人以劗髮爲俗，若被髮，則非其俗矣。《漢書·地理志》「文身斷髮，以避蛟龍之害」，應劭曰：「常在水中，故短其髮，文其身，以像龍子，故不見傷害。」即此所云「劗髮文身，以像鱗蟲」也。高注訓「劗」爲「翦」，亦與《漢書》「斷髮」同義。

俗尚氣力

「鴈門之北，狄不穀食，賤長貴壯，俗尚氣力」。念孫案：「俗」本作「各」，言狄人各尚氣力也。「各」誤爲「谷」，漢《郃陽令曹全碑》「各獲人爵之報」，「各」作「谷」，形與「谷」相似。「各」、「谷」，草書亦相似。後人因加「人」旁耳。不知「不穀食」與下文「人不弛弓，馬不解勒」，皆是狄人之俗，非獨尚氣力一事也。《太平御覽·兵部八十九》引此正作「各尚氣力」。

化而爲枳

「故橘樹之江北，則化而爲枳。鴝鵒不過濟，貈渡汶而死」。高注曰：「見於《周禮》。」念孫案：「枳」本作「橙」，此後人依《考工記》改之也。不知彼言「橘踰淮而北爲枳」，此言「樹之江北則爲橙」，義各不同。注言「見《周禮》」者，約舉之詞，非必句句皆同也。《埤雅》引此作「化而爲枳」，則所見本已誤。《文選·潘岳〈爲賈謐贈陸機詩〉》「在南稱甘，度北則橙」，李善注引《淮南》曰：「江南橘樹之江北，化而爲橙。」《藝文類聚》、《太平御覽·果部》「橘」下竝引《考工記》曰「橘踰淮而北爲枳」，又引《淮南》曰「夫橘樹之江北，化而爲橙」。《御覽·橙》下引《淮南》同。然則《考工》作「枳」，而《淮南》作「橙」，明矣。晉王子升《甘橘贊》曰：「異分南域，北則枳橙。」此兼用《考工》與《淮南》也。

與造化者爲人　下與造化爲人

「故聖人不謀而當，不言而信，不慮而得，不爲而成，精通於靈府，與造化者爲人」。又《俶真篇》「陶冶萬物，與造化者爲人」，高注竝曰：「爲，治也。」引之曰：高未解「人」字之義，故訓「爲」爲「治」。人者，偶也，言與造化者爲偶也。《中庸》「仁者，人也」，鄭注曰：「『人也』

讀如『相人偶』之『人』，以人意相存偶之言。」《檜風・匪風》箋曰：「人偶能割亨者，人偶能輔周道治民者。」《聘禮》注曰：「每門輒揖者，以相人偶爲敬也。」《公食大夫禮》注曰：「每曲揖及當碑揖，相人偶。」是「人」與「偶」同義，故漢時有「相人偶」之語。 上文云：「與造化者俱。」《本經篇》云：「與造化者相雌雄。」《齊俗篇》曰：「上與神明爲友，下與造化爲人。」曰「俱」、曰「爲友」、曰「爲人」、曰「相雌雄」，皆是相偶之意。 故《本經篇》「與造化者相雌雄」，《文子・下德篇》作「與造化者爲人」，此尤其明證矣。 《莊子・大宗師篇》「彼方且與造物者爲人」，《應帝王篇》「予方將與造物者爲人」，《天運篇》「久矣夫某不與化爲人」，竝與《淮南》同意，解者亦失之。

封壤

「昔舜耕於歷山朞年，而田者争處磽埆，以封壤肥饒相讓」。 念孫案：「封壤」二字義不相屬，「封壤」本作「封畔」，此後人以意改之也。 封、畔，皆謂田界也。《周官・保章氏》注、《吕氏春秋・孟春》《樂成》二篇注，竝云：「封，界也。」《説文》：「畔，田界也。」《史記・五帝紀》：「舜耕歷山，歷山之人皆讓畔。」本出《韓子・難一》。 《大雅・緜》傳亦云：「耕者讓畔。」「封畔」與「肥饒」相對爲文。 下文「以曲隈深潭相予」，「曲隈」、「深潭」亦相對爲文。《覽冥篇》云「田者不侵畔，漁者不争限」，此云「田者以封畔肥饒相讓，漁者以曲限深潭相予」，其義一也。《太平御覽・皇王部六》《爾雅・釋草》疏，引此並作「封畔」。

後者蹷之　屬腸

「先者上高，則後者攀之。先者踰下，則後者蹷之。先者隤陷，則後者以謀。先者敗績，則後者違之」。高注曰：「蹷，履也。音『展』，非展也。」念孫案：「展」與「蹷」聲不相近，「蹷」皆當爲「𨃂」，字之誤也。𨃂，女展反，履也。言後者履先者而上也。「𨃂」字或作「蹍」。《廣雅》：「蹍，履也。」曹憲音女展反。《莊子・庚桑楚篇》「蹍市人之足」，司馬彪云：「蹍，蹈也。」《淮南・説山篇》「足𨃂地而爲迹」，《説林篇》「足所𨃂者淺矣」，《脩務篇》「猶釋船而欲𨃂水也」，高注並云：「𨃂，履也。」𨃂，音女展反，而訓爲「履」，故此注云：「𨃂，履也，音『展』，非展也。」且「攀」、「𨃂」爲韻，「謀」、「之」爲韻，「謀」古讀若「媒」，説見《唐韻正》。若作「蹷」，則失其韻矣。《兵略篇》：「白刃合，流矢接，涉血屬腸，輿死扶傷。」案：「屬」、「腸」二字，義不可通，「屬」亦當爲「𨃂」，謂涉血履腸也。《吕氏春秋・期賢篇》曰：「塵氣充天，流矢如雨，扶傷與死，履腸涉血。」是其證也。「𨃂」字本作「履」，其上半與「屬」相似，因誤爲「屬」矣。

脱四字

「此俗世庸民之所公見也，而賢知者弗能避也」。高注曰：「以諭利欲，故曰『有所屏蔽』也。」念孫案：如高注，則正文「避」字下當有「有所屏蔽」四字，而今本脱之也。此承上文而言，言先者有難而後者無患，此庸人之所共見也。而賢知者猶不能避，則爲争先之見所屏蔽故也，故注云：「故曰『有所屏蔽』也。」凡注内「故曰」云云，皆指正文而言，以是明之。

凝竭

「非謂其底滯而不發，凝竭而不流」。念孫案：「竭」之言「遏」也。《爾雅》曰：「遏，止也。」底、滯、凝、竭，皆止也。《爾雅》：「底，止也。」《原道篇》注：「滯，止也。」《楚辭·九歎》注：「凝，止也。」《天文篇》曰「清妙之合專易，重濁之凝竭難」，《要略》曰「凝竭底滯，捲握而不散」，皆其證也。《道藏》本、朱本、茅本皆作「凝竭」。劉績不知其義，而改「竭」爲「結」，莊本從之，謬矣。

無好憎

「大包羣生而無好憎，澤及蚑蟯而不求報」。引之曰：「無好憎」本作「無私好」，此後人以意改之也。《文子・道原篇》正作「無私好」。此承上文「生萬物，成百事」而言，言水之利物，非有所私好而然也。下句「澤及蚑蟯而不求報」，亦是此意。加一「憎」字，則非其指矣。且「好」與「報」爲韻，上下文皆用韻。若作「無好憎」，則失其韻矣。劉本作「無所私」，亦非。

忽區

「動溶無形之域，而翺翔忽區之上」。高注曰：「忽怳之區上也。」《精神篇》「同精於太清之本，而游於忽區之旁」，高注曰：「忽區，忽恍無形之區旁也。」引之曰：「忽區」二字，文不成義。兩「區」字皆當作「芒」。隸書「芒」字作「亾」，與「區」相似而誤。《太平御覽・地部二十三》引《原道篇》已誤作「區」。忽芒，即忽荒也。《莊子・至樂篇》「芒乎芴乎，而無從出乎。芴乎芒乎，而無有象乎」，釋文：「芒，音荒，又呼晃反。芴，音忽。」是「芒」與「荒」同。《爾雅》「太歲在巳曰大荒落」，《史記・曆書》「荒」作「芒」。《三代世表》「帝芒」，索隱：「芒，一作荒。」上文「游微霧，鶩忽怳」，高注曰：「忽怳，無形之象。」《文選・七發》注引作「鶩忽荒」。「忽芒」乃無形之貌，故曰「動溶無形之域，而翺翔忽芒之上」也。《人閒篇》曰：「翺翔乎忽荒之上，析惕乎虹蜺之閒。」是其明證矣。賈誼《鵩賦》：「寥廓忽荒兮，與道翺翔。」亦謂翺翔於忽荒之上也。此篇及《精神篇》之「忽芒」，高注亦當云「忽芒，無形之象」，而今本云「忽怳之區上」、「忽恍無形之區旁」，則後人以已誤之正文改之也。

捐

「去其誘慕，除其嗜欲，損其思慮」。念孫案：「損」當爲「捐」，字之誤也。「捐」與「去」、「除」同意，作「損」則非其指矣。《文子·道原篇》正作「捐其思慮」。又《精神篇》：「忘其五藏，損其形骸。」「損」亦當爲「捐」。「捐」與「忘」意相近，即《莊子》所謂「外其形骸」也。作「損」則義不可通矣。又下文「殘亡其國家，損棄其社稷」。案：社稷可言棄，不可言損，當亦是「捐」字之誤。

不與物散

「不與物散，粹之至也」。高注曰：「散，亂。」又《精神篇》「精神澹然無極，不與物散，而天下自服」，高注曰：「散，雜亂貌。」引之曰：諸書無訓「散」爲「雜亂」者。《說文》：「散，雜肉也。」「雜」乃「離」之誤，辯見《說文攷正》。「散」皆當爲「殽」。隸書「殽」或作「㪔」，見漢《殽阬君神祠碑》。與「散」相似。「散」或作「㪚」，見李翕《析里橋郙閣頌》。與「殽」亦相似，故「殽」誤爲「散」。《太平御覽·方術部一》引《原道篇》已誤。《莊子·齊物論篇》「樊然殽亂」，釋文：「殽，郭作散。」《太玄·玄瑩》

「晝夜殽者，其禍福雜」，今本「殽」誤作「散」。皆其證也。《説文》「殽，相雜錯也」，《廣雅》「殽，雜也，亂也」，竝與高注同義。則「散」爲「殽」之誤，明矣。「殽」訓爲「雜」，義與「粹」正相反，故曰：「不與物殽，粹之至也。」《文子・道原篇》作「不與物雜」，「雜」亦「殽」也。《莊子・刻意篇》作「不與物交」，「交」與「殽」聲、義亦相近。《精神篇》又曰：「審乎無瑕，而不與物糅。」「糅」亦「殽」也。若云「不與物散」，則非其指矣。

收之

「中能得之，則外能收之」。高注曰：「不養也。」念孫案：「收」當爲「牧」，高注「不養也」當爲「牧養也」。此承上文「得其内」而言。能得之於中，則能養之於外。下文「筋力勁强，耳目聰明」，所謂外能養之也。若云「外能收之」，則非其指矣。且「牧」與「得」爲韻，「牧」古讀若「墨」，説見《唐韻正》。若作「收」，則失其韻矣。俗書「收」字作「収」，形與「牧」相似，故「牧」誤爲「收」。《文子・道原篇》正作「牧」。

迫感

「迫則能應，感則能動」。念孫案：此當作「感則能應，迫則能動」。「感」與「應」相因，「迫」

與「動」相因。《精神篇》曰「感而應，迫而動」，《脩務篇》曰「感而不應，攻而不動」，「攻」，今本誤作「攻」，辯見《脩務》。《莊子·刻意篇》曰「感而後應，迫而後動」，皆其證。今本「感」、「迫」二字互誤。

物穆

「物穆無窮，變無形像」。高注曰：「穆，美。」莊氏伯鴻曰：「『物穆』疑當作『沕穆』。」念孫案：《史記·賈生傳》：「形氣轉續兮，變化而嬗。沕穆無窮兮，胡可勝言。」《漢書》作「沕穆無閒」，顔師古曰：「沕穆，深微貌。沕，音勿。」《説苑·指武篇》亦云：「昒穆無窮，變無形像。」「沕」、「昒」、「物」，古字通。高注專解「穆」字，蓋失之矣。

得道

「故子夏心戰而臞，得道而肥」。念孫案：「得道」本作「道勝」，淺學人改之也。「道勝」與「心戰」相對爲文。高注曰「先王之道勝，無所復思，故肥也」，則正文本作「道勝」明矣。《精神篇》曰：「子夏見曾子，一臞一肥。曾子問其故。曰：『出見富貴之樂，而欲之；入見先王之道，又説之。兩者心戰，故臞。先王之道勝，故肥。』」是其事也。本出《韓子·喻老篇》。

《太平御覽·人事部一百九》引此正作「道勝而肥」。

至極樂

「無不樂，則至極樂矣」。念孫案：「至極樂」本作「至樂極」。「至樂」二字連讀，謂極樂也。極，至也。言人能無不樂，則極樂自至也。高注曰：「至樂，至德之樂。」是正文本以「至樂」連文。今本作「至極樂」，則與注不合。《文子·九守篇》正作「即至樂極矣」。

我身

「天下之要，不在於彼，而在於我；不在於人，而在於我身。身得，則萬物備矣」。念孫案：「不在於人，而在於我身」，「我」字涉上句而衍。「彼我」、「人身」相對爲文，「身」上不當有「我」字。劉本移「我」字於下文「身得」之上，而讀「我身得」爲一句，亦非。《文子·九守篇》正作「不在於人，而在於身。身得，則萬物備矣」。

萬物玄同也

「萬物玄同也，無非無是，化育玄燿，生而如死」。念孫案：此四句皆以四字爲句，則「萬物玄同」下不當有「也」字。《文子・九守篇》無「也」字。

山峽

「逍遥於廣澤之中，而彷洋於山峽之旁」。注曰：「兩山之閒爲峽。」念孫案：《水經・江水注》曰：「江水又東逕赤岬城西。《淮南子》曰：『彷徨於山岬之旁。』注曰：『岬，山脅也。』」《文選・吴都賦》「傾藪薄，倒岬岫」，李善曰：「許慎《淮南子注》曰：『岬，山旁，古狎切。』」案：《水經注》所引亦作「岬」，而訓爲「山脅」，疑是高注「山脅」即「山旁」，義與許同也。今本「岬」作「峽」，注云「兩山之閒爲峽」，與酈、李所引迥異，疑皆後人所改。《玉篇》：「岬，古狎切，山旁也。亦作𥑮。」《廣韻》：「𥑮，古狎切，山側也。」「峽，侯夾切。巫峽，山名。」二字音、義判然。後人誤以山脅之「岬」爲巫峽之「峽」，故改訓爲「兩山之閒」，不知正文明言「山岬之旁」。則岬爲山脅，而非兩山之閒矣。校書者以注訓「兩山之閒」，故又改「岬」爲「峽」，而不知其本非原注也。《集韻》：「𥑮，古狎切，兩山之間爲𥑮。許慎説或作『岬』。」宋人皆誤以高注爲許注，故云「許慎説」。則所見已非原注。但「岬」字尚未改爲「峽」耳。

怨懟　不失

「此齊民之所爲形植黎黑，「黑」，舊本譌作「累」。《文選・江淹〈上建平王書〉》注引作「黑」，今據改。憂悲而不得志也。聖人處之不爲愁悴怨懟，而不失其所以自樂也」。高注曰：「懟，病也。」引之曰：「懟」與「病」義不相近，「懟」皆當爲「慰」。今作「懟」者，後人以意改之也。「怨」讀爲「苑」，「慰」讀爲「蔚」。苑、蔚，皆病也。《俶真篇》「形傷於寒暑燥濕之虐者，形苑而神壯」，高注曰：「苑，枯病也。」《本經篇》「則身無患，百節莫苑」，高注曰：「苑，病也。」《俶真篇》「五藏無蔚氣」，高注曰：「蔚，病也。」是苑、蔚皆病也。《荀子・哀公篇》「富有天下而無怨財」，楊倞注引《禮運》「事大積焉而不苑」。是「苑」與「怨」通。《莊子・盜跖篇》：「貪財而取慰，貪權而取竭，可謂疾矣。」「疾」亦「病」也。《淮南・繆稱篇》曰：「侏儒瞽師，人之困慰者也。」是「蔚」與「慰」通。故高注云：「慰，病也。」後人不通古訓而改「慰」爲「懟」，其失甚矣。「不失其所以自樂」，「不」字涉上下文而衍。「不爲愁悴怨慰而失其所以自樂也」作一句讀。

生之充　二者

「夫形者，生之舍也。氣者，生之充也。神者，生之制也。一失位，則二者傷矣」。念孫案：「充」本作「元」，此涉下文「氣不當其所充」而誤也。元者，本也。言氣爲生之本也。《文選・養生論》注引此正作「元」。《文子・九守篇》亦作「元」。王冰注《素問・刺禁論》云：「氣者，生之原。」語即本於《淮南》。「原」與「元」同。「一失位，則二者傷」，謂此三者之中，一者失位，則二者皆傷也。各本「二」作「三」，因下文「此三者」而誤。《文子》亦誤作「三」。唯《道藏》本、朱本作「二」。莊刻依諸本作「三」，非也。《文選注》引此正作「二」。

漠睧

「貪饕多欲之人，漠睧於勢利，誘慕於名位」。高注曰：「漠睧，猶鈍睧，不知足貇。」「貇」與「貌」同。各本「貇」誤作「類」，今改正。念孫案：「漠睧」皆當爲「滇眠」，字之誤也。隸書「真」字作「貞」，「莫」字作「莫」，二形相似而誤。《史記・高祖功臣侯者表》「甘泉戴侯莫摇」，《漢表》「莫摇」作「真粘」。《朝鮮傳》「嘗略屬真番」，徐廣曰：「真，一作莫。」《新序・雜事篇》「黄帝學乎大真」，《路史・疏仡紀》曰：「大真，或作大莫，非。」皆其例也。「眠」之爲「睧」，則涉注文「鈍睧」而誤。「滇」音「顛」，「眠」音莫賢反。「滇眠」或作「顛冥」，《文子·九守篇》作「顛冥乎勢利」，是其證也。《莊子·則陽篇》「顛冥乎富貴之地」，釋文：「冥，音『眠』。司馬云：『顛冥，猶迷惑也。』言其交結人主，情馳富貴。」即此所云「湏眠於勢利，誘慕於名位」也。高以「湏眠」爲不知足，司馬以「顛冥」爲迷惑。「迷惑」與「不知足」，義相因也。又案：高云「湏眠猶鈍㬲」，「㬲」讀齊湣王之「湣」。見《集韻》。「湏」、「眠」、「鈍」、「㬲」，皆疊韻也。「鈍㬲」或爲「鈍閔」，或爲「頓慜」。《方言》：「頓慜，惛也。江湘之閒謂之頓慜。」《淮南·脩務篇》「精神曉泠，鈍閔條達」，高彼注云：「鈍閔，猶鈍惛也。」此注云：「鈍㬲，不知足貌。」「鈍惛」與「不知足」，義亦相因也。

植於高世

「冀以過人之智，植於高世」。念孫案：「植於高世」當作「植高於世」。故高注曰：「植，立也。庶幾立高名於世也。」今本「高於」二字誤倒，則文不成義。《文子》作「位高於世」，「位」亦「立」也。《周官·小宗伯》注：「鄭司農云：『古者立、位同字。』」

淮南内篇弟二

俶真

垠堮

「毓憤未發，萌兆牙櫱，未有形埒垠堮」。念孫案：《覽冥篇》「不見朕垠」，高注：「朕，兆朕也。垠，形狀也。」《繆稱篇》「道之有篇章形埒者」，高注：「形埒，兆朕也。」是「垠堮」與「形埒」同義。既言「形埒」，無庸更言「垠堮」，疑「垠堮」是「形埒」之注，而今本誤入正文也。且此三句以「發」、「櫱」、「埒」爲韻，若加「垠堮」二字，則失其韻矣。

藿蔰

「言萬物摻落，根莖枝葉，青蔥苓蘢，藿蔰炫煌」。高注曰：「藿蔰炫煌，采色貌也。『藿』讀曰『唯』。『蔰』讀曰『扈』。」念孫案：「藿」音「灌」，與「唯」字聲不相近。「藿」皆當爲「蓶」，字之誤也。「蓶」讀若「唯諾」之「唯」，字從艸，唯聲。「蓶扈」者，草木之榮華也。《後漢書·馬融傳〈廣成頌〉》説植物云「鋪于布濩，蓶扈蘳熒」，李賢曰：「蓶，音以揆反。郭璞注《爾雅》云：『草木華初出爲芛。』《爾雅》：「芛、葟、華，榮。」《説文》：「芛，艸之皇榮也。」『芛』與『蓶』通。扈，音『户』。」以上《後漢書注》。此言「根莖枝葉，青蔥苓蘢，蓶扈炫煌」，義與彼同也。高注讀「蓶」爲「唯」，李賢音以揆反，正與高讀合。劉績不知「藿」爲「蓶」之誤，而改「藿」爲「萑」，斯爲謬矣。諸本及莊本同。又案：「蓶蒀」之「蒀」，當依《後漢書》作「扈」，注當作「扈，讀曰『户』」。正文作「蒀」者，因「蓶」字而誤加「艸」耳。後人不達，又改注文爲「蒀，讀曰『扈』」以從已誤之正文，則其謬益甚矣。《説文》《玉篇》《廣韻》《集韻》《類篇》皆無「蒀」字。

閒於無有

「若光燿之閒於無有，退而自失也」。陳氏觀樓曰：「『閒』當作『問』」。「光燿問於無有」，事見《莊子·知北遊篇》。

衡杓

「欃槍衡杓之氣莫不彌靡，而不能爲害」。高注曰：「欃槍，彗星也。杓，北斗柄第七星。」引之曰：北斗之星不聞爲害，高説非也。「衡」當爲「衝」，字形相似而誤。衝、杓，皆妖氣也。《晉書・天文志》引《河圖》曰：「歲星之精，流爲天槍、天衝，熒惑散爲天欃。」《吕氏春秋・明理篇》曰：「其雲狀有若人，蒼衣赤首不動，其名曰天衝。」今本「衝」字亦誤作「衡」，據《太平御覽・咎徵部四》引改。《開元占經・妖星占篇》引劉向《洪範傳》曰：「天衝其狀如人，蒼衣赤首不動。」《史記・天官書》曰：「五星蚤出者爲贏，晚出者爲縮，必有天應見於杓星。」《漢書・天文志》曰：「太歲在寅，歲星正月晨出；在斗、牽牛。失次，杓，早水，晚旱。」是也。「欃」、「槍」、「衝」、「杓」，皆妖氣之名，故竝言之。

茫茫沈沈　渾渾沉沉

「茫茫沈沈，是謂大治」。高注曰：「茫茫沈沈，盛貌也。『茫』讀王莽之『莽』。『沈』讀『水出沈沈白』之『沈』。」念孫案：「沈」皆當爲「沆」。《玉篇》：「何黨切。」《廣韻》：「又音杭。」「茫茫」、「沆沆」，疊韻也。《説文》「沆」字注云：「莽沆，大水，一曰大澤。」《風俗通義・山澤篇》云：「沆者，莽也。」今本「沆」誤作「沉」，辯見《漢書・刑法志》「沈斥」下。言其平望莽莽，無涯際也。「莽」與「茫」古同聲。「茫茫沆沆」，即「莽莽沆沆」。故高注以爲「盛貌也」。「莽沆」或作「漭沆」，張衡《西京賦》「滄池漭沆」是也。倒言之則曰「沆漭」，馬融《廣成頌》「瀇瀁沆漭」是也。又作「沆茫」，楊雄《羽獵賦》「鴻濛沆茫」是也。顔師古曰：「茫，音莽。」「沆茫」即「沆莽」，故曰「『茫』讀王莽之『莽』」。《漢書・禮樂志》「西顥沆碭」，顔師古曰：「沆碭，白氣之貌。」故曰「『沆』，讀水出沆沆白之『沆』」。若作「沈沈」，則與正文、注文皆不合矣。又《兵略篇》：「天化育而無形象，地生長而無計量，渾渾沆沆，孰知其藏。」「沆」亦當爲「沆」。渾渾沆沆，廣大貌也。《爾雅》：「沄，沆也。」《説文》：「沄，轉流也，讀若『混』。一曰『沆』。」舊本脱此三字，今據《爾雅釋文》補。「沄」、「混」、「渾」，古同聲。「渾渾沆沆」，即「沄沄沆沆」。「沄」之轉爲「沆」，猶「渾」之轉爲「沆」也。且「沆」與「象」、「量」、「藏」爲韻，若作「沆沆」，則義既不合，而韻又不諧矣。《太平御覽・兵部二》引此已誤。凡從「亢」之字，隷或作「冗」[一]。故「沆」字或作「沉」，一誤而爲「沉」，再誤而爲「沈」，散見羣書，而學者莫之能辨也。詳見《漢書》。

炊以鑪炭

「譬若鍾山之玉，炊以鑪炭三日三夜，而色澤不變」。念孫案：「炊」當爲「灼」，字之誤也。玉可言灼，不可言炊。《藝文類聚・寶部上》《太平御覽・珍寶部四》引作「炊」，皆後人依

[一] 冗，原作「亢」，據下文文義改。

誤本改之。其《御覽·地部三》引此正作「灼」，《白帖》七同。《呂氏春秋·士容篇》注作「燔以鑪炭」，「燔」亦「灼」也。

唯體道能不敗

「孟門終隆之山，不能禁也。舊本脱「也」字，今據下文補。唯體道能不敗，湍瀨旋淵呂梁之深，不能留也。太行、石澗、飛狐、句注之險，舊本「句注」作「句望」，劉績曰：「當作『句注』。」今依劉注改。莊氏伯鴻曰：「『句望』，今《漢書·地理志》作『句注』。以義攷之，『注』應即『汪』字也。古『汪』、『望』同聲，凡古字通者，皆以聲同相通。若『汪』與『注』，乃字之誤耳。古『汪』字作『泩』，『注』字作『泏』。後人但識『注』，不識古字『汪』，因之傳譌矣。」念孫案：莊説非也。「句注」之爲「句望」，草書之誤耳。《漢書·文帝紀》「屯句注」，師古曰：「『句』音『章句』之『句』。」凡「昆侖」、「空桐」、「薄落」、「岣嶁」之屬，皆山名之疊韻者，「句注」亦是也。若作「句望」，則失其讀矣。諸書及本書《地形篇》皆作「句注」，無作「句望」者，乃反以本書偶誤之字爲是，而以諸書之作「句注」者爲非，且以「注」爲「汪」之誤，「望」爲「汪」之通，見異思遷，展轉附會，此近日學者之公患也。不能難也」。念孫案：「唯體道能不敗」六字，與上下文義不相屬，乃上文「休於天鈞而不僞」之注，誤衍於此。上注云：「僞，敗也。天鈞，北極之地，積寒之野，休之輒敗，唯體道能不敗也。」

臺簡　引楯

「其所居神者，臺簡以游太清，引楯萬物，羣美萌生」。高注曰：「臺，猶持也。引楯，拔擢也。」錢氏獻之曰：「『臺』當作『臺』。《說文》：『臺，古文握字。』故注訓爲『持』。『臺』與『臺』形近致譌耳。」莊氏伯鴻曰：「注訓『引楯』爲『拔擢』，則『楯』當作『揗』，從手旁。」

無一橑　無一輻

「若夫墨、楊、申、商之於治道，猶蓋之無一橑，而輪之無一輻。有之，可以備數，無之，未有害於用也」。念孫案：「蓋之無一橑」、「輪之無一輻」本作「蓋之一橑」、「輪之一輻」。此但言「一橑」、「一輻」，下乃言其有無之無關於利害。若先言「無一橑」、「無一輻」，則下文不必更言有無矣。此兩「無」字皆因下文「無」字而衍。

彭濞

「譬若周雲之蘢蓯遼巢彭濞而爲雨」。高注曰：「彭濞，蘊積貌也。」念孫案：「彭濞」本作「彭薄」。《道藏》本作「彭漼」。注同。「漼」即「薄」之誤，後人不知而改爲「濞」。莊本從之，斯爲謬矣。「彭」古讀若「旁」。說見《唐韻正》。下文云「渾渾蒼蒼，純樸未散，旁薄爲一」，司馬相如《封禪文》「旁魄四塞」，義竝與此同。故高注以「彭薄」爲「蘊積貌」。若「彭濞」，則爲水聲，見《上林賦》。而非雲氣蘊積之貌，與正文、注文皆不合矣。舊本《北堂書鈔・天部一》引此正作「彭薄」。陳禹謨刪去。《太平御覽・天部八》同。

所得

「今夫善射者，有義表之度，如工匠有規矩之數，「如」讀爲「而」。此皆所得，以至於妙」。陳氏觀樓曰：「『所得』上脱『有』字。高注『有所得儀表規矩之巧也』，是其證。」

翺翔

「雲臺之高，墮者折脊碎腦，而蟁蝱適足以翺翔」。高注曰：「蟁蝱微細，故翺翔而無傷毀之患。」念孫案：「適足以翺翔」當作「適足以翾」。高注「翺翔而無傷毀之患」當作「翾飛而無傷毀之患」。《說文》：「翾，許緣反。小飛也。」《原道篇》曰：「跂行喙息，蠉飛蝡動。」「蠉」與「翾」同。下文曰：「飛輕微細者，猶足以脱其命。」「飛輕」二字，正承「翾」字言之。若「翺翔」，則爲鳥高飛之貌。蟁蝱之飛，可謂之翾，不可謂之翺翔也。又下文「雖欲翺翔」，高注曰：「翱翔，鳥之高飛。翼上下曰翱，直刺不動曰翔。」而此注不釋「翱翔」之義，則正文本無「翱翔」二字明矣。隸書「翱」字或作「翶」，見漢《唐公房碑》。形與「翶」相近，故「翶」誤爲「翱」。後人不知「翱」爲「翶」之誤，因妄加「翔」字耳。《藝文類聚·蟲豸部》引此正作「蟲蝱適足以翶」。

夫受形於一圈

「夫與蚑蟯同乘天機。夫受形於一圈。飛輕微細者，猶足以脱其命，又況未有類也」。「也」與「邪」同。念孫案：下「夫」字因上「夫」字而衍。「夫與蚑蟯同乘天機」、「受形於一圈」二句連讀，不當更有「夫」字。

使知之

「今夫積惠重厚，累愛襲恩，以聲華嘔苻嫗掩萬民百姓，使知之訢訢然，人樂其性者，仁也」。念孫案：「使」下不當有「知」字，此因上文「所謂知之」而誤衍也。劉本無「知」字，是。

梣木色青翳而蠃瘉蝸睆

「夫梣木色青翳，而蠃瘉蝸睆，此皆治目之藥也」。高注曰：「梣木，苦歷木名也，生於山，剥取其皮以水浸之，正青，用洗眼，瘉人目中膚翳，故曰色青翳，青色象也。此句内有脱文。蓋謂梣木色青，象目中青翳之色，故以同色者治之也。蠃蠡、薄蠃、蝸睆，目疾也。」引之曰：「色青翳」當作「已青翳」。注内「色青翳」同。「已」與「瘉」相對爲文。「已」，亦「瘉」也，言梣木可以瘉青翳也。「瘉」，今作「愈」。《吕氏春秋·至忠篇》「王之疾必可已也」，高注曰：「已，猶愈也。」故此注云：「用洗眼，瘉人目中膚翳，故曰已青翳也。」今正文及注皆作「色青翳」者，涉注内「青色」而誤耳。「蠃瘉蝸睆」當作「蠃蠡瘉燭睆」。注内「蝸睆」同。據高注云「蠃蠡，薄蠃」，則「蠃」下原有「蠡」字明矣。《太平御覽·鱗介部十三》引此作「蠃蠬瘉燭睆」，又引注云：「蠃，附蠃蠬，細長蠃也。燭睆，目中疾。」《一切經音義》二十引許慎注云：「燭睆，目内白翳病也。」《名醫別録》曰：「蝸籬，味甘無毒，主燭館，明目。」「蠃蠬」、「蝸籬」，竝與「蠃蠡」同。《士冠禮》「蠃醢」，今文「蠃」爲「蝸」，《内則》作「蝸醢」。「燭館」與「燭睆」同。「蠃」、「蠡」聲相亂，故「蠃」下脱「蠡」字。「燭」、「蝸」草書相似，故「燭」誤爲「蝸」。宋《證類本草》引此已誤。

尺之鯉　丈之材　營宇狹小

「夫牛蹏之涔，無尺之鯉；塊阜之山，無丈之材。所以然者何也？皆其營宇狹小，而不能容巨大也」。莊氏伯鴻校本自敘云：「《太平御覽》《地部三》引作『牛蹄之涔，無徑尺之鯉；魁父之山，無營宇之材』，無下『營宇』二字，足證今本之脱譌。」念孫案：此《御覽》誤，非今本誤也。「尺之鯉」、「丈之材」相對爲文，若作「營宇之材」，則文不成義，且與上句不對。營宇狹小，所以不能容巨大。若無「營宇」二字，則文義不明。鈔本《御覽》作「牛蹄之涔，無徑尺之鯉；魁父之山，無丈之材。營宇狹小，而不能容巨大也」。「尺」上有「徑」字，乃後人不識古文辭而妄加之。後人以「尺之鯉」文義未足，故加一「徑」字。此未識古人句法也。《原道篇》曰：「聖人不貴尺之璧，而重寸之陰。」《呂氏春秋·舉難篇》曰：「尺之木，必有節目；寸之玉，必有瑕適。」屬句竝與此同。加一「徑」字，則與下句不對矣。《御覽·鱗介部八》引此又作「無盈尺之鯉」，「盈」字亦後人所加。其「無丈之材」及「營宇狹小」，則皆與今本同。刻本《御覽》作「無營宇之材」，而下文無「營宇」二字，此皆後人妄改，不足爲據。《藝文類聚·山部上》引作「牛蹄之涔，無尺之鯉；魁府之山，無丈之材。皆其營宇狹小，而不能容巨大也」，正與今本同，足證刻本《御覽》之誤。劉晝《新論·觀量篇》「蹄窪之内，不生蛟龍；培塿之上，不植松柏，營宇隘也」，意皆本於《淮南》。彼言「營宇隘」，猶此言「營宇狹小」耳，亦足證刻本《御覽》無「營宇」二字之誤。「尺」上無「徑」字，并足證鈔本《御覽》之誤。

有命在於外

「使我可係羈者，必其有命在於外也」。念孫案：「有命在於外」當作「命有在於外」。言既爲人所係羈，則命在人而不在我也。今本「命」、「有」二字誤倒，則文義不明。《文子·精誠篇》正作「必其命有在外者矣」。《莊子·山木篇》「物之所利，乃非己也，吾命有在外者也」，即《淮南》所本。

吟德

「吟德懷和」。高注曰：「吟詠其德，含懷其和氣。」念孫案：「吟」非「吟詠」之「吟」，乃「含」字也。《原道篇》「含德之所致也」，高彼注曰：「含，懷也。」此云「含德懷和」，《本經篇》云「含德懷道」，「含」、「懷」一聲之轉，其義一也。「含」字從口、今聲。移口於旁，字體小異耳。若訓爲吟詠之「吟」，則與「懷和」不類矣。《漢書·禮樂志》「靈安留，吟青黄」，服虔曰：「吟，音含。」是「含」字古或作「吟」也。

晽晽

「昧昧晽晽，皆欲離其童蒙之心，而覺視於天地之閒」。高注曰：「昧昧，欲明而未也。晽晽，欲所知之貌也。」念孫案：《說文》《玉篇》《廣韻》《集韻》皆無「晽」字。「晽晽」當爲「楙楙」。注同。「昧昧」、「楙楙」，一聲之轉，皆欲知之貌也。《說文》云：「惀，欲知之皃。」《文子·上禮篇》作「昧昧懋懋」。「懋」與「楙」古字通，《皋陶謨》「懋遷有無化居」，《漢書·食貨志》「懋」作「楙」。今作「晽晽」者，「楙」誤爲「林」，又因「昧」字而誤加日旁耳。楊慎《古音餘》乃於《侵韻》收入「晽」字，吴志伊《字彙補》又云「晽，音林」，竝引《淮南子》「昧昧晽晽」，皆爲俗本所惑也。

乃至　非乃

「乃至神農、黄帝」。念孫案：「乃」當爲「及」，字之誤也。《文子·上禮篇》正作「及」。又《氾論篇》「故聖人之見存亡之迹、成敗之際也，非乃鳴條之野、甲子之日也」，「乃」亦當爲「及」。言夏殷之將亡，聖人早已知之，非及鳴條之野、甲子之日而後知之也。《道藏》本、劉本竝作「乃」，朱本改「乃」爲「待」，而莊本從之。義則是，而文則非矣。

九㚟

「襲九窾，重九㚟」。高注曰：「㚟，形也。」念孫案：《説文》《玉篇》《廣韻》《集韻》皆無「㚟」字，「㚟」當爲「垽」，字之誤也。《玉篇》：「垽，古文垠字。」字從土，㹞聲。《説文》：「㹞，讀若『銀』。」「九垽」，即「九垠」也。上文曰：「蘆苻之厚，通於無垽。」「無垽」即「無垠」也。《兵略篇》「不見朕垽」，《覽冥篇》作「朕垠」。彼注云「垠，形狀也」，故此注亦云「垽，形也」。

周室之衰

「施及周室之衰」。引之曰：「之衰」二字，後人所加也。尋繹上文，自伏羲氏以下皆爲衰世，則方其盛時，亦謂之衰，不待其衰而後爲衰也。下文「周室衰而王道廢」，始言周室之衰耳。若此句先言周室之衰，則下文不須更言衰矣。《文子·上禮篇》作「施及周室」，無「之衰」二字。

雜道以僞

「澆淳散樸，雜道以僞，儉德以行，而巧故萌生」。高注曰：「雜，粗。」念孫案：「雜」當爲

「離」，字之誤也。「儉」讀爲「險」。「險」、「儉」，古字通。說見《經義述聞・大戴禮》「惠而不儉」下。《莊子・繕性篇》「德又下衰，澆淳散樸，離道以善，險德以行」，郭象注：「有善而道不全，行立而德不夷。」此正《淮南》所本。《文子》作「離道以爲僞，險德以爲行」，又本於《淮南》。然則原文作「離道」明矣。高注訓「雜」爲「粗」，則所見本已誤作「雜」。又案：「僞」，古「爲」字。說見《史記・淮南衡山傳》「爲僞」下。「爲」亦「行」也。《齊俗篇》「矜僞以惑世，伉行以違衆」，「矜僞」猶「伉行」耳。上文曰：「夫趨舍行僞者，爲精求於外也。」《荀子・儒效篇》曰：「其衣冠、行僞，已同於世俗矣。」「行僞」，即「行爲」。「離道以僞，險德以行」，言所爲非大道，所行非至德也，與詐僞之「僞」不同。下句「巧故萌生」始言詐僞耳。《文子》改作「以爲僞」、「以爲行」，失之。

疑聖

「於是博學以疑聖，華誣以脅衆」。高注曰：「博學楊墨之道，以疑孔子之術。」引之曰：「疑」讀曰「擬」。博學以擬聖，謂博學多聞以自比於聖人也。鄭注《周官・司服》曰：「疑之言擬也。」《史記・平準書》「人徒之費，擬於南夷」，《漢書・食貨志》「擬」作「疑」。《文子》作「狙學以擬聖」，是其證。《莊子・天地篇》「博學以擬聖，於于以蓋衆」，即《淮南》所本也。高說失之。

真清

「水之性真清而土汩之，人性安静而嗜欲亂之」。念孫案：「真」字於義無取，疑後人所加。《太平御覽·方術部一》引此作「夫水之性清而土汩之，人之性安而欲亂之」，於義爲長。《吕氏春秋·本生篇》云：「夫水之性清，土者扫之，故不得清。人之性壽，物者扫之，故不得壽。」「扫」與「汩」同。

芳臭

「耳目之於聲色也，口鼻之於芳臭也」。念孫案：下句本作「口鼻之於臭味」，謂口之於味，鼻之於臭也。後人誤讀「臭」爲「腐臭」之「臭」，而改「臭味」爲「芳臭」，則與「口」字義不相屬矣。《太平御覽》引此正作「鼻口之於臭味」。

淵清

「是故神者，智之淵也。淵清，則智明矣。智者，心之府也。智公，則心平矣」。念孫案：以下二句例之，則「淵清」當爲「神清」。此涉上句「淵」字而誤也。《太平御覽》引此正作

「神清」。《文子・九守篇》同。

流沫　沫雨

「人莫鑑於流沫，而鑑於止水者，以其静也」。高注曰：「沫雨，雨潦上沫起覆甌也。」舊本脱一「雨」字，今據《説山篇》注補。又《説山篇》「人莫鑑于沫雨，而鑑于澄水者，以其休止不蕩也」，注曰：「沫雨，雨潦上覆瓫也。『沫雨』或作『流潦』。」念孫案：「流沫」本作「沫雨」，故高注及《説山篇》俱作「沫雨」。又《太平御覽・服用部十九》《方術部一》竝引《淮南子》「人莫鑑於沫雨，而鑑於止水」。今本作「流沫」者，後人以意改之耳。又案：「沫雨」者，「流雨」之譌也。水動則濁，静則清，故曰「人莫鑑於流雨，而鑑於止水者，以其静也」。「動」與「静」相對，「流」與「止」相對。「流」隷或作「㳅」，見《魯相史晨饗孔廟後碑》。形與「沫」相似，因譌爲「沫」。高以爲「雨潦上覆甌」，非也。據高云「『沫雨』或作『流潦』」，《文子・九守篇》亦作「流潦」。《文選・江賦》注引作「流瀿」，又引許慎注云：「楚人謂水暴溢爲瀿。」則「沫」爲「㳅」字之譌明矣。《莊子・德充符篇》「人莫鑑於流水，而鑑於止水」，崔譔本「流」作「沫」，亦是「㳅」字之譌。

以覩其易也　形物之性也

「莫窺形於生鐵，而窺於明鏡者，以覩其易也。夫唯易且靜，形物之性也」。念孫案：「以覩其易也」，「以」下本無「覩」字。「以其靜也」、「以其易也」相對爲文，則不當有「覩」字。《太平御覽·服用部十九》《方術部一》引此竝無「覩」字。「夫唯易且靜，形物之性也」，語意未明。《御覽·方術部》引作「夫唯易且靜，故能形物之性情也」，高注：「形，見也。」較今本爲善。《文子》作「神清意平，乃能形物之情也」。

用也必假之於弗用也

「由此觀之，用也，必假之於弗用也」。念孫案：「用也」二字，文不成義。《太平御覽·方術部》引此作「用者，必假之於弗用者」，是也。今本兩「者」字皆作「也」，涉上文而誤耳。《文子》作「故用之者，必假於不用者」，《莊子·知北遊篇》曰「是用之者假不用者也」，皆其證。

然而不免於傴身猶不能行也

「孔、墨之弟子，皆以仁義之術教導於世，然而不免於傴身，猶不能行也，又況所教乎」。高以「偪身」二字連讀，云：「偪身，身不見用，偪偪然也。」念孫案：高說非也。「偪」字上屬爲句，「不免於偪」，謂躬行仁義，而不免於疲也。「偪」之言「羸」也。《廣雅》曰：「傫傫，疲也。」《說文》曰：「儽，垂皃。亦疲憊之意。《玉藻》「喪容纍纍」，鄭注曰：「纍纍，羸憊貌也。」王褒《洞簫賦》曰：「桀跖鬻博，偪以頓顇。」「儽」、「偪」、「傫」、「纍」，竝字異而義同。「身」字下屬爲句。《呂氏春秋·有度篇》曰：「孔、墨之弟子徒屬，充滿天下，皆以仁義之術教導於天下。然而無所行教者，術猶不能行，又況乎所教！」句法正與此同。

真人之道

「若夫神無所掩，心無所載，通洞條達，恬漠無事，無所凝滯，虛寂以待，此真人之道也」。念孫案：「道」本作「遊」，此後人以意改之也。《文子·九守篇》正作「遊」。遊者，行也，言真人之所行如此也。上文曰：「心有所至，而神喟然在之，反之於虛，則銷鑠滅息，此聖人之游也。」高注曰：「游，行也。」《精神篇》「是故真人之所游」，高注亦曰：「游，行也。」《莊子·天運篇》「古之至人，假道於仁，託宿於義，以遊逍遥之虛，食於苟簡之田，立於不貸之圃。古者謂是采真之遊」，竝與此「真人之遊」同意。

澤潤玉石

「不通此者，雖目數千羊之羣，耳分八風之調，足蹀陽阿之舞，而手會綠水之趨，智終天地，明照日月，辯解連環，澤潤玉石，猶無益於治天下也」。高注曰：「澤，潤澤也。」念孫案：「澤潤玉石」本作「辭潤玉石」。高注「澤，潤澤也」本作「潤，澤也」。此解「潤」字之義，非解「澤」字之義。「辭潤玉石」，謂其辭潤澤如玉石也。「目數千羊」二句以耳目言之，「足蹀陽阿」二句以手足言之，「智終天地」二句以心言之，「辯解連環」二句以口言之，若云「澤潤玉石」，則文不成義矣。今案：正文「澤」字涉注文「潤，澤也」而誤。《太平御覽・人事部一百五》引此已誤。後人不達，又於注內加一「澤」字，以從已誤之正文耳。《文子・九守篇》正作「辭潤玉石」。

知不能平

「蜂蠆螫指而神不能憺，高注：「憺，定也。」蚉蝱噆膚而知不能平」。念孫案：「知不能平」四字，義不相屬。「知」本作「性」。性，猶體也。《呂氏春秋・壅塞篇》「牛之性不若羊，羊之性不若豚」，高注：「性，猶體也。」《少儀》曰：「受立、授立，不坐，性之直者，則有之矣。」《楚語》曰：「制城邑若體性焉，有首領、股肱至于手拇、毛脈。」《月令》「安形性」，《後漢書・陳寵傳》作「安形體」。平，静也。《鬼谷子・摩篇》：「平者，静也。」謂體不能静也。《莊子・天運篇》「蚊虻噆膚，則通昔不寐」是也。後人不知「性」之訓爲「體」，故妄改之耳。《太平御覽・蟲豸部二》引此正作「性不能平」。

一人養之十人拔之

「今夫樹木者，一人養之，十人拔之，則必無餘枿。與「櫱」同。」念孫案：「一」當爲「十」，「十」當爲「一」。此言養之者雖有十人，而一人拔之，則木必死也。下文曰：「今盆水在庭，清之終日，未能見眉睫；濁之不過一撓，而不能察方員。」意與此[一]同。《魏策》亦云：「十人樹楊，一人拔之，則無生楊矣。」今本「十」、「一」二字互誤，則非其指矣。《太平御覽・資産部三》所引與今本同，亦後人依誤本改之。其《方術部一》引此正作「十人養之，一人拔之」。

草木不夭九鼎重味

「當此之時，風雨不毁折，草木不夭，九鼎重味，珠玉潤澤」。《太平御覽・皇王部二》引此，

[一] 與此，原作「此與」，據《國學基本叢書》本改。

「夭」下有「死」字。念孫案：「風雨不毁折」、「草木不夭死」相對爲文，則有「死」字者是也。《文子·道德篇》亦有「死」字。「九鼎重味」，「味」字於義無取，蓋即下文「珠」字之誤而衍者也。《御覽》引此作「九鼎重」，又引注云：「王者之德休明，則鼎重。」此蓋許注。則無「味」字明矣。

淮南内篇弟三

天文

太昭　道始於虚霩

「天墜籀文「地」字。未形，馮馮翼翼，洞洞灟灟，故曰太昭。道始於虚霩」。引之曰：書傳無言「天地未形，名曰太昭」者，馮、翼、洞、灟，亦非昭明之貌。「太昭」當作「太始」，字之誤也。《易乾鑿度》曰：「太始者，形之始也。」《太平御覽·天部一》引張衡《玄圖》曰：「玄者，無形之類。自然之根作於太始，莫之與先。」是太始無形，故天地未形謂之太始也。「道始於虚霩」當作「太始生虚霩」，即承上文「太始」而言。王逸注《楚辭·天問》曰：「太始之元，虚廓無形。」「廓」與「霩」同。正所謂「太始生虚霩」也。後人以《老子》言道先天地生，故改「太始生虚霩」爲「道始於虚霩」，而不知與「故曰太始」句文不相承也。《御覽》引此作「道始生虚霩」，「太」字已誤作「道」，而「生」字尚不誤。

宇宙生氣氣有漢垠

「宇宙生氣，氣有漢垠」。念孫案：此當爲「宇宙生元氣，元氣有涯垠」。下文「清陽爲天，重濁爲地」，所謂「元氣有涯垠」也。今本脱去兩「元」字，「涯」字又誤爲「漢」。《太平御覽·天部一》「元氣」下引此正作「宇宙生元氣，元氣有涯垠」。

積陽之熱氣生火　積陰之寒氣爲水　日月之淫爲

「積陽之熱氣生火，火氣之精者爲日；積陰之寒氣爲水，水氣之精者爲月；日月之淫爲，精者爲星辰」。引之曰：「積陽之熱氣生火」、「積陰之寒氣爲水」本作「積陽之熱氣久者生火」、「積陰之寒氣久者爲水」，言熱氣積久則生火，寒氣積久則爲水。今本無「久者」二字，後人删之也。《初學記·天部上》、《太平御覽·天部四》竝引此云：「積陰之寒氣久者爲水。」隋蕭吉《五行大義·辨體性篇》引此云：「積陽之熱氣反者爲火，積陰之寒氣反者爲水。」《藝文類聚·天部上》引此云：「積陰之寒氣大者爲水。」「反」與「大」皆「久」字之誤，則原有「久者」二字明矣。「日月之淫爲」本作「日月之淫氣」，此因上下文「爲」字而誤。《廣韻》「星」字注引此云：「日月之淫氣，精者爲星辰。」「日月之淫氣」與「積陽之熱氣」、「積陰之寒氣」文正相對。「精者爲星辰」與「精者爲日」、「精者爲月」文亦相對。下文「天地之偏氣，怒者爲風」、「天地之合氣，和者爲雨」，句法亦相同。

天之偏氣怒者爲風天地之含氣和者爲雨

「天之偏氣，怒者爲風；天地之含氣，和者爲雨」。劉本删去下句「天」字，而莊本從之。念孫案：《大戴禮·曾子天圓篇》：「陰陽之氣，偏則風，和則雨。」《藝文類聚·天部下》引《曾子》曰：「天地之氣和則雨。」是風、雨皆天地之氣，豈得以風屬之天，雨屬之地乎？下句當依《道藏》本作「天地」，上句當補「地」字。又案：「含氣」當爲「合氣」。「合」、「含」字相似，又涉上文「含氣」而誤也。「合氣」與「偏氣」正相對，作「含」則非其指矣。

月虚

「月虚而魚腦減」。念孫案：「虚」當爲「虧」，字之誤也。「虧」字脱去右半，因誤而爲「虚」。《埤雅》引此已誤。月可言盈虧，不可言虚實。《太平御覽·鱗介部十三》引此正作「月虧」。《藝文類聚·天部上》《御覽·天部四》引此竝作「月毁」，蓋許慎本。「毁」亦「虧」也。

鳥飛

「故鳥飛而高，魚動而下」。念孫案：「飛」本作「動」，此後人妄改之也。同一動也，而有高下之殊，故曰「鳥動而高，魚動而下」，猶《睽·彖傳》言「火動而上，澤動而下」也。若鳥言飛，則魚當言游矣。《太平御覽·鱗介部七》引此正作「鳥動而高」。

五億萬里

「天去地五億萬里」。念孫案：《開元占經·天占篇》引此作「億五萬里」。《太平御覽·地部一》引《詩含神霧》亦云：「天地相去億五萬里。」然則「億」、「五」二字，今本誤倒也。

二十八宿　凡二十八宿也

「天有九野、五星、八風、二十八宿、五官、六府」。注曰：「二十八宿，東方角、亢、氐、房、心、尾、箕，北方斗、牛、女、虛、危、室、壁，西方奎、婁、胃、昴、畢、觜、參，南方井、鬼、柳、星、張、翼、軫也。」引之曰：「二十八宿」四字及注「二十八宿」云云，皆後人所加也。下文於九野、五星、八風、五官、六府皆一一釋之，而不及二十八宿，但於所説九野中附以「其星角、亢、氏」云云。使有「二十八宿」四字，下文不應不爲解釋，且不應以二十八宿併入九野條內，使綱目不相當也，然則此處原文無「二十八宿」四字明矣。注於牽牛、須女、營室、東壁、觜觿、東井、輿鬼七星，皆省一字稱之，文義苟簡，决非漢人所爲。《天文》《時則》二篇於牽牛、須女等名，皆不從省。《月令》《爾雅》及《呂氏春秋・十二紀》《有始覽》、《史記・天官書》《漢書・天文》《地理》二志，無不皆然。唯此篇所列圖，於營室、東壁、觜觿，各省一字，而牽牛、須女、東井、輿鬼七星，皆不省。《漢書・律曆志》說十二次，於東井省「東」字，而牽牛、婺女、營室皆不省；說四方星度，於牽牛、婺女、東壁、觜觿、東井、輿鬼七星，各省一字，而營室獨不省。此則後人改之而未盡者也。七星但稱星，則無以別於他星；牽牛謂之牛，營室謂之室，觜觿謂之觜，皆文不成義。又案：下文「星分度：角十二，亢九，氐十五，房五，心五，尾十八，箕十一四分一，斗二十六，牽牛八，須女十二，虛十，危十七，營室十六，東壁九，奎十六，婁十二，胃十四，昴十一，畢十六，觜觿二，參九，東井三十三，輿鬼四，柳十五，七星七，《道藏》本脱下「七」字，各本及莊本脱上「七」字，今補正。張、翼各十八，軫十七，凡二十八宿也」，「凡二十八宿」句，亦後人所加。此說星之分度，非說星之全數也，無緣得有此句。

四守　天阿　太一之庭

「紫宮，太微，軒轅，咸池，四守，天阿」。「阿」當作「河」，說見下。高注曰：「皆星名，下自解。」

又：「太微者，太一之庭也。「太一」當作「五帝」，說見下。紫宮者，太一之居也。軒轅者，帝妃之舍也。咸池者，水魚之囿也。天阿者，羣神之闕也。四守者，各本「守」作「宮」，涉上文「紫宮」而誤。今據上文「四守」及《北堂書鈔·天部二》《初學記·天部上》《太平御覽·天部六》所引改正。所以司賞罰。各本「以」下衍「爲」字，今據舊本《北堂書鈔》《初學記》《太平御覽》所引刪。」注曰：「四守，紫宮、軒轅、咸池、天阿。」引之曰：據前注，則四守亦星名。據後注，則四守乃總括四星之稱，非星名也。前、後注意迥殊。今細繹原文，前注是也。紫宮、太微、軒轅、咸池、四守、天阿，列其名也。太一之庭、太一之居、帝妃之舍、水魚之囿、羣神之闕及所以司賞罰，則明其職也。故前注曰：「皆星名，下自解。」後注以四守爲紫宮、軒轅、咸池、天阿，其不可通有三：太微、紫宮竝舉，何以數紫宮而不數太微，其不可通一也；四守若爲紫宮、軒轅、咸池、天阿之總稱，則上文「四守」二字當列於「紫宮」前爲統下之詞，或列於「天阿」後爲統上之詞，其義乃通，何以雜廁諸星之閒，而云「紫宮、太微、軒轅、咸池、四守、天阿」邪？其不可通二也；軒轅，帝妃之舍，咸池，水魚之囿，皆與賞罰之事無涉，其不可通三也。《初學記》《太平御覽》竝引許慎注曰：「四守，紫宮、軒轅、咸池、天阿也。」然則此乃許注，後人移入高本，而前後遂相矛盾矣。

「天阿」本作「天河」，後人以「天河」非星名，故改爲「天阿」也。案：《開元占經·甘氏中官占》引甘氏曰：「天阿一星在昴西，以察山林之妖變也。」與門闕之義無涉。且天阿非黄道所經，不得言羣神之闕也。《北堂書鈔》《太平御覽》引此竝作「天河」，又引高注曰：「天河，星名。闕，猶門也。」各本脱「天河星名」四字。又《初學記》《太平御覽》引許注以天河爲四守之一，是許本亦作「天河」。天河蓋即北河、南河也。夾河之南北，故總謂之天河。《天官書》曰：「鉞北，北河；南，南河；兩河、天闕閒爲關梁。」《開元占經·石氏中官占》引郗萌曰：「兩河戍與戉，即「鉞」字。俱爲帝闕。」又占曰：「兩戍閒爲天門，日、月、五星常出其門中。」故曰：「天河者，羣神之闕也。」高注訓「闕」爲「門」，正合郗萌之説。羣神，即日、月、五星之神也。《韓子·飾邪篇》曰：「豐隆、五行、太一、王相、攝提、六神、五括、天河、殷槍、歲星。」所謂天河，蓋即指此。

《天官書》曰：「中宫，天極星，其一明者，太一常居也；環之匡衛十二星，藩臣。皆曰紫宫。」《開元占經·石氏中官占》引《春秋合誠圖》曰：「紫微者，太一之常坐。」太一在紫宫之中，非太微中所有，不得言「太微，太一之庭」，諸書亦無言「太一之庭」者。此「太一」二字，蓋因下文「太一之居」而誤。《太平御覽》引此已誤。「太一之庭」當作「五帝之庭」。《天官書》曰：「太微匡衛十二星，藩臣。其内五星，五帝坐。」《太平御覽》引《天官星占》曰：「紫宫，太一坐也。太微之宫，天子之庭，五帝之坐也。」即此所云「太微，五帝之庭。紫宫，太一之居」也。《續漢書·天文志》注引張衡《靈憲》曰：「紫宫爲皇極之居，太微爲五帝之廷。」「廷」、「庭」，古字通。又其一證矣。注内「太一，天神也」亦當爲「五帝，天神也」。蓋正文既誤爲「太一」，後人又改注以從之耳。

歲鎮行一宿

「鎮星以甲寅元始建斗，歲鎮行一宿」。念孫案：「行」字因上下文而衍。既云「歲鎮一宿」，則無庸更言「行」。《開元占經·填星占》引此無「行」字。《史記·天官書》亦無。

太白元始以正月甲寅與熒惑晨出東方

「太白元始以正月甲寅，與熒惑晨出東方」。引之曰：此本作「太白元始以甲寅正月，與營室晨出東方」。甲寅正月者，甲寅年之正月也。下文「太陰元始建於甲寅」，《開元占經·填星占篇》引舊注曰：「甲寅元始，曆起之年也。」《大衍曆議》引《洪範傳》曰：「曆記始於顓頊上元太始，閼蒙攝提格之歲，畢陬之月，朔月己巳立春，七曜俱在營室五度。」「閼蒙」與「閼逢」同。太歲在甲曰閼逢，在寅曰攝提格。「閼逢攝提格之歲」者，甲寅之歲也。正月爲陬。「畢陬之月」者，正月也。「七曜」者，日、月及太白、歲星、辰星、熒惑、鎮星也。「上元太始，閼逢攝提格之歲，畢陬之月」，太白在營室，故曰：「太白元始以甲寅正月，與營室晨出東方也。」《天官書》說太白曰：「其紀上元以攝提格之歲，與營室晨出東方。」《開元占經・太白占篇》引《甘氏》亦曰：「太白以攝提格之歲正月，與營室晨出於東方。」皆其明證。後人不審其義，遂改「甲寅正月」爲「正月甲寅」，又改「營室」爲「熒惑」，不知「甲寅」者，甲寅年也。若云「正月甲寅」，則是甲寅日矣。《顓頊曆》元所起之日爲己巳，非甲寅也，其謬一也；「甲寅正月」，先年而後月，若云「正月甲寅」，則不知在何年矣，其謬二也；莊本改「甲寅」爲「建寅」，尤非。太白與營室晨出東方，猶下文「歲星與營室東壁晨出東方」，皆以所在之宿言之，若云「與熒惑晨出東方」，則不知在何宿矣，其謬三也。《漢書・天文志》晉灼注「太白常以正月甲寅，與熒惑晨出東方」，亦後人依誤本《淮南》改之。

當出而不出

「當入而不入，當出而不出，天下興兵」。念孫案：「當出而不出」已見上文，此當作「未當出而出」。太白主兵，故「當出而不出，未當入而入，則天下偃兵」。見上文。當入而不入，未當出而出，則天下興兵也。《史記・天官書》《漢書・天文志》及《開元占經・太白占》引《石氏星經》竝云「未當出而出，當入而不入，天下起兵」，是其證。

祀四郊　決刑罰

「景風至，則爵有位，案：有位則有爵，此言「爵有位」，於義不可通。《太平御覽・時序部八》引作「施爵位」。《文選・任昉〈王文憲集序〉》注引作「施爵禄」。賞有功。涼風至，則報地德，祀四郊。閶闔風至，則收縣垂，琴瑟不張。不周風至，則脩宮室，繕邊城。廣莫風至，則閉關梁，決刑罰」。念孫案：「祀四郊」本作「祀四鄉」。四鄉，四方也。《越語》「皇天后土四鄉地主正之」，韋注曰：「鄉，方也。」故高注云「祀四方神」，即《月令》所謂「命主祠祭禽于四方」也。《易通卦驗》曰：「涼風至，報土功，祀四鄉。」《白虎通義》曰：「涼風至，報地德，祀四鄉。」皆其明證也。若作「四郊」，則失其義矣。且「鄉」與「功」、「張」爲韻，「功」字合韻，讀若「光」。《月令》「神農將持功」，與「昌」、「殃」爲韻。《老子》「不自伐，故有功」，與「明」、「彰」、「長」爲韻；「自伐者無功」，與「行」、「明」、「彰」、「長」、「行」爲韻。《韓子・主道篇》「去賢而有功」，與「明」、「强」、「常」、「常」爲韻。《楚辭・惜誓》「惜傷身之無功」，與「狂」、「長」爲韻。若作「郊」，則失其韻矣。「決刑罰」本作「決罰刑」，故高注云：「罰刑疑者，於是順時而決之。」下文曰「斷罰刑」，《時則篇》曰「休罰刑」，又曰「斷罰刑」，皆其證也。《太平御覽・時序部十二》引此亦作「斷罰刑」。「刑」與「城」爲韻，若作「刑罰」，則失其韻矣。

大終日月星辰復始甲寅之元

「天一元始，正月建寅，日月俱入營室五度。天一以始建七十六歲，日月復以正月入營室五度無餘分，名曰一紀。凡二十紀，千五百二十歲各本「千」上有「一」字，《開元占經》所引無，今從之。大終，日月星辰復始甲寅之元」。引之曰：「大終」下當有「三終」二字。下文曰：「一終而建甲戌，二終而建甲午，三終而復得甲寅之元。」蓋一終而建甲戌，積千五百二十歲；二終而建甲午，積三千四十歲；三終而復得甲寅之元，積四千五百六十歲。劉績謂每終二十年，三終共六十年，大誤。故曰「千五百二十歲大終，句三終，日月星辰復始甲寅之元」也。千五百二十歲一終，但至甲戌，不得復始甲寅之元，故知脱「三終」二字也。日月五星起於營室，乃《顓頊曆》元。見《太歲攷》。《開元占經·古今曆積篇》曰：「《黃帝曆》元法四千五百六十，《顓頊曆》同。」則《顓頊曆》以四千五百六十歲爲一元，若非三終，不得有此數矣。《漢書·律曆志》曰：「三終而與元終。」《續漢志》曰：「三終歲復，復青龍爲元。」是其例也。《開元占經·日占篇》引此已脱「三終」二字。

日行一度而歲有奇

「日行一度而歲有奇四分度之一」。引之曰：「日行一度」本作「日行危一度」，後人删去「危」字耳。「日行危一度而歲有奇四分度之一」者，言每歲日行至危之一度，而有四分一之奇零也。蓋四分度之一微茫難辨，其所在本無定處。推步者視周天之度起於何宿，則附餘數於度所止之宿，如《殷曆》以冬至日躔起度，則度起牽牛而以四分度之一附於斗。《開元占經·北方七宿占篇》引《石氏》曰「斗二十六度四分度之一」是也。斗、牽牛爲星紀，度起星紀，則以四分度之一附於析木。下文曰「星分度：箕十一四分一」是也。尾、箕，析木也。《顓頊曆》以立春日躔起度，則度起營室，而以四分度之一附於危，即此所云「日行危一度而歲有奇四分度之一」是也。《廣雅》説七燿行道曰：「日月五星行黄道，始營室、東壁。」又曰：「行須女、虚、危，復至營室。」是度起營室，而止於危，《月令》所謂「日窮于次」也，故以四分度之一附於危焉。危不止一度而獨附於一度者，星度多少，古今不同，唯第一度不異，故附於此耳。《開元占經·日占篇》引此正作「日行危一度」，又引注曰：「危，北方宿也。」則有「危」字明矣。若如今本作「日行一度」，則所謂「四分度之一者」，不知附於何宿矣，甚矣其不可通也。

鑿地

「陰氣極，則下至黄泉，北至北極，故不可以鑿地穿井」。念孫案：《太平御覽·地部三十二》「池」下引此作「鑿池穿井」，於義爲長。

十二月

「十二月德居室三十日」。念孫案：「十二月」當爲「十一月」。上文云「冬至德在室」是也。

升日行一度　埶升　升句

「兩維之間，九十一度也，《道藏》本此下有高注「自東北至東南爲兩維」云云，凡二十九字。十六分度之五，而升日行一度，十五日爲一節，以生二十四時之變」。念孫案：「九十一度十六分度之五」作一句讀。其高注「自東北至東南」云云，本在「十六分度之五」下，《道藏》本誤入「九十一度」下，「度」下又衍「也」字，遂致隔斷上下文義。劉績本删去「也」字，是也。乃又移高注於下文「而升」二字之下，而莊本從之，則其謬益甚矣。「升」當爲「斗」，字之誤也。隸書「斗」字作「𣁬」，形與「升」相似，傳寫往往譌溷。「而斗日行一度」作一句讀，言斗柄左旋，日行一度，而以十五日爲一節也。上文云「紫宫執斗而左旋，日行一度以周於天」，下文云「斗指子，則冬至，加十五日指癸，則小寒」，皆其明證也。又《齊俗篇》「糟丘生乎象樠，炮格生乎熱升」，炮格，謂爲銅格，布火其下，置人於上也。格，音如字，俗作「烙」，音「洛」，非。此段氏若膺説，見《鍾山札記》。「升」亦當爲「斗」。《北堂書鈔·服飾部四》《太平御覽·服用部十四》竝引《淮南》「炮格始於熱斗」，又引許慎注曰「熱斗，熨斗也。紂見熨斗爛人手，遂作炮格之刑」是也。又《兵略篇》「章華之臺燒，以升勺沃而救之」，「升」亦當爲「斗」。鄭注《少牢饋食禮》曰：「枓，㪺，水器也。」「枓」與「斗」同。

冬至以後十二律　日冬至音比林鍾　雨水驚蟄　清明穀雨

「冬至音比黄鍾，小寒音比應鍾，大寒音比無射，立春音比南吕，雨木音比夷則，驚蟄音比林鍾，春分音比蕤賓，清明音比仲吕，穀雨音比姑洗，立夏音比夾鍾，小滿音比太蔟，芒種音比大吕，夏至音比黄鍾，小暑音比大吕，大暑音比太蔟，立秋音比夾鍾，處暑音比姑洗，白露音比仲吕，秋分音比蕤賓，寒露音比林鍾，霜降音比夷則，立冬音比南吕，小雪音比無射，大雪音比應鍾」。又下文曰：「日冬至音比林鍾，浸以濁；日夏至音比黄鍾，浸以清。以十二律應二十四時之變。」引之曰：「冬至音比黄鍾」當爲「音比應鍾」，下當云「小寒音比無射，大寒音比南吕，立春音比夷則，雨水音比林鍾，驚蟄音比蕤賓，春分音比仲吕，清明音比姑洗，穀雨音比夾鍾，立夏音比太蔟，小滿音比大吕，芒種音比黄鍾。」「其日冬至音比林鍾」亦當爲「音比應鍾」。蓋音以數少者爲清，數多者爲濁。冬至以後，逆推十二律，由清而濁；夏至以後，順推十二律，由濁而清。冬至應鍾，其數四十二，爲最清。小寒無射，其數四十五，則濁於應鍾矣。大寒南吕，其數四十八，則又濁於無射矣。立春夷則，其數五十一，則又濁於南吕矣。雨水林鍾，其數五十四，則又濁於夷則矣。驚蟄，蕤賓其數五十七，則又濁於林鍾矣。春分仲吕，其數六十，則又濁於蕤賓矣。清明姑洗，其數六十四，則又濁於仲吕矣。穀雨夾鍾，其數六十八，則又濁於姑洗矣。立夏太蔟，其數七十二，則又濁於夾鍾矣。小滿大吕，其數七十六，則又濁於太蔟矣。芒種黄鍾，其數八十一，則最濁矣。故曰「日冬至音比應鍾，浸以濁」也。夏至以後與此相反，故曰「日夏至音比黄鍾，浸以清」也。夏至音比黄鍾，爲音之最濁者，則冬至之音，當爲最清者。最清者非應鍾而何？後人但知《月令》「仲冬律中黄鍾」之文，遂改「冬至音比應鍾」爲「音比黄鍾」，而移「應鍾」於小寒，且并無射以下遞移其次，高注亦遞移。而不知《月令》所言者十二月之律，此所言者二十四時之律，本不相同也。至改「日冬至音比應鍾」爲「音比林鍾」則謬益甚矣。《宋書·律志》引此已誤。又案：「驚蟄」本在「雨水」前，「穀雨」本在「清明」前。今本「驚蟄」在「雨水」後，「穀雨」在「清明」後者，後人以今之節氣改之也。《漢書·律曆志》曰：「諏訾中驚蟄，今曰雨水。降婁初雨水，今曰驚蟄。大梁初穀雨，今曰清明。中清明，今曰穀雨。」是漢初驚蟄在雨水前，穀雨在清明前也。桓五年《左傳》正義引《釋例》曰：「漢太初以後，更改氣名，以雨水爲正月中，驚蟄爲二月節。」《月令》正義引劉歆《三統曆》「雨水正月中，驚蟄二月節」，又引《易通卦驗》「清明三月節，穀雨三月中」。《藝文類聚·歲時部上》引《孝經緯》曰：「斗指寅爲雨水，指甲爲驚蟄，指乙爲清明，指辰爲穀雨。」三書皆出太初以後，故氣名更改，《三統曆》與緯書皆出西漢末。不應淮南王書先已如是，其爲後人所改明矣。《逸周書·周月篇》「春三月中氣：驚蟄、春分、清明」，今本作「雨水、春分、穀雨」。《時訓篇》「驚蟄、雨水、穀雨、清明」，今本「雨水」在「驚蟄」前，「清明」在「穀雨」前，皆後人所改，辯見盧氏紹弓校定本。《日知録》謂《淮南子》已「先雨水後驚蟄」，失之。

陽氣涷解

「距日冬至四十六日而立春，陽氣涷解」。引之曰：「陽氣涷解」文不成義，當作「陽涷解」。陽涷，地上之涷也。陰涷，地中之涷也。立春之日，地上之涷先解，故曰「陽涷解」。《管子·臣乘馬篇》曰「日至六十日而陽涷釋，七十日而陰涷釋」是也。今本「陽」下有「氣」字，因注内「陽氣」而衍。

雷戒

「秋分雷戒，蟄蟲北鄉」。念孫案：「戒」當爲「臧」，字之誤也。「臧」，古「藏」字。「秋分雷藏」與上文「春分雷行」相應。《時則篇》云「八月雷不藏」，是其證也。且「臧」與「鄉」爲韻，若作「戒」，則失其韻矣。「藏」字古皆作「臧」，故《説文》無「藏」字。今書傳中作「藏」者多，作「臧」者少，大抵皆後人所改也。此「臧」字若不誤爲「戒」，則後人亦必改爲「藏」矣。

太歲

「咸池爲太歲」。錢氏曉徵《荅問》曰：「問：《淮南》以咸池爲太歲，與它書所言太歲異，何故？曰：《淮南書》云：『斗杓爲小歲，咸池爲大歲。』『大時者，咸池也。小時者，月建也。』皆以『大』、『小』相對，初未嘗指咸池爲太歲。其作『太歲』者，乃後人轉寫之謌。吴斗南《兩漢刊誤》謂『《淮南》不名天一爲太歲，又自以咸池名之』，則南宋本已誤矣。」念孫案：錢説是也。

起右徙一歲而移十二歲而大周天

「天維建元，常以寅始，句起，此字上有脱文。右徙一歲而移，十二歲而大周天，終而復始」。引之曰：「起」字上當有脱文。蓋言甲寅之年，歲星在娵訾之次，營室，東壁也。詳見下條。是歲星所起也。起與二「始」字、二「子」字韻也。二「子」字見下文。必言歲星所起者，太歲與歲星相應而行，故言太歲建元必以歲星也。《漢書·律曆志》曰：「木金相乘爲十二，是爲歲星小周。小周乘《巛》策，爲一千七百二十八，是爲歲星歲數。」鄭注《周官·保章氏》曰：「歲星爲陽，右行於天，太歲爲陰，左行於地，十二歲而小周。」《馮相氏》疏曰：「太歲在地，與天上歲星相應而行。歲星爲陽，右行於天，一歲移一辰。又分前辰爲一百四十四分而侵一分，則一百四十四年跳一辰。十二辰帀，則總有千七百二十八年，十二跳辰帀。以此而計之，十二歲一小周，謂一年移一辰故也。千七百二十八年一大周，十二跳帀故也。歲左行於地，一與歲星跳辰年數同。」以上賈《疏》。然則「右徙」、「周天」皆謂歲星，若建寅之太歲，左行於地，不得謂之「右徙」、「周天」矣。「起」字之上有脱文無疑。「周天」上本無「大」字，後人加之也。歲星十二歲而小周天，不得謂之大周。淮南王時未有歲星超辰之説，亦無大周、小周之分。上文曰：「歲星歲行三十度十六分度之七，句十二歲而周。」無「大」字。

太一在丙子

「淮南元年冬，漢初以十月爲歲首，故言「元年冬」。太一在丙子」。注曰：「淮南王安即位之元年。」引之曰：太一乃北極之神，與紀歲無涉。「太一」當作「天一」，此因「天」字脱去上畫，後人又加點於下耳。《廣雅》曰：「天一，太歲也。」漢元封七年，太歲在丙子。上推至文帝十六年，下距元封七年凡六十年。爲淮南王安始封之年，太歲亦當在丙子，故曰：「天一在丙子也。」古者天一、太歲、太陰，名異而實同。詳見《太歲攷》。

冬至甲午立春丙子

《潛研堂文集》曰：「《淮南·天文訓》『冬至甲午，立春丙子』必有譌，蓋冬至與立春相去四十五日有奇，古今不易。自甲午訖丙子，僅四十三日，此理之所必無者。以術推之，是年冬至蓋己酉日，立春則甲午日耳。」引之曰：錢説非也。下文「日冬至子午，夏至卯酉。冬至加三日，則夏至之日也。歲遷六日，終而復始」，高注曰：「遷六日，今年以子冬至，後年以午冬至也。」則冬至之日，非子即午，明矣。下文「壬午冬至，甲子受制」，謂立春也。與此「冬至甲午，立春丙子」，其法正同，不得以「甲午」爲「己酉」之譌也。「立春丙子」與上文

「始」、「起」、「始」、「子」爲韻，若作「立春甲午」，則失其韻矣。冬至甲午至立春丙子四十三日，與後人曆法不同者，古法多疏故也。下文壬午冬至至甲子受制亦四十三日，以是明之。

二陰一陽

「二陰一陽成氣二，二陽一陰成氣三」。引之曰：「二陰」當作「一陰」。一陰一陽，所以成氣二也。高注曰：「陰巃嵸，故得氣少。陽精微，故得氣多。」正以一陰與一陰爲二，一陽與二陽爲三，陰數少而陽數多也。《續漢書・天文志》引《律術》曰「陽性動，陰性靜。動者數三，靜者數二」，是也。二陰而分言之，則各爲一陰矣。

七十二日而歲終庚子受制　七十歲而復至甲子

「七十二日而歲終，庚子受制，歲遷六日。以數推之，七十歲而復至甲子」。引之曰：上文言「壬午冬至，甲子受制」，由甲子受制以歲遷六日推之，一日乙丑，二日丙寅，三日丁卯，四日戊辰，五日己巳，六日庚午，則當作「庚午受制」，今本作「庚子」，涉上文「庚子」而誤也。由甲子受制，每歲以遷六日推之，至十歲而六十甲子終而復始，則當作「十歲而復至甲子」，今本「十」上有「七」字，涉上文「七十二日」而衍也。

養老鰥寡

「戊子受制，則養老鰥寡，行粰鬻，施恩澤」。念孫案：「養老鰥寡」當作「養長老，存鰥寡」，今本脱「長」、「存」二字，則句法與上下文不協。《時則篇》曰：「季夏存視長老，行稃鬻；仲秋養長老，行稃鬻飲食。」《春秋繁露·治水五行篇》曰：「土用事，則養長老，存幼孤，矜寡獨，施恩澤。」《開元占經·填星占篇》引巫咸曰：「填星受制，則養老，蓋脱「長」字。存鰥寡，行饘粥，施恩澤。」皆其證。

大剛魚不爲

「壬子干庚子，大剛魚不爲」。引之曰：「大剛」二字義不可通。「大」字蓋因上文「大旱」而衍。「剛」當爲「則」，字之誤也。「則魚不爲」四字連讀。高注：「不成爲魚。」《春秋繁露·治亂五行篇》曰：「水干金，則魚不爲。」是其證。

收其藏

「以至於仲春二月之夕，「夕」謂月之下旬也。《書大傳》「月之朝，月之中，月之夕」，鄭注曰：「上旬爲朝，中旬爲中，下旬爲夕。」字亦作「昔」。《吕氏春秋・任地篇》曰：「孟夏之昔，殺三葉而穫大麥。」乃收其藏而閉其寒」。高注曰：「收斂其所藏而閉之。」念孫案：《太平御覽・時序部四》引此本作「乃布收其藏而閉其寒」，引高注本作「收斂其所藏而出布之，閉其陰寒，令不得發泄」。後人既不解「布收」二字之義，而削去「布」字，又删改高注以滅其迹，甚矣其妄也。又案：「布收其藏」者，「布」讀爲「敷」，「敷」與「布」，古字通。《臯陶謨》「敷同日奏罔功」，《禹貢》「篠簜既敷」，《史記・夏本紀》「敷」竝作「布」。《顧命》「敷重蔑席」，《説文》引作「布」。《商頌・長發篇》「敷政優優」，成二年《左傳》引作「布」。《聘禮》「管人布幕于寢門外」，今文「布」作「敷」。《周頌・賚篇》箋云：「敷，猶徧也。」《堯典》「敷奏以言」，《史記・五帝紀》作「徧告以言」。言徧收其藏而閉其寒也。上文云「至秋三月，地氣下藏，百蟲蟄伏」，故此言「仲春之夕，乃布收其藏，而閉其寒」。「布」字在「收其藏」之上，本謂徧收其藏，非謂收其所藏而出布之也。高氏誤解「布」字，後人求其説而不得，遂以「布」爲衍文，而削之矣。

禽鳥

「女夷鼓歌，以司天和，以長百穀、禽鳥、草木」。念孫案：「禽鳥」當爲「禽獸」。《藝文類聚·歲時部上》引作「以養百穀、禽獸、草木」。《太平御覽·時序部四》《百穀部一》竝引作「以長百穀、禽獸、草木」，是其證。

小還　大還

「日至於昆吾，是謂正中；至於鳥次，是謂小還；至於悲谷，是謂餔時；至於女紀，是謂大還」。念孫案：「小還」、「大還」當爲「小遷」、「大遷」，字之誤也。遷之爲言西也。日至昆吾，謂之正中。至鳥次，則小西矣，故謂之「小遷」。至女紀，則大西矣，故謂之「大遷」。《漢書·律曆志》曰：「少陰者，西方。西，遷也。陰氣遷落物。」《白虎通義》曰：「西方者，遷方也。萬物遷落也。」是「遷」與「西」同義。若作「小還」、「大還」，則義不可通矣。舊本《北堂書鈔·天部一》及《藝文類聚》、《初學記·天部上》《太平御覽·天部三》引此竝作「小遷」、「大遷」。陳禹謨依俗本改爲「大還」、「小還」。

淵虞

「至於淵虞，是謂高舂」。念孫案：「淵虞」當作「淵隅」。注同。「隅」、「虞」聲相亂，又涉下文「虞淵」而誤也。桓五年《公羊傳》疏、舊本《北堂書鈔》及《藝文類聚》《初學記》《太平御覽》引此竝作「淵隅」。陳禹謨改爲「虞淵」，大謬。《楚辭·天問》補注引此亦作「淵隅」，則南宋本尚不誤。

至於

「至於蒙谷，是謂定昏」。念孫案：「至」本作「淪」，此涉上文諸「至」字而誤也。淪，入也，見《原道》《精神》《本經》三篇注及《漢書·敘傳》應劭注。没也。見《覽冥篇》注、《楚辭·九歎》注及《説文》《廣雅》。「淪於蒙谷」與上「出於扶桑」相對。舊本《北堂書鈔》及《藝文類聚》《初學記》《太平御覽》引此竝作「淪」。陳禹謨依俗本改「淪」爲「至」。《楚辭補注》同。

禹以爲朝晝昏夜

「日行九州七舍，有五億萬七千三百九里，禹以爲朝晝昏夜」。念孫案：「禹」字義不可通，

「禹」當爲「離」。俗書「離」字作「雝」，漢《北海相景君碑陰》「當離墓側」，《魯相韓勑造孔廟禮器碑》「離敗聖輿」，字竝作「雝」，其左畔與「禹」相似，因誤爲「禹」。《顏氏家訓·書證篇》論俗書曰「離則配禹」，正謂此也。脱去右畔，而爲「禹」耳。離者，分也。言分爲朝晝昏夜也。《精神篇》「別爲陰陽，離爲八極」，文義與此同。

十二月指丑

「帝張四維，運之以斗，月徙一辰，復反其所。正月指寅，十二月指丑，一歲而帀，終而復始」。引之曰：「十二月指丑」本作「十一月指子」，後人改之也。指寅、指子，皆曆元所起，故以二者言之。《晉書·律曆志》引董巴議曰：「《顓頊曆》以今之孟春正月爲元，其時正月朔旦立春，五星會于天歷營室也。湯作《殷曆》，更以十一月朔旦冬至爲元首，下至周魯及漢，皆從其節。」是《顓頊曆》起寅月，《殷曆》起子月也。故下文「指寅，寅則萬物螾螾然也」。先言「指寅」，《顓頊曆》之遺法也。上文「斗指子則冬至」，先言「指子」，《殷曆》之遺法也。「指寅」、「指子」，皆言其始，一歲而帀，乃言其終。蓋起於寅者，至丑而帀；起於子者，至亥而帀也。後人不知古曆有二法，而改爲「十二月指丑」，非也。指丑則一歲已帀，不須更言「一歲而帀」矣。且「子」與「始」爲韻，若作「丑」，則失其韻矣。《太平御覽·時序部一》引此正作「十一月指子」。

則萬物螾

「指寅，則萬物螾」。念孫案：此當作「指寅句寅句則萬物螾螾然也句」。「寅，則萬物螾螾然」者，猶云「寅者，言萬物螾螾然」，故高注曰：「動生貌。」《史記·律書》亦曰：「寅者，言萬物始生螾然也。」今本「寅」下脱一「寅」字，「螾」下又脱「螾然也」三字，則文不成義，且句法與下文不協矣。《太平御覽·時序部一》引此正作「寅，則萬物螾螾然也」。

未味也

「未，昧也」。念孫案：「未」下脱「者」字。自「午者，忤也」至「丑者，紐也」，皆有「者」字。「昧」本作「味」，後人以《漢書·律曆志》云「昧薆於未」，故改「味」爲「昧」，不知《淮南》自訓「未」爲「味」，與《漢書》不同也。《五行大義論·支榦名篇》及《太平御覽》引《淮南》竝云：「未者，味也。」《白虎通義》及《廣雅》竝云：「未，味也。」《説文》：「未。味也。六月滋味也。」「六月」下有脱文。《史記·律書》：「未者，味也。言萬物皆成有滋味也。」義竝與《淮南》同。

其加卯酉三句

「其加卯酉，則陰陽分，日夜平矣」。引之曰：此三句不與上文相承，尋繹文義，當在前「日短而夜脩」之下。云「其加卯酉」者，王弼注《老子》曰：「加，當也。」承「夏日至」、「冬日至」言之，彼言冬夏至，此言春秋分也。言「陰陽分，日夜平」者，承「陽勝」、「陰勝」、「日夜脩短」言之，言至春秋分，則陰陽無偏勝，日夜無脩短也。寫者錯亂在此，今更定其文如左：

「夏日至，則陰乘陽，是以萬物就而死；冬日至，則陽乘陰，是以萬物仰而生。晝者，陽之分；夜者，陰之分。是以陽氣勝，則日脩而夜短；陰氣勝，則日短而夜脩。其加卯酉，則陰陽分，日夜平矣。」

引而止也　呻之也

「林鍾者，引而止也。指申，申者，呻之也」。念孫案：「之」字當在上文「引而止」下，今本誤在「呻」字下，則文不成義。自「午者，忤也」至「丑者，紐也」，「也」上皆無「之」字。《五行大義·論律呂篇》《論支榦名篇》及《太平御覽》引此竝云：「林鍾者，引而止之也。申者，呻也。」是其證。

曰規

「道曰規始於一」。念孫案：「曰規」二字與上下文義不相屬，此因上文「故曰規生矩殺」而誤衍也。《宋書·律志》作「道始於一」，無「曰規」二字。

兵重三罕

「故祭祀三飯以爲禮，喪紀三踊以爲節，兵重三罕以爲制」。念孫案：「重罕」二字，義不可通，「重」當爲「革」。「祭祀」、「喪紀」、「兵革」皆相對爲文。「革」字古文作「𠦶」，隷省作「单」，與「重」相似而誤。「罕」當爲「軍」。言兵革之事，以三軍爲制也。「軍」字草書作「𢀳」，與「罕」相似而誤。

徵生宮宮生商

「徵生宮，宮生商」。劉績曰：「當作『宮生徵，徵生商』。」念孫案：劉説是也。上文曰：「黄鍾爲宮，太蔟爲商，林鍾爲徵。」又曰：「黄鍾下生林鍾，林鍾上生太蔟。」所謂「宮生徵，徵生商」也。《宋書·律志》《晉書·律曆志》竝作「宮生徵，徵生商」。《地形篇》亦曰：「變宮生徵，變徵生商。」高注：「變，猶化也。」

角生姑洗

「角生姑洗」。引之曰：音律相生，皆非同位者。上文曰：「姑洗爲角」。則角與姑洗爲一，不得云「角生姑洗」也。「生」當爲「主」。上文「黄鍾主十一月」云云，與此「主」字同義。「角主姑洗」，猶言姑洗爲角耳。「主」與「生」相似，又因上下文「生」字而誤。《宋書·律志》亦誤作「生」。秦氏《五禮[一]通攷》改作「角爲姑洗」，非是。五音爲六律之綱，可言「姑洗爲角」，不可言「角爲姑洗」也。

比於正音

「姑洗生應鍾，比於正音，故爲和；高注：「與正音比，故爲和。」應鍾生蕤賓，不比於正音，故爲繆。各本脱「於」字，今據《宋書》補。」劉績曰：「以序論之，黄鍾爲宫，以次而商、角、徵、羽。姑洗生應鍾變宫，在南吕羽之後，故曰『比於正音爲和』；應鍾生蕤賓變徵，閒入正音角、羽之閒，故曰『不比正音爲繆。』」引之曰：劉説非也。七音之序，周回相次。變宫在羽之後、宫之前，

[一] 禮，原作「體」，據《國學基本叢書》本改。

變徵在角之後、徵之前，唐武后《樂書要録》説七聲次第曰：「假令十一月黄鍾爲宫，隔一月以正月太蔟爲商，又隔一月以三月姑洗爲角，又隔一月以五月蕤賓爲變徵，即以其次之月六月林鍾爲徵，又隔一月以八月南吕爲羽，又隔一月以十月應鍾爲變宫，周迴，還與十一月相比也。」其道相同，豈有順逆之分乎？「比」讀如《易・比卦》之「比」。比，入也，合也。閔元年《左傳》曰「屯固比入」，又曰「合而能固」，是也。《説林篇》「黄鍾比宫，太蔟比商」，與此「比」字同義。「比於正音，故爲和」本作「不比於正音，故爲和」。注内「與正音比」本作「不與正音比」。不比於正音者，不入於正音也。言應鍾是宫之變音，故不入於正音。不入於正音，則命名當有以別之，故謂之曰和。和者，言其調和正音也。蕤賓是徵之變音，故亦不入於正音。不入於正音，則命名當有以別之，故謂之曰繆。音目。繆之言穆。穆，亦和也，《大雅・烝民》箋曰：「穆，和也。」「穆」、「繆」古字通。言其調和正音也。《周語》「以七同其數，而以律和其聲，於是乎有七律」，昭二十年《左傳正義》釋其義曰：「變宫、變徵，舊樂無之，聲或不會，而以律調和其聲，使與五音諧會。」是應鍾、蕤賓二律，皆所以調和其聲也。《漢書・楊雄傳〈甘泉賦〉》説風聲曰：「陰陽清濁，穆羽相和兮，若夔牙之調琴。」「穆」與「繆」同。穆在變音之末，言穆而和可知矣。羽在正音之末，言羽而宫、商、角、徵可知矣。變聲與正聲相調和，故曰「穆羽相和」。張晏曰「穆然相和」，殆未達「穆」字之義。以律管言之，則變宫爲和，變徵爲穆；以琴弦言之，則當以少宫爲和，少商爲穆。琴亦有和、穆二音，故曰「穆羽相和，若夔牙之調琴」也。然則變音之「繆」，本與「穆」同，而穆之命名，正取相和之義，明矣。後人誤讀「繆」爲「紕繆」之「繆」，以爲「和」與「繆」相反，《宋書》引舊注曰：「繆音相干也。」亦誤解「繆」字。遂於「應鍾不比於正音」句删去「不」字，以别於蕤賓，并注中「不」字而亦删之。古訓之不通，其勢必至於妄改矣。《宋書·律志》正作「姑洗生應鍾，不比於正音，故爲和」，載注文正作「不與正音比」。《晉書·律曆志》引淮南王安曰「應鍾不比正音，故爲和」，足證今本之謬。

脱文二句

「黄鍾之律脩九寸。物以三生，三九二十七，故幅廣二尺七寸」。引之曰：「物以三生」下本有「三三九」一句。後人以上文已言「三三如九」，故删去此句，不知上文「三三如九」、「九九八十一」與此文「三三九，三九二十七」皆上下相承爲義。物以三生，故必先以三自乘而得九，然後以三乘九而得二十七。且上文與此相離甚遠，不得因彼而省此也。《宋書》正作「三三九，三九二十七，幅廣二尺七寸」。下本有「古之制也」四字，故高注曰：「古者幅皆然也。」各本「皆」上衍「比」字，今删。脱去此句，則注文爲贅設矣。《宋書》正作故「幅廣二尺七寸，古之制也」。

人脩八尺　有形則有聲　匹者中人之度也

「音以八相生，故人脩八尺，尋自倍，故八尺而爲尋。有形則有聲，音之數五，以五乘八，五八四十，故四丈而爲匹。匹者，中人之度也。一匹而爲制」。引之曰：此文多不可通。人脩八尺，尋自倍，則丈六尺矣。而云「人脩八尺，尋自倍，故八尺而爲尋」，其不可通一也。音以八相生，音即聲也，何須更云「有形則有聲」？其不可通二也。匹長四丈，人之長安得有此？而云「匹者，中人之度」，其不可通三也。蓋寫者譌舛失次，兼有脱文。《宋書》已與今本同，則後人以誤本《淮南》改之也。今更定其文，而釋之如左：

「有形則有聲，音以八相生，故人臂脩四尺，尋自倍，故八尺而爲尋。尋者，中人之度也。音之數五，以五乘八，五八四十，故四丈而爲匹，一匹而爲制。」云「有形則有聲」者，「有形」謂上文「黄鍾之律脩九寸」也，「有聲」謂「音以八相生」也。云「人臂脩四尺」者，《一切經音義》卷十七引《淮南》云「人臂四尺，尋自倍，故八尺曰尋」，是也。云「尋者，中人之度也」者，《考工記》曰「人長八尺」，是也。

秋分蔈定

「秋分蔈定，蔈定而禾熟」。「蔈」與「秒」同。禾，芒也。說見《主術》。念孫案：《隋書・律曆志》引此作「秋分而禾蔈定，蔈定而禾熟」，是也。《宋書・律志》同。今本脱「而禾」二字，則文義不明。

十二蔈而當一粟十二粟而當一寸

「律之數十二，故十二蔈而當一粟，十二粟而當一寸。律以當辰，音以當日，日之數十，故十寸而爲尺，十尺而爲丈」。引之曰：十二蔈當一粟，十二粟當一寸，則百四十四蔈而當一寸也。《主術篇》「寸生於穮」，「蔈」、「穮」竝與「秒」同，今本「穮」誤作「𥟍」，辯見《主術》。高注曰：「十二穮爲一分，今本脱「二」字。十分爲一寸，十寸爲一尺，十尺爲一丈。」《説文》亦曰：「律數十二秒而當一分，十分而寸。」則是百二十蔈而當一寸，與此不同也。許、高二家之説，俱本於此篇。使原文作「十二蔈而當一粟，十二粟而當一寸」，則二家之説何以竝言「十二蔈爲分，十分爲寸」乎？且《主術篇》明言「寸生於穮」，不得又以粟參之也。然則今本爲後人所改，明矣。《宋書・律志》與今本同，則其誤已久。今依《主術篇》及許、高二家之説，而更定之如左：

「律之數十二，故十二蔈而當一分。律以當辰，音以當日，日之數十，故十分而爲寸，十寸而爲尺，十尺而爲丈。」

其以爲量

「其以爲量，十二粟而當一分，十二分而當一銖」。念孫案：「量」當爲「重」。「重」、「量」字相近，又因上文「度量」而誤也。自「十二粟」以下，皆言其重之數，非言其量之數。《説文·禾部》注及《宋書·律志》竝作「其以爲重」。

蒼龍在辰

「太陰在寅，朱鳥在卯，句陳在子，玄武在戌，白虎在酉，蒼龍在辰」。引之曰：下文「天神之貴者，莫貴於青龍，或曰天一，或曰太陰」。是太陰即蒼龍也。既云「太陰在寅」，不當復云「蒼龍在辰」矣。下文「凡徙諸神，朱鳥在太陰前一，鉤陳在後三，玄武在前五，白虎在後六」，而不言蒼龍所在，正以太陰即蒼龍也。「蒼龍在辰」四字，蓋淺人所加。

子爲開主太歲丑爲閉主

《道藏》本：「子爲開，主太歲。丑爲閉，主下有脱文。太陰。在寅，歲名曰攝提格。」引之曰：「太陰」二字乃下屬爲句，與下文「太陰在卯」之屬相同。「主」下當别有所主之事，而今脱去。王應麟《小學紺珠》始誤讀「主太陰」爲句。劉本遂重「太陰」二字，而各本及莊本從之，非也。上文云「太陰在寅」，何得又言「主太陰」乎？且下文曰「天神之貴者，莫貴於青龍，或曰天一，或曰太陰」，而無「太歲」之名。「天一元始」、「太陰元始」之屬，皆太歲也。而謂之天一、太陰，不謂之太歲。「咸池爲太歲」，則又「大歲」之譌。説見上。然則《天文篇》無稱太歲者也。此「太歲」亦當作「大歲」，寫者誤加點耳。斗杓爲小歲，咸池爲大歲。見上文。上文「酉爲危，主杓」，杓，小歲也。此文「子爲開，主大歲」，大歲，咸池也。大歲月從右行四仲，與歲從左行之太陰迴殊，若作「太歲」，則與太陰無異。上言「太陰在寅」，下言「子主太歲」，是太陰主太陰矣，義不可通。《開元占經·歲星占篇》引此篇舊注曰：「太陰，謂太歲也。」蓋許慎注。《廣雅》「太陰，太歲也」本此。使篇内太歲、太陰分爲二，注者必不爲此注矣。可見「太歲」乃「大歲」之譌，而太歲、太陰之未嘗分也。徧考書傳，亦無分太歲、太陰爲二者。或據《淮南》譌脱之文以爲太歲、太陰不同之證，非也。

歲星晨出東方之月

「太陰在寅，歲星舍斗、牽牛，以十一月與之晨出東方。太陰在卯，歲星舍須女、虚、危，以十二月與之晨出東方。太陰在辰，歲星舍營室、東壁，以正月與之晨出東方。太陰在巳，歲星舍奎、婁，以二月與之晨出東方。太陰在午，歲星舍胃、昴、畢，以三月與之晨出東方。太陰在未，歲星舍觜巂、參，以四月與之晨出東方。太陰在申，歲星舍東井、輿鬼，以五月與之晨出東方。太陰在酉，歲星舍柳、七星、張，以六月與之晨出東方。太陰在戌，歲星舍翼、軫，以七月與之晨出東方。太陰在亥，歲星舍角、亢，以八月與之晨出東方。太陰在子，歲星舍氐、房、心，以九月與之晨出東方。太陰在丑，歲星舍尾、箕，以十月與之晨出東方」。引之曰：「十一月」當爲「正月」，「十二月」當爲「二月」，「正月」當爲「三月」，「二月」當爲「四月」，「三月」當爲「五月」，「四月」當爲「六月」，「五月」當爲「七月」，「六月」當爲「八月」，「七月」當爲「九月」，「八月」當爲「十月」，「九月」當爲「十一月」，「十月」當爲「十二月」。《史記・天官書》曰：「歲陰左行在寅，歲星右轉居丑，以正月與斗、牽牛晨出東方。歲陰在卯，星居子，以二月與婺女、虚、危晨出。歲陰在辰，星居亥，以三月與營室、東壁晨出。歲陰在巳，星居戌，以四月與奎、婁晨出。歲陰在午，星居酉，以五月與胃、昴、畢晨出。歲陰在未，星居申，以六月與觜觿、參晨出。歲陰在申，星居未，以七月與東井、輿鬼晨出。歲陰在酉，星居午，以八月與柳、七星、張晨出。歲陰在戌，星居巳，以九月與翼、軫晨出。歲星在亥，星居辰，以十月與角、亢晨出。歲陰在子，星居卯，以十一月與氐、房、心晨出。歲陰在丑，星居寅，以十二月與尾、箕晨出。」《漢書·天文志》曰：「太歲在寅，歲星正月晨出東方。在卯，二月出。在辰，三月出。在巳，四月出。在午，五月出。在未，六月出。在申，七月出。在酉，八月出。在戌，九月出。在亥，十月出。在子，十一月出。在丑，十二月出。」《開元占經·歲星占篇》引甘氏曰：「攝提在寅，此「攝提」謂太陰。歲星在丑，以正月與建星、牽牛、婺女晨出於東方。」皆其證也。後人以《太初曆》太歲在子，歲星十一月出，在建星、牽牛，見《天文志》。故改「正月」爲「十一月」，以合太初之法，而自此以下皆遞改其所出之月。不知太陰在寅，則歲星亦以寅月出。《樂動聲儀》所謂歲星常應太歲月建以見也。見前「太一在丙子」下。若以十一月出，則是子，而非寅，與太陰所在不相應矣。《太初曆》之太歲始建於子，故以歲星與日同次之十一月定之，所謂子年應子月也。《淮南》之太歲始建於寅，故以歲星晨出之正月定之，所謂寅年應寅月也。豈得以建子之法，雜入於建寅之法乎？況「太陰在寅」，以下俱本於《石氏》，《天文志》：「太歲在寅，歲星正月晨出東方。《石氏》在斗、牽牛。」《天官書》索隱亦云：「歲星正月晨見東方已下，皆出《石氏星經》文。」又豈有用其説而改其月者乎？《開元占經》引《淮南》已與今本同，則其誤改在唐以前矣。錢氏曉徵謂《史記》歲星正月晨出，以天正言之，其實與《淮南》無別。見《潛研堂文集》。今案：《天官書》曰：「歲陰左行在寅，歲星右轉居丑，以正月與斗、牽牛晨出，色蒼蒼有光。歲陰在子，星居卯，以十一月與氐、房、心晨出，玄色甚明。」正月德在木，故星色蒼。《天官書》凡言「正」月者七，皆謂建寅之月。十一月德在水，故星色玄。若以正月爲天正，則是夏正之十一月矣，何以不云色玄而云色蒼乎？且寅年正月日在娵訾，歲星在星紀，中隔玄枵一次，故歲星晨見有光。若十一月，則與日同次，其光不能見矣，安得云「蒼蒼有光」乎？此由不知《淮南》之十一月爲後人所改，故曲爲之説，而終不可通也。

日德　綱日　以至於癸　左前刑右背德

「太陰所居句日德句辰爲刑句德句綱日自倍因句柔日徙所不勝句凡日，甲剛乙柔，丙剛丁柔，以至於癸」。引之曰：「日德」，「日」下脱「爲」字。「日爲德」、「辰爲刑」相對爲文也。「綱」當爲「剛」。剛日柔日，甲剛乙柔是也。「癸」上當有「壬」字，此以剛柔對言，不當但言癸也。

「凡用太陰，左前刑，右背德」。案：此當爲「右背刑，左前德」，寫者顛倒耳。《五行大義・

論配文榦篇》曰：「從甲至癸爲陽，從寅至丑爲陰。陽則爲前爲左爲德，陰則爲後爲右爲刑。」右背刑，左前德者，所以順陰陽也。《史記·天官書》曰：「太白出東爲德，舉事左之迎之吉；出西爲刑，舉事右之背之吉。」是其例矣。

十二月日所建之星

「星正月建營室，不言日所建者，承上文兩「日」字而省。高注以「星」爲「日」之誤，非也。二月建奎、婁，三月建胃，四月建畢，五月建東井，六月建張，七月建翼，八月建亢，九月建房，十月建尾，十一月建牽牛，十二月建虛」。引之曰：「二月建奎、婁」，備舉是月日所在之星也。由此推之，則正月當云「建營室、東壁」，三月當云「建胃、昴」，四月當云「建畢、觜巂、參」，五月當云「建東井、輿鬼」，六月當云「建柳、七星、張」，七月當云建「翼、軫」，八月當云「建角、亢、氐」，九月當云「建房、心」，十月當云「建尾、箕」，十一月當云「建斗、牽牛」，十二月當云「建須女、虛、危」。蓋《月令》日在某星，但舉一月之首言之。而此則舉其全也。後人妄加刪節，每月但存一星之名，獨「二月建奎、婁」尚仍其舊，學者可以考見原文矣。不然，豈有《月令》季夏日在柳，而此言建張，仲秋日在角，而此言建亢，仲冬日在斗，而此言建牽牛，季冬日在婺女，即須女。而此言建虛者乎？

斗牽牛越須女吴

「斗、牽牛越，須女吴」。引之曰：諸書無言斗但主越、須女但主吴者。「斗、牽牛越，須女吴」當作「斗、牽牛、須女吴越」。《開元占經·分野略例》曰：「《淮南子》曰：『斗，吴越也。』」「斗」下脱「牽牛須女」四字。高誘注《吕氏春秋》曰：『斗，吴也。牽牛，越也。』」以上《開元占經》。然則《吕氏春秋》注分言吴越，而《淮南》則合言之也。蓋分野之説，鄭、魏、趙竝列。戰國時多謂韓爲鄭。則在三家分晉之後，其時吴地已爲越有，故但可合言吴越。若分言某星主越，某星主吴，則當時豈有吴國乎？後人以吴、越二國，不應同分野，故移「越」字於「斗牽牛」下，而不知其不可分也。《晉書·天文志》引費直説《周易》、蔡邕《月令章句》曰：「起斗至須女，吴越之分野。」又引陳卓、范蠡、鬼谷先生、張良、諸葛亮、譙周、京房、張衡竝曰「斗、牽牛、須女吴越」，足證今本之謬。

十二歲而一康

「故三歲而一饑，六歲而一衰，十二歲而一康」。今本高注曰：「康，盛也。」念孫案：「盛」當爲「虚」，此淺學人改之也。「康」之爲言「荒」也。康、荒，皆虚也。《小雅·賓之初筵篇》「酌彼康爵」，鄭箋：「康，虛也。」《爾雅》：「漮，虛也。」《方言》：「㝩，空也。」竝字異而義同。郭璞《爾雅音義》曰：「漮，本或作荒。」《大雅·桑柔篇》「具贅卒荒」，毛傳：「荒，虛也。」《泰》九二「包荒」，鄭讀爲「康」，云：「康，虛也。」「康」、「荒」古字通。襄二十四年《穀梁傳》「一穀不升謂之嗛，二穀不升謂之饑，三穀不升謂之饉，四穀不升謂之康」，范寧曰：「康，虛也。」《廣雅》：「四穀不升曰歉。」《説文》：「歉，飢虛也。」《逸周書·謚法篇》：「凶年無穀曰穅。」穅，虛也。竝字異而義同。「康」與「荒」，古字通，故《韓詩外傳》作「四穀不升謂之荒」。《史記·貨殖傳》曰「十二歲一大饑」，《鹽鐵論·水旱篇》曰「六歲一饑，十二歲一荒」，義與此同也。自「三歲一饑」以下，皆年穀不登之名，但有小大之差耳。《太平御覽·時序部二一》引此作「十二歲而一荒」，是「康」即「荒」也。若訓「康」爲「盛」，則與正文顯相違戾矣。且「四穀不升謂之康」乃春秋古訓，「十二年一荒」亦漢時舊語。是之不知，而訓「康」爲「盛」，明是淺學人所改，漢人無此謬也。

癸越

「甲齊，乙東夷，丙楚，丁南夷，戊魏，己韓，庚秦，辛西夷，壬衛，癸越」。《開元占經·日辰占邦篇》引此「越」作「趙」。念孫案：齊近東夷，楚近南夷，魏近韓，秦近西夷，衛近趙，則作「趙」者是也。若作「越」，則與「南夷」相複矣。

以勝擊殺

「以勝擊殺，勝而無報」。引之曰：上文「子生母曰義，母生子曰保，子母相得曰專，母勝子曰制，子勝母曰困」，其名有五。下文「以專從事，以義行理，以保畜養，以困舉事」，分承「專」、「義」、「保」、「困」四字，不應於「制」字獨不相承。然則此句當作「以制擊殺」，明矣。今本「制」作「勝」者，因上下文「勝」字而誤。「制」爲母勝子之名，若作「勝」，何以别於子勝母乎？

月從一辰

「北斗之神有雌雄，十一月始建於子，月從一辰」。念孫案：「從」當爲「徙」，字之誤也。上文云「帝張四維，運之以斗，月徙一辰，復反其所」，是其證。

太陰所居辰爲厭日

「太陰所居辰爲厭日」。引之曰：「太陰所居辰」當作「雌所居辰」。雌，北斗之神右行者也，月徙一辰。太陰則左行而歲徙一辰。兩者各不相涉。「太陰」二字，因下文「太陰所居」而誤也。「爲厭日」，本無「日」字，此因下句「厭日」而衍也。厭者，鄭注《周官・占夢》曰：「天地之會，建厭所處之日辰。」疏曰：「建謂斗柄所建，謂之陽建，故左還於天。厭謂日前一次，謂之陰建，故右還於天。」是也。今人猶謂陰建爲月厭，是雌所居辰名爲厭，不名爲厭日也。

庚申　戊戌己亥

「甲戌，燕也；乙酉，齊也；丙午，越也；丁巳，楚也；庚申，秦也；辛卯，戎也；壬子，代也；癸亥，胡也；戊戌、己亥，韓也；己酉、己卯，魏也；戊午、戊子」。錢氏《荅問》曰：「『庚申』當作『庚辰』。八合，猶八會也。今依堪輿『天老説』推衍之，「天老説」見《周官・占夢》疏所引《鄭志》內。正月陽建寅，破於申，陰建戌，破於辰；二月陽建卯，破於酉，陰建酉，破於卯，乙近卯，故二月乙酉爲八會之一；三月陽建辰，破於戌，陰建申，破於寅，甲近寅，故三月甲戌爲八會之二；四月陽建巳，破於亥，陰建未，破於丑，癸近丑，故四月癸亥爲八會之三；五月陰、陽建俱在午，而破於子，壬近子，故五月壬子爲八會之四；六月陽建未，破於丑，陰建巳，破於亥；七月陽建申，破於寅，陰建辰，破於戌；八月陽建酉，破於卯，陰建卯，破於酉，辛近酉，故八月辛卯爲八會之五；九月陽建戌，破於辰，陰建寅，破於申，庚近申，故九月庚辰爲八會之六；十月陽建亥，破於巳，陰建丑，破於未，丁近未，故十月丁巳爲八會之七；十一月陰、陽建俱在子，而破於午，丙近午，故十一月丙午爲八會之八；十二月陽建丑，破於未，陰建亥，破於巳。此建厭所在及八會之名也。《淮南》所列甲戌至癸亥，蓋大會之日。其下又有戊戌、己亥、己酉、己卯、戊午、戊子，當是小會之日，而尚缺其二。以例推之，當是戊辰、己巳也。」念孫案：錢説是也。「戊辰」當在「戊戌」上，「己巳」當在「己亥」上。堪輿家所謂小會，三月戊辰、四月己巳、九月戊戌、十月己亥也。又「戊辰」、「戊戌」及「戊午」、「戊子」下皆當有所主之國，而今脱之。地在天下之中者，韓、魏而外，更有趙、宋、衞、中山及周，未知以何國當之也。

數來歲　五十日　一斗

「以日冬至數來歲正月朔日，五十日者民食足；不滿五十日，日減一斗；有餘日，日益一升」。念孫案：《太平御覽·時序部十三》《十四》引此「數」下有「至」字，數，色主反。「五十日」上有「滿」字，「一斗」作「一升」，皆是也。

有其歲司也

「有其歲司也」。引之曰：此本作「其爲歲司也」。今本衍「有」字，因上文「有餘日」而衍。脱「爲」字。《太平御覽・時序部十三》引此正作「其爲歲伺也」，又引注曰：「伺，候也。」「司」，古「伺」字。爲歲司者，爲歲候豐凶也。尋繹文義，「其爲歲司也」乃起下之詞。下文「攝提格之歲，歲早水晚旱」云云，正謂候歲也，當直接此句下。作圖者誤列圖於此句之後，隔絶上下文義，遂使此句成不了之語。且自上文「以日冬至」至下文「民食一升」，皆言占歲之事，中間不應有圖。圖蓋後人所爲，故置之非其所耳。劉績不能是正，又移上文「帝張四維」一段於此句之下，大誤。

麥不爲昌

「掩茂之歲，麥不爲昌」。念孫案：「昌」上脱「菽」字，「麥不爲」爲句，上文曰「禾不爲」，又曰「菽麥不爲」。「菽昌」爲句。上文曰「菽麥昌」，又曰「稻昌」。《開元占經・歲星占》引此正作「麥不爲，菽昌」。

蠶稻　三斗

「困敦之歲，蠶稻菽麥昌，民食三斗」。念孫案：「蠶」下脱「登」字，「稻」下脱「疾」字，「蠶登」爲句，上文曰「蠶不登」，又曰「蠶登」。「稻疾」爲句，謂稻有疾也。上文曰「稻疾」，又曰「菽疾」，又曰「民疾」。「菽麥昌」爲句。「民食三斗」，「斗」當爲「升」。《開元占經》引此正作「蠶登，稻疾，菽麥昌。民食三升」。

淮南内篇弟四

地形

地形之所載

「地形之所載，六合之閒，四極之内」。念孫案：此篇皆言地之所載，「地」下不當有「形」字，此因篇名而誤衍耳。高釋篇名云：「紀東西南北，山川藪澤，地之所載，萬物形兆所化育也。」則正文本作「地之所載」，明矣。《海外南經》云「地之所載，六合之閒，四海之内」云云，此即《淮南》所本。

八極

「天地之閒，九州八極」。今本此下有注云：「八極，八方之極也。」念孫案：「八極」當爲「八柱」。「柱」與「極」，草書相近，故「柱」誤爲「極」。《玉海·地理部》引此已誤。《初學記·地部上》

《太平御覽·地部一》及《白帖》一引此竝作「天有九部八紀，地有九州八柱」。又《太平御覽·州郡部三》引作「天地之閒，九州八柱」。《楚辭·天問》曰：「八柱何當？東南何虧？」《初學記》引《河圖括地象》曰：「地下有八柱，柱廣十萬里。」皆其證也。又案：《文選·張協〈雜詩〉》注云：「《淮南子》曰：『八紘之外有八極。』高誘曰：『八極，八方之極也。』」是高注云云本在下文「八紘之外，乃有八極」下。後人不知此處「八極」爲「八柱」之譌，又移彼注於此，以曲爲附會，甚矣其謬也。

通谷其

「水道八千里，通谷其，名川六百」。陳氏觀樓曰：「《呂氏春秋·有始篇》作『通谷六，名川六百』。此『其』字當爲『六』之誤。」

三百仞　五十里　九淵

「凡鴻水淵藪，自三百仞以上，二億三萬三千五百五十里有九淵」。念孫案：「三百仞」之「百」，「五十里」之「里」，「九淵」之「淵」，皆衍文。此言鴻水淵藪，自三仞以上者，共有二億三萬三千五百五十九也。《廣雅》曰：「漳，潭淵也。」自三仞以上，二億三萬三千五百五十有九。」即用《淮南》之文。

丹水

「是謂丹水，飲之不死」。念孫案：「丹水」本作「白水」，此後人妄改之也。《水經・河水注》引此作「丹水」，亦後人依俗本改之。《楚辭・離騷》「朝吾將濟於白水兮」，王注曰：「《淮南》言白水出崑崙之原，飲之不死。」《文選・思玄賦》「斢白水以爲漿」，李善即引王注。《太平御覽・地部二十四》亦云：「《淮南子》曰：『白水出崑崙之原，飲之不死。』」則舊本皆作「白水」明矣。又案：《楚辭・惜誓》「涉丹水而馳騁兮」，王注曰：「丹水，猶赤水也。《淮南》言赤水出崑崙也。」此是引下文「赤水出東南陬」之語。若此文本作「丹水」，則王注當引以爲證，何置此不引，而別指赤水以當之乎？

赤水之東弱水出自窮石至於合黎餘波入於流沙

「赤水之東，弱水出自窮石。高注：「窮石，山名也，在張掖北塞外。」至於合黎，餘波入於流沙。絕流沙，南至南海」。引之曰：崑崙四隅，爲四水所出，説本《海内西經》。上文言「東北陬」、「東南陬」，下文又言「西北陬」，無獨缺「西南陬」之理。此處原文當作「弱水出其西南陬，絶流沙，南至南海」。其「弱水出窮石，入於流沙」及注「窮石，山名」云云，則當在下文「江出岷山」諸條閒。王逸注《離騷》引《淮南子》「弱水出於窮石，入於流沙」，郭璞注《海内西經》引《淮南子》「弱水出窮石」，正與「江出岷山」諸條文義相同也。蓋弱水本出窮石，而《海内西經》言出崑崙西南陬，故兩存其說。此文言河出崑崙東北陬，下文又言河出積石，亦是兩存其說。後人病其不合，則從而合併之，於是取下文之「弱水出窮石，入於流沙」及注文，皆移置於此處，而删去「弱水出其西南陬」七字，又妄加「赤水之東」四字、「弱水出」下又加一「自」字。「至於合黎餘波」六字，而《淮南》原文遂錯亂不可復識矣。今案：上文「赤水」次於「河水」，而不言在河水之某方，下文「洋水」次於「弱水」，而不言在弱水之某方，則「弱水」二字前，安得有「赤水之東」四字乎？《括地志》曰：「蘭門山，一名合黎，一名窮石山。引《淮南子》『弱水源出窮石山』。」見《史記·夏本紀》正義。使《淮南》原文「弱水出窮石」下有「至於合黎」之文，則合黎非窮石矣，《志》何得言「合黎一名窮石山」乎？其爲後人取《禹貢》之文附入，較然甚明。況既言「絶流沙」，則弱水入其中可知，何必又言「入於流沙」？區區餘波，又安能絶流沙而過乎？後人但知取下文「入於流沙」句增入「餘波」二字，而不知其與本文相抵牾也。高注「絶流沙」曰：「絶，猶過也。流沙，流行也。」「流行」下當有「之沙」二字。如有「餘波入於流沙」句在前，則注當先釋「流沙」，後釋「絶」字，不當先釋「絶」字，後釋「流沙」也。然則

「絶流沙」前本無「餘波入於流沙」句，而「弱水出窮石，入於流沙」，當在「江出岷山」諸條閒，明矣。

縣圃

「或上倍之，是謂縣圃」。念孫案：上文「縣圃」、「涼風」、「樊桐」，高注云：「皆崑崙之山名。」上文又云「崑崙之丘，或上倍之，是謂涼風之山」，則此「縣圃」下亦當有「之山」二字。《水經·河水注》引此作「是謂玄圃之山」，是其證。洪興祖《楚辭補注》引此亦有「之山」二字。

元澤

「東南方曰具區，曰元澤」。高注曰：「元，讀常山人謂伯爲宂之『宂』也。」莊氏伯鴻曰：「案：古讀『元』爲『兀』，故《説文》『元』從一從兀爲聲。又『髡』，一作『髨』，其從兀、從元皆爲聲。是此讀『元』爲『宂』之證。古聲『兀』、『宂』相同也。」念孫案：莊説非也。「元澤」當爲「亢澤」，字之誤也。「亢」與「沆」同。《水經·巨馬河注》曰：「督亢溝水，東逕督亢澤。」《風俗通》曰：「沆，漭也。言平望漭漭無崖際也。」是「沆」、「亢」古字通。《爾雅》「沄，沆也」，郭璞曰：「水流漭沆。」《説文》曰：「沆，莽沆，大水，一曰大澤。」《風俗通義》引《傳》曰：「沆者，莽也。言其平望莽莽無涯際也。」舊本「沆」譌作「沉」，今據《水經注》改。此言「亢澤」，亦取大澤之義。《初學記·地部上》《太平御覽·地部一》引此竝作「沆澤」，是其證也。高注「常山人謂伯爲亢」，「亢」亦「亢」字之誤。「伯」，古「阡陌」字也。《管子·四時篇》曰：「脩封疆，正千伯。」《史記·酷吏傳》「置伯格長」，徐廣曰：「街陌屯落，皆設督長也。」又《漢書·食貨志》《地理志》「阡陌」字竝作「仟伯」。「亢」與「吭」同。《廣雅》曰：「吭，陌道也。」《釋名》曰：「鹿兔之道曰亢，行不由正，亢陌山谷草野而過也。」是「吭」、「亢」古字通。《説文》曰：「趙、魏謂伯爲吭。」漢之常山郡，戰國時趙地也。此云「常山人謂伯爲亢」，正與《説文》相合。「沆」、「吭」古同聲，而竝通作「亢」，故曰「亢，讀常山人謂伯爲亢之『亢』」。

各以其類生

「土地各以其類生」。念孫案：此本作「土地各以類生人」，今本衍「其」字，脱「人」字。陳祥道《禮書》引此已誤。《史記·天官書》正義、《藝文類聚·水部上》《白帖》六、《太平御覽·天部十五》《地部二十三》《疾病部一》《疾病部三》引此竝無「其」字，有「人」字。

障氣

「是故山氣多男，澤氣多女，障氣多喑，風氣多聾」。念孫案：「障氣」本作「水氣」，後人以

「水」與「澤」相複，故妄改爲「障」耳。《禮書》引此已誤。不知凡水皆謂之水，而水鍾乃謂之澤。見《周官·大司徒》注。且「澤氣」與「山氣」相對，「水氣」與「風氣」相對，義各有取，改「水」爲「障」，則義不可通矣。《太平御覽·天部十五》《疾病部一》《疾病部三》此篇内兩引。引此竝作「水氣」。《酉陽雜俎·廣知篇》同。

尰

「岸下氣多尰」。念孫案：「尰」本作「尰」，此亦後人妄改之也。《禮書》引此已誤。尰，音諸勇反。尰，音市勇反。凡尰疾皆謂之尰，而尰足則謂之尰。「尰」字從尢，尢，讀若「汪」，跛曲脛也。見下條。故「尰」字從之。岸下氣下溼，故有尰足之疾。《小雅·巧言篇》「居河之麋，既微且尰」，鄭箋曰：「居下溼之地，故生微尰之疾。」《爾雅》曰「既微且尰，骭瘍爲微，尰足爲尰」是也。若作「尰」，則非其指矣。《太平御覽·天部十五》引此正作「尰」，又引高注云：「岸下下溼，尰足曰尰。」今脱此注。又《疾病部一》《疾病部三》引此竝同。

狂

「谷氣多痺，丘氣多狂」。念孫案：「狂」當爲「尪」。《說文》「尢，跛曲脛也。從尢，象偏曲之形，古文作尪。」《一切經音義》十八引《蒼頡篇》曰：「痹，手足不仁也。」痹與尪皆肢體之疾，故連類而及之。若「狂」，則非其類矣。篆書「尪」、「狂」二字相似，隸書亦相似，故「尪」誤爲「狂」。《天官書》正義、《太平御覽》引此作「狂」，亦傳寫之誤。《酉陽雜俎》正作「尪」。《吕氏春秋·盡數篇》：「輕水所多禿與癭人，重水所多尰與躄人，苦水所多尪與傴人。」「癭」、「尰」、「尪」、「傴」四字，皆與此篇同。

食葉

「食葉者有絲而蛾」。高注曰：「蠶是也。」念孫案：「食葉」本作「食桑」，後人以蟲之食葉者多化爲蛾，故改「食桑」爲「食葉」，不知正文本作「食桑」，故高注專訓爲「蠶」。若作「食葉」，則與高注不合矣。《爾雅》「蛓，羅」，郭璞曰：「蠶蛾。」《説文》：「䘇，蠶化飛蟲，或作蛓。」是古人言蛾者，多專指蠶蛾言之，故曰「食桑者有絲而蛾」，故高注專訓爲「蠶」也。《大戴禮·易本命篇》《家語·執轡篇》竝作「食桑」。《太平御覽·資産部五》「蠶」下引《淮南》亦作「食桑」。《意林》及《藝文類聚·蟲豸部》竝同。

陰屬於陽

「鳥魚皆生於陰，陰屬於陽」。念孫案：下「陰」字蒙上而衍。此謂鳥魚皆屬於陽，非謂陰屬於陽也。《大戴禮》《家語》竝作「鳥魚皆生於陰，而屬於陽」。盧辯曰：「生於陰者，謂卵生也。屬於陽者，謂飛游於虛也。」則無下「陰」字，明矣。《文選・辯命論》注、《太平御覽・羽族部一》引《淮南》皆無下「陰」字。

中濁

「河水中濁而宜菽」。念孫案：「中濁」二字，義不相屬，「濁」本作「調」。中調，猶中和也。上文曰：「濟水通和而宜麥。」義與此相近。今作「中濁」者，涉上文「汾水濛濁」而誤。《禮書》引此已誤。《後漢書・馮衍傳》注引此作「河水調宜菽」。《太平御覽・百穀部五》引此作「河水中調而宜菽」。

宜竹

「漢水重安而宜竹」。念孫案：《太平御覽・地部二十三》《二十七》引此「竹」下皆有「箭」

字，今本脱之。《禮書》引此已無「箭」字。古人言物産者，多竝稱「竹箭」，故曰「漢水重安而宜竹箭」。《周官·職方氏》曰「其利金錫竹箭」，《楚語》曰「楚有藪曰雲連徒洲，金木竹箭之所生」，皆是也。

決眦

「其人脩形《太平御覽》引此作「隋形」。兑上，大口決眦」。念孫案：「眦」當爲「眥」，字之誤也。《説文》：「眥，目厓也。」鄭注《鄉射禮》曰：「決，猶開也。」開眥，謂大目也。「大口」、「決眥」意相近。曹植《鼙舞歌》曰：「張目決眥。」《太平御覽·人事部四》引此正作「眥」。

寒水

「北方，寒水之所積也」。念孫案：「寒水」當爲「寒冰」，字之誤也。上文「北方曰積冰」，高注曰：「北方寒冰所積，因名爲積冰。」是也。《太平御覽》引此正作「寒冰」。

其人惷愚禽獸而壽

「其人翕形，短頸，大肩下尻，竅通於陰，骨榦屬焉，黑色主腎，其人惷愚，禽獸而壽」。「惷」各本皆誤作「惷」，唯《道藏》本不誤。《説文》「惷，亂也，從心，春聲」，引昭二十四年《左傳》「王室日惷惷焉」。《玉篇》音充允切。今《左傳》「惷」作「蠢」，杜注曰：「蠢蠢，動擾貌。」又《説文》：「憃，愚也，從心，舂聲。」《玉篇》音丑江、書容二切。是「惷亂」之「惷」字從春，「憃愚」之「憃」字從舂，聲義絶不相同。《周官・司刺》「三赦曰憃愚」，鄭注曰：「憃愚，生而癡騃童昏者。」《士昏禮記》曰：「某之子憃愚。」《哀公問》曰：「寡人憃愚冥煩。」《表記》曰：「其民之敝，憃而愚。」其字皆從舂，不從春，音丑江、書容二反，不音充允反。此言「憃愚而壽」，則其字亦從舂[一]，故高注曰：「憃，讀人謂『憃然無知』之『憃』也。」又《本經》《氾論》二篇皆言「愚夫憃婦」，義亦與此同。又《道應篇》「憃乎若新生之犢」，其字亦從舂。故《莊子・知北遊篇》作「瞳焉如新生之犢」，而《藏》本及各本「憃」字皆誤作「惷」，蓋俗讀「憃愚」之「憃」聲如「蠢」，故其字遂誤爲「惷」，他書且有誤爲「蠢」者。今人動言愚蠢，其誤實由於此。唯《三禮》「憃」、「愚」字皆不誤，則賴有《經典釋文》、《唐石經》故也。念孫案：自「翕形短頸」以下六句，皆承上「其人」二字言之，則「憃愚」上不當更有「其人」二字。上文「東方」、「南方」、「西方」皆無此二字，此即因上文「其人翕形」而誤衍也。《太平御覽》引此已誤。又案：「禽獸」二字，妄人所加也。「憃愚而壽」與上文「早知而不壽」，文正相對。加入「禽獸」二字，則文不成義矣。《太平御覽》引無此二字。

中夏

「薺冬生，中夏死」。念孫案：此本作「薺冬生而夏死」，後人以薺死於中夏，因改爲「中

[一] 舂，原作「春」，據文義改。

夏」。不知上文「禾春生秋死，菽夏生冬死，麥秋生夏死」，皆但言其時，而不言其月，薺亦然也。《藝文類聚・草部下》、《太平御覽・百穀部一》《菜部五》引此竝作「薺冬生而夏死」。

三十六國

「凡海外三十六國」。引之曰：《論衡・無形》《談天》二篇竝作「三十五國」。今歷數下文自「脩股民」至「無繼民」，實止三十五國，「六」字誤也。

華丘

「崑崙華丘在其東南方，爰有遺玉，青鳥、舊本作「青馬」，劉據《山海經》改爲「青鳥」，今依劉本。視肉、楊桃、甘樝、甘華百果所生」。劉績曰：「『華丘』疑『⿰镸差丘』之誤，『⿰镸差』音『嗟』。《山海經》：『⿰镸差丘，爰有遺玉，青鳥、視肉、楊柳、甘柤、甘華百果所生。』」念孫案：此《海外東經》文也。「⿰镸差」與「華」，形聲皆不相近，若本是「⿰镸差」字，無緣誤爲「華」。今案：「華」字當是「苹」字之誤。「苹」與「平」，古字通。《堯典》「平秩東作」，馬融本「平」作「苹」。《周官・車僕》「苹車之萃」，故書「苹」作「平」。《說文》「蒻，蒲子可以爲平席」，王肅注《顧命》作「苹席」。《海外北經》曰：「平丘在三桑東，爰有遺玉，青鳥、視肉、楊柳、甘柤、甘華百果所生。」此《淮南》所本也。隸書「華」字或作「𦾔」，見漢《北海相景君碑陰》。又作「𦾔」，見《桐柏淮源廟碑》。竝與「苹」相似，故「苹」誤爲「華」矣。《説文》「蒻蒲子可以爲平席」，《文選・秋興賦》注引作「華席」，亦是「平」通作「苹」，因誤爲「華」也。《史記・禮書》「大路越席」，正義「越席謂蒲爲華席」，亦是「苹席」之誤。

耽耳

「夸父耽耳在其北方」。高注曰：「耽耳，耳垂在肩上。耽，讀褶衣之『褶』，舊本「衣」上脱「褶」字，今補。《喪大記》云：「君褶衣褶衾。」或作『攝』，以兩手攝耳，尻海中。」舊本「海」譌作「之」，今據《海外北經》改。念孫案：「褶」、「攝」二字，聲與「耽」不相近，「耽」字無緣讀如「褶」，亦無緣通作「攝」也。「耽」皆當爲「耴」，今作「耽」者，後人以意改之耳。《説文》：「耴，耳垂也，從耳下垂，象形。《春秋傳》曰：秦公子耴。耴者，其耳下垂，故以爲名。」《玉篇》：「豬涉切。」是耳下垂謂之耴。故高注云：「耴耳，耳垂在肩上。」《廣韻》「耴耳，國名」，正謂此也。《春秋》鄭公子輒，字子耳，義與耴亦相近。字或作「聶」。《海外北經》云：「聶耳之國在無腸國東，爲人兩手聶其耳，縣居海水中。」即高注所云「以兩手聶耳居海中」者也。「耴」與「聶」聲相近，故《海外北經》作「聶」。「耴」與「褶」、「攝」聲亦相近，故高讀「耴」如「褶」，而字或作「攝」。後人多見「耽」，少見「耴」，又以《説文》云「耽，耳大垂也」，故改「耴」爲「耽」，而不知其與高注大相抵牾也。

雎出荆山

「雎出荆山」。「雎」音「雎鳩」之「雎」，字從隹，且聲，舊本作「睢」，非「睢」，音「雖」，字從目，隹聲，今改正。《地理志》《水經》《説文》皆作「沮」。高注曰：「荆山，《禹貢》北條荆山，在左馮翊懷德縣之南，下有荆漂原，《地理志》作「下有彊梁原」，《水經·渭水注》作「下有荆渠」。雝州浸也。」《水經·沮水注》曰：「沮水出東汶陽郡沮陽縣西北景山，即荆山首也。《中山經》：「荆山之首曰景山，雎水出焉，東南流注于江。」故《淮南子》曰：『沮出荆山。』高誘云：『荆山在左馮翊懷德縣。』蓋以洛水有漆沮之名故也。斯繆證耳。」念孫案：此所謂沮水，乃江漢雎漳之「雎」，非漆沮之「沮」。所謂荆山，乃《禹貢》南條荆山，非北條荆山，故酈氏以高注爲繆證。莊伯鴻欲改「雎」爲「洛」，以合高注，不知洛水過荆山入渭，《地理志》：「左馮翊襃德，《禹貢》北條荆山在南，下有彊梁原，洛水東南入渭。」則不得言「洛出荆山」。且下文明言「洛出獵山」，何不察之甚也。

汶出弗其西流合於濟

「汶出弗其，西流合於濟」。各本脱「西」字，今據《水經注》引補。高注曰：「弗其山在北海朱虛縣東。」《水經・汶水注》曰：「按誘説，是乃東汶，非《經》所謂入濟者也。蓋其誤證爾。」引之曰：《漢書・地理志》琅邪郡朱虚有「東泰山，汶水所出，東至安丘入維」，此高注所本也。其水入維，不入濟，故酈氏以爲誤證。《地理志》又曰：泰山郡萊蕪有「原山，《禹貢》汶水出西南，句入泲。古「濟」字。」此則《淮南》之汶矣。汶出原山，而此云「出弗其」者，弗其蓋原山之別名。《淮南》與《地理志》似異而實同也。《禹貢錐指》因高注誤證，而竝以《淮南》爲誤，則過矣。弗其即是原山，在萊蕪縣，與不其縣之不其山名相似，而地則不同。漢萊蕪故城在今淄川縣東南，不其故城在今即墨縣西南，二縣相去甚遠。莊氏伯鴻以爲即不其山，謬矣。

丹水出高褚

「丹水出高褚」。高注曰：「高褚一名冢領山，在京兆上雒，丹水所出，東至均入沔也。」劉績曰：「冢領山在陝西西安府商縣南，丹水出於此，東流至河南内鄉縣，與淅水合流入漢江，非此所謂丹水也。『高褚』恐『高都』之譌。漢上黨高都縣莞谷，丹水所出，東南入絶水。見《地理志》。今山西澤州高平，即高都，有丹水，源出仙公山，南流合白水，入沁河。此丹水是。」念孫案：劉説是也。《北山經》曰：「沁水之東有林焉，名曰丹林，丹水出焉，舊本作「丹林之水」，衍「林之」二字，今依《水經注》删。南流注于沁。舊本作「注于河」，涉上文「沁注于河」而誤，今依《水經注》

改。」《水經·沁水注》曰：「丹水出上黨高都縣故城東北阜下，東會絶水，又東南流，白水注之，又東南流，注於沁。」《竹書紀年》：「晉出公五年，丹水三日絶，不流。」皆謂此丹水也。漢高都故城在今澤州府鳳臺縣東北，此作「高褚」，豈「都」字古通作「諸」，因誤爲「褚」與？

股出嶕山

「股出嶕山」。高無注。引之曰：徧考地理書，無股水之名。「股」疑當爲「般」。隸書「舟」字多作「月」，故「般」誤爲「股」。漢《巴郡太守張納功德敘》「般桓弗就」，《司隸校尉魯峻碑陰》「平原般」，竝作「股」，與「股」相似。《爾雅·釋水》「鉤，般」，釋文：「般，李本作股。」《漢書·地理志》濟南郡般陽，應劭曰：「在般水之陽。」《水經·濟水注》曰：「般水出般陽縣東南龍山，俗亦謂之爲左阜。」龍山，蓋嶕山也，古今異名耳。

鎬出鮮于

「鎬出鮮于」。《北山經》郭注引此「鎬」作「薄」。劉績曰：「『鎬』、『薄』必有一誤。」引之曰：《北山經·薄水》注引此文，則「薄」非誤字可知。「鎬」與「薄」形、聲皆不相似，「薄」字亦無緣誤爲「鎬」。蓋「鎬」字下有「出某山」之文，而今脱之。「薄出鮮于」又脱「薄」字，故混爲一條耳。

晉出龍山結紿

「晉出龍山結給」。高注曰：「結給合一名也。龍山在晉陽之西北，晉水所出，東入汾。」引之曰：「晉出龍山結給」當作「晉出結紿」。「龍山」二字因注而衍，「紿字」右畔作「合」，則因下句「合出封羊」而誤。注當作「結紿山，一名龍山」，今本作「結給」，亦隨正文而誤。又脱「山」字，衍「合」字、「也」字耳。《水經·晉水注》曰：「《晉書地道記》及《十三州志》竝言晉水出龍山，一云出結紿山，在晉陽縣西北。」《太平御覽·地部十》引《郡國志》曰：「懸甕山一名龍山，亦名結紿山，晉水出焉。」是結紿山乃晉水所出，故曰「晉出結紿」。「結」、「紿」疊韻字，「結」古讀若「吉」。若作「結給」，則失其韻矣。且龍山即是結紿，不得竝言「龍山結紿」也。注言「結紿山，一名龍山」者，猶上注言「發包山，一名鹿谷山」、「薄落之山，一名笄頭山」、「猛山，一名高陵山」。其云「一名某山」，乃高以當時山名釋之，不得闌入正文。

脱文

引之曰：《説山篇》「江出岷山，河出崑崙，濟出王屋，潁出少室，漢出嶓冢」，高注云：「已説在《地形》也。」今《地形篇》無「潁出少室」之文，蓋寫者脱去。

根拔

「凡根拔木者生於庶木」。念孫案：「根拔」二字涉下文「根茇草」而誤衍也。下文言「根茇草」者，對後「浮生不根茇」者而言。若木，則皆有根茇，不必别言之曰「根拔木」也。「凡木者生於庶木」與上文「凡羽者生於庶鳥」、「凡毛者生於庶獸」、「凡鱗者生於庶魚」、「凡介者生於庶龜」，文同一例，不當有「根拔」二字也。又下文「根拔生程若，程若生玄玉，玄玉生醴泉，醴泉生皇辜，皇辜生庶草，凡根茇草者生於庶草」，高注「根拔生程若」曰：「根拔，根生草之先也。」今本「草之」二字誤倒，據下注「浮生草之先」改。案：「根拔」皆當作「招摇」，今作「根拔」者，亦因下文「根茇草」而誤。根茇草生於庶草，由庶草而上溯之至於程若，是程若爲根茇草之先，不得言「根拔生程若」也。《酉陽雜俎·廣動植篇》作「招摇生程若」，以下六句，皆本《淮南》，則「根拔」爲「招摇」之誤，明矣。

萍藻

「蕈生萍藻，萍藻生浮草。凡浮生不根茇者，生於萍藻」。念孫案：三「萍」字皆後人所加。

《埤雅》引此已誤。「蕈」一作「藻」，「萍」一作「蓱」。《吕氏春秋・季春篇》注曰：「萍，水藻也。」今本「藻」誤作「藻」。《爾雅・釋草》注曰：「水中浮蓱，江東謂之藻。」則蕈即是萍，不得言「蕈生萍藻」。且萍、藻爲二物，又不得言「萍藻生浮草」也。《酉陽雜俎》正作「蕈生藻，藻生浮草」。

正土之氣也

「正土之氣也，御乎埃天」。念孫案：「也」字衍。下文「偏土之氣」四段，「氣」下皆無「也」字。《太平御覽・地部三十五》引此亦無。

生黄埃黄埃五百歲

「埃天五百歲生缺，缺五百歲生黄埃，黄埃五百歲生黄澒」。念孫案：此本作「埃天五百歲生缺，缺五百歲生黄澒」。其「生黄埃黄埃五百歲」八字，皆因上下文而誤衍也。上文有「埃天」，下文有「黄泉之埃」。下文「青天八百歲生青曾，青曾八百歲生青澒」，與此文同一例，後二段竝同。則不當有「生黄埃」以下八字，明矣。《初學記・寶器部》《太平御覽・珍寶部九》引此竝云「玦五百歲生黄澒」。又引注云：「玦，石也。」《御覽・地部二十五》引此云：「埃天五百歲生砄，又引注云：「砄，石名也。」《玉篇》：「砄，音決，石也。」砄五百歲生黄澒。」是其證。

清天　清泉

「偏土之氣，御乎清天。清天八百歲生青曾」。念孫案：「清天」當爲「青天」。謂東方天也。下「清泉」同。《太平御覽·地部》引此正作「青天」、「青泉」。

八百歲

「青金八百歲生青龍」。念孫案：「八百歲」當爲「千歲」。上文「黄金千歲生黄龍」，即其證也。後二段竝同。高注云：「東方木色青，其數八，故八百歲而一化。」此注本在上文「青澒八百歲生青金」之下，後誤入此句下，讀者因改「千」爲「八百」耳。《太平御覽》引此正作「青金千歲生青龍」。

壯土

「壯土之氣，御乎赤天」。《太平御覽》引注云：「壯土，南方土也。」念孫案：「壯土」當爲「牡土」，此對下文北方土爲牝土而言。「壯」字俗書作「壮」，與「牡」相似而誤。

淮南内篇第五

時則

桃李始華

「始雨水，桃李始華，倉庚鳴」。引之曰：次句内本無「始」字，今本有者，後人據《月令》旁記「始」字因誤入正文也。高注曰：「自冬冰雪，至此春分穀雨，案：「春分穀雨」四字乃後人所改，《逸周書·時訓篇》「雨水之日桃始華」，則非春分穀雨時也。《呂氏春秋》注作「自冬冰雪，至此土發而耕」。故曰『始雨水』。」是首句有「始」字也。又曰：「桃李於是皆秀華。」是次句無「始」字也。《月令》「桃始華，倉庚鳴」，皆三字爲句，若無「始」字，則句法參差矣。此文「桃李華，倉庚鳴」，亦三字爲句，若加一「始」字，則句法又參差矣。故「桃李華」不言「始」，而「桃華」則言「始」；「倉庚鳴」不言「始」，而「蟬鳴」則言「始」。「蟬鳴」言「始」，而「寒蟬鳴」則不言「始」，皆變文協句也。《呂氏春秋·仲春篇》正作「桃李華」。

角斗稱

「角斗稱」。高注曰：「斗稱，量器也。」念孫案：「稱」皆當爲「桶」。「桶」、「稱」字相近，又涉注內「衡石稱也」而誤。《説文》：「桶，木方受六升。」《廣雅》曰：「方斛謂之桶。」斗、桶爲一類，故高注以桶爲量器，若作「稱」，則非量器矣。《月令》作「角斗甬」，鄭注曰：「甬，今斛也。」《吕氏春秋》作「角斗桶」，高彼注與此注同。《史記·商君傳》「平斗桶」，義亦同也。下文「仲秋之月，角斗桶」，「桶」字亦誤作「稱」。

撲曲

「具撲曲筥筐」。高注曰：「撲，持也，三輔謂之撲。撲，讀南陽人言山陵同。曲，薄也。」《吕氏春秋·季春篇》作「挾曲」，高注曰：「挾，讀曰『朕』，三輔謂之『挾』，關東謂之『得』。」《月令》作「曲植」，鄭注曰：「植，槌也。」念孫案：「撲」與「挾」皆「栚」字之誤。「栚」字本作「栚」，形與「撲」相近。「挾」字隸書作「挟」，形与「栚」亦相近。「栚」讀若「朕」，架蠶薄之木也。持，陟革反。《吕氏春秋》注「關東謂之得」，乃「棏」字之誤。「棏」與「持」同。見《玉篇》《廣韻》。《説文》：「栚，槌之横者也。」《方言》作「榺」，云：「槌，宋魏陳楚江淮之閒謂之植，自關而西謂之槌，其横關西曰榺，齊部謂之持。」郭璞曰：「槌，縣蠶薄柱也。」「朕」字古音本在蒸部，讀若「澄清」之「澄」。《說文》「謄」、「榺」、「賸」、「幐」、「騰」、「滕」、「𡕒」、「縢」、「螣」、「塍」、「勝」十一字竝從朕聲。《淮南・要略》「形埒之朕」，與「應」爲韻。又《兵略篇》「凡物有朕，唯道無朕」，《文子・自然篇》「朕」作「勝」。《說文》「𡕒」字從夂、朕聲，或作「凌」，從夂、夌聲。是「朕」、「夌」古同聲。故《吕氏春秋》注云「棱，讀曰『朕』」，此注云「棱，讀南陽人言山陵同」。

以雉嘗黍

「天子以雉嘗黍」。高注曰：「雉，新雞也。」念孫案：古無謂新雞爲雉者，「雉」皆當爲「雞」，字之誤也。《廣雅・釋言》云：「雞，雛也。」曹憲音而絹、而緣二反。郭注《爾雅・釋言》云：「今呼少雞爲鸋。」「鸋」與「雛」同。「少雞」即「新雞」。故高注云：「雞，新雞也。」《月令》作「以雛嘗黍」，其義一也。左思《蜀都賦》：「巖穴無豜豵，翳薈無麢鸋。」麢，鹿子也，義與「雞」亦相近。茅一桂不知「雉」爲「雞」之誤，而改「雉」爲「雛」，莊本同。義則是，而文則非矣。

馬政

「班馬政」。高注曰：「馬政，掌馬官也。」念孫案：「馬政」本作「馬正」。注同。故高以爲掌馬官。《吕氏春秋・仲夏篇》「班馬正」，高彼注亦云：「馬正，掌馬之官。」是其證。《月令》作「馬政」，鄭注云：「馬政，謂養馬之政教。」引《周官・庾人職》曰：『掌十有二閑之政教。』」鄭説是也。高不知「正」爲「政」之借字，故訓爲「掌馬之官」。若字本作「政」，則亦當訓爲「政教」矣。後人依《月令》改「正」爲「政」，而不知其戾於高注也。

白鍾

「孟秋之月，西宫御女白色，衣白采，撞白鍾」。念孫案：「白鍾」之「白」，因上文而衍。「春鼓琴瑟，夏吹竽笙，秋撞鍾，冬擊磬石」，「鍾」上不宜有「白」字。而《北堂書鈔・歲時部二》《藝文類聚・歲時部上》《太平御覽・時序部九》引此皆有「白」字，則其誤久矣。

其兵戈

「其兵戈」。念孫案：「戈」當爲「戉」，字之誤也。《説文》：「戉，大斧也，從戈、乚聲。「乚」音「厥」。《司馬法》曰：『夏執玄戉，殷執白戚，周左杖黄戉、右把白髦。』」徐鍇曰：「今作鉞。」《説文》：「鉞，車鑾聲也，從金、戉聲。《詩》曰『鑾聲鉞鉞』。」今《詩》作「噦」。《藝文類聚》《太平御覽》引此竝作「其兵鉞」，是其證也。四時之兵，春用矛，夏用戟，季夏用劍，秋用戉，冬用鎩。五者皆不同類，戈與戟同類，夏用戟，則秋不用戈矣。莊二十五年《穀梁傳》「天子救日，陳五兵」，徐邈曰：「矛在東，戟在南，鉞在西，楯在北，弓矢在中央。」彼言「鉞在西」，正與此「秋用戉」同義。又案：《說文》引《司馬法》作「戉」，今經傳皆作「鉞」，未必非後人所改。此「戉」字若不誤爲「戈」，則後人亦必改爲「鉞」矣。《史記·周本紀》「斬以玄鉞」，《太平御覽·皇親部一》引作「玄戈」，「戈」亦「戉」之誤。

迎秋

「天子親率三公九卿大夫以迎秋於西郊」。念孫案：「迎秋」本作「迎歲」，後人依《月令》改之耳。上文孟春、孟夏及下文孟冬，竝作「迎歲」。高注曰：「迎歲，迎春也。」又曰：「迎歲，迎夏也。」則此亦當云「迎歲，迎秋也」。後人既改「迎歲」爲「迎秋」，又删去高注，斯爲妄矣。孟冬下亦删去「迎歲，迎冬也」五字，而正文「迎歲」尚未改。

戴荏

「命太僕及七騶、咸駕、戴荏」。劉績曰：「『戴荏』，《記》作『載旌旐』，疑『荏』乃『旌』字之誤。」念孫案：劉説是也。隸書「旌」字或作「㫌」，與「荏」相似而誤。「載」、「戴」古字通。

至國而后已

「通路除道，從境始，至國而后已」。念孫案：「后」字後人所加。季春言「從國始，至境止」；季秋言「從境始，至國而已」。「已」亦「止」也，無庸加「后」字。

鵲加巢

「鵲加巢」。高注曰：「鵲感陽而動，上加巢也。」念孫案：「加」讀爲「架」，謂搆架之也。《召南·鵲巢》箋曰：「鵲之作巢，冬至架之，至春乃成。」釋文：「架之，俗本或作加功。」案：「之」作「功」者非，「架」作「加」，則古字通用。劉昌宗讀「加」爲「架」，是也。《匡謬正俗》謂「加功力作巢」，非是。《本經篇》「大夏曾加」，高注謂「以材木相乘架」。是「加」、「架」，古字通。此言「鵲加巢」，即鄭箋所謂「冬至架之」者，非謂增加其巢也。《天文篇》曰「日冬至，鵲始加巢」，《月令》曰「季冬之日，鵲始巢」，義竝與此同。《召南》正義引《推度災》云：「鵲以復至之月始作室家。」是也。

青土

「東方之極，自碣石，舊本「石」下有「山」字，後人所加也。《太平御覽·地部二》引此無「山」字，《尚書大傳》亦無，今據删。「碣」、「竭」古字通。《道藏》本、茅本竝作「竭石」，《史記·貨殖傳》「龍門竭石」，字亦如此。劉本改「竭」爲「碣」，而莊本從之，皆未達假借之義。過朝鮮，貫大人之國，東至日出之次，榑木之地，青土樹木之野」。引之曰：「青土」當爲「青丘」，字之誤也。《御覽》引此已誤。《本經篇》「繳大風於青丘之野」，今本「野」誤作「澤」，辯見《本經》。高注曰：「青丘，東方之丘名。」即此所云「東至青丘之野」也。《吕氏春秋·求人篇》亦云：「禹東至榑木之地，日出之野，青丘之鄉。」《海外東經》云：「青丘國在朝陽北。」《逸周書·王會篇》「青丘狐九尾」，孔晁曰：「青丘，海東地名。」服虔注《漢書·司馬相如傳》云：「青丘國在海東三百里。」

閉闗閭

「閉闗閭，大搜客」。念孫案：古書無以「闗閭」二字連文者，「闗」當爲「門」，此涉上文「闗梁」而誤也。上文及《天文篇》竝云：「閉門閭，大搜客。」《春秋繁露·五行順逆篇》云：「閉門閭，大搜索。」《太平御覽·時序部十二》引此作「守門閭」。

以塞姦人已德

「蚤閉晏開，以塞姦人，已德，執之必固」。念孫案：「塞」本作「索」，此後人以意改之也。

「蚤閉晏開，以索姦人」，即上文所謂「閉門閭，大搜客」也。下句「姦人已得」，正謂索而得之。若改「索」爲「塞」，則與下句義不相屬矣。「姦人」下當更有「姦人」二字，「德」讀爲「得」。「蚤閉晏開，以索姦人，姦人已得，執之必固」，皆以四字爲句。若弟三句無「姦人」二字，則文不成義矣。《太平御覽·時序部十二》《地部二》引此「塞」作「索」，「德」作「得」，是也。但無「姦人」二字，則所見本已誤。

格

「夏行冬令，格」。高注曰：「格，読也。象冬斷刑，恩澤읽格不流下。」引之曰：高説非也。「格」讀爲「落」，謂夏行冬令，則草木零落也。「格」字從木、各聲，古讀如「各」。説見《唐韻正》。「格」與「落」聲相近而[一]字相通。《史記·酷吏傳》「置伯格長」，徐廣曰：「古『村落』字亦作『格』。」「村落」之「落」通作「格」，猶「零落」之「落」通作「格」也。《月令》云：「仲夏行秋令，則草木零落。」《管子·幼官篇》「夏行冬政，落」，《四時篇》同。尹知章曰：「寒氣肅殺，故凋落也。」《春秋繁露·五行五事篇》云：「秋行冬政則落。」又云：「夏行冬政則落。」皆其明證矣。

[一] 而，原作「格」，據《國學基本叢書》改。

淮南内篇弟六

覽冥

尚枲

「夫瞽師庶女，位賤尚枲，權輕飛羽」。高注曰：「尚，主也。枲，枲耳，「枲」，《廣雅》作「枲」。菜名也。主是官者，至微賤也。」引之曰：主枲耳之官，書傳未聞。「尚枲」，蓋即《周官》「典枲下士二人」者。「典」亦「主」也。見《周官・典婦功》注。言典枲本賤官，瞽師庶女則又賤於典枲。枲，謂麻枲，非謂枲耳也。

右秉白旄　余任

「武王伐紂，渡於孟津，陽侯之波，逆流而擊，疾風晦冥，人馬不相見。於是武王左操黄鉞，右秉白旄，瞋目而撝之曰：『余任天下誰敢害吾意者！』」念孫案：「右秉白旄」，「秉」本作

「執」，此後人依《牧誓》改之也。《論衡・感虛篇》引此正作「執」。《論衡》稱傳書言「武王伐紂，渡孟津」云云，共十二句，皆與此同，是所引即《淮南》之文也。《太平御覽・地部二十六》《三十六》《皇王部九》引此亦作「執」。《泰族篇》亦云：「武王左操黄鉞，右執白旄。」「執」與「秉」同義，無煩據彼以改此也。「任」當爲「在」，字之誤也。《道應篇》「本在於身」，「在」字亦誤作「任」。「余在」爲句，「天下誰敢害吾意者」爲句。孟子引《書》曰「四方有罪無罪，惟我在，天下曷敢有越厥志」，句法與此相似。《論衡・感虛篇》《藝文類聚・儀飾部》、《太平御覽・地部二十六》《三十六》《皇王部九》《儀式部一》引此竝作「余在」。「害」讀爲「曷」，古字以「害」爲「曷」，通見《詩》《書》。曷，止也。言誰敢止吾意也。《爾雅》：「曷、遏，止也。」《商頌・長發篇》「則莫我敢曷」，《荀子・議兵篇》引作「則莫我敢遏」。

酒湛溢

「故東風至而酒湛溢」。高注曰：「東風，木風也。酒湛，清酒也。米物下湛，故曰湛。木味酸，酸風入酒，故酒酢「酢」，即「酸」也。今本作「醉」，乃後人所改。《文選・七啟》注、《太平御覽・天部九》引此竝作「酢」，今據改。而湛者沸溢，物類相感也。」念孫案：如高説，以酒湛爲清酒，則當言「湛酒溢」，不當言「酒湛溢」，故又申之曰「酒酢而湛者沸溢」，殆失之迂矣。今案：「湛溢」二字當連讀，「湛」與「淫」同。《爾雅》「久雨謂之淫」，《論衡・明雩篇》「久雨爲湛」，「湛」即「淫」也。「湛」字或作「沈」。《微子》「我用沈酗于酒」，「沈酗」即「淫酗」。《史記・宋世家》「紂沈湎于酒」，《太史公自序》「帝辛湛湎」，揚雄《光祿勳箴》「桀紂淫湎」，「淫湎」即「湛湎」。《樂書》「流沔沈佚」，「沈佚」即「淫泆」。「淫」與「湛」、「沈」，義同而字亦相通。《考工記・㡛氏》「淫之以蜃」，杜子春云：「淫，當爲湛。」《齊語》「擇其淫亂者而先征之」，《管子・小匡篇》「淫」作「沈」。《莊子・天下篇》「禹沐甚雨」，崔譔本「甚」作「湛」，音「淫」，《淮南・脩務篇》作「禹沐淫雨」。「淫溢」，猶「衍溢」也。酒性溫，故東風至而酒爲之加長。《春秋繁露・同類相動篇》曰：「水得夜益長數分，東風而酒湛溢，故陽益陽而陰益陰。」義與此同也。

煙

「旱雲煙火，涔雲波水」。引之曰：「煙」當爲「熛」，字之誤也。高注同。《說文》：「熛，火飛也，讀若『標』。」《一切經音義》十四引《三倉》曰：「熛，迸火也。」「旱雲熛火，涔雲波水」，猶言旱雲如火，涔雲如水耳。「熛火」與「波水」對文，若作「煙火」，則與下句不類矣。又《齊俗篇》「譬若水之下流，煙之上尋也」，「煙」亦當爲「熛」。「熛之上尋」，猶言火之上尋，故與「水之下流」對文。《天文篇》曰「火上尋，水下流」，是其證也。若以「煙」、「水」相對，則非其旨矣。《藝文類聚・火部》「煙」下引此作「煙之上尋」，則此字之誤已久。又《人閒篇》「百尋之屋，以突隙之煙焚」，「煙」亦當爲「熛」。突隙之煙，不能焚屋，明是「熛」字之誤。《説林篇》曰「一家失熛，百家皆燒」，是其證也。《太平御覽·蟲豸部四》引此正作「突卻之熛」。世人多見「煙」少見「熛」，故諸書中「熛」字多誤作「煙」。説見《吕氏春秋》「煙火」下。

夫陽燧

「夫陽燧取火於日，方諸取露於月」。念孫案：「夫陽燧」本作「夫燧」，今本有「陽」字者，後人所加也。彼蓋誤以「夫」爲語詞，又以《天文篇》「陽燧見日則然而爲火，方諸見月則津而爲水」，故加入「陽」字，不知「夫燧」即「陽燧」也。「夫燧」與「方諸」相對爲文。《周官·司烜氏》「掌以夫遂取明火於日」，「遂」與「燧」同。鄭注曰：「夫遂，陽遂也。」下文云「夫燧之取火，慈石之引鐵」，竝以「夫燧」二字連文。故高注云「夫，讀『大夫』之『夫』」，則「夫」非語詞明矣。

故召遠者使無爲焉親近者使無事焉

「故召遠者，使無爲焉。親近者，使無事焉。惟夜行者，爲能有之」。高釋上四句曰：「欲致化四夷者，當以無爲，無爲則夷荒自至。欲親近者，當以無事，無事則近人自親附之。」念孫案：高説非也。「親近者，使無事焉」，「使」當作「言」。「無爲」、「無事」，猶今人言「無用」也。此言使不足以召遠，言不足以親近，惟誠足以動之耳。今本「言」作「使」者，涉上句「使」字而誤。高云「欲親近者，當以無事」，「以」字正釋「使」字，則所見本已誤作「使」。《管子·形勢篇》曰：「召遠者，使無爲焉，親近者，言無事焉，唯夜行者獨有之也。」《形勢解》曰：「民利之則來，害之則去。故欲民者，先起其利，雖不召而民自至。設其所惡，雖召之而民不來也。故曰：『召遠者，使無爲焉。』道之純厚，遇之有實，雖不言曰吾親民，而民親矣。道之不厚，遇之無實，雖言曰吾親民，民不親也。故曰：『親近者，言無事焉。』所謂夜行者，心行也。能心行行德，天下莫能與之争矣。故曰：『唯夜行者，獨有之也。』」此即《淮南》所本。《文子·精誠篇》曰：「夫召遠者，使無爲焉。親近者，言無事焉。唯夜行者能有之。」又本於《淮南》也。或謂《文子》所用，乃《管子》之文，非《淮南》之文。今知不然者，《淮南》唯此五句與《管子》同，其上下文皆《管子》所無也。《文子》上下文皆與《淮南》同，則皆本於《淮南》明矣。又《管子》作「唯夜行者獨有之」，《淮南》作「惟夜行者爲能有之」，《文子》與《淮南》同。是此五句亦本於《淮南》，非本於《管子》也。

欲以生殊死之人

「是猶王孫綽之欲倍偏枯之藥，而欲以生殊死之人」。念孫案：下「欲」字因上「欲」字而衍。「欲倍偏枯之藥而以生殊死之人」作一句讀，不當更有「欲」字。高注曰「欲倍其劑以生已死之人」，則無下「欲」字明矣。

取火於日

「夫燧之取火於日」。念孫案：「於日」二字因上文「取火於日」而衍。「夫燧之取火」、「慈石之引鐵」，「蟹之敗漆」、「葵之鄉日」，各相對爲文，則此處不當有「於日」二字。

近之則遠　延之則疏

「夫道之與德，若韋之與革，遠之則邇，近之則遠，不得其道，若觀鯈魚」。念孫案：「近之則遠」，「遠」當作「疏」，此涉上句「遠」字而誤也。「德」、「革」爲韻，「疏」、「魚」爲韻，若作「遠」，則失其韻矣。《泰族篇》「遠之則邇，延之則疏」，亦與「除」、「虚」、「餘」爲韻。《泰族篇》之「延」字，當作「近」。今據《泰族》之「疏」字以正此篇「遠」字之誤，并據此篇之「近」字以正《泰族》「延」字之誤。《文子·精誠篇》正作「近之即疏」。

聖若鏡

「故聖若鏡，不將不迎，應而不藏」。念孫案：「聖」下脱「人」字。《意林》及《太平御覽·人事部四十二》《服用部十九》引此竝有「人」字。《莊子·應帝王篇》「至人之用心若鏡」，《文子·精誠篇》「是故聖人若鏡」，亦皆有「人」字。

非乃得之也

「其得之，乃失之；其失之，非乃得之也」。念孫案：「非」字義不可通，衍文也。高注云：「自謂失道，未必不得道也。」則無「非」字明矣。劉本作「其失之也，乃得之也」，此依《文子·精誠篇》改。

玄雲之素朝

「若乃至於玄雲之素朝，陰陽交争，降扶風，雜涷雨」。高注：「涷雨，暴雨也。」字從氵，不從冫，各本皆誤作「凍」，今改正。《爾雅》「暴雨謂之涷」，郭璞曰：「今江東呼夏月暴雨爲涷雨。《離騷》云『使涷雨兮灑塵』是也。」「涷」音「東西」之「東」。念孫案：「玄雲之素朝」，衍「之」字。高注曰：「玄，黑。素，白也。」是「玄雲」、「素朝」相對爲文，「雲」下不當有「之」字。且兩句皆以四字爲句，加一「之」字，則句法參差矣。《文選·南都賦》、《魏都賦》注引此皆無「之」字。

蛇鱓著泥百仞之中熊羆匍匐丘山磛巖

「蛇鱓著泥百仞之中，熊羆匍匐丘山磛巖，虎豹襲穴而不敢咆，猨狖顛蹶而失木枝，又況直蛇鱓之類乎」。念孫案：下言「又況直蛇鱓之類」，則上文「著泥百仞之中」者，非謂蛇鱓也。且蛇鱓在淺水之中，亦不得言「百仞」。「蛇」當作「蚖」，「蚖」與「黿」同。《史記·太史公自序》「黿鱓與處」，《索隱》本作「蚖鱓」，即「黿鼉」字也。《書大傳》「河魭江鱓」，亦與「黿鼉」同。「鱓」與「鼉」同。《説文》：「鱓，魚也，皮可以爲鼓。」《夏小正》傳：「剥鱓以爲鼓也。」《吕氏春秋·古樂篇》：「鱓乃偃寢，以其尾鼓其腹。」言蚖鱓徒何反。且伏於深淵而不敢出，況蛇鱓音「善」。之類乎？今本「蚖」作「蛇」者，涉上下文「蛇鱓」而誤。

引之曰：「磛巖」乃高峻貌。龍乘風雨而熊羆畏避，則當伏於幽隱之地，山顛高峻非所以藏身也。「磛巖」當作「之巖」。王逸注《七諫》曰：「巖，穴也。」《莊子·山木篇》：「豐狐文豹，伏於巖穴。」言熊羆匍匐於丘山之穴而不敢出也。下文「虎豹襲穴而不敢咆」，正與此同義。且「蚖鱓著泥百仞之中，熊羆匍匐丘山之巖」，二句相對爲文，若作「磛巖」，則義不明而句亦不協矣。「磛」字蓋出後人所改。後人誤讀「巖」爲「磛巖」之「巖」，故以意改之。

燕雀佼之

「鳳皇之翔至德也，燕雀佼之，以爲不能與之争於宇宙之閒」。高注曰：「燕雀以爲能佼健於鳳皇也。」念孫案：高説非也。「佼」讀爲「姣」。《廣雅》曰：「姣，侮也。」言燕雀輕侮鳳皇也。上文云「赤螭青虯之游冀州也，蛇鱓輕之，以爲不能與之争於江海之中」，是其證也。作「佼」者，借字耳。「姣侮」之「姣」通作「佼」，猶「姣好」之「姣」通作「佼」。《陳風·月出篇》「佼人僚兮」是也。

羽翼

「羽翼弱水，暮宿風穴」。念孫案：「羽翼弱水」四字，文不成義。「羽翼」當爲「濯羽」，故高注云：「濯羽翼於弱水之上。」今本作「羽翼」，即涉注内「羽翼」而誤也。舊本《北堂書鈔·地部二》「穴」下引此正作「濯羽弱水，暮宿風穴」。陳禹謨本删去。《文選·辯命論》注、《白帖》九十四竝同。《説文》「鳳，濯羽弱水，莫宿風穴」，即用《淮南》之文。

歸忽

「騁若飛，鶩若絶，縱矢躡風，追猋歸忽」。高注曰：「縱，履也，足疾及箭矢。躡，蹈也，追猋及之。猋，光中有影者。忽然便歸。皆言疾也。」念孫案：高謂「猋」爲「光中有影者」，於古無據。又言「忽然便歸」，亦失之。「猋」、「忽」，皆謂疾風也。《爾雅》「扶揺謂之猋」，郭璞曰：「暴風從下上也。」《説文》：「飆，扶揺風也。」「颮，疾風也。」「飆颮」通作「猋忽」。張衡《思玄賦》曰「乘猋忽兮馳虚無」是也。「追猋歸忽」，即承上「躡風」而申言之，「歸忽」猶言「歸風」。《説林篇》曰：「以兔之走，使大如馬，則逮日歸風。」是也。「縱矢躡風，追猋歸忽」二句，相對爲文，若以「歸忽」爲「忽然便歸」，則與上文不類矣。

日入

「朝發榑桑，日入落棠」。高注曰：「榑桑，日所出也。落棠，山名，日所入也。」念孫案：「日入」當爲「入日」，今本作「日入」，蓋涉高注「日所入」三字而誤。不知高注自謂落棠山爲日所入，非正釋「入日」二字也。「入日」者，及日於將入也。「朝發榑桑」，謂與日俱出；「入日落棠」，謂與日俱入。上言「追猋」，此言「入日」，皆狀其行之疾也。若云「日入落棠」，則非其指矣。上文云「鳳皇徑躡都廣，入日抑節」，正與此「入日落棠」同意。《海外北經》「夸父與日逐走，入日」，郭璞曰：「言及日於將入也。」意亦與此同。

踰於六馬

「嗜欲形於胸中，而精神踰於六馬」。陳氏觀樓曰：「『踰』當爲『喻』，字之誤也。喻，曉也。言馬曉人意也。《太平御覽・獸部八》引此正作『喻』」。

律治陰陽之氣

「以治日月之行律，今本此下有高注云：「律，度也。」治陰陽之氣，節四時之度」。陳氏觀樓曰：「『律』下本無『治』字，『律陰陽之氣』與上下相對爲文。讀者誤以『律』字上屬爲句，則『陰陽之氣』四字，文不成義，故又加『治』字耳。高注『律，度也』三字本在『律陰陽之氣』下，傳寫誤在『律』字之下、『陰陽』之上，隔斷上下文義，遂致讀者之惑。」念孫案：《文子・精誠篇》作「調日月之行，治陰陽之氣」，此用《淮南》而改其文也。後人不知「律」字之下屬爲句，故依《文子》加「治」字耳。

爁炎　浩洋

「火爁炎而不滅，水浩洋而不息」。念孫案：「炎」當爲「焱」，字之誤也。《説文》：「焱，火華也。」《玉篇》:「弋贍切。」《廣韻》:「爁,力驗切。爁焱,火延也。」《太平御覽・皇王部三》引此作「爁焱」,與《廣韻》合。「洋」當爲「溔」,亦字之誤也。《玉篇》:「溔,弋沼切。」司馬相如《上林賦》「灝溔潢漾」,郭璞曰:「皆水無涯際貌也。」左思《魏都賦》「河汾浩涆而皓溔」,李善注引《廣雅》曰:「皓溔,大也。」「灝」、「皓」竝與「浩」通。《御覽・地部二十四》引此作「浩溔」,《皇王部三》引此作「皓溔」。「爁」、「焱」、「浩」、「溔」皆疊韻,「浩」、「洋」則非疊韻。蓋後人多見「炎」、「洋」,少見「焱」、「溔」,故「焱」誤爲「炎」,「溔」誤爲「洋」矣。

陰陽之所壅沈不通者

「陰陽之所壅沈不通者,竅理之;逆氣戾物傷民厚積者,絶止之」。念孫案:「陰陽之所壅沈不通者」,當依《文子・精誠篇》作「陰陽所擁(「擁」、「壅」古字通。)沈滯不通者」。今本「所」上衍「之」字,「沈」下脱「滯」字,則句法參差,且與下文不對。(若以「壅沈」二字連讀,則文不成義。)

眄眄

「當此之時,臥倨倨,興眄眄」。(俗書「眄」字如此。)高注曰:「倨倨,臥無思慮也。眄眄然,視無智巧貌也。」念孫案:「眄眄」當爲「盱盱」。「盱」字本作「盱」,形與「眄」相近,故誤爲「眄」。

《脩務篇》「以身解於陽盱之河」，今本「盱」誤作「眄」。《晉書・陸機傳〈豪士賦序〉》「偃仰瞪盱」，《文選》「盱」作「眄」。《莊子・應帝王篇》「其卧徐徐，其覺于于」，司馬彪曰「于于，無所知貌」，正與高注「無智巧」之意相合。《盜跖篇》曰：「卧居居，起于于。」「于」與「盱」聲近而義同也。《説文》：「盱，張目也。」《俶真篇》曰：「萬民睢睢盱盱然，莫不竦身而載聽視。」《魯靈光殿賦》「鴻荒朴略，厥狀睢盱」，張載曰：「睢盱，質朴之形。」《劇秦美新》曰：「天地未袪，睢睢盱盱。」故高云：「盱盱然，視無智巧貌也。」若「眄」，爲邪視，則與「無智巧」之意不合矣。且《莊子》以「徐」、「于」爲韻，「居」、「于」爲韻，此以「倨」、「盱」爲韻，若作「眄」，則失其韻矣。

蝮蛇

「當此之時，禽獸蝮蛇，無不匿其爪牙，藏其螫毒」。念孫案：「蝮蛇」本作「蟲蛇」，此後人妄改之也。「禽獸」、「蟲蛇」相對爲文，所包者甚廣。改「蟲蛇」爲「蝮蛇」，則舉一漏百，且與「禽獸」二字不類矣。《文子・精誠篇》正作「禽獸蟲蛇」，《韓子・五蠹篇》亦云：「人民不勝禽獸蟲蛇。」

重萬物　服駕應龍　援絶瑞

「名聲被後世，光輝重萬物。乘雷車，服駕應龍，驂青虯，援絶瑞」。念孫案：「重」字義不可通。《爾雅·釋魚》疏引此作「光煇熏萬物」，是也。熏，猶熏炙也，謂光煇熏炙萬物。《韓詩外傳》曰：「名聲足以薰炙之。」「薰」與「熏」同。故高注曰：「使萬物有煇光也。」「服應龍」、「驂青虯」相對爲文，故高注曰：「在中爲服，在旁爲驂。」「服」下不當有「駕」字，此後人據高注旁記「駕」字，因誤入正文也。不知高注「駕應德之龍」是解「服應龍」三字，非正文内有「駕」字也。《一切經音義》一、《太平御覽·鱗介部二》及《爾雅》疏引此俱無「駕」字。「援絶瑞」本作「援絶應」，此亦涉注文而誤也。案：正文作「絶應」，故注釋之曰：「殊絶之瑞應。」若正文本作「絶瑞」，則無庸加「應」字以釋之矣。《爾雅》疏引此作「絶瑞」，則所見本已誤。《御覽》引此正作「絶應」。

墧裂

「植社槁而墧裂」。念孫案：《説文》《玉篇》《廣韻》《集韻》皆無「墧」字，「墧」當爲「墎」，隸書之誤也。隸書「㙗」字或作「雺」，「雺」字或作「𩂣」，二形相近，故「㙗」誤爲「雺」。《漢書·王子侯表》「㙗葭康侯澤」，《史記》作「雩殷」。又《匈奴傳》「郎中係虖淺」，《史記》作「係雩淺」。《說文》：「⿰木虖，木也。」今作「樗」。《玉篇》：「嫭，胡故切，好皃，或作嫮。」皆其例也。《說文》：「罅，裂也。」又曰：「⿰土虖，坼也。」「⿰土虖」、「罅」古字通。《賈子·耳痺篇》作「罝社槁而分裂」。

莎薠　無理

「田無立禾，路無莎薠，金積折廉，璧襲無理，磬龜無腹，蓍策日施」。高解「路無莎薠」曰：「莎薠，讀『猿猴蹯蹂』之『蹯』，案：《爾雅》曰：「貍狐貒貈醜，其足蹯，其跡内。」「内」與「蹂」同，故曰「猿猴蹯蹂」。各本「蹂」誤作「躁」，今改正。狀如葴。莎，草名也。」引之曰：「莎薠」本作「薠莎」，故高注先釋「薠」，後釋「莎」。《道藏》本誤作「莎薠」，洪興祖《楚辭·九歌》補注引此已誤。注内「薠」上又衍一「莎」字。劉績不能是正，反移「莎」字之注於前，以就已誤之正文，斯爲謬矣。莊本同。「莎」與「禾」、「蠃」、「施」爲韻，各本「蠃」作「理」，乃後人所改，辯見下。「施」字古讀若「婆娑」之「娑」，說見《唐韻正》。若作「莎薠」，則失其韻矣。

高解「璧襲無理」曰：「璧，文。襲，重。言用之煩數，皆鈍無復文理也。」《文子·上禮篇》「無理」作「無蠃」。引之曰：「蠃」當作「蠃」。《淮南》原文當亦是「蠃」字，非「理」字。《本經篇》「冠無觚蠃之理」，高彼注云：「蠃，讀指端蠃文之『蠃』。」今本「蠃」字皆誤爲「蠃」，莊本改爲「蠃」，是也。《晏子春秋·諫篇》「觚羸」作「觚羸」，「羸」字古亦讀若「羸」，故與「羸」通也。《本經篇》又曰：「羸鏤雕琢，詭文回波。」「羸鏤」亦謂轉刻如羸文也，故彼注云：「羸鏤，文章鏤。」今本「羸」字亦誤爲「羸」。指端羸文，今人猶有此語，謂其文之旋轉如羸也。璧形圓，故謂其文曰羸。久而漫滅，故曰「無羸」。此注「璧文」上當有「羸」字，「羸，璧文」是釋「羸」字之義。「襲，重」是釋「襲」字之義。「言用之煩數，皆鈍無復文理也」是統釋「璧襲無羸」四字之義。《文子》作「無羸」，而此注言「無文理」，故知其字之本作「羸」也。後人不解「羸」字之義，又見注内有「無文理」之語，遂改「羸」爲「理」，而不知注内「璧文」二字，正釋「羸」字也。且「羸」與「禾」、「莎」、「施」爲韻，改「羸」爲「理」，則失其韻矣。

高重京

「大衝車，高重京」。高注曰：「古者伐不敬，取其鯨鯢，收其骸尸，聚土而瘞之，以爲京觀，故曰『高重壘』。京觀也。」念孫案：「高重京」，「京」當爲「壘」。注云「故曰高重壘」，即其證也。注「京觀也」上當更有一「壘」字。「壘京觀也」四字，即承上注言之。今本正文「壘」作「京」，涉注文「京觀」而誤，注内又脱一「壘」字。《文子·上禮篇》作「高重壘」，是其明證矣。高以上文言「濫殺」，故謂重壘爲京觀。今案：衝車所以攻，重壘所以守，此二句別爲一義。「高重壘」，即所謂深溝高壘，非京觀之謂也。

枕格

「廝徒馬圉，軵車奉饟，道路遼遠，霜雪亟集，短褐不完，人羸車弊，泥塗至膝，相攜於道，奮首於路，身枕格而死」。高注曰：「奮首，民疲於役，頓仆於路，僅能摇頭耳，言疲困也。格，搒牀也。言收民役賦，不畢者，搒之於格上，不得下，故曰枕格而死。」念孫案：高説「枕格」之義非也。「格」音胡格反，與「輅」同，謂輓車之横木也。《晏子春秋·外篇》曰：「擁轅執輅。」《漢書·婁敬傳》「敬脱輓輅」，應劭曰：「輅謂以木當胸以輓輦也。」見《文選·西京賦》注。孟康音胡格反。「身枕格而死」，謂困極而仆，身枕輅車之木而死也。《兵略篇》曰：「百姓之挽輅首路死者，一旦不知千萬之數。」高彼注曰：「輅，輓輦横木也。」「挽輅首路而死」，即此所謂「奮首於路，身枕格而死也」。《人閒篇》又曰：「羸弱服格於道，病者不得養，死者不得葬。」《兵略篇》作「輅」，此及《人閒篇》作「格」，字異而義同也。「奮首於路，身枕格而死」，皆承上「人羸車弊」而言，若以「身枕格」句爲死於搒掠，則與上文全不相屬矣。

天而不夭於人虐　合而爲一家

「故自三代以後者，天下未嘗得安其情性，而樂其習俗，保其脩命天而不夭於人虐也。所以然者何也？諸侯力征，天下合而爲一家」。念孫案：「天而不夭於人虐也」，「天」字與上下文義不相屬，此因上文「天下」而誤衍也。《太平御覽·兵部七十》引此無「天」字。「天下合而爲一家」，「合」上脱「不」字。《太平御覽》引此有「不」字，《文子·上禮篇》同。

鑿竇而出水　毀瀆而止水

「是猶抱薪而救火，鑿竇而出水」。念孫案：「出」當爲「止」，字之誤也。欲止水而鑿竇，則水從竇入而愈不可止。若鑿竇而出水，則固其宜耳。《文子·精誠篇》「鑿渠而止水，抱薪而救火」，即用《淮南》之文。又《説林篇》：「若被蓑而救火，毀瀆而止水。」「毀」當爲「鑿」。《太平御覽·火部一》引此已誤。俗書「鑿」字或作「毀」，因誤而爲「毀」。《顏氏家訓·書證篇》説俗字云：「鼓外設皮，鑿頭生毀。」「瀆」與「竇」同。《意林》引此正作「被蓑救火，鑿瀆止水」。今據《説林》之「止水」以正「出」字之誤，并據此篇之「鑿竇」以正《説林》「毀」字之誤。

井植生梓　林無柘梓

「夫井植生梓而不容甕，溝植生條而不容舟」。又《本經篇》「山無峻榦，林無柘梓」，高注曰：「梓，滋生也。」念孫案：「梓」皆當爲「㭆」。「㭆」，古「櫱」字也。《説文》：「㰁，伐木餘也。《商書》曰：『若顛木之有甹㰁。』或作蘖，古文作㭆。」「㭆」字從木、羍聲。《説文》：「羍，小羊也，從羊、大聲。或作𦍒。」《爾雅》「枿餘也」，李巡曰：「枿，槁木之餘也。」釋文：「枿，本或作㭆。」《盤庚》「若顛木之有由櫱」，釋文：「櫱，本又作枿。馬云：『顛木而肄生曰枿。』」《魯語》「山不槎櫱」，韋注曰：「以株生曰櫱。」「櫱」、「枿」、「㰁」竝與「㭆」同。是「㭆」爲伐木更生之名，故高注曰：「㭆，滋生也。」又《説文》：「甹，木生條也。《商書》曰：『若顛木之有甹枿。』」是「條」與「㭆」義相近，故此篇云：「井植生㭆，溝植生條。」《俶真篇》「百事之莖葉條㭆」，高注云：「㭆，讀《詩頌》苞有三櫱同。」是其明證矣。又《俶真篇》「十人養之，一人拔之，今本「十」誤作「一」，「一」誤作「十」，辯見《俶真》。則必無餘㭆」，高注亦讀「㭆」爲「櫱」。「㭆」字篆文作「㭆」，隸變作「梓」，形與「梓」相似，因誤爲「梓」矣。

河九折注於海　崑崙之輸也

「河九折注於海而流不絶者，崑崙之輸也」。念孫案：《藝文類聚·水部上》《初學記·地部中》《太平御覽·地部二十六》及《文選·海賦》注引此竝云「河水九折注海而流不絶者，有崑崙之輸也」，較今本爲長。

淮南内篇弟七

精神

二月而肤三月而胎四月而肌

「一月而膏，二月而胅，三月而胎，四月而肌」。念孫案：《文子·九守篇》作「一月而膏，二月而脈，三月而胚，四月而胎」，《廣雅·釋親》作「一月而膏，二月而脂，三月而胎，四月而胞」，與此或同或異。又《爾雅·釋詁》釋文及《文選·江賦》注引此竝作「三月而胚」，亦與今本異。

脱三字

「是故肺主目，腎主鼻，膽主口，肝主耳」。念孫案：《文子》作「肝主目，腎主耳，脾主舌，肺主鼻，膽主口」，説肝、腎、肺之所主，與此互異，而多「脾主舌」一句。案：此言五藏之主五官，不當獨缺脾與舌。下文「膽爲雲，肺爲氣，脾爲風，腎爲雨，肝爲雷」即承此文言之。則此當有「脾主舌」一句，但未知次於何句之下耳。《白虎通義》亦曰：「脾繫於舌。」

三百六十六日　三百六十六節

「天有四時，五行，九解，三百六十六日。人亦有四支，五藏，九竅，三百六十六節」。念孫案：「三百六十六日」、「三百六十六節」本作「三百六十日」、「三百六十節」。後人以《堯典》言「朞三百有六旬有六日」，故於上句加「六」字，因併下句而加之也，不知「三百六十日」，但舉大數言之。《繫辭傳》曰：「乾坤之策，凡三百有六十，當期之日。」是也。若人之骨節，則諸書皆言三百六十。《吕氏春秋·本生篇》曰「則三百六十節皆通利矣」，《達鬱篇》曰「三百六十節、九竅、五藏、六府」，《太平御覽·人事部一》引《公孫尼子》曰「人有三百六十節，當天之數也」，皆其證矣。《春秋繁露·人副天數篇》曰：「天以終歲之數，成人之身，故小節三百六十分，今本「分」作「六」，亦是後人所改。上文云「人有三百六十節，偶天之數也」，即其證，今依上文改。副日數也，大節十二分，副月數也。」《淮南·天文篇》亦曰：「天有十二月，以制三百六十日；人亦有十二肢，以使三百六十節。」此皆以十二統三百六十，猶十二律之統三百六十音也，見《天文篇》。不得言三百六十六明矣。《太平御覽》引此已誤。《文子·九守篇》正作「三百六十日」、「三百六十節」。

肝爲風　脾爲雷

「故膽爲雲，肺爲氣，肝爲風，腎爲雨，脾爲雷」。高注曰：「肝，木也。木爲風生，故爲風。」念孫案：「肝爲風」本作「脾爲風」，注「肝，木也」本作「脾，木也」，「脾爲雷」本作「肝爲雷」，皆後人改之也。上注曰「肝，金也」，是高不以肝爲木也。《時則篇》「春祭先脾」，注引一説曰「脾屬木，自用其藏也」，是脾爲木也。說詳《經義述聞·月令》。脾屬木，而木爲風生，故曰「脾爲風」。脾爲風，則肝爲雷矣。上四句皆有注，而「肝爲雷」下獨無注者，後人改「肝」爲「脾」，則與注不合，故删之耳。《五行大義論·人配五行篇》及《太平御覽·人事部一》引此竝作「脾爲風，肝爲雷」，《文子·九守篇》同。

氣志

「夫孔竅者，精神之户牖也，而氣志者，五藏之使候也」。念孫案：氣可言五藏之使候，志不可言五藏之使候。「氣志」當爲「血氣」，此涉下文「氣志」而誤也。上文曰「血氣能專於五藏而不外越，則胸腹充而嗜欲省矣」，下文曰「五藏摇動而不定，則血氣滔蕩而不休矣」，故曰「血氣者，五藏之使候」。《文子·九守篇》正作「血氣」。

使口爽傷

「是故五色亂目，使目不明；五聲譁耳，使耳不聰；五味亂口，使口爽傷；趣舍滑心，使行飛揚」。高注曰：「爽病，病傷滋味也。」念孫案：「使口爽傷」本作「使口厲爽」，注本作「厲爽，病傷滋味也」。《大雅·思齊》箋曰：「厲，病也。」《逸周書·謚法篇》曰：「爽，傷也。」《廣雅》同。故云：「厲爽，病傷滋味也。」後人以韻書「爽」在上聲，與「明」、「聰」、「揚」三字音不相協，故改「厲爽」爲「爽傷」，不知「爽」字古讀若「霜」，正與「明」、「聰」、「揚」爲韻。《衛風·氓篇》「女也不爽」，與「湯」、「裳」、「行」爲韻，《小雅·蓼蕭篇》「其德不爽」，與「瀼」、「光」、「忘」爲韻，《楚辭·招魂》「厲而不爽」，與「方」、「梁」、「行」、「芳」、「羹」、「漿」、「鶬」、「餭」、「鶬」、「涼」、「妨」爲韻。案：「爽」字古皆讀若「霜」，《毛詩》、《楚辭》而外不煩覼縷。故《老子》「五味令人口爽」，亦與「盲」、「聾」、「狂」、「妨」爲韻。而《莊子·天地篇》「五色亂目，使目不明；五聲亂耳，使耳不聰；五味濁口，使口厲爽；趣舍滑心，使性飛揚」，即《淮南》所本也。且「爽」即是「傷」，若云「使口爽傷」，則是使口傷傷矣。《文子·九守篇》作「使口生創」，亦是後人所改。乃既改正文之「厲爽」爲「爽傷」，又改注文之「厲爽」爲「爽病」，甚矣其謬也。諸書無訓「爽」爲「病」者，又高注「不明，視而昏也」、「不聰，聽無聞也」、「厲爽，病傷滋味也」、「飛揚，不從軌度也」，皆先列正文而後釋其義。今改「厲爽」爲「爽病」，則與上下注文不類矣。

孰知

「或者生乃徭役也，而死乃休息也。天下茫茫，孰知」。念孫案：「孰知」下有脱文。劉本作「孰知之哉」，此以意補，不可從。諸本及莊本同。

心之暴

「夫悲樂者，德之邪也；而喜怒者，道之過也；好憎者，心之暴也」。念孫案：「暴」當依《文子·九守篇》作「累」，字之誤也。上文曰「好憎者使人之心勞」，故曰「好憎者，心之累也」，作「暴」，則非其指矣。《原道篇》曰：「喜怒者，道之邪也；憂悲者，德之失也；好憎者，心之過也；嗜欲者，性之累也。」語意略與此同。

静則與陰俱閉動則與陽俱開

「其生也天行，其死也物化，静則與陰俱閉，動則與陽俱開」。念孫案：「與陰俱閉」、「與陽俱開」本作「與陰合德」、「與陽同波」，後人以《原道篇》云「與陰俱閉」、「與陽俱開」，故據彼以改此也。不知「波」與「化」爲韻，自「其生也天行」至「不敢越也」，皆隔句用韻。若如後人所改，則失其韻矣。《文子·九守篇》「静即與陰合德，動即與陽同波」，即用《淮南》之文。《莊子·天道篇》「其生也天行，其死也物化，静而與陰同德，動而與陽同波」，《刻意篇》同。又《淮南》所本也。

正肝膽

「正肝膽，遺耳目」。念孫案：「正」當爲「亡」，字之誤也。「亡」與「忘」同。《邶風·緑衣》箋：「亡之言忘也。」《荀子·勸學篇》「怠慢忘身」，《大戴禮》作「亡」。《吕氏春秋·權勳篇》「是忘荆國之社稷而不恤吾衆也」，《韓子·十過篇》作「亡」。又《韓子·難二》「晉文公慕於齊女而亡歸」，《齊策》「老婦已亡矣」，《趙策》「秦之欲伐韓、梁，東闚於周室，甚惟寐亡之」，竝與「忘」同。「忘肝膽，遺耳目」，「遺」亦「忘」也。若云「正肝膽」，則義與下句不類矣。《莊子·大宗師篇》「忘其肝膽，遺其耳目」，即《淮南》所本。《俶真篇》又云：「忘肝膽，遺耳目。」

如景之放

「如光之耀，如景之放」。劉績依《文子·九守篇》改「放」爲「效」。念孫案：劉改是也。

「如景之效」，謂如景之效形也。「效」與「燿」爲韻，若作「放」，則失其韻矣。

石礫　顛醜

「是故視珍寶珠玉猶石礫也，視至尊窮寵猶行客也，視毛嬙西施猶顛醜也」。今本注曰：「顛，頭也。方相氏黃金四目，衣赭，稀世之顛貌，非生人也，但其像耳目。顛醜，言極醜也。」此注既經後人妄改，又多譌脱，辯見下。引之曰：「石礫」本作「礫石」。《説文》：「礫，小石也。」《逸周書・文傳篇》云：「礫石不可穀。」《楚辭・惜誓》「相與貴夫礫石」，王注云：「相與貴重小石也。」《韓詩外傳》云：「太山不讓礫石，江海不辭小流。」皆其證也。「石」與「客」、「魄」爲韻，若作「石礫」，則失其韻矣。古韻「石」在鐸部，「礫」在藥部，兩部絶不相通，此非精於三代、秦漢之音者，不能辯也。「顛醜」本作「倛魄」，此「魄」誤爲「醜」，「魄」與「醜」草書相似。後人又改「倛」爲「顛」耳。後人以《荀子・非相篇》「面如蒙倛」，楊倞曰「倛，方相也」，《周官・方相氏》注云「如今魌頭」，「魌」與「顛」、「倛」同。遂誤以「倛」爲倛頭之「倛」。又以《説文》「倛頭」字作「顛」，故改「倛」爲「顛」。不知「倛醜」本作「倛魄」，乃請雨之土人，非逐疫之顛頭也。「倛魄」一作「欺魄」，又作「欺頼」。《列子・仲尼篇》「若欺魄焉而不可與接」，張湛曰：「欺魄，土人也。」釋文曰：「魄，片各反，字書作欺頼。」《文選・應璩〈與岑文瑜書〉》注曰：「《淮南子》曰：『視西施毛嬙猶倛魄也。』高誘曰：『倛魄，請雨土人也。』」皆其明證矣。視毛嬙、西施如倛魄者，謂視如土偶，非謂視如顛頭也。且「魄」與「石」、「客」爲韻，若作「顛醜」，則失其韻矣。《集韻》「倛」字注云：「《淮南》祈雨土偶人曰倛。」但言「倛」而不言「倛魄」，似所見本「魄」字已誤作「醜」，然「倛」字尚未改作「顛」，且高氏「請雨土人」之注亦未嘗改也。今則正文既改，而高注亦非其舊矣。

生時干心

「使神滔蕩而不失其充，日夜無傷，而與物爲春，則是合而生時干心也」。高注曰：「若是者，合於道，生四時化其心也，言不干時害物也。」劉績曰：「案：《文子》作『則是合而生時於心者也』，《九守篇》。《莊子》作『是接而生時於心者也』，《德充符篇》則『干』乃『于』字之誤。」念孫案：高注「生四時化其心也」當作「生四時之化于其心也」。此是釋「生時于心」之義。生時于心而與物爲春，則是順時以養物，故注又云「言不干時害物也」。今本正文「于」字作「干」，即涉注文「干時」而誤。

無損於心

「且人有戒形而無損於心，有綴宅而無秏精」。念孫案：「無損於心」，「於」，衍字也。「戒形」與「損心」，「綴宅」與「秏精」，皆相對爲文，則「損」下不當有「於」字。《莊子·大宗師篇》「且彼有駭形而無損心，有旦宅而無情死」，即《淮南》所本。

樸桷

「今高臺層榭，人之所麗也，而堯樸桷不斲，素題不枅」。高注曰：「樸，采也。」念孫案：如高注，則「樸」爲「樣」之誤也。隸書「樸」或作「㯷」，「樣」或作「樣」，二形相近，故「樣」誤爲「樸」。「樣」，即今「橡栗」字也。《説文》曰：「樣，栩實。」又曰：「栩，柔也。其實草，今借用「早」字，俗作「皁」。一曰樣。」又曰：「草斗，櫟實。一曰樣斗。」高注《吕氏春秋·恃君篇》曰：「橡，早斗也，其狀似栗。」應劭注《漢書·司馬相如傳》曰：「櫟，采木也。」《韓子·五蠹篇》曰：「堯之王天下也，茅茨不翦，采椽不斲。」《史記·太史公自序》索隱引韋昭《漢書注》曰：「采椽，櫟榱也。」合觀諸説，櫟一名栩，一名柔，一名采，其實謂之早，亦謂之樣。是樣爲采實而非采也。然司馬彪注《莊子·齊物論篇》云「芧，橡子也」，「芧」與「柔」同。則采亦謂之樣矣。故《韓子》言「采椽不斲」，此言「樣桷不斲」，而高注亦訓「樣」爲「采」也。又案：《説文》「樣」字，今書傳皆作「橡」，蓋後人所改也。此「樣」字若不誤爲「樸」，則後人亦必改爲「橡」矣。

奇異

「珍怪奇異，人之所美也，而堯糲粢之飯，藜藿之羹」。莊氏伯鴻曰：「『奇異』本皆作『奇味』，唯《藏》本作『異』。」念孫案：作「味」者是也。上文「高臺層榭」指宫室言之，與「樣桷素題」相對；下文「文繡狐白」指衣服言之，與「布衣鹿裘」相對；此文「珍怪奇味」指飲食言之，與「糲粢藜藿」相對。若云「珍怪奇異」，則不專指飲食，失其指矣。《藝文類聚·帝王部一》、《太平御覽·皇王部五》《百穀部六》、《文選·劉琨〈荅盧諶詩〉》注引此竝作「奇味」。

天下之細

「故覩堯之道，乃知天下之輕也；觀禹之志，乃知天下之細也」。念孫案：「天下之細」，「天下」當爲「萬物」，此涉上「天下之輕」而誤也。上文云：「輕天下則神無累矣，細萬物則心不惑矣。」又云：「堯舉天下而傳之於舜，若解重負然，此輕天下之具也。」「禹視龍猶蝘蜓，龍乃弭耳掉尾而逃，禹之視物亦細矣。」此文「知天下之輕」承上堯「輕天下」而言，「知萬物之細」則承上禹「細萬物」而言。今本「萬物」作「天下」，則與上文不合。

獨住

「輕舉獨住，忽然入冥」。念孫案：「住」當爲「往」，謂輕舉而獨行也。若作「住」，則與「忽然入冥」句義不相屬矣。隸書從彳、從亻，從㞷、從主之字多相亂，故「往」誤爲「住」。《莊子·養生主篇》郭注「不在理上往」，釋文：「往，一本作住。」

乃性　乃使始

「今夫窮鄙之社也，叩盆拊瓴，相和而歌，自以爲樂矣；嘗試爲之擊建鼓，撞巨鐘，乃性仍仍然知其盆瓴之足羞也」。念孫案：「性」字義不可通，「性」當爲「始」，古人多以「乃始」二字連文。《俶真篇》曰：「乃始昧昧楙楙，皆欲離其童蒙之心，而覺視於天地之閒。」又曰：「儒墨乃始列道而議，分徒而訟。」《管子·版法篇》曰：「外之有徒，禍乃始牙。」《莊子·馬蹄篇》曰：「民乃始踶跂好知，争歸於利。」《在宥篇》曰：「之八者，乃始臠卷傖囊而亂天下也，而天下乃始尊之惜之。」《荀子·儒效篇》曰：「狂惑戇陋之人乃始率其羣徒，辯其談説，明其辟稱。」《韓子·外儲説右篇》曰：「王自聽之，亂乃始生。」《吕氏春秋·禁塞篇》曰：「雖欲幸而勝，禍乃始長。」「乃始」，猶然後也。《藝文類聚·禮部中》、《太平御覽·人事部一百二十七》《禮儀部十一》《樂部二十二》《器物部三》引此竝作「乃始」。又《本經篇》：「愚夫惷婦，皆有流連之心，悽愴之志，乃使始爲之撞大鍾，擊鳴鼓，吹竽笙，彈琴瑟，失樂之本矣。」案：「乃始」二字之閒不當有「使」字，此因始「使聲相亂」而誤衍也。《主術篇》曰：「故民至於焦脣沸肝，有今無儲，而乃始撞大鍾，擊鳴鼓，吹竽笙，彈琴瑟，失樂之所由生矣。」是其證。

夫以天下爲者

「藏詩書，脩文學，而不知至論之旨，則拊盆叩瓴之徒也；夫以天下爲者，學之建鼓矣」。念孫案：「夫以天下爲者」，「以」上當有「無」字。「無以天下爲者」，承上文許由而言，《莊子·逍遥遊篇》：「許由曰：『予無所用天下爲。』」《讓王篇》曰：「唯無以天下爲者，可以託天下。」「學之建鼓」，對「拊盆叩瓴」而言，言無以天下爲者，其於世俗之學者，猶建鼓之於盆瓴也。今本「以天下」上脱「無」字，則義不可通。《文子·九守篇》正作「無以天下爲者」。

尊于天下

「由此觀之，生尊于天下也」。念孫案：「尊」本作「貴」，此涉上文「尊埶厚利」而誤也。此言生貴而天下賤，非言生尊而天下卑。高注「故曰生貴於天下」，即其證。《吕氏春秋·知分篇》注引此亦作「貴」，《泰族篇》亦云：「身貴於天下。」

若眛

「故覺而若眛，《道藏》本如是，尚存「眯」字左畔，别本作「昧」，尤非。生而若死，舊本「生」上衍「以」字，今删。終則反本未生之時，而與化爲一體」。高注曰：「眛，暗也，厭也。厭，於冉反，俗作「魘」。楚人謂厭爲眛。」引之曰：「眛」與「厭」義不相近，「眛」皆當爲「眯」，音「米」。字之誤也。注中「暗也」二字乃後人所加。《説文》：「寐，寐而厭也。」字通作「眯」。《西山經》「鵸鵌服之，使人不眯」，郭璞曰：「不厭夢也。」引《周書·王會篇》云：『服者不眯。』」《莊子·天運篇》「彼不得夢，必且數眯焉」，司馬彪曰：「眯，厭也。」是「眯」與「厭」同義，故高注亦云：「眯，厭也。楚人謂厭爲眯。」後人不知「眛」爲「眯」之譌，而誤讀爲「暗昧」之「昧」，遂於注内加「暗也」二字，何其謬也。且「眯」與「死」、「體」爲韻，若作「眛」，則失其韻矣。

内總其德

「外束其形，内總其德，鉗陰陽之和，而迫性命之情」。念孫案：「總」字義不可通，「總」當爲「愗」。「愗」與「摯」同。《鄉飲酒義》「秋之爲言愗也」，鄭注：「愗，讀爲摯。摯，斂也。」《説文》：「摯，束也。」外束其形，内摯其德，其義一也。《俶真篇》「内愗五藏，外勞耳目」，義亦與此同。俗書「總」字或作「揔」，又作「捴」，與「愗」相似，「愗」誤爲「捴」，後人因改爲「總」耳。《文子·上禮篇》正作「外束其形，内愗其德」。

無益情者四句

「無益情者，不以累德；而便於性者，不以滑和」。念孫案：「便於性」二句義不可通，且與上文不對。劉績依《文子·九守篇》改爲「無益於情者，不以累德；不便於性者，不以滑和」，當是也。

貪富貴　直宜

「推此志，非能貪富貴之位，不便侈靡之樂，直宜迫性閉欲，以義自防也」。高注曰：「宜，猶但也。」念孫案：「貪」上當有「不」字，「直」下不當有「宜」字，「宜」即「直」之誤而衍者也。高注「宜」字亦當爲「直」。「直」之言「特」也，《祭義》曰：「參直養者也，安能爲孝乎？」《孟子·梁惠王篇》曰：「直不百步耳，是亦走也。」《莊子·德充符篇》曰：「某也直後而未往耳。」《齊策》曰：「衍非有怨於儀，直所以爲國者不同耳。」義竝與「特」同。《吕氏春秋·忠廉篇》「特王子慶忌爲之賜而不殺耳」，高注曰：「特，猶直也。」《鄘風·柏舟篇》「實維我特」，《韓子》「特」作「直」。《史記·叔孫通傳》「吾直戲耳」，《漢書》「直」作「特」。言子夏非能不貪富貴，不樂侈靡，特以義自强耳。「特」、「但」一聲之轉，故云「直，猶但也」。

淮南内篇弟八

本經

太清之始

「太清之始也，和順以寂漠，質真而素樸」。高注曰：「太清無爲之始者，謂三皇之時。」念孫案：「太清之始」，「始」當爲「治」，字之誤也。自「和順以寂漠」以下二十三句，皆言太清之治如此也。高注當云「太清，句無爲之治也句」。今本作「太清無爲之始者」，文不成義，後人所改也。《文選·東都賦》注、《後漢書·班固傳》注引此竝作「太清之化」。又引高注曰：「太清，無爲之化也。」「治」字作「化」，避高宗諱也，則其字之本作「治」明矣。《太平御覽·天部十五》引作「太清之始」，亦後人依誤本改之。其《竹部一》引正作「太清之治」。《文子·下德篇》作「清静之治者，和順以寂寞，質真而素樸」，是其明證矣。

電霰

「雷霆毀折，電霰降虐」。念孫案：電、霰不同類，且電亦不得言「降虐」。「電」當爲「雹」，草書之誤也。雷霆爲一類，雹霰爲一類。《吕氏春秋·仲夏篇》云「雹霰傷穀」，故言「降虐」也。《文子·上禮篇》作「雹霜爲害」，是其證。

野菼

「芟野菼，長苗秀」。高注曰：「菼，草也。」引之曰：野草多矣，不應獨言「菼」。「菼」當爲「莽」。隸書「莽」字作「莾」，漢《仙人唐公房碑》「王莽居攝二年」、《成陽靈臺碑陰》「仲莽字叔武」，竝作「莾」。與「菼」極相似，故誤爲「菼」。《説文》作「茻，衆艸也」，故野草謂之野莽。下文「野莽白素」，《楚辭·九歎》「遵壄莽以呼風」是也。「壄」與「野」同。注「菼，草也」亦當作「莽，草也」。《泰族篇》注「莽，草也」，正與此同。莽即草，故云「莽，草也」。若「菼」，則當訓爲「薍」，不得汎訓爲「草」矣。

縣聯

「夏屋宫駕，縣聯房植」。高注曰：「縣聯，聯受雀頭箸桷者。」念孫案：「縣」皆當爲「緜」，字之誤也。隷書「緜」、「縣」二字相似，説見《原道》「旋縣」一條下。《説文》：「櫋，屋櫋聯也。」又曰：「楣，秦名屋櫋聯也。齊謂之檐，楚謂之梠。」《方言》「屋梠謂之櫺」，郭璞〔一〕曰：「即屋檐也，亦呼爲連緜。」「連緜」，猶「緜聯」，語之轉耳。《釋名》：「梠，旅也，連旅旅也，或謂之櫋。櫋，緜也，緜連榱頭使齊平也。上入曰爵頭，形似爵頭也。」皆足與高注相證。「櫋」與「緜」，「聯」與「連」竝字異而義同。《太平御覽·人事部一百三十四》引此正作「緜聯」。

夏槁

「是以松柏箘露夏槁」。《藝文類聚·治政部上》引此「夏槁」上有「宛而」二字。念孫案：「松柏箘露，宛而夏槁，江、河三川，絶而不流」，四句相對爲文，則有「宛而」二字者是也。「宛」與「苑」同。《俶真篇》「形傷於寒暑燥溼之虐者，形苑而神壯」，高注曰：「苑，枯病也。『苑』讀南陽宛之『宛』。」《莊子·天地篇》釋文云：「苑，本亦作宛。」是「苑」、「宛」古字通。《素問·四氣調神大論》：「惡氣不發，風雨不節，白露不下，則菀槁不榮。」「菀」亦與「苑」同。《唐風·山有樞篇》「宛其死矣」，毛傳曰：「宛死貌。」義與此「宛」字亦相近。

〔一〕璞，原作「樸」，據《國學基本叢書》本改。

賢不肖

「異貴賤，差賢不肖，經誹譽，行賞罰」。念孫案：「差賢不」下本無「肖」字。「不」與「否」同。「貴賤」、「賢不」、「誹譽」、「賞罰」，皆相對爲文。後人不知「不」爲「否」之借字，故又加「肖」字耳。

一人之制　乘衆人之制

「天地宇宙，一人之身也；六合之内，一人之制也」。念孫案：「制」字義不可通，「制」當爲「刑」，字之誤也。「刑」與「形」同。《淮南》多以「刑」爲「形」。「一人之形」，即承「一人之身」言之。《文子·下德篇》正作「一人之形」。又《主術篇》：「是故任一人之力者，則烏獲不足；恃乘衆人之制者，則天下不足有也。」「制」亦當爲「刑」。「刑」與「形」同。《文子·自然篇》作「乘衆人之勢」，「勢」亦「形」也。劉績依《文子》改「制」爲「勢」，義則是，而文則非矣。

慶賀

「無慶賀之利，刑罰之威」。陳氏觀樓曰：「『賀』當爲『賞』，字之誤也。『慶賞』與『刑罰』相對，不當言『慶賀』。」

雷震

「天地之大，可以矩表識也；星月之行，可以曆推得也；雷震之聲，可以鼓鍾寫也；風雨之變，可以音律知也」。念孫案：「雷震」當爲「雷霆」，字之誤也。「天地」、「星月」、「雷霆」、「風雨」，相對爲文。《太平御覽·天部十三》引此正作「雷霆」。《文子·下德篇》同。

有能治之者也

「及僞之生也，飾智以驚愚，設詐以巧上，天下有能持之者，有能治之者也」。高注曰：「有能持之者，桀、紂之民。有能治之者，湯、武之君也。」念孫案：「有能治之者也」當作「未有能治之者也」。言詐僞竝起，天下有能以法持之者，未有能以道治之者也。其能治之者，必待至人。下文「至人之治也」云云是也。《文子·下德篇》作「天下有能持之而未有能治之者也」，是其證。高所見本蓋脱「未」字。

能愈多

「昔者蒼頡作書而天雨粟，鬼夜哭；伯益作井而龍登玄雲，神棲崑崙。能愈多而德愈薄矣」。《太平御覽·鱗介部一》引此，「能愈多」作「智愈多」。念孫案：當作「智能愈多」。「智能」二字，總承上文言之。今本脱「智」字，《御覽》脱「能」字。《文子·下德篇》作「智能彌多，而德滋衰」，是其證。

充忍

「德交歸焉而莫之充忍也」。高注曰：「忍，不忍也。」念孫案：高蓋誤讀「忍也」二字爲句，訓「忍」爲「不忍」，於正文無當也。今案：「充忍」二字當連讀，「忍」讀爲「牣」。《大雅·靈臺篇》「於牣魚躍」，毛傳曰：「牣，滿也。」德交歸焉而莫之充滿，所謂大盈若虚也。《鄭風·將仲子》、《大雅·抑》及《周官·山虞》釋文，「忍」字竝音「刃」。「忍」有「刃」音，故又與「牣」通。《史記·殷本紀》「充仞宫室」，《後漢書·章八王傳》「充牣其第」，「牣」、「仞」、「忍」，竝同聲而通用。「牣」、「仞」之通作「忍」，猶「忍」之通作「仞」。《墨子·節葬篇》「冬不仞寒，夏不仞暑」，

「仞」即「忍」字。

鑿齒

「猰貐、鑿齒、九嬰、大風、封豨、脩蛇皆爲民害」。念孫案：《漢書・楊雄傳》應劭注、《文選・辯命論》注、《太平御覽・皇王部五》《兵部三十六》引此，「鑿齒」皆在「封豨」下，各本誤在「猰貐」下。又案：《道藏》本、劉本、朱本「猰貐」以下六者之注文，本分見於下文六句之下。《文選・王融〈曲水詩序〉》注、《辯命論》注、《太平御覽・皇王部五》《兵部三十六》《羽族部十四》所引皆如是。故「鑿齒，獸名」云云，本在下文「誅鑿齒於疇華之澤」之下，自茅本始移六者之注於此文下，而次「鑿齒」之注於「猰貐」之下、「九嬰」之上，則是以已誤之正文，改不誤之注文也。莊本從之，謬矣。

疇華之野　青丘之澤

「堯乃使羿誅鑿齒於疇華之野，殺九嬰於凶水之上，繳大風於青丘之澤」。高注曰：「疇華，南方澤名。青丘，東方澤名也。」念孫案：「疇華之野」，「野」本作「澤」，故高注云「南方澤名」。「青丘之澤」，「澤」本作「野」，《時則篇》云「東至青丘樹木之野」是也。今本「丘」誤作

「土」，辯見《時則》。高注本作「青丘，東方丘名也」。今本正文「澤」、「野」二字互誤，高注「東方丘名」，「丘」字又誤作「澤」。《文選・王融〈三月三日曲水詩序〉》注引此作「青丘之澤」，亦後人依誤本改之。《辯命論》注引此正作「疇華之澤」、「青丘之野」。又舊本《北堂書鈔・地部一》及《太平御覽・地部十八》《皇王部五》《兵部三十六》《資産部十二》引此竝作「疇華之澤」、「青丘之野」。又《皇王部五》《資産部十二》引高注竝作「青丘，東方丘」。《論衡・感類篇》亦云「堯繳大風於青丘之野」。

爲璇室瑶臺象廊玉牀

「晚世之時，帝有桀、紂。爲璇室瑶臺象廊玉牀，紂爲肉圃酒池」。念孫案：「爲璇室」上脱「桀」字。《大戴禮・少閒篇》注、《北堂書鈔・帝王部二十》《太平御覽・皇王部七》引此「爲」上皆有「桀」字。

拘無窮之智

「今至人生亂世之中，含德懷道，拘無窮之智」。念孫案：「拘」字義不可通，劉本作「抱」，是也。「含」、「懷」、「抱」三字同意。

成之迹

「取成之迹，相與危坐而説之，鼓歌而舞之，故博學多聞而不免於惑」。陳氏觀樓曰：「『取成之迹』當依《文子·精誠篇》作『取成事之迹』。」

秉太一者

「帝者體太一，王者法陰陽，霸者則四時，君者用六律。秉太一者，牢籠天地，彈壓山川，含吐陰陽，伸曳四時，紀綱八極，經緯六合」。念孫案：「秉太一者」，「秉」字，後人所加。下文「體太一者」云云，是釋上文「體太一」之義，此文「太一者」云云，是專釋「太一」二字之義，「太一者」之上不當有「秉」字也。且下文「陰陽者」、「四時者」、「六律者」，皆與此文同一例，加一「秉」字，則與下文不合矣。《藝文類聚·帝王部一》引此作「體太一者」，亦與下文相複。《文選·魏都賦》、《文賦》注引此皆作「太一者」，無「秉」字，亦無「體」字。

無原

「贏縮卷舒，淪於不測，終始虚滿，轉於無原」。高注曰：「轉化歸於無窮之原本也。」念孫案：正文言「無原」，不言「無窮之原」，高説非也。原，度也，量也，言陰陽之化轉於無量也。《廣雅》：「量、謜，度也。」「謜」與「原」通。宋玉《神女賦》「志未可乎得原」，《韓子·主道篇》「掩其跡，匿其端，下不能原」，皆謂不可量度也。《漢書·王莽傳》「功亡原者賞不限」，言有無量之功，則有不限之賞也。顔師古注：「無原，謂不可測其本原。」失之。是古謂無量爲無原。「淪於不測」、「轉於無原」，其義一也。

有時

「四時者，春生夏長，秋收冬藏，取予有節，出入有時」。念孫案：「有時」本作「有量」，此涉上文「四時」而誤也。「取予有節，出入有量」，「量」與「節」義相近，若作「時」則非其指矣。且「量」與「長」、「藏」爲韻，若作「時」則失其韻矣。《文子》正作「出入有量」。

外能得人

「戴圓履方，抱表懷繩，内能治身，外能得人，發號施令，天下莫不從風」。念孫案：「外能得人」本作「外得人心」。高注「能得人之歡心」，正釋「得人心」三字。今本作「外能得人」，即涉注内「能得人」而誤。此文以「繩」、「心」、「風」爲韻，蒸、侵二部，古或相通。《秦風·小戎篇》以

「膺」、「弓」、「縢」、「興」、「音」爲韻,《大雅·大明篇》以「林」、「興」、「心」爲韻,《生民篇》以「登」、「升」、「歆」、「今」爲韻,《魯頌·閟宫篇》以「乘」、「縢」、「弓」、「綅」、「增」、「膺」、「懲」、「承」爲韻,《管子·小匡篇》「子大夫受政,寡人勝任;子大夫不受政,寡人恐崩」,《心術篇》「專於意,一於心,耳目端,知遠之證」,《淮南·本經篇》「上下離心,氣乃上蒸」,《説山篇》「欲學歌謳者,必先徵羽樂風;欲美和者,始於陽阿采菱」,皆其證也。古音「風」字在侵部,「弓」字在蒸部,説見《唐韻正》。若作「外能得人」,則失其韻矣。《文子》正作「内能治身,外得人心」。

精神

「是故神明藏於無形,精神反於至真」。念孫案:「精神」與「神明」意相複,「神」字即涉上句而誤。「精神」當爲「精氣」。《淮南》一書多以「神」與「氣」對文也。《文子·下德篇》正作「精氣反於至真」。

身無患

「故閉四關則身無患,百節莫苑,莫死莫生,莫虚莫盈」。念孫案:「身無患」當依《文子·下德篇》作「終身無患」。「終身無患」、「百節莫苑」,相對爲文。下二句亦相對爲文。脱去「終」字,則句法參差不協矣。

菱杼

「木巧之飾，盤紆刻儼，嬴鏤雕琢，「嬴」當作「羸」。羸鏤，謂轉刻如羸文，故下句即云「詭文回波」也。下文「冠無觚羸之理」，高注云：「『羸』讀『指端羸文』之『羸』。」即其證。詭文回波，淌游瀷淢，菱杼紾抱」。高注曰：「淌游瀷淢，皆文畫，擬象水勢之貌。菱，芰。杼，采實。紾，戾也。抱，轉也。皆壯采相銜持貌也。」引之曰：菱、杼皆水草也。「杼」讀爲「芧」，字亦作「苧」。《漢書・司馬相如傳〈上林賦〉》「蔣芧青薠」，張揖曰：「芧，三棱也。」《文選》「芧」作「苧」。張衡《南都賦》曰：「其草則藨苧薠莞，蔣蒲蒹葭，藻茆菱芡，芙蓉含華。」是芧爲水草也。作「苧」者或字，作「杼」者借字耳。《莊子・山木篇》「食杼栗」，《徐無鬼篇》作「芧栗」，是「芧」與「杼」通。畫爲菱杼，在水波之中，故曰「淌游瀷淢，菱杼紾抱」也。高以杼爲采實，采實即橡栗，與菱爲不類矣。

接徑歷遠直道夷險　蹪蹈

「脩爲牆垣，甬道相連，殘高增下，積土爲山，接徑歷遠，直道夷險，終日馳鶩，而無蹪蹈之患」。高注曰：「接，疾也。徑，行也。道之陁者正直之。夷，平也。」念孫案：「接徑歷遠」當在「直道夷險」之下。此以「垣」、「連」、「山」、「遠」、「患」爲韻，若移「直道夷險」於下，則失其韻矣。高注「接，疾也。徑，行也」，亦當在「夷，平也」之下。蓋正文爲寫者誤倒，後人又改注以從之耳。《文選·謝惠連〈秋懷詩〉》注引此已作「接徑歷遠，直道夷險」，則其誤久矣。又案：「蹟蹈」當爲「蹪陷」，字之誤也。俗書「陷」字作「陥」，又因「蹪」字而誤從足。「蹪」與「隤」同。高注《原道》《説山》《説林》《脩務》竝云：「蹪，躓也。楚人謂躓爲蹪。」《玉篇》：「陷，隤也。」《原道篇》曰：「先者隤陷，則後者以謀。」又曰：「蹪陷今本「陷」字亦誤作「蹈」。於污壑穽陷之中。」皆其證也。

歌舞節

「樂斯動，動斯蹈，蹈斯蕩，蕩斯歌，歌斯舞，歌舞節則禽獸跳矣」。念孫案：「歌舞節」當作「歌舞無節」。

非强而致之

「夫三年之喪，非强而致之」。高注曰：「非强行致孝子之情也，情自發於中。」念孫案：「非强而致之」，「强」下當有「引」字。高注當作「非强引致孝子之情」。今本正文脱「引」字，注内「引」字又誤作「行」。《羣書治要》引此正作「非强引而致之」。

血流

「血流千里，暴骸滿野」。念孫案：「血流」當爲「流血」。「流血」與「暴骸」相對爲文。《羣書治要》引此正作「流血」。《兵略篇》亦云：「流血千里，暴骸盈場。」

淮南内篇弟九

主術

謀無過事

「是故慮無失策，謀無過事」。念孫案：「謀」本作「舉」，此後人以意改之也。舉，猶動也。「慮無失策」以謀事言之，「舉無過事」以行事言之。若改「舉」爲「謀」，則與「無過事」三字義不相屬，且與上句相複矣。《羣書治要》引此正作「舉無過事」。《賈子·保傅篇》「是以慮無失計，而舉無過事」，即《淮南》所本。《大戴禮·保傅篇》同。《文子·自然篇》「謀無失策，舉無過事」，又本於《淮南》也。

所守者少

「故所理者遠，則所在者邇；所治者大，則所守者少」。念孫案：「少」當爲「小」，字之誤也。

《羣書治要》引此正作「小」。

通於天道

「太一之精，通於天道」。念孫案：「通於天道」本作「通合於天」，今本脱「合」字，衍「道」字。「道」字涉下句「天道玄默」而衍。《文子·自然篇》正作「通合於天」。「天」與「精」爲韻，「天」字合韻讀若「汀」。《小雅·節南山篇》「不弔昊天」，與「定」、「生」、「寧」、「酲」、「成」、「政」、「姓」爲韻；《大雅·雲漢篇》「瞻卬昊天」，與「星」、「嬴」、「成」、「正」、「寧」爲韻；《瞻卬篇》「瞻卬昊天」，與「寧」、「定」爲韻；《乾·彖傳》「乃統天」、「時乘六龍以御天」，與「形」、「成」、「命」、「貞」、「寧」爲韻；《坤·彖傳》「乃順承天」，與「生」爲韻；《乾·文言》「時乘六龍以御天也」，與「精」、「情」、「平」爲韻；《楚辭·九章》「瞭杳杳而薄天」、《九辯》「瞭冥冥而薄天」，竝與「名」爲韻。凡周秦用韻之文，「天」字多有入耕部者，《詩》《易》《楚辭》而外，不可枚舉。若作「通於天道」，則失其韻矣。此文上下十八句皆用韻。

不殺

「是故威厲而不殺，刑錯而不用」。念孫案：「殺」本作「試」，此後人以意改之也。《荀子·議兵》《宥坐》二篇及《史記·禮書》竝云「威厲而不試，刑錯而不用」，「不試」猶「不用」也。

若云「不殺」，則非其指矣。《太平御覽・皇王部三》引此正作「不試」。《文子・精誠篇》同。

拼棁

「無以異於執彈而來鳥，拼棁而狎犬也」。陳氏觀樓曰：「《説山篇》作『執彈而招鳥，揮棁而呼狗』，則『拼』字當爲『揮』字之譌。《説文》：『揮，奮也。』」

害其鋒　明有不害

「昔孫叔敖恬卧，而郢人無所害其鋒」。高注曰：「但恬卧養德，折衝千里之外，敵國不敢犯句害，此「害」字因上下文而衍。司馬彪注《莊子》曰「言叔敖安寢恬卧，以養德於廟堂之上，折衝於千里之外，敵國不敢犯」，即用高注語，則「犯」下無「害」字明矣。故郢人不舉兵出伐，無所害其鋒於四方也。」念孫案：「害其鋒」三字義不相屬，「害」當爲「用」，字之誤也。隸書「害」字作「𡧪」，其上半與「用」相似。高注亦當作「故郢人不舉兵出伐，無所用其鋒於四方也」。《莊子・徐無鬼篇》作「孫叔敖甘寢秉羽，而郢人投兵」。「投兵」，亦謂無所用之也。又《繆稱篇》：「夜行瞑目而前其手，事有所至而明有不害。」案：「不害」二字義不可通，「害」亦當爲「用」。夜行者瞑目而前其手，是不用目而用手，故曰「明有不用」也。《説林篇》曰：「夜行者掩目而前其手，涉水者解其馬載之舟，事有所宜，而有所不施。」施，亦用也。見《原道》《脩務》二篇注。

往覰

「簡子欲伐衞，使史黯往覰焉」。高注曰：「覰，觀之也。」念孫案：「覰」訓爲「見」，不訓爲「觀」。「覰」皆當爲「覻」。《廣雅》曰：「覰、覻，視也。」《玉篇》：「覻，七亦切，觀也。」義皆本於高注。後人多見「覰」少見「覻」，故「覻」誤爲「覰」矣。

民之化也

「故民之化也，不從其所言，而從所行」。念孫案：「民之化也」本作「民之化上也」。下句「其」字正指「上」而言，脱「上」字，則義不相屬。《文子·精誠篇》正作「民之化上」。

樂聽其音

「故曰：樂聽其音則知其俗，見其俗則知其化」。念孫案：「樂」字與下文義不相屬，當有脱文。《文子·精誠篇》作「聽其音則知其風，觀其樂即知其俗，見其俗即知其化」。

業貫

「業貫萬世而不壅，橫扃四方而不窮」。高注曰：「貫，通。壅，塞。」念孫案：「業」當爲「葉」，聲之誤也。葉，聚也，積也。貫，累也。言積累萬世而不壅塞也。《方言》曰：「葉，聚也。」《廣雅》同。楚通語也。」《楚辭·離騷》「貫薜荔之落蘂」，王注曰：「貫，累也。」《廣雅》同。《荀子·王霸篇》「貫日而治詳」，楊倞曰：「貫日，積日也。」是「葉」、「貫」皆積累之意也。《俶真篇》曰「枝解葉貫，萬物百族」，義與此「葉貫」同。《原道篇》曰：「大渾而爲一，葉累而無根。」「葉累」，猶「葉貫」也。《俶真篇》曰：「橫廓六合，揲貫萬物。」「揲貫」，猶「葉貫」也。彼言「橫廓六合」，猶此言「橫扃四方」。彼言「揲貫萬物」，猶此言「葉貫萬世」。故《廣雅》云：「揲，積也。」高注訓「貫」爲「通」，失之矣。

不與焉

「故爲治者，不與焉」。念孫案：「不與」上當有「智」字。《老子》曰：「以智治國，國之賊；不以智治國，國之福。」故曰「爲治者，智不與焉」。脱去「智」字，則文不成義。高注曰：「治在道，不在智，故曰『不與焉』。」「不與」上亦當有「智」字。則有「智」字明矣。《文子·下德篇》正作

「知不與焉」。

榦舟

「湯、武，聖主也，而不能與越人乘榦舟而浮於江湖」。高注曰：「榦舟，小船也。越人習水，自能乘之。」念孫案：古無謂小船爲「榦」者，「榦」當爲「軨」，字之誤也。「軨」與「舲」同，字或作「艑」。《廣雅》曰：「艑，舟也。」《玉篇》：「舲，與艑同，小船有屋也。」《楚辭·九章》「乘舲船余上沅兮」，王注曰：「舲船，船有牕牖者。」《俶真篇》「越舲蜀艇，不能無水而浮」，高注曰：「舲，小船也，越人所便習。」正與此注相同。《藝文類聚·舟車部》《太平御覽·舟部》引此竝作「舲舟」。《御覽》又引高注：「舲舟，小船也。」皆其證矣。

入榛薄險阻

「伊尹，賢相也，而不能與胡人騎騵馬而服駒駼；孔、墨博通，而不能與山居者入榛薄險阻也」。念孫案：「險阻」上脱「出」字。「入榛薄，出險阻」與「騎騵馬，服駒駼」相對爲文。《羣書治要》引此有「出」字。

道之數　不達

「不因道之數，而專己之能，則其窮不達矣」。念孫案：「道之數」本作「道理之數」，此後人以意删之也。下文曰：「不循道理之數。」又曰：「拂道理之數，詭自然之性。」《原道篇》曰：「循道理之數，因天地之自然。」皆其證也。《羣書治要》引此正作「道理之數」。《文子·下德篇》同。「則其窮不達矣」，「達」當爲「遠」，字之誤也。其窮不遠，謂其窮可立而待也。《文子·下德篇》正作「遠」。《氾論篇》「人章道息，則危不遠矣」，語意略與此同。

勇力

「由此觀之，勇力不足以持天下矣」。念孫案：「力」字因「勇」字而衍。「勇不足以持天下」與上文「智不足以治天下」相對爲文，不當有「力」字。《羣書治要》及《太平御覽·人事部七十六》引此皆無「力」字。下文「勇不足以爲强」，亦無「力」字。

豺狼

「夫華騮、緑耳，一日而至千里，然其使之搏兔，不如豺狼，伎能殊也」。《太平御覽·獸部八》引此「豺狼」作「狼契」。引之曰：「狼」、「契」，皆犬名也。《廣雅》曰：「狼、狐、狂、獚，犬屬也。」《玉篇》：「猰，公八切，雜犬也。」《廣韻》同。「猰」與「契」通。犬能搏兔，而馬不能，故曰「搏兔不如狼契」也。後人不知「狼」、「契」爲犬名，而改爲「豺狼」。豺狼可使搏兔，所未聞也。

撮蚤蚊　顛越

「鴟夜撮蚤蚊，察分秋豪，晝日顛越不能見丘山，形性詭也」。高注曰：「鴟，鴟鵂也，謂之老菟，夜鳴人屋上也。夜則目明，合聚人爪以著其巢中，故曰『察分秋毫』；晝則無所見，故曰『形性詭也』。」引之曰：《莊子·秋水篇》：「鴟夜撮蚤，察豪末，晝出，瞋目而不見丘山。」司馬本「蚤」作「蚤」，云：「鴟夜取蚤食。」崔本作「爪」，云：「鵂鶹夜聚人爪於巢中也。」「爪」、「蚤」通用，故崔本作「爪」。「蚤」、「蚤」字形相似，故司馬本作「蚤」。然則「蚤」、「蚤」二字，不得而竝存矣。《淮南》作「蚤」，故高氏但言合聚人爪，而不言食蚤。後人乃取司馬本之「蚤」字增於此處「蚤」字之下，其失甚矣。《秋水篇》釋文曰：「《淮南子》『鴟夜聚蚤，察分豪末』，許慎云：『鴟夜聚食蚤蝨不失也。』」李善注《文選·演連珠》曰：「《淮南子》曰：『鴟夜撮蚤，察分豪末，晝出，瞋目而不見丘山。』高誘曰：『鴟鵂謂之老菟。』」據二書所引，則許、高本俱無「蚉」字明矣。「顛越」二字與不見丘山意不相屬，且高注但言晝無所見，而不言顛越。《文選注》引此正作「瞋目而不見丘山」，與《莊子》同。疑「瞋目」二字譌作「顛目」，而後人遂改爲「顛越」也。撮蚤之説，許、高異義，揆之事理，則許注爲雅馴耳。

游霧而動

「夫螣蛇游霧而動，應龍乘雲而舉」。念孫案：上句本作「螣蛇游霧而騰」，後人以「騰」與「螣」同音，因妄改爲「動」耳。不知「螣」是蛇名，而「騰」爲升義，本不相複。「騰」與「舉」亦同義。故下句云「應龍乘雲而舉」。改「騰」爲「動」，則文不成義矣。《太平御覽·鱗介部一》引此正作「騰」。《説苑·説叢篇》同。《説苑》作「騰蛇遊霧而騰，龍乘雲而舉」，今本「騰」上有「升」字，此後人誤以「騰」字屬下句讀，因妄加「升」字也。《大戴禮·勸學篇》亦云：「螣蛇無足而騰。」

不爲醜飾不爲僞善

「是故得道者，不爲醜飾，不爲僞善」。念孫案：此本作「不僞醜飾，不僞善極」。「僞」即「爲」字也。古「爲」字多作「僞」，説見《史記·淮南衡山傳》「爲僞」下。「不僞醜飾，不僞善極」，相對爲文，故高注云：「不飾爲美，亦不極爲善也。」《道藏》本、劉本、朱本、茅本皆如是。莊改「不極」爲「不枉」，謬甚。後人誤讀「僞」爲詐僞之「僞」，而改上句「僞」字作「爲」，又改下句作「不爲僞善」，則既與上句不對，而又與高注不合矣。且「極」與「飾」爲韻，若作「不爲僞善」，則失其韻矣。

重爲惠若重爲暴

「是故重爲惠若重爲暴，則治道通矣」。念孫案：「重爲惠若重爲暴」，本無「若」字，後人以《詮言篇》云「重爲善若重爲非」，故加「若」字也。不知彼文是言「爲善者必生事」，故曰「重爲善若重爲非」，此言惠、暴俱不可爲，則二者平列，不得云「重爲惠若重爲暴」也。下文「爲惠者生姦，爲暴者生亂」，即承此文言之，則惠、暴平列明矣。《文子·自然篇》作「是故重爲惠重爲暴，即道達矣」，無「若」字。

以避姦賊

「人主深居隱處以避燥溼，閨門重襲以避姦賊」。念孫案：下「避」字當作「備」。俗讀「備」、「避」聲相亂，又涉上「避」字而誤也。《吕氏春秋·節喪篇》「姦邪盜賊寇亂之患，慈親孝子備之者，得葬之情矣」，俗本「備」作「避」，亦因上文而誤。重門所以防賊，故言「備」。作「避」則義不可通矣。《文選·西京賦》注引此正作「備」。

員者運轉而無

「主道員者，運轉而無端，化育如神，虚無因循，常後而不先也。臣道員者，運轉而無方者，劉本删去下「者」字，而莊本從之，非是。説見下。論是而處當，爲事先倡，守職分明，以立成功也」。念孫案：「臣道員者運轉而無方」者，本作「臣道方者」，其「員者運轉而無」六字，則因上文而誤衍也。《羣書治要》引無此六字。《文子·上義篇》亦無。主道員，臣道方，方員不同道，故下文云「君臣異道則治，同道則亂」也。《吕氏春秋·圜道篇》亦云：「主執圜，臣執方，方圜不易，其國乃昌。」

推而不可爲之勢

「夫推而不可爲之勢，而不循道理之數，今本「循」誤作「脩」，辯見《原道》。雖神聖人不能以成其功」。高注曰：「推，行也。」念孫案：「推而不可爲之勢」，「而」字涉下文而衍。

不可使言

「聾者可令嗺筋，「嗺筋」，未詳。《易林·蒙之離》亦云：「抱關傳言，聾跛摧筋。」而不可使有聞也；瘖者可使守圉，而不可使言也」。念孫案：「不可使言」本作「不可使通語」，今本「語」誤作「言」，又脱「通」字。「筋」、「聞」爲韻，「圉」、「語」爲韻，如今本，則失其韻矣。《太平御覽・疾病部三》引此正作「不可使通語」。

營事

「人主貴正而尚忠，忠正在上位，執正營事，「正」與「政」同。則讒佞姦邪無由進矣」。高注曰：「營，典。」引之曰：諸書無訓「營」爲「典」者，「營」當爲「管」，字之誤也。隸書「管」字或作「菅」，俗書「營」字作「营」，二形相似而誤。「管事」與「執政」義相近。《史記・李斯傳》曰「管事二十餘年」是也。管、典，皆主也，故訓「管」爲「典」。《秦策》「淖齒管齊之權」，高彼注曰：「管，典也。」見《史記・范雎傳》索隱。正與此注同。

不可同羣

「夫鳥獸之不可同羣者，其類異也；虎鹿之不可同游者，力不敵也」。念孫案：「不可同羣」，「可」字後人所加。「鳥獸不同羣」、「虎鹿不同游」相對爲文，則上句内不當有「可」字。後人熟於「鳥獸不可與同羣」之文，因加「可」字耳。

一舉

「是故人主之一舉也，不可不慎也」。念孫案：此謂舉賢不可不慎，「舉」上不當有「一」字，蓋因下文「一舉不當」而衍。

抓

「夫人之所以莫抓玉石而抓瓜瓠者，何也？無得於玉石弗犯也」。高注曰：「玉石堅，抓不能入，故不抓。」念孫案：「抓」皆當爲「捬」，字之誤也。《廣雅》「捬，裂也」，曹憲音必麥反。字從手、𠂢聲。𠂢，匹卦反。捬之言劈也。瓜瓠可劈而玉石不可劈，故曰「玉石堅，捬不能入」也。《方言》「鋠、㧛，裁也。梁益之閒，裁木爲器曰鋠，裂帛爲衣曰㧛」，郭璞音「劈歷」之「劈」，義亦與「捬」同。若作「抓」，則非其義矣。《玉篇》：「抓，古華切，引也，擊也。」字從瓜。此字各本皆誤爲「抓」。茅一桂不得其解，乃讀爲「抓痒」之「抓」，其失甚矣。《玉篇》：「抓，側交切，抓痒也。」字從爪。

其以移風易俗矣

「攝權勢之柄，其以移風易俗矣」。念孫案：「其以移風易俗矣」，文義未足。下文曰：「攝權勢之柄，其於化民易矣」，則此亦當曰「權勢之柄，其以移風易俗易矣」。蓋上「易」爲「變易」之「易」，下「易」爲「難易」之「易」。《漢書・禮樂志》「其感人深，其移風易俗易」，今《樂記》脱下「易」字，辯見《經義述聞》。顔師古曰：「易，音弋豉反。」是其證也。今本無下「易」字者，後人誤以爲複而删之耳。

而被甲兵不隨南畝　非所以都於國也

「且夫不治官職，而被甲兵，不隨南畝，而有賢聖之聲者，非所以都於國也。騏驥、騄駬，天下之疾馬也，驅之不前，引之不止，雖愚者不加體焉」。念孫案：「而被甲兵」，「而」當爲「不」，與上下兩「不」字文同一例，作「而」者，字之誤耳。「不隨南畝」，「隨」當爲「脩」，謂不治南畝也。隸書「隨」字或作「隨」，故「脩」誤爲「隨」。《史記・趙世家》「脩下而馮」，「脩」或作「隋」。《李斯傳》「隨俗雅化」，「隨俗」一作「脩使」，皆以右畔相似而誤。其右畔與「脩」相似，見漢《司隸校尉楊涣石門頌》。「非所以都於國也」，「都」字義不可通，當是「教」字之誤。「教」、「都」草書相似。《韓子・外儲説右篇》曰：「不服兵革而顯，不親耕耨而名，非所以教於國也。今有馬於此，如驥之狀者，天下之至良也。然而驅之不前，卻之不止，則臧獲雖賤，不託其足。」即《淮南》所本也。

疾風

「夫疾風而波興，木茂而鳥集，相生之氣也」。念孫案：「疾風」當爲「風疾」。「風疾」、「木茂」相對爲文。《意林》引此正作「風疾」。

不斷

「是故茅茨不翦，采椽不斷」。念孫案：「斷」當爲「斲」，字之誤也。《精神篇》作「樣桷不斲」。高注：「樣，采也。桷，椽也。」《晉語》曰：「天子之室，斲其椽而礱之，加密石焉。諸侯礱之，大夫斲之，士首之，以采爲椽而又不斲，儉之至也。」《太平御覽·皇王部五》引此正作「斲」。《韓子·五蠹篇》《史記·李斯傳》竝同。

不安其性

「人主急兹無用之功，百姓黎民顦顇於天下，是故使天下不安其性」。高注曰：「不得安其正性，僞詐生也。」念孫案：此注後人所改。性之言生也。「性」與「生」義同而字亦相通。説見《經義述聞·周語》。「不安其生」，即承上「黎民顚頟」言之。昭八年《左傳》曰：「今宮室崇侈，民力彫盡，怨讟竝作，莫保其性。」義與此同。高注當云：「性，生也。」後人熟於「性即理也」之訓，故妄改高注耳。下文「近者安其性」，高注曰：「性，生也。」故知此注爲後人所改。

楫楔

「大者以爲舟航柱梁，小者以爲楫楔」。念孫案：「楫楔」本作「椄槢」，此後人以意改之也。「椄」、「楫」竝在《葉韻》，「槢」在《緝韻》，「楔」在《薛韻》。「椄」、「槢」疊韻字也。「楫」、「楔」則非疊韻矣。「椄槢」謂梁之小者，對上文「大者爲柱梁」而言。《莊子·在宥篇》「吾未知聖知之不爲桁楊椄槢也」，釋文：「崔云：『椄槢，桎梏梁也。』《淮南》曰：『大者爲柱梁，小者爲椄槢也。』」案：小梁謂之椄槢，故桎梏之梁亦謂之椄槢。《集韻》：「椄，槢梁也。《淮南子》：『大者爲柱梁，小者爲椄槢。』」蓋高注以椄槢爲梁而今本脱之也。據《集韻》引此作「椄槢」，則北宋本尚未誤。

脱文二句

「無大小脩短，各得其所宜，《羣書治要》作「大小脩短，皆得所宜」。規矩方員，各有所施」。念孫案：《羣書治要》引此「各有所施」下有「殊形異材，莫不可得而用也」二句，今本脱去。下文「天下之物，莫凶於奚毒，然而良醫槖而藏之，有所用也」即承「莫不可得而用」言之，則原有此二句明矣。凡《治要》所引之書，於原文皆無所增加，故知是今本遺脱也。

鷄毒

「天下之物，莫凶於鷄毒」。念孫案：「鷄毒」當爲「奚毒」，注同。此涉上文注内「枅，讀如『鷄』」而誤也。《廣雅》《本草》竝作「奚毒」。《羣書治要》《意林》及《太平御覽·藥部七》引《淮南》亦作「奚毒」，《急就篇補注》引作「奚毒」，則南宋本尚不誤。無作「鷄毒」者。

并方外

「或欲平九州，并方外，存危國，繼絶世」。引之曰：「并」本作「從」。從，猶服也。襄十年《左傳》注：「從，猶服也。」言使方外之國服從也。《原道篇》曰：「從裸國，納肅慎。」《人閒篇》曰：「王若欲從諸侯，不若大城城父，而令太子建守焉，以來北方。」司馬相如《難蜀父老》曰：「朝冉從駹，定筰存邛。」皆是也。後人不達「從」字之義，遂改「從」爲「并」，不知「平九州，從方外，存危國，繼絶世」，皆謂撫柔中外，非謂吞并之也。《羣書治要》引此正作「從方外」。

以刀抵木

「是猶以斧劗毛，高注：「劗，翦也。」以刀抵木也，皆失其宜矣」。此言刀可以剃毛，斧可以伐木，易之則皆失其宜矣。劉本「刀」作「刃」，非也。凡刀、劍、戈、矛之屬皆有刃，泛言刃，則不知爲何物。《道藏》本、茅本竝作「刀」。莊從劉本作「刃」，失之矣。念孫案：木當言伐，不當言抵，蓋「伐」誤爲「氐」，「伐」、「氐」字形相似。後人因加手旁耳。《説山篇》云：「刀便剃毛，至伐大木，非斧不剋。」是其證。《羣書治要》引此正作「以刀伐木」。

以天下之力争

「人主者以天下之目視，以天下之耳聽，以天下之智慮，以天下之力争」。念孫案：「争」本作「動」。動謂舉事也。慮則用羣策，動則用羣力，故曰「以天下之智慮，以天下之力動」。今本「動」作「争」者，後人依《文子·上仁篇》改之耳。《藝文類聚·帝王部一》《太平御覽·皇王部二》引此竝作「動」。

脩通

「百官脩通，羣臣輻湊」。劉本作「脩同」，云：「同，一作『通』。」莊本從劉本作「同」。念孫案：作「通」者是也。《藝文類聚》引此作「脩道」，「道」即「通」之誤。《太平御覽》引此正作「脩通」。《文子·上仁篇》同。《韓子·難篇》「百官脩通，羣臣輻湊」，即《淮南》所本。《管子·任法篇》亦云：「羣臣脩通輻湊，以事其主。」

先而不弊

「聰明先而不弊」。「弊」與「蔽」同。高注曰：「弊，闇。」《秦策》「南陽之弊幽」，高彼注曰：「弊，隱也。」是「蔽」、「弊」古字通。《齊語》「使海於有蔽」，《管子·小匡篇》作「弊」，是其證。《道藏》本、朱本、茅本竝作「弊」。劉本改「弊」爲「蔽」，而莊本從之，皆未達假借之義。念孫案：「先」與「不弊」義不相屬，「先」當爲「光」，字之誤也。光，明也。《太平御覽·皇王部二》引此正作「光」。

志達

「然而羣臣志達效忠者，希不困其身」。念孫案：「志達」當爲「達志」，寫者誤倒耳。「達志」、「效忠」相對爲文。《氾論篇》「不能達善效忠」，即其證。

其主言可行

「明主之聽於羣臣，其計乃可用，不羞其位；其主言可行，不責其辯」。劉本作「其言可行，而不責其辯」。念孫案：此當作「其言而可行，不責其辯」。「其計乃可用」、「其言而可行」相對爲文。乃、而，皆如也。《道藏》本作「其主言可行」，「主」字因上下文而衍，又脱「而」字，劉本「而」字在「可行」下，皆非也。《文子·上仁篇》作「其言可行，不責其辯」。

縣法者法不法也

「縣法者，法不法也；設賞者，賞當賞也」。念孫案：「縣法者，法不法也」，上二「法」字皆當爲「罰」，與「設賞者，賞當賞也」相對爲文。下文「中程者賞」，謂賞當賞也，「缺繩者誅」，謂罰不法也。今本二「罰」字作「法」，後人依《文子·上義篇》改之耳。

以其言

「無爲者非謂其凝滯而不動也，以其言莫從己出也」。念孫案：「以其言」當作「以言其」，與「非謂其」相對爲文。今本「言其」二字誤倒，則文不成義。《文子・上義篇》正作「言其」。

⿰禾粟

「夫寸生於⿰禾粟，⿰禾粟生於日，日生於形，形生於景，此度之本也」。高注曰：「⿰禾粟，禾穗⿰禾粟孚榆頭芒也。十⿰禾粟爲一分，「十」下當有「二」字。十分爲一寸，十寸爲一尺，十尺爲一丈，故爲度之本也。」引之曰：《説文》《玉篇》《廣韻》《集韻》皆無「⿰禾粟」字，「⿰禾粟」當爲「⿰禾票」，字之誤也。「⿰禾票」與「秒」同。《説文》：「秒，禾芒也。」字或作「蔈」，通作「漂」，又通作「翲」。《天文篇》曰：「秋分而禾蔈定，蔈定而禾孰。律之數十二，故十二蔈而當一分，今本誤作「十二蔈而當一粟，十二粟而當一寸」，辯見《天文》。律以當辰，音以當日，日之數十，故十分而爲寸，十寸而爲尺，十尺而爲丈。」彼注云：「蔈，禾穗蔈孚榆之芒也。古文作秒。」《宋書・律志》曰：「秋分而禾⿰禾票定，⿰禾票定而禾孰。」注云：「⿰禾票，禾穗芒也。」《玉篇》：「⿰禾票，亡紹切。」《集韻》：「秒，禾芒也，或作⿰禾票。」皆其明證矣。又《齊策》曰：「象牀之直千金，傷此若髮漂，賣妻子不足償之。」《史記・太史公自序》「閒不容翲忽」，正義曰：「翲字當作秒。秒，禾芒表也。」然則「標」、「蔈」、「漂」、「翲」四字竝與「秒」同，而「穗」爲「標」之誤明矣。《字彙補》乃於《禾部》增入「穗」字，音「粟」，引《淮南子》「寸生於穗，穗生於日」，甚矣其謬也。莊以「穗」爲古「累黍」字，尤不可解。

所謂亡國　有法者

「所謂亡國，非無君也，無法也。變法者，非無法也，有法者而不用，與無法等」。念孫案：「有法者而不用」，「者」字當在上文「所謂亡國」下，與「變法者」相對爲文。今誤入此句内，則文不成義。

先自爲檢式儀表

「是故人主之立法，先自爲檢式儀表，故令行於天下」。念孫案：「先自爲檢式儀表」當作「先以身爲檢式儀表」，言以身爲度，則令無不行也。下文引孔子曰：「其身正，不令而行。」是其明證矣。上下文「身」字凡四見。今本「身」誤爲「自」，「自」上又脱「以」字。《文子·上義篇》作「先以自爲檢式」，「自」亦「身」之誤，唯「以」字未脱。

心中

「内得於心中，外合於馬志」。念孫案：「心中」當爲「中心」。「中心」與「馬志」相對爲文。《太平御覽·治道部五》《獸部八》引此竝作「中心」。《列子·湯問篇》《文子·上義篇》皆同。

據除

「夫據除而窺井底，雖達視而不能見其睛」。引之曰：階除不得有井，「除」當爲「榦」，字之誤也。《莊子·秋水篇》「吾跳梁乎井榦之上」，司馬彪曰：「井榦，井欄也。」《漢書·枚乘傳》「單極之紞斷榦」，晉灼曰：「榦，井上四交之榦。」《説文》作「韓」，云：「井垣也。」此言據井之欄以窺井底耳。

觀其象　遠者治也

「物至而觀其象，事來而應其化，近者不亂，遠者治也」。念孫案：「物至而觀其象」，「象」當爲「變」，草書之誤也。「變」與「化」同義。觀其變，亦謂觀其變而應之也，作「象」則非其指矣。《文子·上義篇》正作「物至而觀其變」。《汜論篇》亦曰：「物動而知其反，事萌而察其變，近者不亂，遠者治也。」《文子》作「近者不亂，即遠者治矣」，亦於義爲長。

美者正於度　建於用

「美者正於度，而不足者建於用，故海内可一也」。念孫案：「美」當爲「羨」，「正」當爲「止」，「建」當爲「逮」，皆字之誤也。《文選·陸雲〈爲顧彦先贈婦詩〉》「佳麗良可羨」，今本「羨」誤作「美」，《玉臺新詠》載此詩正作「羨」。羨謂才有餘也。「羨者止於度，而不足者逮於用」，謂人主有一定之法，則才之有餘者止於法度之中而不得過，其不足者亦可逮於用而不患其不及也。「羨」與「不足」正相反。《文子·上義篇》作「有餘者止於度，不足者逮於用」，是其明證矣。

與臣下争

「君人者，釋所守而與臣下争，則有司以無爲持位，守職者以從君取容，是以人臣藏智而弗用，反以事轉任其上矣」。念孫案：「與臣下争」當作「與臣下争事」。唯君與臣争事，是以臣藏智弗用，而以事轉任其上也。脱去「事」字，則文義不明。《文子·上仁篇》正作「與臣争事」。

與天下交

「智不足以爲治，威不足以行誅，則無以與天下交也」。念孫案：「與天下交」當作「與下交」。「下」謂羣臣也。「下」字上下文凡四見。上文曰：「法律度量者，人主之所以執下。」舍是，則智不足以爲治，威不足以行誅矣。故曰「無以與下交」。《大學》曰：「與國人交。」「下」上不當有「天」字。《文子·上仁篇》有「天」字，亦後人依誤本《淮南》加之。《羣書治要》引《文子》無「天」字。

者欲

「喜怒形於心，者欲見於外」。念孫案：「者」當爲「耆」，字之誤也。「耆欲」與「喜怒」相對爲文。《文子·上仁篇》作「嗜欲」，是其證。

馬死於衡下

「與馬競走，筋絶而弗能及；上車執轡，則馬死於衡下」。陳氏觀樓曰：「『死』字義不可通，《文子·上仁篇》作『馬服於衡下』，是也。『死』本作『㲋』，『服』或作『服』，下半相似而誤。」

有爲

「是故君人者，無爲而有守也，有爲而無好也」。念孫案：「有爲」與「無爲」正相反，且下二句云「有爲則讒生，有好則諛起」，則不當言「有爲」明矣。「有爲」本作「有立」。「有立而無好」，謂有所建立而無私好也。高注：「無所私好。」今本作「有爲」者，涉下句「有爲」而誤。《文子·上仁篇》正作「有立而無好」。

言建之無形也

「故善建者不拔」。今本此下有注云：「言建之無形也。」念孫案：此六字乃正文，非注文也。「故善建者不拔」者，引《老子》語也。「言建之無形也」者，釋其義也。《精神篇》曰：「故曰『其出彌遠者，其知彌少，以言夫精神之不可使外淫也』。」亦是引《老子》而釋之。後人誤以此六字爲注文，故改入注耳。《文子》正作「故善建者不拔，言建之無形也」。

謂之塞

「故中欲不出謂之扃，外邪不入謂之塞」。莊氏伯鴻曰：「《吕覽》作『外欲不入謂之閉』。《君守篇》據下『中扃外閉』云云，則此句疑當如《吕覽》。」念孫案：「扃」與「閉」皆以門爲喻，「閉」字是也。《文子·上仁篇》亦作「閉」。

不伐之言　使自司

「故有道之主，滅想去意，清虚以待，不伐之言，不奪之事，循名責實，使自司」。念孫案：「不伐之言」，「伐」當爲「代」。「不代之言，不奪之事」，謂臣所當言者，君不代之言，臣所當行者，君不奪之事也。《吕氏春秋·知度篇》「代」字亦誤作「伐」。案：上文云「是猶代庖宰剥牲，而爲大匠斲也」，《吕氏春秋》云「是君代有司爲有司也」，則皆當作「代」明矣。「使自司」，《道藏》本如是。當從《吕氏春秋》作「官使自司」，謂使百官自司其事而君不與也。故下文云：「如此則百官之事各有所守。」此文上下皆以四字爲句，脱去「官」字，則不成句矣。劉本作「使有司」，《文子·上仁篇》作「使自有司」，皆於義未安。莊從劉本作「使有司」，非也。

景桓公　魯昭公　荆平王

「衛君役子路，權重也；景、桓公臣管、晏，位尊也」。念孫案：「公」字後人所加。「衛君役子路」、「景、桓臣管、晏」，相對爲文，「景、桓」下加「公」字，則文不成義矣。又《人閒篇》：「故蔡女蕩舟，齊師侵楚。今本「侵楚」上衍「大」字，辯見《人閒》。兩人搆怨，廷殺宰予。簡公遇殺，身死無後，陳氏代之，齊乃無吕。兩家鬭雞，季氏金距，郈公作難，魯昭公出走。」案：「魯昭公」之「公」亦後人所加。自「蔡女蕩舟」以下，皆四字爲句，「魯昭」下加「公」字，則累於詞矣。又《泰族篇》：「闔閭伐楚，五戰入郢，燒高府之粟，破九龍之鍾，鞭荆平王之墓，舍昭王之宫。」案：「荆平王」之「王」亦後人所加。「燒高府之粟」以下，皆五字爲句，「荆平」下加「王」字，則累於詞矣。《吕氏春秋·胥時篇》「鞭荆平之墳」，亦無「王」字。

則輕重小大有以相制也

「故枝不得大於榦，末不得强於本，則輕重小大有以相制也，若五指之屬於臂，搏援攫捷，莫不如志，言以小屬於大也」。念孫案：「則輕重小大有以相制也」本作「言輕重小大有以相制也」。此釋上之詞，與下言「以小屬於大也」文同一例。後人不達，而改「言」爲「則」，上言「不得」，下言「則」，則文義不相承接矣。《文子·上義篇》正作「言輕重大小有以相制也」。

其存

「所持甚小，其存甚大，所守甚約，所制甚廣」。念孫案：「其存甚大」本作「所任甚大」。「所持甚小，所任甚大」，即下文所謂「十圍之木，持千鈞之屋也」。今本「所任」作「其存」者，「其」字因與上下三「甚」字相似而誤，「任」誤爲「在」，後人因改爲「存」耳。《文子》作「所在甚大」，「在」亦「任」之誤。《羣書治要》引《文子》正作「所任甚大」。

制開闔

「是故十圍之木，持千鈞之屋；五寸之鍵，制開闔」。念孫案：「制開闔」三字文義未足。《説苑・説叢篇》作「而制開闔」，《文子》作「能制開闔」，「能」亦「而」也。「而」字古通作「能」，説見《經義述聞》「能不我知」下。二書皆本於《淮南》，則《淮南》原文本作「五寸之鍵，而制開闔」明矣。《道藏》本脱「而」字，劉績不能攷正，乃於「制開闔」下加「之門」二字，而諸本及莊本皆從之，謬矣。上言「持千鈞之屋」，若無「之屋」二字，則文不成義。此言「制開闔」，則其義已明，無庸加「之門」二字。

離

「故握劍鋒以離北宮子、司馬蒯蕢，不使應敵；操其觚，招其末，則庸人能以制勝」。念孫案：「握劍鋒以」之下脱去一字。「離」字與上下文皆不相屬，當是「雖」字之誤。隸書「離」字或作「雖」，說見《天文篇》「禹以爲朝晝昬夜」下。形與「雖」相近，故「雖」誤爲「離」。《漢書・衞青霍去病傳》「大當户調雖」，《史記》作「銅離」。《秦策》「主雖困辱，悉忠而不解」，今本「雖」誤作「離」。「不使應敵」，「使」上當有「可」字。言手握劍鋒，則雖北宮黝、司馬蒯蕢，亦不可使應敵；若操其本而舉其末，則庸人亦能以制勝也。「可使」與「能以」，文正相對。[一]

饑饉

「人主租斂於民也，《羣書治要》作「人主之賦斂於民也」。必先計歲收，量民積聚，知饑饉有餘不足之數，然後取車輿衣食供養其欲」。《羣書治要》引此「饑饉」作「饒饉」。念孫案：作「饒饉」者，原文；作「饑饉」者，後人所改也。「饒」與「饉」，「有餘」與「不足」，皆相對爲文，《鹽

[一] 文正相對，原作「文相正對」，據《國學基本叢書》本改。

鐵論・通有篇》：「多者不獨衍，少者不獨饉。」若作「饑饉」，則與「有餘不足」之文不類矣。此言人主必知民積聚之多寡，然後可以取於民。若上言「饑饉」，則下不得言「取車輿衣食供養其欲」矣。後人熟於「饑饉」之文，遂以意改之，而不知其與下文相抵牾也。

掘穴

「高臺層榭，接屋連閣，非不麗也，然民無掘穴狹廬所以託身者，則明主弗樂也」。各本脱「則」字，今據下文及《羣書治要》《太平御覽》引補。念孫案：「掘穴」本作「堀室」。「堀」，古「窟」字。昭二十七年《左傳》「吴公子光伏甲於堀室而享王」，《史記・吴世家》作「窟室」是也。因「堀」誤爲「掘」，後人遂妄改爲「掘穴」耳。「窟室」與「狹廬」事相類，若云「掘穴狹廬」，則文不成義矣。《羣書治要》引此正作「窟室」，又引注云：「窟室，土室。」《太平御覽・木〔一〕部七》引此亦作「窟室」。又案：「民無掘穴狹廬所以託身者」，《道藏》本如是。劉本作「民有掘穴狹廬無所託身者」，此依下文改也。案：下文云「民有糟糠菽粟不接於口者」，又云「民有處邊城，犯危難，澤死暴骸者」，此云「民無堀室狹廬所以託身者」，文與下二條異，不當據彼以改

〔一〕木，原作「本」，據《國學基本叢書》本改。

此。且既有狹廬，則不得言無所託身。《羣書治要》《太平御覽》引此竝作「民無窟室狹廬」，則劉改非也。莊依劉本作「民有掘穴狹廬」，又依《道藏》本作「所以託身者」，兩無所據矣。

效善

「故古之爲金石管弦者，所以宣樂也；兵革斧鉞者，所以飾怒也；觴酌俎豆酬酢之禮，所以效善也；高注：「效，致也。」衰絰菅屨辟踊哭泣，所以諭哀也」。念孫案：「效善」當爲「效喜」，字之誤也。此以「喜」、「怒」、「哀」、「樂」相對，作「善」則義不可通。《羣書治要》引此正作「喜」。

有以

「一人蹠耒而耕，不過十畝，中田之獲，卒歲之收，不過畝四石，妻子老弱仰而食之，《文子·上仁篇》作「仰之而食」。時有涔旱災害之患，有以給上之徵賦車馬兵革之費」。念孫案：「有以」之「有」，各本多作「無」，惟《道藏》本及茅本作「有」，「有」字是也。「有」讀爲「又」，《淮南》通以「有」爲「又」，《史記》《漢書》及諸子竝同。言終歲之收僅足供一家之食，既時有水旱之災，而又以此給上之徵賦也。後人不知「有」爲「又」之借字，而改「有」爲「無」，斯爲謬矣。莊刻仍從諸本作「無」，故特辯之。

人君者

「是故人君者」。念孫案：「君」字當在「人」字上。《羣書治要》引此正作「君人者」。

以火燒田

「昆蟲未蟄，不得以火燒田」。高注曰：「不得用燒田也。」《道藏》本、劉本、朱本竝如是，莊本作「用不得燒田也」，非。念孫案：正文「燒」字因注内「燒田」而衍。「不得以火田」，謂田獵不得用火。《爾雅》曰「火田爲狩」是也。高注「不得用燒田」，「燒」讀去聲。《管子·輕重甲篇》「齊之北澤燒」，尹知章注曰：「獵而行火曰燒，式照反。」是也。「燒」字正釋「火」字，若云「以火燒田」，則不詞矣。《王制》及《賈子·容經篇》竝云「昆蟲未蟄，不以火田」，《説苑·脩文篇》同。此即《淮南》所本。《文子·上仁篇》亦作「不得以火田」。

王皆坦然天下而南面焉

「堯、舜、禹、湯、文、武，句王皆坦然天下而南面焉」。念孫案：次句當作「皆坦然南面而王天下焉」。今本顛倒，不成文理。劉本删去「王」字，尤非。莊本同。

鼙鼓

「鼙鼓而食，奏雍而徹，已飯而祭竈」。高注曰：「鼙鼓，王者之食樂也。《詩》云：『鼓鍾伐鼙。』」念孫案：「鼙鼓而食」當爲「伐鼙而食」，今作「鼙鼓」者，涉注文而誤也。《周官·大司樂》曰：「王大食三侑，皆令奏鍾鼓。」奏鍾鼓而食，故曰「伐鼙而食」。高注引《詩》「鼓鍾伐鼙」，正釋「伐鼙」二字之義，若云「鼙鼓而食」，則文不成義矣。且「伐鼙而食，奏雍而徹」，相對爲文。《荀子·正論篇》曰「曼而饋，伐皋而食，今本「伐」誤作「代」，辯見《荀子》。「皋」與「鼙」同。《考工記》「韗人爲皋鼓」是也。雍而徹乎五祀」，即《淮南》所本也。《玉海·音樂部·樂器類》引此正作「伐鼙而食」。

伐紂

「武王伐紂，發鉅橋之粟，散鹿臺之錢，封比干之墓，表商容之閭，朝成湯之廟，解箕子之囚」。念孫案：「伐紂」本作「克殷」，此後人妄改之也。下文「解箕子之囚」，高注：「武王伐紂，赦其囚執。」「伐紂」二字亦後人所加。下文所述六事，皆在克殷以後，若改「克殷」爲「伐紂」，則自孟津觀兵以後，皆是伐紂之事，與下文不合矣。《羣書治要》引此正作「武王克殷」。又《齊俗篇》：「昔武王執戈秉鉞以伐紂勝殷，搢笏杖殳以臨朝。」「伐紂」二字亦後人所加。「執戈秉鉞以勝殷」、「搢笏杖殳以臨朝」，相對爲文，加入「伐紂」二字，則文不成義，且與下句不對矣。《太平御覽·兵部八十四》引此無「伐紂」二字，蓋後人熟於「武王伐紂」之語，遂任意增改而不顧文義，甚矣其妄也。

其所事者多

「夫聖人之智，固已多矣，其所守者有約，故舉而必榮；愚人之智，固已少矣，其所事者多，故動而必窮矣」。念孫案：「其所事者多」，「多」上亦當有「有」字。「其所守者有約」、「其所事者有多」，兩「有」字皆讀爲「又」。「又」與「固已」，文義相承。《羣書治要》引此正作「其所事者又多」。《荀子·王霸篇》引孔子曰:「知者之知,固已多矣,有以守少,能無察乎?愚者之知,固已少矣,有以守多,能無狂乎?」此即《淮南》所本。

捨其易成者

「夫以正教化者,易而必成;以邪巧世者,難而必敗。凡將設行立趣於天下,捨其易成者,而從事難而必敗者,愚惑之所致也」。念孫案:「捨其易成者」當作「捨其易而必成者」。今本脱「而必」二字,則與上文不合。《文子·微明篇》正作「捨其易而必成」。

仁智錯

「故仁智錯,有時合。合者爲正,錯者爲權」。念孫案:「故仁智錯,有時合」當作「故仁智有時錯,有時合」。

事可權者多愚之所權者少此愚者之所多患

「人之情,不能無衣食。衣食之道,必始於耕織,萬民之所容見也。「容」與「公」古字通,劉本改作「公」,莊從劉本,非。物之若耕織者,始初甚勞,終必利也衆。句愚人之所見者寡,事可權者多,愚之所權者少，此愚者之所多患」。念孫案：「事可權者多」二句當作「事之可權者多，對上文「物之若耕織者始，初甚勞，終必利也衆」。愚人之所權者少。對上文「愚人之所見者寡」。」各本脱「之」字、「人」字，則文義不明。「此愚者之所多患」，劉本作「此愚者之以多患也」。案：當作「此愚者之所以多患也」。對下文「此智者所以寡患也」。《道藏》本脱「以」字、「也」字，劉本脱「所」字。

遲利

「仁以爲質，智以行之，兩者爲本，而加之以勇力、辯慧、捷疾、劬録，巧敏、遲利，聰明審察，盡衆益也」。念孫案：「遲利」二字義不相屬，「遲」當爲「犀」，字之誤也。「犀」亦「利」也。《漢書·馮奉世傳》「器不犀利」，如淳曰：「今俗刀兵利爲犀。」自「勇力」以下，皆兩字同義。

懷給　棄驥而不式

「故不仁而有勇力果敢，則狂而操利劒；不智而辯慧懷給，則棄驥而不式」。高注曰：「不智之人，辯慧懷給，不知所裁之，猶棄驥而或，《道藏》本如是。「棄」字雖誤，而「或」字尚未誤。各本或作「棄驥而式」，或作「棄驥不式」，皆後人據已誤之正文，改未誤之注文也，辯見下。不知所詣也。懷，佞也。」念孫案：「懷」與「佞」義不相近，「懷」皆當爲「儇」，字之誤也。「儇」與「儇」同，字或作「譞」。《方言》曰：「儇，慧也。」《説文》同。又曰：「譞，譞慧也。」《廣雅》曰：「辯、儇，慧也。」即此所云「辯慧儇給」也。《楚辭・九章》「忘儇媚以背衆兮」，王注曰：「儇，佞也。」正與高注同。「棄驥而不式」本作「乘驥而或」，因「乘」誤爲「棄」，隸書「乘」或作「乗」，「棄」或作「弃」，二形相似。「或」誤爲「式」，草書「或」、「式」相似。後人遂於「式」上加「不」字耳。「或」與「惑」同，故高注云：「不智之人，辯慧儇給，不知所裁之，猶乘驥而或，不知所詣也。」《吕氏春秋・當務篇》曰：「辯而不當論，信而不當理，勇而不當義，法而不當務，或而乘驥也，狂而操吴干將也。」《春秋繁露・必仁且知篇》曰：「不仁而有勇力材能，則狂而操利兵也；不知而辯慧獧給，則迷而乘良馬也。」是皆其明證矣。「獧」亦與「儇」同。

專誠

「誠身有道，心不專一，不能專誠」。念孫案：以上文例之，則「不能專誠」當作「不能誠身」。據高注云「不脩其本而欲得悦親誠身之名，皆難也」，則正文本作「不能誠身」明矣。今作「不能專誠」者，涉上文「心不專一」而誤。《中庸》作「誠身有道，不明乎善，不誠乎身矣」。次句雖異義，而首句、三句則同。

淮南内篇弟十

繆稱

從天之道

「黄帝曰：『芒芒昧昧，從天之道，與元同氣。』」念孫案：「道」本作「威」，今作「道」者，後人不解「威」字之義而妄改之也。《文選·宋孝武宣貴妃誄》注引此已誤。案：威者，德也，言從天之德也。《廣雅》曰：「威，德也。」《周頌·有客篇》「既有淫威，降福孔夷」，正義曰：「言有德，故易福。」《風俗通義·十反篇》曰：「《書》曰：『天威棐諶。』言天德輔誠也。」是古謂德爲威也。後《泰族篇》及《吕氏春秋·應同篇》竝云：「黄帝曰：『芒芒昧昧，因天之威，與元同氣。』」《文子·上仁篇》「因天之威，與元同氣」，用《泰族篇》文也。上下文皆出《泰族篇》。《符言篇》「從天之威，與元同氣」，用此篇文也。下文「故至德言同略，事同指」云云，皆出此篇。然則《泰族》作「因天之威」，此作「從天之威」，雖「因」與「從」不同，而「威」字則同矣。

仁義

「君子非仁義無以生，失仁義，則失其所以生；小人非嗜欲無以活，失嗜欲，則失其所以活。故君子懼失仁義，小人懼失利」。念孫案：三「仁」字皆原文所無，此後人依上文加之也，不知此八句與上異義。上文是言仁義不如道德，此文是言君子重義、小人重利，故以「義」與「利」、「欲」對言，而「仁」不與焉。《太平御覽·人事部六十二》「義」下引此無三「仁」字。《文子·微明篇》同。

致尊

「聖人之道，猶中衢而致尊邪，過者斟酌，多少不同，各得其所宜」。念孫案：「致尊」當爲「設尊」，字之誤也。《藝文類聚·雜器物部》、《太平御覽·居處部二十三》《器物部六》引此竝作「設尊」。

得賢

「己未必得賢，而求與己同者，而欲得賢，亦不幾矣」。念孫案：「己未必得賢」，「得」字因下文「得賢」而衍。《羣書治要》引此無「得」字。

物莫無所不用

「物莫無所不用」。念孫案：此當作「物莫所不用」。「莫」即「無」也。「無」字蓋涉下文「無所不用」而衍。

意而不戴

「勇士一呼，三軍皆辟，其出之誠也。舊本「誠」字誤在「也」字下，今據《文子·精誠篇》乙正。故倡而不和，意而不戴，中心必有不合者也」。高說「意而不戴」云：「意，恚聲也。戴，嗟也。」念孫案：高說非也。「戴」讀爲「載」。鄭注《堯典》曰：「載，行也。」言上有其意而不行於下者，誠不足以動之也。下文云「上意而民載，誠中者也」，高注曰：「上有意而未言，則民皆載而行之。」是其證矣。《文子·精誠篇》正作「意而不載」。

王天下

「故舜不降席而王天下者，求諸己也」。念孫案：「王」當爲「匡」，字之誤也。匡，正也。正己而天下自正，故曰：「舜不降席而匡天下者，求諸己也。」己不正則不能正人，故下文曰：「身曲而景直者，未之聞也。」下文又曰：「故舜不降席而天下治。」彼言「天下治」，此言「匡天下」，其義一也。今本作「王天下」，則非其指矣。《文子·精誠篇》作「不下席而匡天下」，《韓詩外傳》及《新序·雜事篇》竝作「不降席而匡天下」。

感忽

「説之所不至者，容貌至焉；容貌之所不至者，感忽至焉」。念孫案：「感忽」者，精誠之動人者也。故下文曰：「感乎心，明乎智，發而成形，精之至也。可以形勢接而不可以昭誋。」《廣雅》：「誋，告也。」《荀子·議兵篇》曰：「善用兵者，感忽悠闇，莫知其所從出。」義與此相近。《道藏》本、茅本竝作「感忽」，《文子·精誠篇》同。劉本誤爲「感或」，而莊本從之，謬矣。

克不能及

「中行繆伯，手搏虎而不能生也，高注：「力能殺虎而德不能服之。」蓋力優而克不能及也」。高注：「克，猶能也。」念孫案：「克不能及」當爲「克不及」。克，能也。言搏虎之力雖優，而服虎之能則不及也。「優」與「不及」義正相對，則「及」上不當有「能」字。高注「克，猶能也」是指上句「能」字而言。正文「能」字即因上句「能」字而衍。

行斯乎其所結　釋近斯遠

「終年爲車，無三寸之鎋，不可以驅馳；匠人斲户，無一尺之楗，不可以閉藏。故君子行斯乎其所結」。《道藏》本如是。各本「斯」作「思」，乃後人以意改之。莊從各本作「思」，非。念孫案：「斯」當爲「期」，字之誤也。言君子行事必期其所終也。高注：「結，要終也。」又下文「釋近斯遠，塞矣」，「斯」亦當爲「期」。「釋近期遠，塞矣」，謂道在邇而求諸遠，則必塞也。《文子·精誠篇》作「舍近期遠」，是其證。

遠害

「故禹執干戚舞於兩階之閒而三苗服。鷹翔川，魚鼈沈，飛鳥揚，必遠害也」。念孫案：「遠害」本作「遠實」，此後人以意改之也。據高注云：「鷹懷欲宍「宍」[一]與「肉」同，欲肉者，欲食肉也。各本「宍」字皆誤作「害」，辯見《原道篇》「欲寅之心」下。之心，鳥魚知其情實，故遠之。」則本作「遠實」

[一] 宍，原作「宮」，據《國學基本叢書》本改。

明矣。《太平御覽·鱗介部四》引此正作「遠實」。此承上文「忠信行於内，感動應於外」而言，言禹有忠信之實，故舞干戚而三苗服；鷹有欲肉之實，故魚鳥皆遠之。若無其實而能動物者，則未之有也。後人改「遠實」爲「遠害」，失其指矣。

苟簡易

「故君之於臣也，能死生之，不能使爲苟簡易」。念孫案：「簡」字後人所加。高注云「君不能使臣爲苟合易行之義」，則無「簡」字明矣。下文曰「父之於子也，能發起之，不能使無憂尋」，與此相對爲文。加一「簡」字，則文不成義，且與下文不對矣。

慙乎景

「夫察所夜行，周公慙乎景，故君子慎其獨也」。念孫案：「慙」上當有「不」字，方與下意相屬。《文子·精誠篇》作「聖人不慙於景」。《晏子春秋·外篇》：「君子獨立不慙于景，獨寢不慙于魂。」

至至

「故至至不容」。高注曰：「至道之人，不飾容也。」劉本改「至至」爲「至人」。各本及莊本同。

又下文「故至至之人，不可遏奪也」，高注曰：「言至道之人，其心先定，不可臨以利，奪其志也。」劉本又改「至至」爲「至道」。各本及莊本同。念孫案：劉不解「至至」二字之意，又見高注兩言「至道之人」，故或改爲「至人」，或改爲「至道」。不知「至至」即「至道」也，「至至之人」即「至道之人」也。下文云：「故聖人栗栗乎其内而至乎至極矣。」至乎至極，即所謂「至至」也。《本經篇》「未可與言至也」，高注亦曰：「至，至德之道也。」是道之至極，即謂之「至」，至乎道之至極，即謂之「至至」。故此兩注皆以「至至」爲「至道」也。劉不曉注意，而以注文改正文，謬矣。下文又云：「至至之人，唯此「至至」二字，劉本未改。不慕乎行，不慙乎善。」「至至」二字，前後三見，何不察之甚也。

不身遁

「不身遁，斯亦不遁人」。高注曰：「遁，隱也。已不自隱身之行，亦不隱之於人也。」念孫案：「不身遁」，「身」當爲「自」，字之誤也。據高注云「不自隱身之行」，則所見本已誤作「身」。上文「非自遁也」，高注云：「遁，欺也。」《廣雅》同。「遁」字亦作「遯」。《脩務篇》「審於形者，不可遯以狀」，高注曰：「遯，欺也。」此言自遁，亦謂自欺也。不自欺，斯不欺人，故下二句云：「若行獨梁，不爲無人不兢其容。」謂不自欺也。古者謂欺爲遁。《管子·法禁篇》曰：「遁上而遁民者，聖王之禁也。」

謂上欺君而下欺民也。《賈子·過秦篇》曰：「姦僞竝起，而上下相遁。」《史記·酷吏傳序》曰：「姦僞萌起，其極也，上下相遁。」皆謂上下相欺也。

夫子曰弦則是也其聲非也

「故心哀而歌不樂，心樂而哭不哀。夫子曰：『弦則是也，其聲非也。』」高注曰：「閔子騫三年之喪畢，援琴而彈，其弦是也，其聲切切而哀。」事見《檜風·素冠》傳。引之曰：上文申喜遇母及艾陵之戰，皆直敘其事。此未敘其事，而忽云「夫子曰弦則是也，其聲非也」，則不知所指爲何事矣。疑「閔子騫三年之喪畢，援琴而彈」十二字，本是正文，在「夫子曰」上，而寫者誤入注也。

矜怚

「矜怚生於不足」。高注曰：「怚，驕也。」念孫案：「慘怚」之「怚」，無訓爲「驕」者。「怚」皆當爲「怚」，字之誤也。《説文》：「怚，驕也。」字從且，不從旦。《玉篇》秦吕、子御二切。《廣雅》曰：「憍、通作「驕」。怚、傲、侮、慢，傷通作「易」。也。」高注《氾論篇》曰：「駔，驕怚也。」竝與此注同義。「怚」訓爲「驕」，故言矜怚也。又《吕氏春秋·審應篇》「使人戰者嚴駔也」，高注曰：「嚴，尊也。駔，驕也。」《説文》又云：「嫭，驕也。」《文選·嵇康〈幽憤詩〉》：「恃愛肆姐，不訓不師。」「怚」、「嫭」、「姐」、「駔」，竝字異而義同。

理詘伸倨佝

「容貌顔色，理詘伸倨佝」。劉績云：「後有『倨句詘伸』，見《兵略篇》。疑此作『詘伸倨句』，衍『理』字。」念孫案：劉説是也。倨句，猶曲直也。《樂記》曰：「倨中矩，句中鉤。」「伸」誤爲「伸」，「句」誤爲「佝」。因「倨」字而誤加人旁。「理」字因下文「循理」而衍。各本「佝」字又誤爲「徇」，而莊本從之，謬矣。

刑於寡妻

「刑於寡妻，至於兄弟，禪於家國」。念孫案：「刑於寡妻」本作「施於寡妻」，此後人依《大雅》改之也。不知「施於寡妻，禪於家國」，皆用《詩》意而小變其文，與直引《詩》詞者不同，無煩據彼以改此也。《文選·漢高祖功臣頌》注引此正作「施於寡妻」。「施」讀若「施于孫子」之「施」。

大而章

「君子之道，近而不可以至，卑而不可以登，無載焉而不勝，大而章，遠而隆」。念孫案：「大而章」，「大」當爲「久」，字之誤也。此言君子之道，始於卑近，而終於高遠，是以久而彌章，遠而彌隆。上文云：「聖人之爲治，漠然不見賢焉，終而後知其可大也。」意正與此同。若云「大而章」，則義與下句不類矣。《文選・荅賓戲》「時暗而久章者，君子之真也」，李善注引此文云：「君子之道，久而章，遠而隆。」是其明證矣。

漂池

「鑿地漂池，非止以勞苦民也，各從其蹠而亂生焉」。高注曰：「人或有鑿穿，或有填池，言用心異也。」念孫案：如高注，則「漂池」當作「湮池」。「湮」訓爲「塞」，故注言「填池」也。「非止以勞苦民也」，「止」疑當作「正」。上文曰：「故人之甘甘，非正僞蹠也，「僞」與「爲」同。而蹠焉往。君子之憯怛，非正僞形也，而諭乎人心。」語意與此相似。

循性而行指

「太公何力？比干何罪？循性而行指，或害或利」。念孫案：「循性而行指」，謂率其性而行其志也。《吕氏春秋·行論篇》「布衣行此指於國」，高注曰：「指，猶志也。」劉本改「指」爲「止」，而諸本從之，莊本同。謬矣。

必其得福

「故君子能爲善，而不能必其得福；不忍爲非，而未能必免其禍」。念孫案：「必其得福」當依《文子·符言篇》作「必得其福」，與「必免其禍」相對爲文。

厚膊

「故同味而嗜厚膊者，必其甘之者也」。高注曰：「厚膊，厚切肉也。」念孫案：《説文》「膊，薄脯膊之屋上」也，非切肉之義。「膊」皆當爲「膞」，字之誤也。《説文》：「膞，切肉也。」《玉篇》：「旨兗切。」《廣雅》：「膞，臠也。」《説文》：「臠，切肉臠也。」字從專，不從尃。膞之言剸也。鄭注《文王世子》曰：「剸，割也。」故高注以「膞」爲「切肉」。《鍾山札記》以「膊」爲「肑」字之誤，非也。

分分

「福之萌也緜緜，禍之生也分分，福禍之始萌微，故民嫚之」。念孫案：「分分」當爲「介介」，字之誤也。「介」本作「尒」，「分」俗作「分」，二形相似，故傳寫多譌。莊三十年《穀梁傳》「燕周之分子也」，釋文：「分，本或作介。」《周官・内宰》注「敘，介次也」，釋文：「介，或作分，非。」《大宗伯》注「雉取其守介而死」，釋文：「介，或作分。」《莊子・庚桑楚篇》「介而離山」，釋文：「介，一本作分。」《春秋繁露・立元神篇》「介障險阻」，「介」譌作「分」。皆其證也。介介，微也。《豫》六二「介于石」，《繫辭傳》「憂悔吝者存乎介」，虞注竝云：「介，纖也。」《齊策》曰：「無纖介之禍。」是介爲微小之稱。「禍之生也介介」與「憂悔吝者存乎介」，意正相近。緜緜、介介，皆微也。故曰：「福禍之始萌微。」《文子・微明篇》作「禍之生也紛紛」，則後人妄改之耳。

行政善善未必至也

「周政至，殷政善，夏政行。行政善，善未必至也。至至之人，不慕乎行，不慙乎善」。念孫案：「行政善，善未必至也」當作「行政未必善，善政未必至也」。今本上句脱「未必」二字，下句脱「政」字，則文義不明。高注「夏政行」曰：「行，尚粗也。」是行政未必善也。又注「殷政善」曰：「善施教，未至於道也。」是善政未必至也。又注「周政至」曰：「至於道也。」故曰：「至至之人，不慕乎行，不慙乎善。」「至至」即「至道」，説見上文「至至」下。

矣鐸

「義之所加者淺，則武之所制者小句矣鐸以聲自毁，膏燭以明自鑠」。梁氏處素曰：「『矣』當爲『吴』，字之誤也。『吴鐸』二字連讀，故高注云：『鐸，大鈴，出於吴。』《鹽鐵論·利議篇》：『吴鐸以其舌自破。』是其證。《太平御覽·人事部一百》引此正作『吴鐸以聲自毁』。」

舉以大政　后稷爲大田師奚仲爲工

「甯戚擊牛角而歌，桓公舉以大政」。念孫案：「舉以大政」本作「舉以爲大田」，此後人以意改之也。「舉以大政」四字文不成義，蓋後人不知「大田」爲官名，故妄改之耳。《文選·江淹〈雜體詩〉》注引此作「舉以爲大田」，又引高注曰：「大田，官也。」當作「大田，田官也」。今則既改正文，又删去高注矣。高注《詮言篇》曰：「甯戚疾商歌以干桓公，桓公舉以爲大田。」《晏子春秋·問篇》曰：「桓公聞甯戚歌，舉以爲大田。」此皆其明證也。《管子·小匡篇》曰：「墾草入邑，辟土聚粟，盡地之利，臣不如甯戚，請立爲大司田。」《吕氏春秋·勿躬篇》作「請置以爲大田」，《韓子·外儲説左》作「請以爲大田」。又《齊俗篇》「后稷爲大田師，奚仲爲工」，「師」字當在「工」字下，後人不知「大田」爲官名，故又移「師」字於「大田」之下。《太平御覽·皇王部五》引此已誤。大田，田官之長也。工師，工官之長也。《文子·自然篇》作「后稷爲田疇，奚仲爲工師」，是其證。

大弦組　小弦急

「治國辟若張瑟，大弦組，則小弦絶矣」。高注曰：「組，急也。」念孫案：「組」皆當爲「絙」，字之誤也。「絙」讀若「亘」，字本作「搄」，又作「緪」。《説文》：「搄，引急也。」又曰：「緪，急也。」《楚辭·九歌》「緪瑟兮交鼓」，王注曰：「緪，急張弦也。」「絙」即「緪」之省文。馬融《長笛賦》云「絙瑟促柱」是也。《意林》及《太平御覽·治道部五》引此竝作「大弦絙」，是其證。《泰族篇》云：「故張瑟者，小弦絙，而大弦緩。」義與此同也。高注亦云：「絙，急也。」今本則依《文子》改爲「小弦急」，并删去高注矣。《藝文類聚·治政部上》《文選·長笛賦》注引此竝作「小弦絙」，又引高注「絙，急也」，足正今本之謬。

積恨而成怨　桀紂之謗

「壹快不足以成善，積快而爲德；壹恨不足以成非，積恨而成怨。故三代之善，千歲之積讐也；桀、紂之謗，千歲之積毁也」。念孫案：「積恨而成怨」，「怨」本作「惡」，「桀、紂之謗」，「謗」亦本作「惡」，皆後人妄改之也。「壹快不足以成善，積快而爲德」者，「德」亦「善」也。言一爲善而快於心，不足以成善，多爲善則積快而爲德矣。「壹恨不足以成非，積恨而成惡」者，恨，悔也，《大雅・雲漢》傳：「悔，恨也。」《漢書・李廣傳》「將軍自念豈嘗有恨者乎」，顔師古注：「恨，悔也。」「非」亦「惡」也。言一爲不善而悔於心，不足以成非，多爲不善則積悔而成惡矣。「快」與「恨」對，「善」與「非」對，「德」與「惡」對，皆謂己之善惡，非謂人之恩怨也。後人誤以「德」爲恩德，「恨」爲怨恨，故改「惡」爲「怨」耳。「三代之善千歲之積譽也，桀、紂之惡千歲之積毁也」，「善」與「惡」對，「譽」與「毁」對，改「惡」爲「謗」，則既與「善」字不對，又與「毁」字相複矣。《文選・運命論》注引此正作「桀、紂之惡」。

二鳳凰

「昔二鳳凰至於庭」。劉本作「昔二皇鳳凰至於庭」。念孫案：此本作「昔二皇鳳至於庭」。《文選注》《藝文類聚》《太平御覽》《玉海》竝引高注「二皇，宓羲、神農也」，今本脱之。《原道篇》「泰古二皇」，高彼注與此注同。《道藏》本「皇」字倒在「鳳」字下，因誤而爲「凰」，劉本補「皇」字，而未删「凰」字，各本及莊本同。皆非也。《文選・長笛賦》注、《藝文類聚・祥瑞部下》《太平御覽・羽族部二》及